国家社科基金
后期资助项目
GUOJIA SHEKE JIJIN HOUQI ZIZHU XIANGMU

银行业与甘肃经济发展（1933-1945）

Banking and Gansu Economic Development
(1933-1945)

裴庚辛　著

社会科学文献出版社
SOCIAL SCIENCES ACADEMIC PRESS (CHINA)

国家社科基金后期资助项目
出版说明

后期资助项目是国家社科基金设立的一类重要项目，旨在鼓励广大社科研究者潜心治学，支持基础研究多出优秀成果。它是经过严格评审，从接近完成的科研成果中遴选立项的。为扩大后期资助项目的影响，更好地推动学术发展，促进成果转化，全国哲学社会科学工作办公室按照"统一设计、统一标识、统一版式、形成系列"的总体要求，组织出版国家社科基金后期资助项目成果。

全国哲学社会科学工作办公室

目 录

绪　论

一　被忽视了的西部经济史研究

旧中国的工业生产部门主要分布在东南沿海和长江流域，工业布局极其不合理。1937 年七七事变爆发前，仅苏、浙、皖三省就集中了全国工厂数量的 70%，上海、武汉、无锡、广州、天津五大城市集中了全国工厂数的 60%，尤其是上海市，是当时中国民族工业的重心，全国民族资本工业企业的 50%、资本额的 40%、年产额的 46% 汇聚于此①。1938 年秋，日军占领了广州、武汉，东部沿海工业区相继沦陷，国民政府继续西迁至重庆。从此日军控制了整个中国沿海地区的工业，也控制了中国三条大河的入海口，对中国实行严密封锁，以断绝中国的外援。抗日战争面临孤立无援的艰难困境，国民政府开始着力经略作为抗战大后方的西南和西北。日军占领沿海工业城市前，有些工厂已被国民政府有关部委组织迁出，经过辗转迁徙，最后在西北的陕西、甘肃，西南的四川、重庆和贵州等地落户，重新组织恢复生产，生产军需和民用物资，所以，此时偏远的西部地区也出现了大批真正意义上的近代化企业。日军对中国工业城市的占领严重地摧残了中国的工业生产，打断了中国的经济建设进程，阻碍了中国的近代化步伐。1940 年，日军侵入越南，我国在战时抢修的国际通道"西南公路"也被迫中断。至此，抗日后方的对外交通几乎完全断绝，只有西北方向通往苏联的国际交通路线畅通，成为国际反法西斯力量援助中国抗日战争的唯一陆路通道。但这条通道路况很差，致使当时抗战军需、民用物资严重短缺。

1938 年 3 月，国民党临时全国代表大会在武汉召开，会议通过了《抗战建国纲领》，提出了"抗战与建国同时并举"的基本方针②。国民

① 郑伯彬：《日本侵占区之经济》，资源委员会经济研究室，1945，第 56 页。
② 中国国民党中央执行委员会宣传部编印《抗战建国纲领宣传指导大纲》，1938，甘肃省档案馆藏建国前资料，1 - 军 2 - 48。

政府开始真正对大后方的各项经济事业进行投资，以缓解当时军民的燃眉之急，增强持久抗战的能力。这使得早在 20 世纪 30 年代初就喊出的"开发西北，建设西北"的口号开始付诸行动，西北各项事业得到国民政府的大量投资。随后，政府要员视察西北，督促实施西北建设。同时，科技建设人才到西北考察矿产、农林等资源状况，开发西北的呼声一时响彻云霄。1942 年夏，蒋介石在视察西南、西北后提出"抗战之根据地在西南，建国之根据地在西北"的主张①，"开发西北""建设西北"随之如火如荼地展开，撤退到大后方的大量资金、技术人员和工业器材等开始在西北的陕西、甘肃等地安家落户，投入恢复生产的建设当中。"喊出建设西北的口号之后，大家都附和着西北陕、甘、宁、青、新五省是值得开发和建设的理由。有好多人是从经济的角度上去重视西北，他们认为西北有宝贵的矿藏，有丰富的资源，有一群群的马、牛、羊，有密丛丛的杉、柏、桦，更有许多为东南和西南各省所没有的出产，他们认为在经济建设上有价值的主要物资是如此。"②

但是，要开发西北，首先得认识西北的特殊状况。在 20 世纪上半期，很多主张开发西北的国人，都认为开发西北的第一步工作是调查研究与实地考察。为西北开发而专门创办的《开发西北》在发刊词中主张，开发西北，首先要了解西北实地情形……怎么样才能适合于西北社会情形，怎么样才能符合西北民族心理，必须有充分研究，经过相当的讨论，然后才能确定计划，先后缓急，才能庶得其当。李孤帆认为："西北实业家的苦处，不是东南沿海地区的人们所能想象的，那些空谈开发西北的人，没有深入西北的民间去调查过，怎么样得知西北老百姓的贫乏呢？""大家都知道近年开发西北的主张高唱入云，然而比较持久而仅有的伟大建设，如黄河铁桥、织呢厂、制造厂、造币厂等，都是清朝所留下的遗迹，细细想来，实在是让人感叹。"③

曾任甘肃建设厅厅长的林竞认为，"甘肃据全国中心，而兰州又为甘肃中心。秦汉以来，河西雄郡，金城为最。盖地介戎夏之间，系天下之

---

① 李烛尘著，杨晓斌点校《西北历程》，甘肃人民出版社，2003，第 3 页。
② 徐旭：《西北建设论》，中华书局，1944，第 1～2 页。
③ 张恨水、李孤帆著，邓明点校《西游小记·西行杂记》，甘肃人民出版社，2003，第 125 页。

安危也。今者关塞疏通，势异于古。西北边要，首在新疆，而兰州遂位在厅堂之间矣。……城南皋兰山高峙，如飞隼张翼，为兰州主山。其西为华林山，形势最要。河北白塔山，其势雄伟，如画屏回护。黄河由西南来，横经城北，铁桥横束于西，桑园子枢纽其东。负山凭河，形势严扃，诚神州之雄区，西北之重镇也。"① 高良佐在《西北随轺记》中也有类似的表述："皋兰山蠹峙城南，为兰州主山，其西为桦林寺，形势最要，黄河自西南来，横经城北，铁桥束于西，桑园子枢纽其东，负山凭河，形势严扃，诚神州之雄区，西北之重镇也。"② 甘肃重要的军事地位也是国民政府在此进行开发的原因之一。

七七事变后，国民政府在正面战场节节败退，东南沿海在短时间内沦于敌手。由于地理环境的原因，甘肃成为中国抗战的大后方，变成了中国抗日战争正面战场兵源、粮秣的重要补给基地之一。1937～1945年，甘肃青年参军者达418200人，征集军马11800匹。③ 作为西北地区的中心，甘肃还是中国与苏联间交通大动脉的转运枢纽，苏联援华的军事物资就是经乌鲁木齐—兰州后再转运至各大战区的。而中国偿还苏联援助的物资，也主要是汇集到兰州后再向西运至新疆并输出。甘肃还是战时西北地区的军事中心和政治中心。战时在兰州设有第八战区司令长官公署，辖甘肃、宁夏、青海、新疆、绥远一部，蒋介石兼任司令长官，朱绍良④任副长官。1941年2月又设立陕甘公路线区司令部，统筹西北后方的军事运输。可以说，国民党高度中央集权的政治经济体制贯彻到甘肃的各个基层单位，国民党的统治力量渗透到甘肃的每一个乡村，主要发生在这一时期。当时国民党吏治的腐败也较以前加深。这给甘肃人民带来了深重的灾难，其突出反映就是1943年

---

① 林竞著，刘满点校《蒙新甘宁考察记》，甘肃人民出版社，2003，第75～76页。
② 高良佐著，雷恩海、姜朝晖点校《西北随轺记》，甘肃人民出版社，2003，第43页。
③ 王克江：《抗日战争时期的甘肃兵役》，中国人民政治协商会议甘肃省委员会文史资料研究委员会编《甘肃文史资料选辑》（第25辑），甘肃人民出版社，1986，第32页。
④ 朱绍良（1891～1963），原名宝瑛，字一民，原籍江苏武进，生于福建福州。1931年12月，任中国国民党第四届候补中央执行委员。1933年5月，任甘肃省政府委员、省政府主席兼民政厅厅长，兼甘肃绥靖公署主任。1935年11月辞去甘肃省主席职，专任甘肃绥靖公署主任。1937年3月第二次被任命为甘肃省主席，1940年11月专任第八战区司令长官。

的甘南民变。甘南民变充分暴露了国民党在甘肃的统治危机。但是不可否认，谷正伦①主甘时期的功绩还是很突出的。

抗战时期正是西北地区经济大发展的时期。国民政府迁都重庆，以西南、西北为抗战的大后方，并以"开发西北"为号召，把大批官僚资本投向西部。甘肃作为战略大后方和通往苏联的国际运输要冲，成为仅次于重庆地区的投资重点区。国民政府通过经济部资源委员会独资经营，与甘肃省政府、中国银行、交通部合资经营等形式，在甘肃兴办了一批官办近代工矿企业。这批企业的开办，推动了抗战时期甘肃近代工矿企业的迅速发展，形成甘肃在近代历史上的第三次近代化高潮。

抗战时期，负责工矿领域投资的资源委员会在甘肃组建了10个单位（在西北地区总共组建了17个单位），居西北各省之首，计有：甘肃油矿局—玉门油矿、甘肃煤矿局（含永登、阿干两矿）、兰州电厂、天水电厂、天水水力发电工程处、甘肃机器厂、华亭电瓷厂、甘肃水泥公司、甘肃化工材料厂（前身为资源委员会、甘肃省政府合资创办的甘肃酒精厂）、甘肃矿业公司。此外，资源委员会所辖的中央电工器材厂在兰州设立了兰州电池支厂。中国银行投资组建的雍兴公司在甘肃设立了6个厂：兰州机器厂，经理潘炳兴；兰州制药厂；兰州化学厂（实用化工厂），经理丁宪祜；兰州毛织厂，经理张宜斋；甘肃水利林牧公司；兰州面粉厂，经理韩巨川。此外，军政部、卫生署、交通部、农林部等也在甘肃设厂（场）。军政部在甘肃经营和设厂4个：军政部第二制呢厂，前身即左宗棠创办的兰州织呢总局，1938年向省政府租用；兰州纺织厂；兰州颜料厂；第一军需局皮衣厂。中央卫生署在兰州投资兴建西北制药厂，财政部复兴商业公司西北分公司与爱国资本家刘鸿生在兰州创办西北洗毛厂。以它们为骨干，加上少数省营、民营的现代厂矿，如甘肃省政府、甘肃省银行与中国交通银行合资创办的兴陇工业公司，下设造纸、化学、印刷、瓷器等工业企业；甘肃省政府创办的甘肃卫生材料厂；荣氏集团把汉口福新五厂迁至天水（是战时迁入甘肃的最大工厂，也是当时甘肃境内最大的独资民营工厂），在甘肃形成了较大范围、较大规模的先进生

---

① 谷正伦（1890～1953），字纪常，贵州安顺人，1940年被任命为甘肃省主席，1946年调任行政院政务委员兼粮食部部长。

产力。这在甘肃近现代史上还是第一次。此外，这个时期的农田水利建设也颇有成就，主要农产品特别是粮食和油料作物的产量稳定增长。甘肃的工农业生产都取得了显著的进步，在生产上成为旧中国时期的高峰①。

国民政府对西北的开发先后经历了初步开发（1931～1937 年）和进一步开发（1937～1945 年）两个阶段。这两个阶段既有区别又先后衔接，共同构成了国民政府开发西北的整体。1931～1937 年，是南京国民政府由顽固坚持"攘外必先安内"的总国策逐步转向抗日的局部抗战阶段，也是其对西北进行初步开发的阶段。1937～1945 年，是全民族抗击日本侵略的阶段，也是国民政府对西北进一步开发，西北金融业迅速发展并最终形成体系的阶段。

七七事变爆发后，几个月的时间内，华北、华东的大片领土沦陷。国民政府迁都重庆，东部沿海主要工业生产区的民族企业也纷纷迁往内地。伴随着国民政府政治、经济重心的内移，西北和西南一起成为抗日的大后方，也成为长期战争的战略支撑点。于是，西北的战略地位变得日益重要，国人要求开发西北的呼声再一次高涨。因此，国民政府积极推进对西北的开发和建设，加大对西北的投资力度，使西北社会经济各部门均获得迅速发展；同时，为了适应战时紧急状态，统一全国经济，加强对全国金融货币的统制和调剂，国民政府实行战时金融垄断体制，把地方银行和商业银行全部纳入国家金融体系之中。为此，国家银行局在西北设立分支机构，积极开展业务，从而使西北的金融业获得了快速发展，国家银行在西北金融体系中处于垄断地位，地方银行实力大增，商业银行和钱庄业呈现出活跃的局面，西北金融体系得以形成。

清末以来，历届政府都重视对金融的控制。蒋介石说过，"军事一统端赖政治一统，政治一统端赖经济一统，经济一统端赖金融一统"②。金融是工商业的血脉，经济的核心，尤其是国家银行的活动能比较集中地反映当时社会经济和政治的情况和特点。金融反映的经济兴衰也是政权发展史的最好浓缩。

---

① 谷苞主编《西北通史》（第5卷），兰州大学出版社，2005，第479页。
② 巴图：《国民党接收日伪财产》，群众出版社，2001，第1页。

全面抗战爆发后，东部沿海省区的沦陷、西北开发计划的实施和大后方战略地位的确立，使得大批政府、机关、工厂、企业、学校和难民等纷纷西迁，沉寂已久的西北地区顿时热闹起来。抗日浪潮、开发热潮和人口的流动推动了西北人思想观念的逐渐开放。

国民政府西迁后，财政上的关税、盐税、统税三大来源大部分丧失，而除苏联提供的军事物资援助外，来自其他国家的援助很少。约占财政支出70%的军费全靠发行钞票来弥补。1937～1939年，大后方农业连年丰收，物价很低，物价上升的速度也低于通货发行的增长速度。1940年，大后方普遍歉收，物价急剧上涨。从此，物价指数超过通货发行指数，政府财政赤字高达75%，财政面临破产危机。

抗战时期，以兰州为中心的现代金融体系在甘肃初步形成。兰州地区作为甘肃省会，工商业一度出现繁荣局面。随着抗战的进行，兰州地区的重要地位充分显现，成为国民政府和甘肃地方政府筹集军费、聚敛资金的重要地区之一。与此相适应，兰州的金融业也随之进入繁荣阶段，各种金融机构相继成立，较为完备的金融网络开始形成。

1942年，由中央研究院与中央庚款董事会合组的西北史地考察团，用半年多的时间考察了西北的历史、地理沿革及现状，取得了宝贵的第一手资料。同年9月，国民政府经济部组织的西北工业考察团在林继庸的带领下，历时五个月，详细考察了西北的资源、工矿、水利、交通、金融、商业、农林畜牧等部门。1943年6月，国民党中央设计局又组织西北建设考察团赴西北考察，历时八个月，行程17022公里，并撰成《西北建设考察团报告》，根据各省实际情况提出了一些建设性方案。这是国民政府时期西北考察中最为广泛、最为翔实的一次。民间也涌现出大批旨在"认识西北，研究西北，开发西北"的社团，如1937年在兰州成立的西北经济研究所，于1940年创办了《西北经济通讯》，对甘、青、宁三省的农村土地制度、农业经营和农村经济等情况进行了调查。

当时介绍西北的主要报刊包括以下诸种：综合性刊物有《新西北》《西北公论》《西北魂》《西北角》《西北论衡》《西北大众》《西北问题论丛》《西北研究》《西北导报》；专门类刊物有《西北工合》《西北公路月刊》《西北路力》《西北回民正论》《西北经济通讯》《西北军需通

讯》《西北老乡》《西北农村》《西北森林》《西北史地》《西北水声》
《西北畜牧》《西北资源》《西北文化》《西北文艺》《西北学术》《西北
卫生通讯》；等等。这些报刊从不同角度介绍了抗战时期西北社会、政
治、经济、教育、宗教、交通等方面的情况。

有关西北的考察报告有：范长江《西北线》《西北近影》《西北散
记》《西北战云》，汪守成《西北各省详图》，独立出版社《西北济建设
论》，汪公亮《西北地理》，白荫元《西北林业之展望》，张其《西北问
题》，朱家骅《西北小集》，中央训练委员会编著《西北建设论》，张维
翰《西北纪行杂咏》，潘泰封《西北水利问题提要》，茅盾《西北行》，
李昂《西北散论》，汪昭声《西北建设论》，左冶生《以行政的眼光观察
西北经济建设》，蒋经国《伟大的西北》，中央银行经济研究处编《西北
生产现状及改进办法》，张聿飞《从总裁指示论西北建设》，邬翰芳《西
北经济地理》，徐旭《西北建设论》，罗家伦《西北行吟》，杨叔甫《西
北问题丛论》，李烛尘《西北历程》，等等。

抗战时期，西北经济得到了快速的发展，尤其是陕西、甘肃表现更
为突出，不仅为抗战做出了巨大的贡献，也在西北经济发展史上写下了
浓墨重彩的一页。但是，作为中国近代史、民国史的重要组成部分，学
术界对民国西北史这一领域的研究相对薄弱。相关成果主要有侯鸿鉴的
《西北漫游记》，范长江的《中国的西北角》，黄文弼的《西北史地论
丛》，魏永理主编的《中国近代西北开发史》，王致中、魏丽英合著的
《中国西北社会经济史研究》，何炼成主编的《历史与希望——西北经济
开发的过去、现在与未来》，周民良的《西部抉择——西部大开发的回
溯与前望》，刘兴全、刘秀兰、赵心愚、吴炎的《中国西部开发史话》，
谷苞主编的《西北通史》，西北师范大学文学院西北史研究所、敦煌学
研究所合编的《西北史研究》等，但这些作品的内容多侧重于西部开
发，而且对陕西省部分的叙述比较详细；或者对民国时期的西北开发情
况语焉不详，使人无法了解当时甘肃开发的全貌。

二　研究现状综述及其意义

近代以来，银行业作为国民经济中最为重要的部分，引起越来越多
的关注。近年来，学术界对西北经济的研究方兴未艾，但是，多数文章

偏重于民国时期，尤其是抗战之前的内容①，而关于西北金融史的研究相对薄弱。有鉴于此，本书拟对抗战时期甘肃的银行业做一点探讨。

关于民国时期甘肃金融的著作有潘益民编《兰州之工商业与金融》，丁焕章主编《甘肃近现代史》，四川省中国经济史学会、《中国经济史研究论丛》编辑委员会编《抗战时期的大后方经济》，杨重琦主编《兰州经济史》，李清凌主编《甘肃经济史》等，其中《兰州之工商业与金融》研究的是 20 世纪 30 年代兰州地区的金融业状况，其余著作则部分涉及兰州金融。1957 年中国现代史资料编辑委员会翻印发行的《抗战中的中国经济》，汇辑了 1940 年上半年之前有关战时中国经济的书籍报刊资料，共分 8 编，其中第 5 编是关于抗战时期国民政府金融管制的。魏永理主编《中国西北近代开发史》，李平生著《烽火映方舟——抗战时期大后方经济》，宋金寿主编《抗战时期的陕甘宁边区》，黄立人著《抗战时期大后方经济史研究》，陈舜卿主编《陕甘近代经济研究》，谷苞主编《西北通史》（第 5 卷）等著作，对西北金融的发展状况虽有所涉及，但论述较少。

在论文方面，潘益民的《兰州金融情形之今昔》（《建国月刊》1936 年第 2 期）、张令琦的《解放前四十年甘肃金融货币简述》（《甘肃文史资料选辑》第 8 辑）、王恭的《建国前夕的兰州金融》（《兰州文史资料选辑》第 10 辑）、王慕的《解放前的甘肃金融》（《甘肃金融》1989 年第 4 期）等文章均对抗战时期的甘肃金融业做了详细论述，只是时间跨度不同。君羊的《抗战时期甘宁青三省之农贷探讨》（《开发研究》1988 年第 3 期）介绍了抗战时期甘宁青三省办理农贷的程序及基本情况。向达之的《论近代末期西北地区的金融财政危机》（《甘肃社会科学》1994

---

① 丁日初、沈祖炜：《论抗日战争时期的国家资本》，《民国档案》1986 年第 4 期；董长芝：《论国民政府抗战时期的金融体制》，《抗日战争研究》1997 年第 4 期；杜恂城：《中国近代两种金融制度的比较》，《中国社会科学》2000 年第 2 期；朱荫贵：《1927～1937 年的中国钱庄业》，《中国经济史研究》2002 年第 3 期；谭元凤：《中国近代保险业述略》，《历史档案》2001 年第 2 期；宋士云：《抗日战争时期我国的股票市场》，《齐鲁学刊》1998 年第 5 期；刘秋根：《中国典当制度史》，上海古籍出版社，1995；常梦渠、钱椿涛主编《近代中国典当业》，中国文史出版社，1996；曲彦斌：《典当史》，上海文艺出版社，1997；曲彦斌主编《中国典当手册》，辽宁人民出版社，1998；李金铮：《民国乡村借贷关系研究——以长江中下游地区为中心》，人民出版社，2003。

年第 5 期)，黄正林的《边钞与抗战时期陕甘宁边区的金融事业——边钞问题研究之一》(《近代史研究》1999 年第 2 期)、《论边钞在抗战时期陕甘宁边区经济建设中的地位》(《固原师专学报》1999 年第 5 期) 分别介绍了边区银行的业务、边区钞票的发行情况和边钞在边区经济建设中所起的作用。阎庆生的《论抗战时期陕甘宁边区的农贷》(《抗日战争研究》1999 年第 4 期) 介绍了陕甘宁边区农贷的特征：农贷支持贫困农民发展农业生产、政府发放农贷与农民自筹资金相结合、采取了以实物放贷和实物收贷的方法。史继刚的《县(市)银行与抗战时期的西南、西北金融网建设》(《四川金融》1999 年第 2 期) 介绍了县银行在抗战时期西南、西北地区金融网建设中所起的作用。杨斌、张士杰的《试论抗战时期西部地区金融业的发展》(《民国档案》2003 年第 4 期) 介绍了抗战时期西部金融业发展的状况。李云峰、赵俊的《1931—1937 年间西北金融业的恢复和发展》(《民国档案》2004 年第 1 期) 认为，在局部抗战阶段，南京国民政府从国防建设的需要出发，采取了一系列开发西北的措施。由于国家金融势力的进入，以及沿海地区一些商业银行分支机构的设立，西北各省的金融业得以较快地恢复和发展。这对于调剂西北地方金融、扶植和开发区域经济、促使西北金融体系的形成发挥了积极的作用。此外，相关学位论文有以下诸篇：田玉忠的《甘肃近代金融研究》(硕士学位论文，兰州大学，2003) 对甘肃近代金融业的状况做了比较详细的介绍，认为由于甘肃近代产业发展幼稚和地理环境封闭，甘肃近代金融业基础很不稳固，呈现出近代银行业资力薄弱、货币市场混乱、金融机构分布不合理和内部存在着较为严重的封建性等特征。甘肃近代金融业不可避免地体现出双重影响：一方面，甘肃金融业在不断发展变化的历史进程中，毋庸置疑地对活跃市场、发展经济起了一定作用，客观上有利于甘肃摆脱自然经济的束缚和加速近代化的进程；另一方面，受中央、地方政府及军阀和官僚的控制和牵制，金融机构难以有效发挥对社会经济的积极推动作用，国家银行和地方银行不但没能承担稳定金融秩序、为社会提供建设资金的任务，却成了地方军阀和政府所控制的搜刮工具，成了金融秩序混乱的制造者。赵俊的《抗日时期(1931—1945)国民政府开发西北金融问题研究》(硕士学位论文，西北大学，2004) 认为抗日战争时期国民政府对西北金融的开发大大推动了西北金融业的发展和金融体系的建立，对扶植和开发西北地区的农工商贸等事业，促进西北社会经济的发展和进步发挥了重要的积极作用。但是，西北金融业的进步是由当时特殊的战争环境决定的，是战时社会经济畸形发展的产物。何平的《抗日时期（1931—1945）国民政府开发西北地区商业问题研究》（硕士学位论文，西北大学，2004）认为抗日战争时期国民政府对西北的开发使西北地区的商业经济日益活跃并一度繁荣起来，商品流通的范围和商品交换的规模逐步扩大，国内外贸易均有长足发展。该文展现了那一时期国民政府国营商业、西北地方官营及官商合营、私营商业的发展历程，分析了发展的特点及影响。王广义的《抗战时期国民政府西北经济开发述评》（硕士学位论文，西北师范大学，2004）认为抗日战争时期是西北开发的黄金时代。该文阐述、分析了抗战时期国民政府开发西北的动因、言论及决策演变过程，并选取交通、农业、工矿业等领域的事实和数据来展示国民政府在开发西北过程中所采取的一系列政策、措施以及取得的成就，从社会、经济和政治角度分析了西北开发方面的经验教训。赵鑫的《我国银行制度变迁研究（1949—2004）》（硕士学位论文，西北大学，2005）用制度变迁理论研究了我国银行业变迁的过程，以期从中寻找经验，吸取教训。该文将银行制度的变迁划分为单一制—二元制—多元制的发展过程，认为经济理论的发展对银行制度的变迁也起到了很大的作用，并对中、美、德三国银行体系变迁的路径进行了对比分析。

在更为宏观的研究方面，夏友仁的《国民政府中央银行制度研究》（硕士学位论文，郑州大学，2003）则对民国时期中央银行制度的形成及其作用进行了研究；柳琴的《1935 年金融恐慌与中国新式银行业的不平衡发展》（硕士学位论文，华中师范大学，2003）认为，1935 年金融恐慌以后，钱庄的力量进一步衰退，外商银行的势力也进一步收缩，中国新式银行在金融界取得了领袖地位。然而，政府通过统制银行业来救济钱业和社会经济，使恐慌救济在较大程度上影响了银行业自身的发展。一方面，政府对银行的统制，使政府与银行的关系由北洋政府以来的银行控制财政的局面一变为财政支配银行。另一方面，国有银行的独占使商业银行陷入困境，晚清以来商业银行繁荣发展的局面到此结束。相关专题论文集有西北师范大学历史系编《西北史研究》（第 1 辑，兰州大学出版社，1997）等。

　　虽然学术界对抗战时期国民政府西北经济开发的研究已经达到了一定的广度与深度，但是可以看出，相关研究多局限于某一方面，并未能专门化、系统化、全面化，因此，对这一时期西北地区经济开发的研究仍有深化的必要。①现有研究具有不平衡性。首先是研究地域上的不平衡。在西北五省中，以研究新疆经济问题者最多，甘肃次之，陕西最少。研究革命根据地相关情况的较多，而研究国统区情况的相对较少。其次是研究时段的不平衡。任何时段、任何时期都是社会历史发展中不可缺少的一环。同样，相关研究不应厚此薄彼。而学界对西北经济的研究，显然大都侧重于晚清时期，对民国时期的研究相对不足。就关于甘肃经济的研究来说，这些论著虽然对甘肃的金融经济状况做了比较详尽的论述，但是内容涉及革命根据地金融的较多，而关于国统区情况的较少，关于抗战时期甘肃金融的文章就更为有限了。这不利于我们从金融角度把握抗战时期甘肃的社会经济状况。②现有研究中比较研究不够，量化研究、个案研究缺乏。所见文章大多是叙述性文章，或述其经历，或论其原委，很少见到比较、量化、个案研究。研究方法单一，且多以传统方法为主，西北各省之间、西北与西南之间、西北与东南之间，经济状况都存在一定差异，对此进行研究者甚少；关于抗战前后期状况的比较研究更属罕见，量化研究、个案研究实属少见。③现有研究缺乏学科间的交叉。经济史是一个交叉性很强的学科，既有历史学的性质，又有经济学科的某些属性，这就决定了经济史的研究方法不只是理论说教与史料堆砌，更应该有定量的数据分析及经济理论的运用。但目前的研究成果大多是纯历史学领域的论文，研究者也多是从事历史学研究的学者，很少有经济学者参与西北经济研究。这难免使得目前关于西北经济史的研究缺少理论支撑与深入分析。以此前发表的文章为例，它们大多着眼于一时、一地、一事，或考其据，或论其果，或历述其经过，很难见到比较研究型的文章。

　　长期以来，学者们对抗日战争时期国民政府大后方的经济开发研究，偏重于西南几省，尤其是四川省，而对西北的研究则较少。在有关西北经济开发的专著和论文中，关于陕西省的研究又占很大比重。国民政府在抗日战争时期对西南的开发，对当时乃至以后的经济发展都产生了深远的影响。那么，国民政府在战时对西北的开发又达到了什么程度？有些什么特点？其意义何在？本书力图以甘肃省银行业的战时变迁和银行业对战时甘肃经济的影响为主线，通过考察抗日战争前后甘肃省银行业在国民经济和政治生活中扮演的不同角色，探讨银行业在抗日战争时期对甘肃省经济所起的作用和影响。本书不局限于对甘肃省银行业自身的研究，而是力求通过银行业的活动来反映抗日战争时期甘肃省社会经济的发展情况。研究抗日战争时期甘肃的银行业，是为了总结历史的经验与教训，为经济建设提供一点借鉴。

三　研究思路

中华人民共和国成立前，整个西北地区的工业都很落后。在国民经济中，耕作业占75%，畜牧业占20%，现代工业仅占3%，算上手工业在内也不到5%。全区工业产值只占全国工业总产值的2%弱，而且分布极不均衡，几乎全部集中在西安、宝鸡、兰州和玉门等几个城市①。工业结构以轻工业为主，棉纺织工业是其中规模最大的部门。本书采用最基本的史学方法，即尽量搜集档案史料与当时的报刊资料等比较可靠的第一手资料，通过对比考证，以实证研究来探究历史的本来面貌。以唯物主义历史观为指导，尊重史料，论从史出。绪论主要揭示选题缘起，介绍目前学界对这一问题的研究现状。第一章主要考察现代银行体系建立前甘肃的金融组织，包括票号、钱庄、当铺以及官办的银钱局、银号和平市官钱局的情况。票号早期业务以汇兑为主，后期兼营存放款，以信用放款为主；钱庄主要面向商业领域放款，也以信用放款为主；当铺以质押放款为主。虽然当时甘肃仍是传统金融机构占主体地位，官办银行实力很微弱，但是已经出现现代银行的萌芽。第二章论述全面抗战爆发后甘肃省现代金融体系的建立过程，包括国家四行二局的入驻，东部沿海商业银行内迁后分支机构的设立，甘肃地方银行的设立及其在战时的扩张，旧式金融组织向近代金融机构的转型等。随着金融机构在全省的铺设，法币逐步代替了银圆，成为流通的主要货币，国家的金融控制

---

① 魏世恩、郭志仪主编《中国西北地区经济发展探索》，兰州大学出版社，1988，第128页。

能力大大加强。第三至第六章分别详细介绍现代金融体系支持下的甘肃农业、商业、工矿业、畜牧业的发展状况，并逐一分析金融业在其发展过程中所起的作用。第三章主要阐述了抗战时期甘肃农业的发展概况。为了支持抗战，为抗战提供更多的军需物资，当局下大力气改良农作物，推广新品种，并大力推行惠农小额农贷，利用农业贷款大修农田水利工程，促进了战时甘肃农业的发展，粮食产量在遭受严重自然灾害的情况下仍然连年提高，为持久抗战提供了物质支持。第四章则陈述战时甘肃商业的发展，尤其是传统商路的变迁、战时对苏贸易的增长、西北与西南和西北地区各省间贸易联系的加强和抗战后期银行业参与囤积居奇的情况，评价了银行业对战时商业发展所起的作用和影响。第五章主要介绍甘肃工业、矿业、交通业在战时的快速发展及对银行业所起作用的评价。银行业在抗战前期积极向工业领域投放贷款，促进了甘肃战时工业的快速发展，改变了战前工业局促于兰州一地的局面。另外，银行业通过投资、承购公司股票、把公司债权转化为投资等手段积极参与到工业生产中，出现了银行业办工业、金融资本与产业资本相融合的新趋势。

本书重点关注银行业与地方社会的关系及官办银行、官办投资，民间银行、民间投资之间的关系；战时甘肃省银行业与甘肃经济发展在全国的作用和地位；战时甘肃省银行业与经济发展和战前、战后的比较；战时银行业的特征、对甘肃银行业的评价和银行业与地方经济的关系。在研究方法上注意纵向和横向的比较。

本书选取 1933～1945 年这一时间段来开展研究，主要是因为中央银行入驻甘肃是在 1933 年，这标志着国家金融势力进入甘肃。此后，国家银行纷纷入驻甘肃。随着国家行局的进入和分支机构的敷设，法币也进入甘肃，并逐步推广到广大农村，国家对甘肃的金融控制能力大大加强了。

全面抗战爆发后，甘肃作为抗战后方和西北枢纽，在国民政府的支持下迎来了进行地方建设的难得机遇。特别是国民政府决定将地方军费改由国库拨付，使甘肃财政终于摆脱了此项沉重负担。为促进甘肃省工矿业的发展，省政府除了与资源委员会合作创办了 10 家工矿企业外，省营事业也有一定的进展，先后成立了甘肃开发公司和兴陇工业股份有限公司。兴陇公司是甘肃省银行与交通银行合资 2000 万元建立的。1944

年，该公司拥有印刷、化学、营造、造纸 4 厂①。据统计，1942 年甘肃省工厂数、企业资本数以及工人数，已经分别占到全国总数的 3.69%、3.19%、3.26%②。交通方面，全省陆续兴修和整修了甘新、甘青、甘川、西兰、华双、平（平凉）宁（宁夏）六大公路干线，以及一些省内支线，使全省公路总长超过了 4400 公里③。水利方面，在河东地区修建和整修了湟惠渠、洮惠渠等十多条灌溉渠道，全部完工后灌溉面积可达 47.2 万亩④。与此同时，开发河西水利也提上了省政府议事日程。1941 年 4 月，中国银行与甘肃省政府合作成立了甘肃水利林牧公司，计划在酒泉、张掖、武威、安西设立工作站，从事水利建设。这是近代史上第一次有计划、大规模地开发河西水利。通过改良品种、推广新技术、推行小额农贷，甘肃省粮食总产量连年增加。到 1944 年，经过经济部核准在甘肃设立的现代工业有 188 家，包括电气、冶炼、金属品、化学、纺织等行业。到抗战胜利时，甘肃的现代工业体系已具雏形。

战时西北开发是国民政府在周密调查、精心设计和全面规划的基础上，有目的、有步骤地加以实施和推进的。在开发步骤上，确立了基础设施建设先行，以交通、水利、能源矿产为建设重点，逐步带动社会经济全面进步的思路；在区域发展上，选择以陕甘为中心，以省会城市和区域中心城市为基点，逐步向四周扩展的发展道路；在开发方式上，采取了以财政、金融手段直接干预的办法，凭借国家资本的力量推动西北开发；在具体实施中，贯彻了调查、计划、建设三步程序，环环相扣，层层推进。国民政府开发西北的各个环节，都深深地打上了政府主导的烙印。

本书的研究具有重要的现实借鉴意义。

首先，抗战时期国民政府对西部民族地区进行的以政府为主导的开

---

① 陈真编《中国近代工业史资料》（第 3 辑），生活·读书·新知三联书店，1961，第 1363～1365 页。

② 陈真编《中国近代工业史资料》（第 4 辑），生活·读书·新知三联书店，1961，第 96 页。

③ 《甘肃省统计总报告（民国三十四年）》（一），甘肃省档案馆藏甘肃省政府档案，档案号：4—3—74，第 27 页。

④ 裴庚辛、郭旭红：《民国时期甘肃河西地区的水利建设》，《西北民族大学学报》（哲学社会科学版）2008 年第 2 期。

发，促进了这一地区的快速发展。通过对甘肃省抗战时期经济发展的研究，管中窥豹，对当前我国在社会主义市场经济条件下开展经济建设，具有十分重要的借鉴意义。

其次，甘肃省作为一个西部民族地区典型省份，在民国时期的西部开发中处于辐射周边落后地区的经济中心地位，并对国民政府控制西北民族地区起着极其重要的作用。因此，弄清甘肃在民国时期国民政府开发西北过程中的地位和作用，对充分发挥甘肃的综合经济文化优势，推进西部大开发、"一带一路"建设，打造兰州内陆开放新高地，加快甘肃开发开放，稳定西北民族地区将起到积极的借鉴作用。

第一章　近代甘肃的经济与金融状况

近代甘肃仍然是传统的农业社会，经济落后，农业生产仍采用传统的耕作方式，产量低下；在工业方面，则没有几家近代工厂，以手工业工场或家庭手工业作坊为主。商业模式主要是传统的私营商业，标期收款。与落后的经济水平相对应，近代甘肃的金融机构主要有票号、钱庄（银号）、当铺等几种形式。票号、钱庄均以信用放款为主，不同点是票号以存放款为辅业，主要是为融通资金，其客户多为大商人，号称"汇通天下"；钱庄则主要对中小商人放款。票号在晚清时执甘肃金融之牛耳，其总号多设于山西，甘肃多为汇兑庄。票号的兴盛源于汇兑官款，发展壮大后，由初期的专营汇兑逐渐过渡为兼营存放款。钱庄则资金微薄，发展缓慢。民国成立后，票号逐渐淡出历史舞台，钱庄逐渐发展壮大。民国前期，金融市场的主体是钱庄，其信用甚至超过了随政局动荡而开设或关停的官银号、银钱局。当铺则主要开设于县城、集镇等地，采用质押放款形式，其资金周转时间长，在国民政府废两改元后逐步式微。虽然在国家银行入驻之前甘肃金融市场上的主体是传统金融机构，但是仍然出现了现代银行的萌芽。

第一节　甘肃经济概况

抗战之前，甘肃省农业发展水平低下，工业基础薄弱，是一个贫穷落后的农业社会。甘肃的工业生产在整个社会经济中所占的比重是微乎其微的。工业领域仅有甘肃机器局、官办织呢厂、造币厂、兰州电厂等少数几家工厂。工厂设备陈旧，技术落后，生产规模小，产品质量低劣，时开时停，大部分生活用品依赖外地输入。除此之外，民间生产大部分都处在前资本主义的小作坊和工场手工业阶段。1926年，兰州"除了小规模的一所发电厂，和一家小火柴厂外，其余连手工业的工人都是很少的"①。手工业领域最普遍的行业是为人民生产（主要是农业生产）生活提供工具及产品加工、满足人民衣食住行所需的器物。虽然普通的锅、铧能够自产，但是较大的铁制工具（如犁）仍然需要从陕西、山西输入。煤的开采比较普遍，但仍是小规模的手工开采，挖煤、出煤全靠人工操作，成本较高，再加上交通不便，采出的煤大多就地销售。手工棉纺织业是全省农户和乡镇居民的主要副业之一。土布生产以自给为主。全省年产土布约100万匹，以成县、张掖产量最高。以羊毛为主要原料的毛纺编织业也是甘肃农村的重要副业。水烟是甘肃特产。1923～1928年是水烟业的鼎盛时期。当时兰州有水烟作坊130余家，其中大厂七八家，中厂40余家，其余均为小厂。一林丰、协和成等厂的资本在100万两白银以上。兰州年产水烟4万多担，其中销售青烟3万担（每担440斤），绵烟1万多担（每担720斤）②。

社会生产仍然以农业为基础。农业是甘肃的第一大产业，田赋仍然是政府最大的税源。甘肃农业生产仍然沿袭几千年来的耕作模式，属于以传统的个体劳动为特征、以封建土地所有制为基础、分散经营的小农经济。农业产量低下，广大农民陷于贫困，许多农民连耕牛也没有。农村借贷利率极高，且多以土地契约为质，称为"指地借款"，如果借方不能按期交付利息，贷方有权占有其所指土地。借贷利率多在二分以上。1918年甘肃省粮食播种面积为19557000市亩，总产量12248000市担；1924～1929年平均播种面积为20449000市亩，总产量37157000市担；1931年播种面积为15622000市亩，总产量23690000市担③。长期以来，甘肃是一个粮食不太宽裕的省份。20世纪20年代，甘肃多次发生特大自然灾害，其中1926～1929年的大旱灾造成农业绝收，导致全省大饥馑，受灾2520万人，死亡140余万人。此外，地震造成的灾害也相当严重。1920年的海固大地震，造成死亡35万人，毁屋30多万间；1927年的武威、古浪大地震，造成死亡41888人，牲畜死亡264850头，毁屋436800间。1929年3月，甘肃省政府主席刘郁芬致电南京国民政府：

---

① 宣侠父著，达浚、宗华点校《西北远征记》，甘肃人民出版社，2002，第76页。
② 谷苞主编《西北通史》（第5卷），兰州大学出版社，2005，第329～330页。
③ 《1936年以前甘肃粮食收获面积、产量统计表》，谷苞主编《西北通史》（第5卷），兰州大学出版社，2005，第322页。

"甘肃各地，连年天灾兵祸，田庐毁没，村落焚毁，树皮草根，俱已食尽。人相争食，死亡枕藉；山羊野鼠，均已啖罄"，农民"既乏籽种，又缺耕牛"，"灾民流离失所，无家可归者，在百万以上"①。连年的灾荒，再加上统治阶级只知道掠夺农民的劳动果实，地方政权对农村建设又不闻不问，广大农村凋敝不堪，耕地面积大幅下降，农民生活异常贫苦。甘肃省在 20 世纪 30 年代的人口占全国的 1.4%，1933 年全省公路里程占全国（不包括东北及蒙藏地区）的 1.1%，马车辆数占全国的 0.1%，商店餐馆数占全国的 0.6%；1936 年全省煤炭产量为 10 万吨，仅占全国产量的 0.4%；1937 年甘肃全省工厂实缴资本额 30 万元（包括民营工厂在内），仅占全国的 0.1%。② 王树基认为，"甘肃是一个工业落后，畜牧停滞，农业不发达之省区"③。丁宜中在为《甘肃之工业》所作的《序》中这样说："甘肃地处边陲，经济待兴，工业生产，尚在萌芽之中"④。

从时人的考察记录中也可以得到当时甘肃人民生活状况的鳞爪记录。1919 年安西县人口不到 1000 户，全县收入粮仅 2400 石。以前的各种陋规，报入省议会后，都视为正粮，又加三成，"故负担之重，为全省冠也"。甘肃省当年发行的公债，安西县办理之速，居全省第二。"以一千户之民，而令负担三千元之公债，虽曰称职，然亦忍矣！"⑤

1925 年陈万里赴敦煌考察，途经陕甘，沿途所见令人痛心：勤劳的农民辛苦一年，连吃饱饭都没有可能，遇到灾荒之年更是以树皮、草根度日。顾颉刚先生在为陈万里的《西行日记》所作的《序》中这样写道："政治的黑暗，如陕、甘两省的罂粟的遍野，苛税的繁多，银圆价值的分歧，哪一处不叫人看了心痛！陕甘两省兵匪满地，逼得人民的生活苦痛不堪。因为督军们要收取烟税作自肥之计，借了罚种罂粟的名目，普及于一班种菽麦的人，叫他们分摊罚款，逼得他们不能再种菽麦。因

---

① 赵世英：《甘肃历代自然灾害简志》，中国人民政治协商会议甘肃省委员会文史资料研究委员会编《甘肃文史资料选辑》（第 20 辑），甘肃人民出版社，1985，第 158 页。

② 侯继明：《1937 年至 1945 年中国的经济发展与政府财政》，转引自赵兴胜《传统经验与现代理想——南京国民政府时期的国营工业研究》，齐鲁书社，2004，第 217 页。

③ 王树基编著《甘肃之工业》，甘肃省银行印刷厂，1944，第 8 页。

④ 王树基编著《甘肃之工业》，甘肃省银行印刷厂，1944，第 1 页。

⑤ 林竞著，刘满点校《蒙新甘宁考察记》，甘肃人民出版社，2003，第 132～133 页。

为大家都种了罂粟，弄得烟贱而谷贵，牵连及于一切物价，没有不提高的。人民生计之枯、嗜好之深，唯有一天一天地堕落下去，除了奄奄待毙之外竟没有别的办法。试看这本日记里写的，他们在寒风凛冽之下，赤着身子、战着牙齿作苦笑，真是何等悲惨的一幅'饿殍图'呵！"[①] 高良佐在永昌看到的情况是"县城为商业中心地，而市廛萧条，以制钱为流通辅币，每元易六千五百余枚，几不能手握。每月宰豕不及二次，且须事前由县府各局预定，其生活之艰苦与落后，于此可知，殆为河西各县最贫苦之地"[②]。静宁县原来是"由平凉西来最繁富之区"，但是1928年"唯连年灾荒，民不聊生，多取油渣与榆树皮充饥"。刘文海"所经过之地……沿途大树之皮，尽被居民剥去果腹……居民既屡遭地震之险，又逢连年荒旱，更加恶吏搜索，迫而出此，又实可悲"。1929年初，永登大通"街市荒凉，居民食树皮度日，黄米稀粥为上饭"[③]，欲求果腹而不可得。

1929年，刘文海曾在酒泉调查农户一百家，农户之平均生活概况如表1-1所示。

表1-1 酒泉农民四百人平均生活概况[④]

生活品类	说明	用者之平均人数	用者之平均次数	用量及价值
糜子	做粥吃	全体	一日二次	每日每人约费半分有奇
小米	做粥吃	十分之一	三日一次	每次约费二分
面条	食料	十分之一	三日一次	每次约费四分
馒头	食料	十分之一	三日一次	每次约费四分
胡麻油	点灯及食用	全体	每日一次	每日共费约一分
盐	食料	全体	每日一次	每次四人约费半分
醋	食料	半数	十日一次	每次四人约费半分
青菜	食料	全体	二十日一次	每次每人约费一分
野菜	食料	半数	二十日一次	自向田野采取

① 陈万里著，杨晓斌点校《西行日记》，甘肃人民出版社，2002，第10页。

② 高良佐著，雷恩海·姜朝晖点校《西北随轺记》，甘肃人民出版社，2003，第108页。

③ 刘文海著，李正宇点校《西行见闻记》，甘肃人民出版社，2003，第6、9页。

④ 刘文海著，李正宇点校《西行见闻记》，甘肃人民出版社，2003，第36~37页。

续表

生活品类	说明	用者之平均人数	用者之平均次数	用量及价值
水果	食料	十分之一	三十日一次	每次每人约费二分
小吃	食料	五分之一	五日一次	每次约费二分
粗布衣	做冬夏衣用	全体	每年一套	每套约值一元
棉	做冬衣用	半数	二年一次，做袄裤用	每次约费五角
毛	做冬衣用	半数	二年一次，做袄裤用	每次约费五角
皮	做冬衣用	半数	二年一次，做袄裤用	每次约费二元
丝类	做衣服用	二十分之一		每年每人约费一元
鸦片	耗用	六分之一	每日二次	每次约费五分
装饰品	修饰及卫生用品	三十分之一		每年每人约费一元半
知识品	增长知识用品	二十分之一		每年每人约费二元

以上乃酒泉附近居民之平均生活情形。就表中观之，居民以用糜子、胡麻油、盐、小吃、鸦片五项之人数及次数最多。胡麻油及盐，虽每人皆用，但所用之数量比较少，与人身体发育所需相距太远。居民中比较多用小吃，乃因一部分人民穷难举炊，借此苟活。鸦片烟具，几乎无户不有，无人不吸鸦片。据调查所得结果，倘四口之家每年有进项十元，即不致饿死，其生活情况为：每日仅食糜子稀粥二次，间或采些野菜加入；燃料用野柴和牲口粪；油、盐隔数日动用一次；衣服用粗布，衬以牲毛，牲毛有时可于牧放羊及骆驼之草场中拾得，大人用数年后，改作小孩。在当地，竟然有一部分居民欲求此生活而不可得！

虽不能说酒泉居民之生活情形可以代表全陇，但除陇南一区（指天水及其以南地区）外，其他各处情形实无甚悬殊。陇南比较富庶，文化亦较为发达，但常因天灾人祸，致使人民生活一落千丈，反络绎不绝地逃向河西谋生。总之，整个甘肃的经济生活情形，实大概相同。甘肃农产，即此观察，尚不敷本地居民生活之需①。灾荒对人民生活的危害，正如时人所谓："盖西北久困荒旱，三餐所不能计。今日食品之普遍化者，可分三类：富裕之家，用粗面、小米；中等者，用青稞、山芋，间得米食；最下则树皮、草根而已……此家之童稚，皆裸体无衣，虽十余

① 刘文海著，李正宇点校《西行见闻记》，甘肃人民出版社，2003，第36页。

岁之女子，下衣且不足以掩羞。此自西安以西大都如是，良可哀也。"①

即便是在正常年景，辛苦一年的农民也难有多少剩余：平凉县在1931年以前，"以天灾人祸，人民生活艰窘异常，每月阖家消费仅及一元"，其惨苦可知②。榆中县每年出产的农产品除供给本县需要外，大部运往兰州销售。"各种农产品，虽可值一百万元左右，但除工力、肥料、种籽、牲畜等消费外，净利不过百分之六七，益之以地方钱粮、地方派款，若遇丰年，尚可勉度，歉收之岁，则不堪问矣"③。

饭都吃不饱，穿就更不用提了，穷苦农民往往衣不蔽体。1919年甘肃"人民穷苦，十余岁男女至仅着一破裘，而下体则任其裸露，可谓极世上之最可悯者矣"④。1925年灾后冬日的隆德县，"村中小儿仅御单布衣一袭，而赤足无裤者比比皆是；甚者并此上衣而无之，露立风中，齿寒战作声，全身颤动，犹作微笑，盖陇东各县去年以天旱歉收，已成灾象，面每斤纸票五百文，鸡子每枚百文，花生每（斤）两百文，煤油每斤一元，各物昂贵称是。以故平民生活极为艰窘……哀哉！"⑤ 在武威，"途际小儿行乞者颇多"。"凉州在甘省为繁庶之区，有银武威、金张掖之称"，但是"小儿行乞者竟如此之多"⑥。在甘肃相对富裕的张掖、武威尚且如此，其他贫困地区的情况可想而知。1928年，甘肃隆德县"人民生活更不堪言，篷顶粪室，臭气四溢；男子多染鸦片癖，以致穷无衣食，虽冰雪遍地，男女幼童下体，无服遮蔽"⑦。1933年，河西地区"与甘肃其他许多村庄一样，在盐池驿的街道上，随时可以看见许多10岁左右而没有裤子穿的男孩子、女孩子们"⑧。

贫苦农民终年辛勤劳作，却食不果腹，衣不蔽体，住的是土炕，连被褥也没有。1934年，隆德县县长告诉张恨水："甘肃姑娘，穷得没有

① 林鹏侠著，王福成点校《西北行》，甘肃人民出版社，2002，第39页。
② 高良佐著，雷恩海、姜朝晖点校《西北随轺记》，甘肃人民出版社，2003，第29~30页。
③ 高良佐著，雷恩海、姜朝晖点校《西北随轺记》，甘肃人民出版社，2003，第191页。
④ 林竞著，刘满点校《蒙新甘宁考察记》，甘肃人民出版社，2003，第101页。
⑤ 陈万里著，杨晓斌点校《西行日记》，甘肃人民出版社，2002，第47页。
⑥ 陈万里著，杨晓斌点校《西行日记》，甘肃人民出版社，2002，第61页。
⑦ 刘文海著，李正宇点校《西行见闻记》，甘肃人民出版社，2003，第5页。
⑧ 明驼：《河西见闻录》，载顾颉刚著，达浚、张科点校《西北考察日记》，甘肃人民出版社，2002，第129页。

裤子穿，已经是为人所知道的了，其实这算不了什么。最可怜是乡下人没被褥盖，又不能睡光炕，只是炕下烧马粪，炕上堆干沙，人睡在沙里取暖。有那过小的孩子，竟是在干沙里烤死了。"①1935 年，高良佐在兰州附近见到"沿途荒凉满目，村童三五，闻车声出观，或露肘，或裸腿，衣衫皆残污不堪，面现苦笑"。"稚童往来多囚首垢面，赤足无裤，仅披破絮，贫乏可想。所经居民住所，皆败垣残砾，家中仅一土炕，别无长物。"② 在酒泉附近"居民闻车出视者数十人，男女儿童，皆不着裤，上衣亦不蔽体"。"自此（上河清堡）西行，时见沙滩乱石，荒烟蔓草，境极凄凉，而居民鸠形垢面，十三四小女子亦都裸体，艰窘可悯之态，尤足萦怀不去。大抵甘省人民生活之惨苦，自表面上视之，以河西为甚，而河西尤以武威以西，迹象益著。"③ "（酒泉）农民负担之重既如此，而农产物之收入，变卖为现洋尚不及四五万元，入不敷出，金融为之枯竭，以故举高利债，预支烟土及荞麦，卖男鬻女，以纳公款者时有所闻。为区乡间长，终日忙于催款收粮，无暇顾及政令。人民迫于生活困难，更无力计及其他。西北各地民穷财尽之境，往往类此。本年（1935）县府为救济金融计，已筹设农民低利借贷所，资本定为三万元，三年筹足。现已筹足一万元，借出已千余元"。但是僧多粥少，贫穷农民太多，"杯水车薪，无济于事"④。"沿途白杨萧萧，村舍错落，稚童蓬首垢面，裸体跣足，奔跃于风沙之中。闻京、沪近方筹备'儿童幸福年'大会（1935 年 2 月 28 日，国民政府行政院国务会议决议：'定民国二十五年为儿童年'，3 月 5 日行政院国务会议通过《儿童年实施办法大纲》），对此大多数可怜儿童，不知作何感想"⑤。

　　1936 年，庄泽宣到西北视察，看到当时甘肃农村的情形是"村童多囚首垢面、赤足无裤，民居皆败垣残砾，室内除土炕外无长物"⑥。甘肃

---

① 张恨水、李孤帆著，邓明点校《西游小记·西行杂记》，甘肃人民出版社，2003，第 78 页。
② 高良佐著，雷恩海、姜朝晖点校《西北随轺记》，甘肃人民出版社，2003，第 56～57 页。
③ 高良佐著，雷恩海、姜朝晖点校《西北随轺记》，甘肃人民出版社，2003，第 121～122 页。
④ 高良佐著，雷恩海、姜朝晖点校《西北随轺记》，甘肃人民出版社，2003，第 130 页。
⑤ 高良佐著，雷恩海、姜朝晖点校《西北随轺记》，甘肃人民出版社，2003，第 180 页。
⑥ 庄泽宣著，达浚、宗华点校《西北视察记》，载宣侠父《西北远征记》、庄泽宣《西北视察记》合刊本，甘肃人民出版社，2002，第 209 页。

乡村男子多吸烟，女子尚缠足，"身体安得不弱"①。小孩子多没有裤子穿，大人的衣服也都破陋不堪，冬天唯一的宝贝，就是一袭没有面子的老羊皮褂子，晚上就拿它当被褥。②

1936 年，酒泉县农民的负债情况是"全县 1754 户农民中，不负债者占 0.5%，不能负债者占 12.5%，负债者占 87.3%，负债原因税款占 50%，口粮占 40%，杂用占 10%，农民全年每 10 亩生产量值为 92 元，各种支出总计达 166 元余，其不敷之处，几达一半"③。

……

当时许多到甘肃游历考察的人都看到了甘肃经济的衰败和人民生活的困苦，可以说人民生活在水深火热之中。甘肃人民生活如此困苦，难道是因为人民不勤劳吗？请看国民党元老邵元冲视察甘肃时的观察和评价：镇番（今民勤县）乡间的景色，一切和金塔乡间的相似。但是这儿的老百姓之在河西，和伏羌（今甘谷县）的老百姓之在陇南，是同样以勤劳、刻苦、勇敢、精明见称的。有些很整齐治理他们的田园，有些赶着他们的牛车或骡车到凉州一带去做买卖——把粮食卖了、买杂货回来赚钱，有些赶着骆驼队贩运鸦片烟，取道王爷府（定远营）到包头、绥远去换洋货，有些赶着骆驼队取道阿力子河上新疆运销棉花、葡萄干，或承领土地耕种。就是被称为"兰州客人镇番车"的最懒的吃车者，在约定时间内，亦准会把你送到目的地的，刮大风，下大雨，绝不借故推托半路抛锚。总之，他们随处都能表现他们的能力。不仅羊毛和驼毛每年都要按节季剪下来丝毫没有遗弃了，而且柽柳的梗子，亦有很多利用来编筐子。④

如此勤劳的人民辛劳终年却难得一饱，又该怨谁呢？时人认为"历来执政者大都不得其人，只知调剂个人私业，罔顾人民利害，遂致今日

①　马鹤天著，胡大浚点校《甘青藏边区考察记》，甘肃人民出版社，2003，第 136 页。

②　张恨水、李孤帆著，邓明点校《西游小记·西行杂记》，甘肃人民出版社，2003，第 113 页。

③　李扩清：《甘肃河西农村经济之研究》，台湾成文出版有限公司、美国中文资料中心，1977，第 26453 页。

④　明驼：《河西见闻录》，载顾颉刚著，达浚、张科点校《西北考察日记》，甘肃人民出版社，2002，第 155 页。

之甘肃无异于一世纪以前之甘肃，人民思想落后如故，经济破产有加！"① "今日甘肃之政局，可谓暗无天日……以言今日执甘肃政者，则既赃且恶，其措施之残忍，闻者酸鼻"。酒泉"金佛寺一带因连年荒旱，居民无力纳税，多逃避他方，地方官吏不设法补救，反强迫全区居民代逃亡者完纳各项杂税，遂致全体逃亡，地方荒凉。官吏无奈，只得报荒"②。顾颉刚认为，甘肃当时贫苦的原因在于政治黑暗，军政不统一，导致兵匪不分，人民穷困不堪。③ 虽然甘肃"土瘠民贫"，但人民"赋税繁重，人民不得衣被，昼则衣不蔽体，甚至儿童无裤，夜则褥被草薄，甚至赤身赤炕，民生如此，实地方政府之责也"④。

近代甘肃经济落后，农业生产仍沿用传统的耕作方式，产量低下。再加上灾荒频发，烟毒横行，地方当局借禁种之名行罚款之实，甘肃人民生活困苦不堪，农家普遍处于收不抵支的贫困状态。处在极度贫困中的农民，不得不举债维持简单的农业再生产，或者降低本来已经很低的生活水平。造成这种状况，政府负有不可推卸的责任。

第二节　传统金融组织

在现代银行出现之前，西北地区传统金融机构以票号、钱庄（银号）与典当为支柱。孔翔毅认为，在清代，钱铺、钱庄、银号这类金融机构已经成为城镇手工业、商业发展不可缺少的力量，是由农业文明向近代社会转型过程中各地数量最多、分布最广、业务最为灵活的土生土长的中国早期银行业机构。⑤ 票号主要是山西票号，钱庄、当铺则遍布全省，尤以省会和商路上的城镇为集中分布点。钱庄是起源于货币兑换，并因经营货币兑换而引起贷款和存款业务的一种信用机构。当铺主要经营质押贷款，分大当、中当、小当三种。

---

① 刘文海著，李正宇点校《西行见闻记》，甘肃人民出版社，2003，第39页。
② 刘文海著，李正宇点校《西行见闻记》，甘肃人民出版社，2003，第31页。
③ 陈万里著，杨晓斌点校《西行日记》，甘肃人民出版社，2002，第10页。
④ 马鹤天著，胡大浚点校《甘青藏边区考察记》，甘肃人民出版社，2003，第136页。
⑤ 孔祥毅：《中国银行业的先驱：钱铺　钱庄　银号》，《中国金融》2010年第12期。

一　票号、钱庄

票号又称汇兑庄或票庄，最早起源于山西平遥县经营颜料业的日升号，以资本32万两白银于1798年创立日升昌票号[①]，以经营汇兑业务为主，主要解决两地间贸易货款交付时的运现困难问题。因获利甚丰，竞相效仿者达数十家。票号的总号多设于山西，可分为平帮（总号设于平遥县）、祁帮（总号设于祁县）、太帮（总号设于太谷县）三帮，资本多在十多万两至数十万两间，其分支机构遍设于全国各大城市甚至海外，号称"汇通天下"[②]。到光绪年间，山西票号在全国80个大中城市设有分号，分号数达470家之多。[③] 票号虽初期专营异地款项划拨，但后来因汇款而产生的金融周转，包括因预收汇款而形成的存款和预付汇款而形成的放款也逐渐增多。票号可以运用遍布全国的分号进行汇兑业务，不需要往返运现。其活动重心在北方，与清政府关系密切，运送东南诸省解送甘新协饷和解送朝廷的京饷为其业务大宗。山西票号逐渐由为商业服务转为清政府的金融机关，成为清政府的财政支柱。在其极盛时期，山西票号垄断了国内汇兑和存放款业务，支持了中央政府的军费开支，起到了国家金库和银行的作用。[④]

近代兰州的金融行业，多操纵于山西、陕西、天津商人之手；钱庄和药号的经营者则以陕西商人为主。其中票号多为山西票号，全部是由总号和分号组成的中小型金融机构，其基本特点就是本小、利厚、快速高效。[⑤] 清光绪年间，在兰州地区和河西地区的凉州（今武威市）、甘州（今张掖市）、肃州（今酒泉市）的票号出现了极盛局面，票号数量大

① 范椿年：《山西票号之组织及沿革》，《中央银行月报》1935年第1期；卫聚贤：《山西票号之起源》，《中央银行月报》1935年第6期。按：当今学者多认为日升昌票号最早营业于道光初年，见孔祥毅《金融票号史论》，中国金融出版社，2003，第45~50页；董继斌、景占魁主编《晋商与中国近代金融》，山西经济出版社，2002，第49~52页。

② 范椿年：《山西票号之组织及沿革》，《中央银行月报》1935年第1期。

③ 陈其田：《山西票庄考略》，商务印书馆，1936，第98页。

④ 董继斌、景占魁主编《晋商与中国近代金融》，山西经济出版社，2002，第320~331页。

⑤ 张桂萍：《试论山西票号的经营模式》，《晋阳学刊》2005年第4期；董继斌、景占魁主编《晋商与中国近代金融》，山西经济出版社，2002，第64~84页。

增，出现了蔚丰厚、天成亨、协同庆等几家比较有名的票号①，而且经营规模也迅速扩大。最初票号只是兼营或专营汇兑，此时业务已经扩大到存放、借贷、信托等领域，与钱庄、银号趋于一致。大规模吸收官款是票号一度繁荣的重要原因，票号再将所收官款转贷给官吏、大商人及钱庄、银号。晚清同光之际，清政府曾将大量税款、运饷、协饷、丁漕等款项存放在票号中，促使票号业迅速发展起来。由于官府的支持，一批官吏也纷纷将自己的私蓄存入票号，从而使票号经营者获得了巨额的流动资本。他们将这些资本贷放给商号、钱庄，获取高额利润。以汇兑为例，当时省城兰州年产水烟 1 万 ~ 2 万担（每担 460 斤）②，在上海售价平均每担以 45 两白银计算，每年从上海一地汇回兰州的烟款就有约 90 万两，每 1000 两汇水以 10 两计算，仅此一项，票号每年就可以得到汇水 9000 多两。③ 另外，他们还可以将大笔存款借贷出去，获取高额利息。其他如布业、茶业、皮毛业、药材业等汇款、存款数额之巨，由此也可推想而知。有人认为，票号成功的关键在于有一套遴选人才、培训人才、使用人才和造就人才的机制。这套成功的人才管理机制又是以人身股参与分红这一激励机制为主线形成、发展和完善起来的。④ 但这也埋下了票号衰落的根源：票号本身是靠清王朝及官僚贵族的提携而崛起的，清王朝覆灭后，由于贷给政府的款项不能收回，而官员对票号却紧紧追索，再加上兵匪的劫掠和纸币的贬值，票号大批倒闭。辛亥革命后，除个别票号改组为钱庄（如张掖的天成亨）外，绝大部分随着清王朝的灭亡而裁员歇业，走向衰落。

钱庄的业务范围很广泛，既办贷款，又收存款，也可间接办理汇款，经营方式灵活，既可利用自己的资本，也可利用别人的资本。它有一套

① 陈其田：《山西票庄考略》，商务印书馆，1936，第 105 页。按：在兰州、凉州的票号为蔚丰厚、协同庆、天成亨，肃州为蔚丰厚、天成亨，甘州为协同庆、天成亨。

② 据《西北通史》，1923 ~ 1928 年兰州年产水烟 4 万多担，其中销售青烟 3 万担（每担 440 斤），绵烟 1 万多担（每担 720 斤）。见谷苞主编《西北通史》（第 5 卷），兰州大学出版社，2005，第 329 ~ 330 页。笔者认为相关数据来自估计，不够准确，且以票号兴盛时间来推算，该数据应为清末民初的水烟产量。

③ 马钟秀：《清末民初的兰州银钱业》，中国人民政治协商会议甘肃省委员会文史资料研究委员会编《甘肃文史资料选辑》（第 13 辑），甘肃人民出版社，1982，125 页。

④ 张桂萍：《山西票号的身股制度与人才管理》，《中国社会经济史研究》2005 年第 2 期；张玮：《山西票号的用人之道》，《晋阳学刊》2004 年第 1 期。

自己的信用手段，为商贸活动提供金融服务，在流通领域里发挥着重要作用。钱庄的发展以长江流域为中心，业务往来以商人和商业为主要对象，营业对象的重点在本地区，依附于外国资本。作为中国传统的金融机构，钱庄成为我国银行的先导。在近代以来相当长的时间内，钱业在经济生活中扮演着重要的角色，在金融界的地位远远超过新式银行。1927 年以前，钱庄一直处于上升的发展状态，其中 1910～1927 年被认为是钱庄发展的"黄金时代"[1]。然而，自 1927 年国民政府建立以后，种种原因使钱庄开始走向衰落。1935 年前后的钱业恐慌，原因有以下几点：从制度与组织形式来看，钱庄实行无限责任制，但同时股东对经理人缺乏有效的监督，容易导致营业的投机与失误；从营业情况来看，钱庄自有资金过于薄弱，而经营信用放款和投资地产又使资金易陷入呆滞，从而增加了营业风险；从管理的角度讲，钱业缺乏优秀的人才、严格的纪律与科学的管理。钱业具有以上种种内在的弱点，同时面临银行激烈的外部竞争，加上政府本质上对钱业的压制政策，使钱业在经历了 1927 年以来的长期萧条后，终于经不住 1935 年剧烈的市场变动，几乎面临崩溃的危险。[2] 自从 1933 年国民政府实行废两改元以来，旧式钱庄因失去操纵两、元兑换的主要业务，境况日渐没落。1934 年下半年，中国白银大量外流，银根吃紧，上海地价狂跌，一向以地产为重要业务的上海钱庄汇划业，多数陷于资金周转不灵的状态。这时，国民政府以救济危机、安定市面为名，命令中国、中央、交通三行借款 1800 万元，由财政部组织"钱庄监理委员会"，对上海钱庄业进行管理监督，从而也使其受到国家资本的控制，变成国家银行的附庸。[3] 1935 年的金融恐慌，使钱业力量受到重大的打击。此后，由于中国新式银行的竞争，钱业的衰落进一步加深。即便各业都从萧条中恢复，钱业的复兴始终没有出现。"法币政策以后，我国金融市场转趋稳定，各业多告回苏，论理钱庄亦应再见繁荣。然因资力较厚之新式银行，乘钱庄衰败之余，增设千处以上分支行于各地，扩张信用业务，于是在此金融市场平稳，经济建设复兴农村

---

[1]　中国人民银行上海市分行：《上海钱庄史料》序言，上海人民出版社，1960，第 6 页。

[2]　柳琴：《1935 年金融恐慌与中国新式银行业的不平衡发展》，硕士学位论文，华中师范大学，2003，第 14～16 页。

[3]　石毓符：《中国货币金融史略》，天津人民出版社，1984，第 294 页。

之过程中，钱业仅免于更深一步没落，未足以言复兴"①。

"兰州钱业始于前清初年，当时通货概为生银与制钱两种，钱庄交易范围限于兑换，对于各地汇兑款项完全操于票号之手"②。辛亥革命后，票号相继倒闭，钱商业务乃日见发达，家数亦日渐增加。市上一切汇划，统归钱业办理。其间虽有官钱号及地方银行之成立，然受政治影响，为时不久，信用反不如钱庄之稳健可靠。所以，兰州的汇兑行市完全为钱商所操纵。钱业的日常工作则为开定行市，每日午前 11 点、午后 4 点，各钱商人员会集南关八仙园议定行市，作为交易标准。③

清末民初，甘肃各地钱庄（银号）数量大有增加，仅省城兰州市的钱庄（银号）已发展到 50 多家，比较著名的有政德明、义兴隆、天福公等。各县大商人和地主开设的商号往往兼营货币汇兑业务，如陇西的德敬信泰、九如渊，正宁的光裕东、茂盛魁等。其经营规模和业务范围也进一步扩大。天福公刚成立时仅有资本 5000 元，随着资本积累的增加，经营范围也越来越大。许多钱庄（银号）除经营存放汇兑业务外，还买卖生金，兼营副业。甘肃地域辽阔，境内土特产资源十分丰富，著名的如皮毛、水烟、药材、棉花等，被称为甘肃四大土特产。各钱庄（银号）利用其雄厚的资金，从当地收购各种土特产，再将其贩运到西安、上海等地。这种业务若经营有方，是一种有厚利可图的事情。近代以来，由于军阀割据，地方统治者滥发货币，造成各种制钱充斥市场，银两与制钱的兑换业务随之发展起来。钱庄（银号）在这一活动中充当了重要角色。抗战爆发前甘肃省钱庄业状况如表 1 - 2 所示。

表 1 - 2　抗战前甘肃省的钱庄业④

商号	成立时间	资本（元）	独资或合资	股东	经理	有无联号
中和德	1914 年	5000	独资	曹正恭	曹正恭	西安一处
天福公	1920 年	5000	伙资	史静庵、王友华	吴云程	无

①　沈雷春：《中国金融年鉴》，中国金融年鉴社，1947，第 142 页。
②　林天吉：《甘肃经济状况》，《中央银行月报》第 3 卷第 6 号。
③　中央银行经济研究处：《甘青宁经济纪略》，中央银行，1935，第 50 ~ 51 页。
④　林天吉：《甘肃经济状况》，《中央银行月报》1934 年第 6 号。

续表

商号	成立时间	资本（元）	独资或合资	股东	经理	有无联号
聚成泰	1926 年	10000	伙资	义盛魁、太元涌	梁彝臣	无
天合义	1916 年	5000	伙资	彭鹤龄、周登五	薛世五	无
义成永	1930 年	10000	独资	蔚隆章	徐相如	无
自立裕	1933 年	20000	独资	王兆先	董春庭	西安一处
德胜铭	1931 年	5000	独资	金子盘	戈鹤亭	无
世泰号	1926 年	30000	独资	贺从丞	张毓瑞	西安一处
万顺号	1929 年	6000	独资	万顺成	韩元臣	无
明德号	1933 年	50000	独资	杨思三	王福堂	无
义泰号	1933 年	10000	独资	史静庵	张秋舫	无
义盛魁	1907 年	5000	独资	贾子明	田文轩	无
自立俊	1927 年	30000	独资	王会堂	郝俊生	老号住西安
自立久	1931 年	20000	独资	王会堂	荆甘亭	老号住西安
同济合	1914 年	50000	独资	张仁镜	赵天祥	老号住新绛
涌集长	1928 年	5000	伙资	王务本、张点俭	张升出	无
益泰永	1874 年	5000	独资	翟东初	王穆庵	无
政德元	1907 年	1200	独资	焦定伯	傅少云	无
永泰和	1933 年	10000	独资	史静庵	张秋舫	无
万元福	1909 年	1500	独资	陈香亭	张秋舫	无
政德明	1905 年	1500	独资	焦定伯	孙怀滨	无
义兴隆	1916 年	3000	伙资	骏川成、陈复昌	陈复昌	无
西安世泰号	1932 年	20000	独资	贺筱丞（笑尘）	任子安	老号住西安
德懋恒	1927 年	系住兰汇兑庄，无定额资本			闫立五	老号住三原
永盛德	1933 年	同上			赵郎斋	老号住天津
敬盛丰	1933 年	同上			樊位三	老号住西安
晋兴庄	1933 年	同上			任韩臣	老号住太原
溥晋号	1933 年	同上			王焕章	老号住太谷

以上钱庄共计 28 家。另据张令琦统计，清末至北洋政府时期，兰州有钱庄 19 家（见表 1 – 3）。但张令琦文是后来据回忆所写，可信度比林天吉文要低一些。

表 1 – 3　全面抗战前兰州银钱业商号名称①

商号	开办时间	股东	经理人	备注
蔚成永	1932 年 9 月	蔚隆章	徐象如	
益泰号	1933 年 5 月	翟东初	冠子英	
明德号	1933 年	杨思	王福堂	后改由薛远斋负责
义盛魁	1877 年	魏子成	田文轩	
义兴隆	1914 年	马仁山	陈复昌	
万顺号	1932 年	万顺成	韩允臣	
永泰和	1933 年	史静安	张秋舫	
涌集长	1928 年	王务本	张升初	
中和德	1924 年	曹政恭	曹政恭	
天福公	1920 年	史静安、王友华	吴云程	
复盛铭	1931 年	金子盘	弋鹤亭	
聚盛泰	1926 年	义成魁	太源涌	
自立裕	1933 年	王兆仙	董春亭	
世泰昌	1926 年	贺笑尘	张毓瑞	
自立俊	1923 年	王兆仙	李秀享	
同济合	1895 年	张仁镜	郝克明	
天意合	1906 年	彭鹤龄	赵天祥	
万源福	不详	陈姓	不详	
世裕号	不详	不详	薛世五	

20 世纪 30 年代后，由于新式银行业的迅速发展，甘肃的钱庄逐步走向衰落。尤其是国民政府 1933 年在全国实行废两改元，1935 年又实行法币政策，钱庄靠银两、银圆之兑换而谋取利润的手段受到很大打击，从而在总体上呈萎缩趋势。

---

① 张令琦：《解放前四十年甘肃金融货币简述》，中国人民政治协商会议甘肃省委员会文史资料研究委员会编《甘肃文史资料选辑》（第 8 辑），甘肃人民出版社，1980，第 166 页。

钱庄与票号的关系如下。钱庄（银号）是封建社会专门的金融机构，而票号则是由一般商号兼营汇兑，发展到专营汇兑的封建性金融机构。钱庄（包括银号）一般资本不雄厚，上海钱庄资本最多约在 5 万两，而且大都没有分支机构，唯少数上海钱庄在长江中下游一些城市设有若干分庄。钱庄不仅数量多，而且分布广，并与外国银行存在联系。而票号开设于通都大埠和重要码头，数十家票号通过其在全国各地的分支机构，结交官僚，收存官款，资本雄厚，一般只放款给政府和资信好的钱庄及个别殷实商号，对第二流以下之工商业概不放款。票号不直接办理现金出纳，常常与数家基础巩固的钱庄订立往来合同，把资金交给钱庄保管。在未设分支机构的城市，就委托当地钱庄代理，如大德通票号在光绪中叶有分号 20 多处，在各省委托地方钱庄代办业务者亦有 20 多处。钱庄从事一般工商业的放款活动，或代理票号业务，以票号为靠山。[①] 自从外国银行入侵，钱庄与外国银行建立联系以来，钱庄获得了第二个后台：外国银行。据《申报》记载，"钱庄之本，如沪市汇划字号，之（至）多无过 5 万，少则 2 万余，招揽往来户头百十，所放之账，辄盈数十万。"所以能如此，皆赖"有外国银行、西帮票号以为之援，抱彼注兹，殊觉便捷，虽生意之数十倍于资本无伤也"[②]。谭炳文认为当铺与银行、钱庄关系密切。当铺资金不足，不得不从银行、钱庄通融，借入低利长期借款。钱庄因其大额贷款确实可以收回，故愿意贷出。银行则更借以为流通其钞票之手段。同时，当铺也能以低利借入，以高利借出，获取利润，与钱庄、银行互相提携，金融界始得以健全发展。另一方面，钱庄、银行与当业，各有其特异之分野，互不犯袭，共同构成金融机构网。[③] 不过，一旦碰到银行不予拆借，票号又收账的时候，钱庄就会立即捉襟见肘。但票号和钱庄也相互为用，票号以余款拆借给钱庄，使钱庄扩大与商人和商业的联系；钱庄和票号运用各自的信用工具和特长，使埠际间的商品交换可以凭借汇票和庄票进行沟通，完成异地的结算与清算。具体到甘肃，票号在辛亥革命后很快就淡出历史舞台，而钱庄则一直生存到中华人民共和国成立，甚至在抗战时期有所发展，产生了向

---

① 孔祥毅：《金融票号史论》，中国金融出版社，2003，第 100 页。
② 《综论沪市情形》，《申报》1884 年 1 月 23 日第 1 版。
③ 谭炳文：《调查　北平当铺之研究》，《钱业月报》1934 年第 5 期。

现代银行过渡的趋势。钱庄业的分布，以大城市和商路沿线的中等城市为主要据点，例如兰州、武威、张掖、酒泉、平凉、天水、临夏等，而在稍偏远的地区则以当铺为主。

二　当铺

当铺，大者为当，小者为质。当铺和质店均为抵押消费信用机构。典当业与平民百姓的生活息息相关。城市平民的借贷方法，大多仰赖典当。典当原因，大部分为维持日常生活。农村典当之放款，半数以上直接用于生产。因向银行借款手续麻烦，平民视典当为唯一融通资金之途径。[①] 但典当业利息过高也屡屡为人诟病。

典当业在北洋政府时期已趋于萧条。到国民政府统治时期，由于资本主义世界经济危机波及中国，造成市场萧条，当物积压，不易出售，严重影响典当业资金周转，停业者为数不少，使得典当业更为衰落。据《财政全书》记载，1925 年甘肃全省共有典当商行 127 家（不含天水、秦安、武山、伏羌、西和、文县、隆德 7 县，皋兰县按 1924 年数字计入）[②]。1927 年前后，兰州开设的当铺约有 14 家。其中大当 6 家，中当 7 家，小当 1 家。当铺的资本一般在 2000～3000 元，也有高达 5000～6000 元的。清末民初，兰州当铺相当多。国民党统治后期，由于通货不断贬值，典当时候的币值，到赎取的时候，已经贬低很多，财东们因无利可图，就逐渐歇业了。同时，又因物价涨落不定，出当的当物在处理时难以估价，这也是当业日渐衰歇的原因。兰州以前有大当、小当（小押当）的分别，大当一般资金较大，当期较长，当息也较低。大当的取赎周期一般为 3 年，因为与社会实际需要不符合，无法维持生存，到 20 世纪 30 年代已经倒闭殆尽。小当一般资本较小，典当期短，利率比较高[③]。总之，都在二分至三分之间。当价一般是折半计算，也有以六成估计的，都按市价计算。一般笨重的金属物品或武器当物不予接受，因为保管不便。取赎周期在 3 个月左右。当票有时因急需，也可转让给他人或转卖。由于早年没有物品寄售所，寄售的东西卖不掉就无法马上用款，而当业

---

① 朱济昌：《我国典当业之发展与组织》，《信托季刊》1940 年第 3、4 期。

② 杨慕时修，陈瑾纂《财政全书》（第 73 册），甘肃省财政厅，1926。

③ 朱镜宙：《甘肃之财政与金融》，《银行周报》1934 年第 19 期。

则可以直接付当价，解决临时急需，在时间上比较灵活便利。这是典当业能在较长时期存在的原因。①

1934 年，甘肃省"当局会"召集各地当商代表，商定不论大当小当，月息均减为 3 分，取赎时间延长为 1 年 6 个月。到 1940 年时，因物价上涨，大当质典期限缩短为 1 年，利息提高为 5 分；小当缩短为 6 个月，利息提高为 6 分②。当税有中当、小当的分别，中当、小当皆分甲乙丙三等，以当业所在地之繁简为区别。当业在繁盛城镇者为甲等，在偏僻城邑者为乙等，在偏僻市镇者为丙等。中当领取当帖（营业执照）时，按照等次每帖需缴纳 100 元、80 元、60 元；小当请领当帖时，按照等次每帖需缴纳 80 元、60 元、40 元。当帖的有效期，中当为 15 年，小当为 10 年。期满必须呈报县署，照章纳捐，换领新帖。换领新帖需缴纳工本费 1 元。平时还需要缴纳营业税，每年分上下两期缴纳，中当按照等次缴纳 60 元、50 元、40 元，小当按照等次缴纳 40 元、30 元、20 元③。

据《原兰州私营商业简况》，20 世纪 30 年代的兰州有钱行（包括金店）30 余家，当铺约 15 家。④ 另据张令琦统计，中华人民共和国成立前兰州地区的典当业有 15 家，其情况如表 1-4 所示。

表 1-4　民国时期兰州的典当业⑤

号名	经理人	资本额	号名	经理人	资本额
公庆当	惠吉清	3000 两	华荣当	张姓	2000 两
荣合当	刘荆	3000 两	树顺当	杨文炳	2000 两
复兴当	李中平	2000 两	锦绣当	王西亭	2000 两

① 张令琦：《解放前四十年甘肃金融货币简述》，中国人民政治协商会议甘肃省委员会文史资料研究委员会编《甘肃文史资料选辑》（第 8 辑），甘肃人民出版社，1980，第 165 页。

② 方步和主编《张掖史略》，甘肃文化出版社，2002，第 610 页。

③ 徐启文：《中国典当业概况》（上），《商业月报》1936 年第 3 期。

④ 赵景亨、吉茂林：《原兰州私营商业简况》，中国人民政治协商会议甘肃省兰州市委员会文史资料研究委员会编《兰州文史资料选辑》（第 3 辑），1985，第 158 页。

⑤ 张令琦：《解放前四十年甘肃金融货币简述》，中国人民政治协商会议甘肃省委员会文史资料研究委员会编《甘肃文史资料选辑》（第 8 辑），甘肃人民出版社，1980，第 164～165 页。

号名	经理人	资本额	号名	经理人	资本额
永济当	吴锦堂	2000 两	同生当	高兴元	2000 两
泉兴当	范姓	2000 两	裕亨当	杨立堂	5000 两
洪庆当	允姓	2000 两	四合当	不详	不详
三合当	韩姓	2000 两	福顺当	杨姓	不详
德泰当	王鸿采	2000 两			

由于地方军阀割据连年、战事侵扰、交通阻塞，兰州银钱业并不景气。到 1942 年，兰州市的旧式金融机构只剩下天福公等 6 家钱庄了。

三　合会

合会是民间自发组织的资金融通活动，正史当中对此记载甚少。关于合会的起源，并无具体史料可以确证。杨西孟认为，"合会是我国民间流行的一种小规模的金融合作组织"。[①] 郑启福认为，合会"雏形于汉代，成型于唐代，初步发展于宋代"。[②] 多数情况下是由发起人（称会首）主动邀请若干与其关系密切的亲戚和朋友（称"会脚"）组成一个会，按照一个固定的时间周期在会首家中举行聚会，第一期会款由会首使用。以后每期由会首、会员分别交纳金额若干，"并按照商议的方法来决定会员对每期会款的使用次序"，由一未得会的人收用，直至所有会员均已得会，宣告该会终结[③]。合会有多种叫法：标会、摇会、轮会、互助会、老人会、同乡会、喜忧会、孝义会、钱会等。合会的名目繁多，各地叫法也有不同。著名学者李金铮将其分为四类：储蓄类、保险类、慈善类和借贷类。[④] 合会制是"中国式的贮蓄制度"[⑤]，多行于农村。在现代银行业所未达到或未能顾及的广大农村地区，合会制是除了高利贷以外的唯一融资渠道。清代各种类型的会社也很活跃，金融互助会尤为

---

① 杨西孟：《中国合会之研究》序言，商务印书馆，1935，第 1 页。

② 郑启福：《中国合会起源之考辨》，《湖北经济学院学报》2011 年第 2 期。

③ 王宗培：《中国之合会》，中国合作学社，1931，第 103～115 页。

④ 李金铮：《借贷关系与乡村变动——民国时期华北乡村借贷之研究》，河北大学出版社，2000，第 115 页。

⑤ 李鸿：《合会》，《生活》1926 年第 51 期。

普遍。清末民初，会社进入繁盛时期。根据文献记载，清末民国时期，全国各地不论城区乡下，都有组织合会的习惯。《江村经济——中国农民的生活》第 15 章"资金"中以"互助会"的形式对合会进行了介绍。①《民事习惯调查报告录》一书对近代中国各省区存在的各类合会进行了记录，其中涉及甘肃的也不少。通常而言，若借贷发生于情义融通的亲朋故交之间，借期普遍较短，民间习惯多不计利，届期未能还款，虽需偿付一定利息，但并不易引起纠纷。如甘肃省静宁县有"借钱不过月"的习惯，"遇有紧急事务时，须借助于亲友者，一邀允许，当即书立约据。但约内必载明一月归还，如过一月仍是无力归还，乃得照例行息"②。甘肃全省均有以粮食、牲畜、生产工具等作抵押物的习惯，"如甲向乙借钱若干，契约内注明以赢马若干蹄角牛羊若干蹄角作为担保，届期若不克履行债务，则债权者得主张占有保借物品而牵策以去"。③ 据中央农业实验所农业经济科在 1934 年所做的调查，22 省 871 县合会报告次数达 1922 次，而事实上农村合会的数目要远远大于此数。全国平均每县有 2.21 个合会。甘肃省 21 个县合会报告 14 次，其中摇会 21.4%，轮会 42.9%，标会 28.6%，其他类型 7.1%④。合会为"民间之旧式经济合作制度，救济会员相互间金融之组织"，其宗旨为"缓急相济，有号相通，有往必来，有施必报"⑤。所以，合会的利率往往低于市面利率，大抵与民间之借贷成正比，相辅而行也。⑥ 甘肃全省通行习惯，"借贷不满百串者，其利率可多至三分。若过百串者，则一分至二分不等，从未有过二分者"。"通行利率，至多不得超过三分。"⑦ 当农民遇到生老病死、贫困灾害时，亲属互助及邻里互助是最普遍的一种手段，合会即满足了这一要求。这是合会区别于典当和高利贷等形式的根本特征。合会

---

① 费孝通：《江村经济——中国农民的生活》，商务印书馆，2005，第 188~192 页。
② 前南京国民政府司法行政部编，胡旭晟、夏新华、李交发点校《民事习惯调查报告录》，中国政法大学出版社，2005，第 590 页。
③ 前南京国民政府司法行政部编，胡旭晟、夏新华、李交发点校《民事习惯调查报告录》，中国政法大学出版社，2005，第 584 页。
④ 实业部中央农业实验所农业经济科编《农情报告》1934 年第 2 期。
⑤ 陈维藩：《合会论》，《国际与中国》1937 年第 2 期。
⑥ 陈维藩：《合会论》，《国际与中国》1937 年第 2 期。
⑦ 前南京国民政府司法行政部编，胡旭晟、夏新华、李交发点校《民事习惯调查报告录》，中国政法大学出版社，2005，第 584~585 页。

还有借贷和储蓄的功能。借贷是其主要功能。对于贫困的农民来说，储蓄并不是真正的盈余资金，一方面是为了应付将来可能面临的某种非常态事件，另一方面则是碍于人情而进行的半强制性行为。

在甘肃广大农村，官、私低息放贷机构的缺乏使得农民在遇到突发性高消费需求时求告无门，导致高利贷在农村信贷市场上盛行不衰，借贷者往往因偿还不起利滚利而家破人亡。① 近代以来的当铺、钱庄、票号等旧式金融机构往往设在城市或者各通商大埠，多从事兑换和汇兑业务，鲜少有针对穷苦大众的低息放款业务。清末民国时期，新式银行旨在以发行钞票的方式赚取利润、为官宦商贾服务，很少与农村生活发生联系，难以满足小农的需求。据实业部中央农业实验所公布的全国各省农民借贷的情况来看，在陕西、甘肃、宁夏、青海四省农民的借贷来源中，以地主、富农、商人为主的私人借贷所占比例最高，达74%，其次是商店，占18.3%，再次为典当，占4.5%，银行及合作社所占比例最低，合计仅占1.8%。② 以地缘、血缘为基础，以信用为纽带的合会是人们在官方救助和被迫选择高利贷之外解决资金短缺问题的唯一选择。但在实际操作中，仅少数比较富裕且有信用之农民可以利用合会的资金，而且这种资金的利息很高，如通行甘肃全省的"一本一利"就是典型的高利率，大通县还有"息金做母金"的习惯。这都使得贫苦农民难以负担，所以大多数贫农被摒斥于此种组织之外。③

四　官银钱局、官银号和平市官钱局

1906 年，兰州地区设立了第一个地方性金融机构——甘肃省官银钱局，资本总额兰平银 10 万两，发行由上海石印的一千、五百钱票十五万串，一两、二两银票（当时又称龙票）30 万两。由于能十足兑现，发行额逐渐增加到 50 余万两。④ 作为当时的金融组织，官银钱局仅仅"略具一种雏形，资金既不充裕，发行准备亦感不足，业务设备尤多简陋，账

① 甘肃省政府：《甘肃省政府布告　法字第 5 号》，1933 年 8 月，甘肃省档案馆藏，档案号 15 - 4 - 16。
② 实业部中央农业实验所农业经济科编《农情报告》1934 年第 11 期。
③ 陈维藩：《合会论》，《国际与中国》1937 年第 2 期。
④ 甘肃省银行经济研究室编《甘肃省银行小史》，甘肃省银行印刷厂，1944，第 2 页。

务记载亦显落后，尚用毛笔直行记账"①。

1913 年，甘肃督军张广建将官银钱局改组为甘肃官银号，由其代理省库，承办公债。张广建督甘，以其亲信财政厅长雷多寿为监理官，郑元良为总办，邓隆为坐办，赵治堂为经理，王兴国、王锦文为副经理。因当时军政比较统一，全省财政税收全部解送省库，各项军政费用的支出，亦由官银号代理的省库办理。遂将原官银钱局"龙票"收回，改为银票。其业务经营，亦不受政府干涉，能保持金融与财政的分立。计发行新银票一两、二两、五两、十两四种，总额达 400 余万两。1920 年秋季以后，财政税收短绌，开支浩繁，省政府向官银号透支达 300 万两之巨，致使该号银票无法及时兑现，遂于 1922 年歇业。②

1914 年北洋政府公布《国币条例及施行细则》③ 后，甘肃设立平市官钱局。据于廷明考证，甘肃平市官钱局设立的时间应该在 1920 年至 1923 年之间④。平市官钱局主要从事银钱兑换业务。当时财政部的天津总厂，已开始依照国币条例铸造袁世凯头像银币（即民三年袁头），每一银币合纯银六钱四分八厘。从此甘肃省开始通用银币。而平市官钱局之设，亦自此始。张广建督甘时期（1914～1921 年），为了便利兰州地区市面上兑换铜币、制钱之用，发行了铜圆票，信用尚好，但对地方金融没有产生重大影响。1928 年，平市官钱局由甘肃农工银行接收。⑤

第三节　甘肃现代银行业的萌芽

19 世纪末，随着列强由自由资本主义向垄断资本主义过渡，资本输

---

① 张令琦：《解放前四十年甘肃金融货币简述》，中国人民政治协商会议甘肃省委员会文史资料研究委员会编《甘肃文史资料选辑》（第 8 辑），甘肃人民出版社，1980，第 129 页。

② 甘肃省银行经济研究室编《甘肃省银行小史》，甘肃省银行印刷厂，1944，第 2 页。

③ 《大事记：二月：七日公布国币条例及国币条例施行细则》，《时事汇报》1914 年第 4 期。

④ 于廷明：《甘肃平市官钱局及发行纸币考》，《中国钱币》1990 年第 2 期。

⑤ 甘肃近代史上有两个平市官钱局。另一个甘肃平市官钱局是 1932 年 2 月甘肃省政府为整理市面跌价铜圆票及调剂本省金融决定重设的。因本金无着落，铜圆票价格大跌，40 余串才能换现洋 1 圆。平市官钱局资金短绌，业务难以开展。1936 年 7 月，甘肃省政府重新公布《甘肃平市官钱局组织规程》，核定其资本为 10 万元，实拨到位的仅有 27000 元。1939 年 6 月 1 日，甘肃平市官钱局改组为甘肃省银行。

出越来越成为其经济侵略的重要手段。除了投资设厂外，列强还纷纷在华设立银行，争相向清政府贷款。甲午战争后，又有一批银行进入中国，原有的外国银行也增设机构，扩大营业。大量的借款伴随着权益的丧失，再加上外商银行的高额利润刺激，有识之士纷纷呼吁设立中国自己的银行。

　　1897 年，第一家华资新式银行中国通商银行在上海成立，开办资本为白银 250 万两。1905 年 8 月，以股份有限公司形式组建的户部银行在北京成立，随即在天津、上海、汉口等地开设分行。开办资本 400 万两，其中一半为户部官股。1908 年，邮传部在北京设立交通银行，专门经理轮路电邮款项。开办资本 250 万两，邮传部官股占 40%。同年，户部银行改为大清银行，并颁布《大清银行则例》24 条。① 民国成立后，大清银行改组为中国银行，承担中央银行的职能。1914 年，交通银行股本总额增为 1000 万两。中国银行和交通银行成为北洋政府的两大财政支柱。

　　张广建、陆洪涛主甘时期（1914～1921 年、1921～1925 年），外地的铜圆和制钱不断流入兰州市场，各币种间的兑换价格涨落不定。各钱行以兰州大会馆巷（今张掖路步行街一带）为钱市，每天议定兑换价格，挂牌公布，直到陆洪涛督甘后期制钱逐渐不流通为止。陆洪涛督甘时期，甘肃平市官钱局发行的辅币钱票仅能在省城使用，外地因其不能兑现，拒绝使用。1922 年，甘肃官银号停业。1923 年，因财政支绌，陆洪涛下令召开全省财政会议，决定以现银四钱兑换官银号发行的银票一两的比例收回，并全数销毁。

　　甘肃官银号结束后，省议会议长张维提倡"财政公开，会计独立"。1924 年他就任财政厅厅长后，就着手筹办甘肃银行，并自任经理。甘肃银行的规定资本为 100 万元，实有资本仅财政厅拨付的 142000 两，却发行七钱二分的银圆票 70 多万两。到 1925 年，发行额增至 90 万两。

　　1924 年 10 月，中国银行兰州支行成立。1929 年 12 月因业务不继停业。1925 年，国民军入甘，刘郁芬任甘肃督办。受政局影响，甘肃银行的营业一蹶不振，于 1928 年 4 月停业。

　　西北银行随国民军入甘，1925 年 9 月设立了甘肃分行，12 月设立兰

---

　　①　孙祥贤：《大清银行行史》，南京大学出版社，1991，第 76～78 页。

州分行，其总行先后设在张家口和郑州，并先后在秦州、平凉、肃州、甘州、凉州、永登、靖远、狄道（临洮）、红水（景泰）、山丹、河州等地设立分支机构。这是甘肃第一次把银行机构扩展到地方。1926 年 1 月，西北银行兰州分行发行一元、五元、十元西北银行银圆券，主要用于支付军费。票面加印甘肃、兰州、平凉、凉州、秦州、肃州、河州等字样，以表示流通区域。西北银行甘肃分行借用平市官钱局的铜圆券加盖印记后发行，另外还发行有一角、二角和五角券辅币。① 1927 年 9 月，省政府发行甘肃军事善后流通券 40 万元。10 月 18 日，省政府以整理七厘公债、补充省库为名，发行甘肃"金融整理有奖公债"300 万元，有奖无息，向全省摊派，以后本息均未归还。1928 年 10 月，冯玉祥令将甘肃银行归西北银行总管理处直辖。到 1928 年底，西北银行在甘肃发行并流通的纸币有 1949669 元。② 据于廷明考证，西北银行在甘肃发行的纸币总额约在 250 万元，流通额为 220 万 ~ 230 万元。③ 1930 年中原大战开始后，国民军东下参战，西北银行甘肃分行遂于同年 3 月停止兑付，次年停业。

1928 年 3 月，刘郁芬委派西北银行经理姬潆为甘肃银行代理经理，并以甘肃银行代理省金库。4 月，省政府决定合并甘肃银行、甘肃平市官钱局，改设甘肃农工银行，委派姬潆为总经理④，发行铜圆票，以收回甘肃银行发行的银圆票。发行由 1925 年西北银行纸币加盖甘肃农工银行字样的纸币一圆、五圆和十圆 3 种，以及 1928 年西北银行纸币加盖甘肃农工银行字样辅币铜圆券 10 枚、20 枚、50 枚和 100 枚 4 种。⑤至 1928 年底，共发行铜圆券 30 万串，有一百枚、五十枚、二十枚和十枚四种。另有甘肃农工银行西宁办事处发行铜圆券 20000 串，七一券 20000 元；肃州办事处发行铜圆券 45000 串，凉州办事处发行铜圆

①　于廷明：《西北银行甘肃分行及纸币发行考》，《中国钱币》2003 年第 2 期。
②　徐堪：《财政部钱币司章制汇编（附统计报告）》，1930，第 71 ~ 73 页。
③　于廷明：《西北银行甘肃分行及纸币发行考》，《中国钱币》2003 年第 2 期。
④　刘郁芬：《甘肃省政府指令：令财政厅：呈请加委姬潆凌凤阁为农工银行总协理并呈赍条例请备案由（中华民国十七年十月三十日）》，《甘肃省政府公报》第 66 期，1928，第 39 ~ 40 页。
⑤　张光华：《甘肃钱币选粹》，甘肃人民出版社，2006，第 110 ~ 115 页。

券 10000 串。各地发行的票券均加盖各地方名称，以示区别。[①] 到 1932 年春甘肃农工银行停业时，总共发行铜圆票 230 多万串，约合银洋 60 万元。[②]

1930 年中原大战开始，国民军撤出甘肃，政局动荡，财政恐慌，币信大降，市面上出现拒收纸币现象。甘肃省政府不得不多次发出公告，强令人民使用纸币，禁止携带超量现银、现洋、铜圆出境。如若拒收纸币，要"按扰乱金融例治罪，决不宽贷"[③]。但是老百姓却不买账，不认毫无信用的纸币。连华洋义赈会往各县散赈时，也是携带现洋。此事被省城征收局上报至甘肃省政府。[④]

1930 年 4 月，冯玉祥令马鸿宾出任甘肃省代主席，但马鸿宾并未赴任。1931 年 1 月 15 日，蒋介石任命马鸿宾为甘肃省政府代主席，马鸿宾于同日赶到兰州就职。马鸿宾将西北银行和甘肃农工银行改组为富陇银行，采取董事会制，资金总额 150 万元，喇世俊任董事长，贺筱臣（笑尘）为行长。因来不及印钞，省政府决定，将西北银行发行之一圆、五圆、十圆银圆券，加盖富陇银行印章，继续流通，发行总额 360 余万圆，不兑现。[⑤] 8 月 5 日，马鸿宾正式被蒋介石任命为甘肃省主席。25 日，雷马事变爆发，马鸿宾被扣押。各界代表组织甘肃临时省政府。11 月 11 日，经吴佩孚调解，雷中田释放马鸿宾，马返回宁夏。局势动荡不定，富陇银行艰难维持，终因钞票滥发太多，无法挽回颓势，在陕军入甘后宣告停业。

1931 年 12 月，陕军孙蔚如率部入甘，西北银行、甘肃农工银行都因为冯玉祥军事上的失败而停业。陕西省银行随陕军进入甘肃，成立陕西省银行兰州分行，接收甘肃省金库，并先后在平凉、天水、定西等县设

① 徐堪：《财政部钱币司章制汇编（附统计报告）》，1930，第 73 ~ 74 页。
② 南秉方：《甘肃平市官钱局之发展》，《新西北》1939 年第 5、6 期合刊。
③ 《甘肃省政府布告》（1930 年 6 月 29 日），《甘肃省政府公报》第 26、27 期合刊，1930，第 16 ~ 17 页；《甘肃省政府布告》（1930 年 7 月 11 日），《甘肃省政府公报》第 26、27 期合刊，1930，第 17 页。
④ 《甘肃省政府训令》（1930 年 7 月），《甘肃省政府公报》第 28、29 期合刊，1930，第 8 页。
⑤ 秦孝仪主编《革命文献·第 90 辑·抗战前国家建设史料·西北建设》（3），中国国民党中央委员会党史委员会，1982，第 312 页。

立支行或办事处。罗雨亭为兰州分行经理，发行银票 38.5 万元。① 富陇银行被强令停止业务，其所发行的纸币，以一角五分现金换抵一元钞票，尽数换回销毁。为整理市面跌价铜圆票及调剂本省金融，省政府决定重设甘肃平市官钱局，发行定期流通券。因本金无着落，铜圆票价格大跌，40 余串才能换现洋 1 元。甘肃平市官钱局前后共发行三版铜圆票。第一版：1933 年由北平财政印刷局印刷钱票 100 万串，合洋 25 万元（按四串合一元）。② 第二版：1935 年由上海大东书局印刷钱票 50 万串，合洋 12.5 万元。③ 第三版：1936 年由上海商务印书馆印刷钱票 100 万串，合洋 25 万元。④ 1932 年 9 月底，陕西银行兰州分行因陕军兵变，战争抢掠引起的挤兑而宣告破产。其发行的纸币，除由该行陆续回收外，剩余 59600 元由甘肃省平市官钱局十足代为收回。

1934 年 10 月，甘肃农民银行筹备成立，第一期资本 25 万元，财政厅已拨发经费 33 万元，并筹设平凉、天水二处分行。⑤ 因"交通极端不便，及地方秩序尚未完全稳定"，"交通阻梗，（货币）运送不便，在在堪虞"，甘肃省政府发电呈准孔祥熙部长，打消将平市官钱局改组为农民银行的念头。⑥ 1935 年 5 月，中国农民银行在兰州设立分处，甘肃农民银行因业务与其冲突而夭折。⑦

1933 年 12 月，国民政府在兰州设立中央银行兰州分行。⑧ 4 月，全省改用银币，停止使用银两，规定原银七钱一分五厘折合银币一元。

---

① 张令琦：《解放前四十年甘肃金融货币简述》，中国人民政治协商会议甘肃省委员会文史资料研究委员会编《甘肃文史资料选辑》（第 8 辑），甘肃人民出版社，1980，第 137 页。

② 南秉方：《甘肃平市官钱局之发展》，《新西北》1939 年第 5、6 期合刊。

③ 于廷明：《甘肃平市官钱局及发行纸币考》，《中国钱币》1990 年第 2 期。

④ 《外埠金融：（一）金融概况：兰州》，《金融周报》1936 年第 23 期。

⑤ 《一年来复兴农村政策之实施状况·农村金融之调剂·各省市政府对农村金融之救济·甘肃筹设省立农民银行》，《农村复兴委员会会报》1934 年第 3 期；文詟：《一月来之西北：省农民银行开幕》，《开发西北》1934 年第 5 期。

⑥ 蒋中正：《训令甘肃省政府准孔部长代电复该主席签具孔部长感电请打销将平市官钱局改组为农民银行一案核办情形令仰知照　治字第一三七〇七号（二三，九，二八）》，《军政旬刊》1934 年第 37、38 期合刊。

⑦ 《甘肃准设农民银行》，《合作月刊》1935 年第 1、2 期合刊。

⑧ 《经济要闻：国内经济：中央银行设立兰州支行，整理甘肃币制》，《聚星》1933 年第 8 期。

1935 年 5 月，又设立农民银行兰州分行。① 这两个金融机构的设立，标志着国家金融机构向兰州地区的渗透和国家金融权力对甘肃的投射。

　　1932 年 2 月甘肃农工银行停业后，甘肃省财政厅为整理旧铜圆票以维持市面，又重设甘肃平市官钱局。1934 年 4 月 17 日，平市官钱局发行新票，计分 10 枚、20 枚、50 枚、100 枚四种，一面收换旧票，一面规定新票兑现洋办法，以四串合洋一元，可无限制兑现。铜圆券发行额情况见表 1 - 5。

表 1 - 5　甘肃平市官钱局铜圆券发行情况②

地名	10 枚券（串）	20 枚券（串）	50 枚券（串）	100 枚券（串）	共计
兰州	5000	100000	175000	50000	330000 串，合洋 82500 元
秦州	6500	31000	50500	2000	90000 串，合洋 22500 元
凉州	500	3000	4500	1000	9000 串，合洋 2250 元
肃州	1500	5000	11000	15000	32500 串，合洋 8125 元
平凉	1900	5000	12500	13000	32400 串，合洋 8100 元
					总计 493900 串，合洋 123475 元

　　1936 年 7 月，经重新核定钱局组织后，由甘肃省府重新公布《甘肃平市官钱局组织规程》，设立平市官钱局。最初派马钟秀负责进行整顿（当时由贺耀祖主持甘政），核定资金为国币 10 万元，因省库不丰裕，仅拨付 2.7 万元。③ 经营了一年多时间，竟亏损殆尽。资金既未拨足，业务又衰疲不振。直至 1937 年又增至 100 万元，在凉州、甘州、肃州、秦州、平凉等处设立了分局，规模较前逐渐具备，局面为之一新。该局直属于甘肃省财政厅，除发行外，兼营汇兑、存放各项业务，代理国库、省库、县库，代收各税局经征的税款，抽取千分之四的手续费，从而与财政方面发生了更密切的关系。④

---

① 《兰州中国农民银行开幕纪念》，《农友》1936 年第 5 期。
② 中央银行经济研究处：《甘青宁经济纪略》，中央银行，1935，第 46 ~ 47 页。
③ 甘肃省银行经济研究室编《甘肃省银行小史》，甘肃省银行印刷厂，1944，第 3 页。
④ 张令琦：《解放前四十年甘肃金融货币简述》，中国人民政治协商会议甘肃省委员会文史资料研究委员会编《甘肃文史资料选辑》（第 8 辑），甘肃人民出版社，1980，第 138 页。

　　早在 1935 年，甘肃省平市官钱局已代理国库支库 52 处，县库 69 处，自此愈见普遍。之后，为了沟通省际汇兑，以陕西密迩甘肃，先与陕西省银行互相委托，代理收解，放款业务和范围亦渐次扩大，办理抵押、押汇、贴现、农村储押等放款，同时成立仓库业务。当时总局经理由农民银行兰州分行经理顾祖德兼任，由沈叔邃、柴雨亭任协理。时任甘肃省平市官钱局兰州分局副经理张令琦与甘肃贸易公司接洽，双方决定合办裕陇仓库，收取仓租，并以该库所出仓单向银行抵押借款。总局内又增设了信托部，承办代客运输业务。[①] 1939 年 6 月 1 日甘肃省平市官钱局奉财政部命令改组为甘肃省银行[②]后，其发行的铜圆券由省银行负责陆续兑换收回。

　　全面抗战爆发前，甘肃省地方银行的情况如表 1-6 所示。

表 1-6　全面抗战前甘肃地方银行情况

银行名称	创办时间	创办地点	备注
甘肃银行	1922 年	兰州	1927 年在西宁设立办事处。1928 年改组为甘肃农工银行。共发行银圆票 70 余万两
蔚丰银行兰州分行	1923 年	兰州	总行由蔚丰银号改组而来
中国银行兰州支行	1924 年 10 月	兰州	1929 年 12 月停业
西北银行甘肃分行	1925 年 9 月	总行位于张家口	1926 年先后在秦州、平凉、肃州、甘州、凉州等地设立办事处
西北银行兰州分行	1925 年 12 月	兰州	在永登、靖远、狄道（临洮）、红水（景泰）、山丹、河州等地设立分支机构。1926 年 1 月，西北银行兰州分行发行一元、五元、十元"西北银行钞票"，总额达 350 万元。1931 年 12 月停办
甘肃农工银行	1928 年 4 月	兰州	1928 年 4 月，省政府决定合并甘肃银行、甘肃平市官钱局，改设甘肃农工银行。总共发行铜圆票 230 多万串，约合银洋 60 万元。1929 年在西宁设立办事处。1932 年 2 月停办

---

① 张令琦：《解放前四十年甘肃金融货币简述》，中国人民政治协商会议甘肃省委员会文史资料研究委员会编《甘肃文史资料选辑》（第 8 辑），甘肃人民出版社，1980，第 138～139 页。

② 《经济要闻·省外：甘肃省银行正式开幕》，《省行通讯》1939 年第 9 期。

续表

银行名称	创办时间	创办地点	备注
富陇银行	1931 年	兰州	由西北银行和甘肃农工银行改组为富陇银行，采取董事会制，资金总额 150 万元，发钞 360 多万元。1932 年 3 月停办
陕西银行兰州分行	1931 年 12 月	兰州	先后在平凉、天水、定西等县设立支行或办事处。发行银圆票 38.5 万元。1932 年 9 月底破产停业
中央银行兰州分行	1933 年 12 月	兰州	发行货币、代理国库、经收税款、收存存款准备金、检查金融机构、兑付公债本息、经办同业和军政存款等业务
中国农民银行兰州分行	1935 年 5 月	兰州	设有天水、平凉、武威 3 个办事处，靖远、临夏、岷县、秦安、张掖、酒泉、敦煌 7 个分理处，并在榆中、会宁、民勤、清水、临潭等 13 县设立农贷通讯处
甘肃平市官钱局	1932 年 2 月	兰州	由甘肃省府重新公布《甘肃平市官钱局组织规程》组织，实拨资本仅 2.7 万元，到 1935 年已代理国库支库 52 处，县库 69 处。1937 年增资至 100 万元

资料来源：《解放前四十年甘肃金融货币简述》、《甘肃省银行小史》、甘肃省银行档案 53 - 1 - 22、53 - 1 - 23、53 - 1 - 27。

近代甘肃的银行，特别是官营银行，在稳定金融市场方面的确发挥了一定的作用，但其设立的主要目的是为维持地方官僚、军阀的统治搜集财源，是地方政权的附属机构。同时，在经营活动中，这些官营银行从地方官僚、军阀的需要出发，滥发纸币，造成通货膨胀和金融市场的混乱。因此，在促进经济发展方面，它们所起的作用是非常有限的；外地商业银行在甘肃设立的分支机构，资本力量有限，业务以汇兑为主，且经营时间不长，在金融方面所起的作用微不足道。

在全面抗战前，甘肃省金融业呈现出如下特点。

（1）金融机构分布极不平衡。银行集中在交通便利、比较富裕的地方，尤其是兰州市，大部分银行、钱庄都在此设有分支机构，而边远地区分支机构甚少。

（2）省地方银行在金融体系中居于主体地位。国家银行虽然开始在甘肃设立分支机构，开展业务，但在甘肃金融业中并没有取得统治地位，金融业主要依靠分支机构多的地方银行。国家银行在甘肃主要从事存放款、汇兑等一般性银行业务，没有发挥其专业银行的职能。省地方金融机构则利用其分支机构多、灵活性强的特点，把业务开展到小城市甚至县城。商业银行因分支机构甚少，所起作用也非常有限。

（3）地方银行是地方军阀、官僚的"钱柜"。地方银行的建立，多是为了缓解财政压力，弥补财政赤字。有的地方统治者向银行大量透支，造成银行资金空虚，无力经营。同时，为弥补财政赤字，大量发行不可兑现的纸币。如富陇银行在短短一年内就发行纸币 360 多万元，停业后由财政厅发行期券，以一元纸币兑一角五分的比率收回，给人民造成了巨大的损失。

这一时期的地方金融机构，多由原来的官银号改组而成，封建性浓厚，其活动主要是弥补财政赤字和商业贸易放款。时人认为"甘省之历届金融设施始终仅为政府之尾闾，不足以言经济价值与成功"①，可以说是全面抗战前甘肃省金融机构的写照。

---

① 甘肃省银行经济研究室编《甘肃省银行小史》，甘肃省银行印刷厂，1944，第 21 页。

第二章 现代银行体系在甘肃的确立

资金不足一直是困扰近代中国经济发展的难题。在工业化的起步阶段，以经营信用放款为主的小资本钱庄适应了小工商业的需要，在社会融资过程中扮演了重要角色。但是，随着机器大工业的兴起，钱庄的局限性日益明显。由于资本市场的欠缺，新式银行作为相对大规模的间接融资手段，在工业化进程中扮演着重要的角色。人们通常将银行业与社会经济的关系喻为心脏和血液。另外，近代以来政府财政匮乏，需要银行的支持，并以银行为中介向社会筹资。中国新式银行自诞生之日起，就与政府结下不解之缘。银行支配财政的局面，在北洋政府时期一直为社会诟病。由此可知，新式银行与近代中国经济、政治的发展密切相关，然而它们之间的关系并不总是以正相关的形式存在。直至抗战爆发，在近代中国社会频繁的政权更迭和剧烈的经济变动中，银行业一直呈现出上升的发展趋势。可以看出，银行的发展既要以经济的繁荣和政治的稳定作为基础，又可以在一定程度上超越社会经济和政治的发展变化，这种特殊的格局反映了近代中国特殊的社会状况。

制度变迁是制度经济学研究的一项重要内容。新制度经济学将制度变迁分为诱致性制度变迁和强制性制度变迁。在考察近代中国银行制度变革的历史过程中，我们可以发现，这两种制度变迁是在不断交替进行的，在某一个时段是以强制性制度变迁为主，在另一时段，制度变迁又表现为明显的诱致性因素。从银行自身的角度而言，作为一种企业，银行与其他企业一样，在近代社会相同的历史背景下面临同样的困境。但是，由于经营业务的特殊性，其发展道路又与普通企业存在明显的差异。近代银行是在外国银行的刺激下登上历史舞台的，从一开始就面临着外国银行的冲击及钱庄的激烈竞争，生存空间十分狭小。然而，与其他企业相比，它具有最先进的组织形式、最雄厚的资本实力和较高的利润率。在其发展过程中，有一大批受过高等教育、具有丰富实践经验的新式银行家为之努力奋斗。因此，中国新式银行逐渐打开局面，成为社会经济的中枢。

第一节　四行二局入驻甘肃

1935 年 11 月 3 日，国民政府公布了《法币政策实施办法》。[①] 英、美为操纵中国的经济命脉，将中国的货币纳入其货币集团，也支持法币政策。法币政策实施后，产生了诸多影响：以蒋、宋、孔、陈四大家族为代表的官僚集团凭借法币这一垄断手段，进一步操纵了国民经济命脉，加速了对金融的控制，加强了其统治力量；法币与英、美汇价相联系，使英、美在中国的货币政策方面获得相当的操纵权力，有利于其对中国的经济侵略；国民政府通过"白银国有"政策，强迫人民将银币、银两一律兑为法币，此举使中央银行、中国银行、交通银行、中国农民银行四家银行共收兑银币 3 亿多圆；在实行法币政策后，原有货币发行权的十多家银行除中、中、交、农四行外，都被取消了发行权，在币制相对统一的同时，一般商业银行为得到法币，被迫进一步受制于官僚资本的银行；法币政策对缓和当时的金融危机、稳定经济，起了一定作用。

全面抗战爆发后，沿海、沿江诸农工商业发达地区相继沦陷，国民政府西迁，中国政治、经济文化中心随之西移。为争取长期抗战的最后胜利，除军队在前方抗敌外，必须努力建设西北的工业、农业、矿业、交通、商业各项事业，以保证战时军需民用。1938 年 3 月，国民党临时全国代表大会通过了《抗战建国纲领》[②]，其中，第 21 条提出"统制银行业务，从而调整工商业之活动"；第 22 条提出"巩固法币，统制外汇，管理进出口货，以安定金融"；第 24 条提出"严禁奸商垄断居奇，投机操纵，实施物品平价制度"[③]，第一次提出了由国家控制经济、经济以军事为中心的战时经济纲领。"统制银行业务，从而调整工商业之活动"，是国家总动员的业务动员之一。政府在必要时，对银行得颁布关于资本

---

① 《财政部关于施行法币布告》，中国第二历史档案馆、中国人民银行江苏省分行、江苏省金融志编委会合编《中华民国金融法规档案资料选编》（上册），档案出版社，1989，第 401～405 页。

② 瑞之：《抗战建国纲领》，《东方杂志》1938 年第 4 号。

③ 陆仰渊、方庆秋主编《民国社会经济史》，中国经济出版社，1991，第 52 页。

运用上必要的法令，而其重要的作用，即在于"调整工商业之活动"，"巩固法币，统制外汇，管理进出口货，以安定金融"。"货币为战争之本"，所以财政充裕的国家，常战胜财政薄弱的民族。中国财政，早陷破产。尤以列强放弃金本位后，银价暴涨，通货紧缩，因之失业日增，破产迭出，国库收入短少，国家收支不利，白银外流，金融紊乱。政府曾下令征收白银出口税及平衡税，得以制止对外汇率的上腾及白银公开的流出。[①] 管制外汇使"国内现金，不致自由外流，物价可保平衡，市场得免骚动，投机行为亦无从发生"。不仅如此，而且趁此机会，可以调节国际贸易，使外汇用途利于战事需要，如一切奢侈消耗品等，决不轻易购得外汇；这是中国战时财政的初步成功，《抗战建国纲领》所谓"巩固法币，统制外汇，管理进出口货，以安定金融"，实在是政府已经规划实行的一件工作[②]。

国民政府将"发展农村合作社，建立西北农村金融网，扩大农贷，作为活跃农村金融，刺激农业生产发展，开发西北农业的一项基本政策和措施"[③]，国家银行纷纷进驻西北。1939 年 8 月，蒋介石就以"最高国防委员会"的名义改组"四行联合办事总处"，作为国民政府的最高银行集权组织。蒋介石自任总处理事会主席，由政府授权该会主席，对中、中、交、农四大银行实行战时管理，从而极大地加强了四大银行的权力。1940 年 8 月，国民政府授予四行集中准备金的全权，同时加强了国家银行对一般银行的统治权。1942 年 7 月 1 日，国民政府又规定全国货币的发行权都集中统一于中央银行。国民政府又利用权势强行加入官股，使中国银行、交通银行、中国农民银行各增加资本到 6000 万元，中央信托局则增加资本到 5000 万元，从而把这些行局控制在自己手中。官僚资本就是这样借抗战的名义，利用手中所把持的军事政治力量，一步一步加强并提高了其在金融业中的垄断地位。

国家银行中最早进入甘肃的是中国银行，它于 1924 年 10 月在兰州

①　中国国民党中央执行委员会宣传部编印《抗战建国纲领宣传指导大纲》，1938，甘肃省档案馆藏建国前资料，1－军 2－48。

②　中国国民党中央执行委员会宣传部编印《抗战建国纲领宣传指导大纲》，1938，甘肃省档案馆藏建国前资料，1－军 2－48。

③　张奇、杨红伟：《论抗日战争时期中国西北地区的农业开发》，《甘肃社会科学》2002年第 4 期。

设立支行，1929 年因为陕甘战乱、营业不振而停业。中央银行兰州分行于 1933 年设立。1933 年，省政府通令全省停止使用银两，改用银币。1935 年，中国农民银行兰州支行成立，下辖天水、平凉、武威 3 个办事处，靖远、临夏、岷县、秦安、张掖、酒泉、敦煌 7 个分理处，并在榆中、会宁、民勤、清水、临潭等 13 县设立农贷通讯处。中国银行是对苏贸易结汇的主要机构，也是对甘肃工农业投资最多的银行。它除投资兴办了雍兴公司的四个工厂外，还参与投资建立甘肃水泥厂、甘肃矿业公司、兴陇公司和甘肃省水利林牧公司。到 1941 年底，中国银行共向甘肃农村贷款 780 万元。中央信托局甘肃代理处成立后，即与中国银行、交通银行、中国农民银行一起担负对农村发放贷款的任务，中央信托局甘肃代理处发放的贷款数额占 15%。到 1944 年，共贷出 76 万元。交通银行兰州支行成立后，也参与对甘肃水泥厂、甘肃矿业公司、兴陇公司、西北毛纺厂的投资。到 1941 年底，对甘肃农村投放贷款 500 万元。[①] 抗日战争时期，国家银行在甘肃设立分行的情况如表 2 - 1 所示。

表 2 - 1 国家四行二局进驻甘肃情况

名称	成立日期	主要业务	备注
中央银行兰州分行	1933 年 12 月	代理国库，办理票据交换，收受存款准备金及监察金融机构	在天水、武威、酒泉、岷县、平凉设立分行
中国农民银行兰州分行	1935 年 3 月	主营农贷及土地金融	在张掖、武威、酒泉、岷县设有办事处
中国银行兰州分行	1939 年 7 月	主营国内外汇兑	
中央信托局甘肃代理处	1939 年	与中国银行、交通银行、中国农民银行一起担负对农村发放贷款任务，其中代理处占 15%	1945 年 10 月改为分局
交通银行兰州分行	1940 年 1 月	主营工矿业放贷	在天水、平凉、酒泉、武威设有办事处
邮政储金汇业局兰州分局	1942 年 1 月	主营储蓄及汇兑、简易人寿保险等	下辖天水、武威、平凉办事处

全面抗战爆发后，国家银行在西北地区设立的分支机构，与战前相

---

① 李中舒：《甘肃农村经济之研究》，中央训练委员会西北干部训练团西北问题研究室编《西北问题论丛》（第 2、3 辑），甘肃省银行印刷厂，1943。

比增加了很多。国家银行在西北地区分支机构的增多，主要是因为西北和西南一样成为全国抗战的大后方。随着国民政府的西迁，举凡应付军需、增加生产、调节流通、畅通汇兑、扩大农贷、收兑金银、推行存储等，都依赖于金融机构的健全和敷设。而在战前，西北地区的金融业虽有所发展，但仍然很落后。因此，在西北地区广设分支机构、建立金融网，就成为势在必行之举。同时，国民政府推行了在西北增设国家银行分支机构的措施，如1938年8月，财政部为了推进国家银行在西北地区的设点工作，制定了《完成西南西北及邻近战区金融网之二年计划》①，其要点为：①凡后方与政治经济交通及货物集散有关之城镇乡市，倘无四行之分支行处者，责成四联总处，至少有一行前往设立机构；②其地点稍偏僻者，四行在短期内若不能顾及，则责成各该省省银行，务必前往设立分支行处，以一地至少有一行为原则；③在各乡市城镇筹设分支行处过程中，以合作金库及邮政储金汇业局，辅助该地之金融周转及汇兑流通；④邻近战区之地方，亦同此设立分支行处。所有计划分两年进行。② 1939年9月8日，国民政府公布《巩固金融办法纲要》③，其中第四项提出"扩充西南西北金融网，期于每县区设一银行，以活泼地方金融，发展生产事业"。四联总处于1940年3月30日拟定了《完成西南西北金融网方案》④，提出筹设西南西北金融网的目的，"一方面在适应军事交通运输之需要，同时负有活泼内地金融，发展后方生产之使命"⑤。据该方案统计，"截至本年（1940）三月二十日止，计依照第一期计划所成立之行处，已达一百七十一处。内川省六十处……陇省十一处"。"其因交通困难，或治安不宁，未及设立者，尚有十六处"。"原计划以外所增设之行处，共计二十五处"。"第二、三期计划预定添设行处四十处。计拟在川省设五处……甘肃、青海、西康、新疆各设三处"。但是"近来各地仍有以经济、政治、军事等需要，请求在各期金融网计划

①　叶世昌、潘连贵：《中国古近代金融史》，复旦大学出版社，2001，第323页。

②　中央银行经济研究处编印《十年来中国金融史略》，1943，第165～166页。

③　鸿佩：《现代史料：巩固战时金融办法纲要》，《东方杂志》1939年第19期。

④　《金融消息：四联总处消息：二、完成西南西北金融网》，《经济汇报》1940年第9、10期合刊。

⑤　《完成西南西北金融网方案》，四联总处秘书处编《四联总处重要文献汇编》，新大陆印刷厂，1947，第358页。

原定地点外添设行处者，而《扩大农贷办法纲要》实施后亦有添设机构之必要"，所以"参酌各地实际需要，拟再在川省酌增十处，滇、黔、陕、陇各酌增五处"。① 方案共分三期施行，第二期截至 1940 年底，第三期截至 1941 年。计划非常完美。

太平洋战争爆发后，随着西南国际交通运输线的中断，西北地区在对外交通方面就显得更加重要。自四联总处实行敷设西南西北金融网以来，西南诸省各行依照原定计划，分别进行筹设，大抵均能如期渐次完成。而西北各省重要地区，虽设有行处，足可应付普通存汇业务，但其他地处偏远、交通梗阻或受限于当地政治关系之处，并未能按期敷设。②

1942 年 9 月 5 日，为开发西北资源，适应战时需要，使金融力量与政府各项政策相配合，辅助国防生产，四联总处提出了《筹设西北金融网原则》③，决定从速增设西北地区四行网点，其中规定：①兰州是建设西北的起发点，四行在兰州原有机构人员应逐渐加强充实，俾便随时应付；②陕、甘、宁、青、新五省境内，应增行处或做其他布置之地点，各行应就本身主要业务会同当地主管机关，经调查认定后进行筹设；③各行局新设行处，或做其他布置，需增添人手时，应就滇、浙、赣、闽等省撤退行处人员尽先调用；④目前运输困难，将来各行业务扩展，为应付钞券运存，应预为绸缪，以免缓不济及（急）。④ 当时蒋介石正在西北视察，看到这个《筹设西北金融网原则》后，立即提出在西北增设行处的四个要点：①四行机构应多分布，但每地方四行不必重复设置；②四行应以兰州为金融中心，向西推进，增设机构至迪化、吐鲁番、塔城、和阗一带；③西北人口太少，内地人口太多，应由农行从速筹办西北移民垦殖贷款；④应特别重视甘肃省河西一带之经济开发，尤应从速开发水利。⑤ 国家银行在西北地区分支机构的增多，加强了国民政府对

---

① 四联总处秘书处编《四联总处重要文献汇编》，新大陆印刷厂，1947，第 358～359 页。

② 张秀梅：《战时大后方金融网计划与敷设困境——以国家银行为中心的评析》，《民国研究》2018 年第 1 期。

③ 《时事（九月十六日至十月十五日）：四联总处筹设西北金融网》，《财政知识》1942 年第 1 期。

④ 四联总处秘书处编《四联总处重要文献汇编》，新大陆印刷厂，1947，第 361～362 页。

⑤ 重庆市档案馆、重庆市人民银行金融研究所合编《四联总处史料》，档案出版社，1993，第 199～200 页。

西北各省金融的控制，使国家银行在西北的垄断地位得以确立。同时，这也为西北各地的偏僻角落和各种生产部门都能得到现代金融业的资助创造了条件。

正如《筹设西北金融网原则》所说，"四行前照财政部所定敷设金融网计划，于西南西北各省增设行处，旨在适应军事、交通需要，扶助后方经济发展"[①]。"筹设西南西北金融网之目的，一方面在适应军事交通运输之需要，同时负有活泼内地金融，发展后方生产之使命。截至本年（1940 年）3 月 20 日止，计依照第一期计划所成立之行处，已达 171 处。内川省 60 处，滇省 25 处，黔省 21 处，桂省 22 处，粤省 4 处，湘省 5 处，陕省 15 处，陇省 11 处"[②]。

国民政府为健全国家的财政机构和加强对财政收支的管理，于 1938 年 6 月正式公布《公库法》，并自 1939 年 10 月 1 日起正式实施。[③]《公库法》规定：公库现金、票据、证券之出纳、保管、移转及财产之契据等保管业务，应指定银行代理，属于国库者，以中央银行代理。[④] 凡未设中央银行分支机构的地区，由中央银行国库局委托中国银行、交通银行、中国农民银行三行及邮局代理支库。这实际上是采取"银行存款制"：政府一切收入，均以存款方式存入中央银行，如有支出，则发出支出命令，由银行照支。[⑤] 这既可节省政府付出的保管费，又可增强四行二局的资力，对国家、对银行都有利。于是在全国范围内形成了由中央到省市县的国库网，从而为调动全国一切财力、物力，坚持长期抗战打下了基础。

第二节　商业银行在甘肃的建立及扩张

随着东部沿海富庶地区的沦陷，国有银行陆续在大后方设立分支机构，大批商业银行也纷纷西迁或在内地设立分支机构。全面抗战时期，

---

①　四联总处秘书处编《四联总处重要文献汇编》，新大陆印刷厂，1947，第 361～362 页。

②　四联总处秘书处编《四联总处重要文献汇编》，新大陆印刷厂，1947，第 358～359 页。

③　《公库法》，《四川经济月刊》1938 年第 2 期。

④　宋汉章：《我国银行制度之演进》，朱斯煌主编《民国经济史》，银行学会编印，1948，第 2 页。

⑤　陈宗镇：《论公库法之特点及其实施》，《国是公论》1938 年第 16 期。

商业银行在甘肃设立机构的情况如表2-2所示。

表2-2　全面抗战时期商业银行在甘肃设立机构的情况

名称	成立日期	营运基金（万元）	主要业务	备注
长江实业银行兰州分行	1942年4月25日	25万元	经营商业银行一切业务	
绥远省银行兰州分行	1942年7月1日		专办汇兑并代办绥远省府及十二战区军政款项调拨事宜	
上海信托公司兰州分公司	1942年11月23日	25万元	经营商业银行一切业务	
山西裕华银行兰州分行	1942年	25万元	经营商业银行一切业务	
中国通商银行兰州分行	1943年1月11日	25万元	经营商业银行一切业务	在天水设有办事处
兰州市商业银行	1943年1月30日	25万元	经营商业银行一切业务	
亚西实业银行兰州分行	1943年7月5日	25万元	经营商业银行一切业务	
四明银行兰州支行	1943年8月5日	25万元	经营商业银行一切业务	在平凉设有办事处
永利银行兰州支行	1943年9月28日	25万元	经营商业银行一切业务	在天水设有办事处
大同银行兰州分行	1943年11月1日	25万元	经营商业银行一切业务	在天水设有办事处
华侨兴业银行兰州分行	1944年3月4日	25万元	经营商业银行一切业务	在平凉设有办事处
宝丰保险公司兰州分公司	1941年	总公司500万元	以火险为主要业务	
太平洋保险公司兰州分公司	1943年	总公司1000万元	经营各种保险业务	主要业务对象是交通银行贷款户
中国农业保险公司兰州分公司	1945年1月		经营农产物保险业务	
合众保险公司	1944年6月	总公司500万元	经营水火险业务	
中国农业保险公司兰州分公司	1945年1月		经营农产物保险业务	主要业务对象是中国农民银行贷款户

名称	成立日期	营运基金（万元）	主要业务	备注
中国保险公司兰州分公司			经营各种保险业务	

资料来源：杨重琦、魏明孔《兰州经济史》，兰州大学出版社，1991，第 153～155 页；甘肃省档案馆藏甘肃省银行档案，档案号：53－1－27，第 68～70 页、第 102 页；档案号：53－1－28，第 12 页、第 49 页、第 57 页。

　　民国时期的经济学家寿进文认为，战时银行资本的分布有如下特征：地域分布不平衡；金融资本与产业资本脱节；与财政相互依存；投机笼罩金融市场；银行资本具有二重性。[①]

　　战前银行业的地域分布是不平衡的，但战时随着沿海诸省被日军占领，银行业也不得不向内地迁移。成为抗战大后方的川、康、滇、黔、陕、甘、宁、青、桂以及重庆市这九省一市，在战前所拥有的银行总分支行不过 254 所，仅占全国总数的 14.8%。除四川省外，其余八省在战前是银行分布较少的省份。但截至 1941 年 9 月，这九省一市陆续新设的银行总分支行计有 543 所，除旧有的裁并 33 所外，新旧合计共有 764 所，是战前的三倍。在这分别隶属于 72 家银行的 764 所总分支行中，中央银行、中国银行、交通银行、中国农民银行四行共设 233 所，占总数的 30%，七家省银行共设 275 所，占总数的 36%，其余 61 家商业银行却仅设 256 所，仅占 34%。[②] 大后方一跃而成为金融网密布的区域，自然是因为大后方成为抗战的支点和经济重心。政府西迁后，后方的经济发展有一日千里之势。以工业而论，前述的九省和未曾列入大后方范围的湖南省，在战前所有的新式工厂，仅占全国的 8%，发电度数仅及全国总数的 2%，而工业用电则只有全国总数的 0.45%，均微不足道。但至 1943 年为止，工厂总数已较战前增加 15 倍，资本总额增加 72 倍，动力设备增加 5 倍，技工人数增加 7 倍，工业发展的速度是很显然的。[③] 所以，战时后方各省银行业的发达，是有其原因的。甘肃省自然也不例外。

① 寿进文：《战时中国的银行业》，1944，第 37～59 页。
② 寿进文：《战时中国的银行业》，1944，第 60～61 页。
③ 寿进文：《战时中国的银行业》，1944，第 61～62 页。

截至 1945 年 8 月，甘肃省国统区共有各类银钱业经营机构 151 个，其中总机构 9 个，分支机构 142 个。银行业包括：总机构省营 1 个，市营 1 个，商营 1 个；分支机构国营 48 个，省营 75 个，市营 1 个，商营 18 个。钱庄总机构 6 家。[①]

大批商业银行的内迁，使得内地金融网逐步建立起来。内地金融网的建立，固然已经纠正了以往口岸与内地的不平衡状态，但仅以内地而论，其分布还是不平衡的。就是在已经设立银行的县市，其分布状态也还不尽合理。在内地，银行也还是分布于工商业比较发达的几个大都市。在中国各地经济发展不平衡的状态消除之前，银行业的地域分布是不会均匀的。[②] 到 1937 年 6 月，江浙两省所拥有的银行总、支行，在全国总数中占重要比例（总行占 55%，分支行占 35%），但其人口仅占全国的 16%，土地面积占全国的 3%。[③] 这充分体现出银行业地域分布的不平衡。其实在一省之内的不平衡也是如此。到 1944 年 3 月华侨兴业银行在兰州设立分行为止，甘肃省省会兰州市共有银行机构 19 家（不含兰州市银行中华路办事处），钱庄 6 家。[④]

我国银行业与产业间的脱节，具体表现在各银行存放款中工商业所占成分之低。商业银行同样存在工商业存款不发达的情形。银行在放款时比较注意对物信用，钱业则通行往来信用透支、信用放款。我国的信用交易既流行放账制度，则商业票据无由产生，从而银行的放款业务主要也就不能适用贴现的方式了。作为银行资金运用另一翼的投资，其中工矿业投资所占的比例更微不足道，各银行几乎一致以公债和房地产为主要投资对象。同时，工矿业融资的方式也是落后的，工矿业需用长期资金时，唯有以厂基"生财"作抵押，向银行请求定期质押放款，即所谓厂基押款。信用透支和信用放款既无现实的商品交易为背景，又无物权为担保，可能使借款厂商流于投机，也可能使银行的贷款成为呆账。质押放款虽然有物权担保，但当商品从流通过程退出来躲进银行仓库时，

① 邓翰良：《十年来之商业》，谭熙鸿主编《十年来之中国经济》（上册），中华书局，1948，第 47 页。

② 寿进文：《战时中国的银行业》，1944，第 62 页。

③ 寿进文：《战时中国的银行业》，1944，第 40 页。

④ 裴庚辛：《抗战时期兰州金融组织的发展及影响》，《青海民族研究》2008 年第 2 期。

流通中的通货却增加了，这也是不合信用原理的。因为银行信用是用来实现商品的价值的，而这时并没有现实商品交易发生，所以这种放款也是助长投机的，且到了不景气时期，由于商品滞销，借款厂商势将无法取赎，这时银行即便拍卖押品，恐怕也不能抵偿损失。在这种情况下，银行业与工商业，尤其是与产业的关系远不如欧美密切，这是可想而知的。① 对比甘肃省银行的情况，我们可以发现，尽管放款力度逐年加大，但是仍以抵押放款为主，详见表 2 - 3。

表 2 - 3　甘肃省银行 1939 ~ 1941 年各种放款情况②

单位：元

类别	1939 年下期	1940 年上期	1940 年下期	1941 年上期	1941 年下期	合计
定期抵押放款	1779222	1424384	2365813	8619737	14839091	29028246
活期抵押透支	7517701	8522907	6505057	4557380	5155839	32258884
活存信用透支	1547191	1645072	4893877	153244	5273347	9108242
活期抵押放款		30700	22400	41000	50996	145096
定期信用放款	4873632	3608366	2332977	1598000	345000	12757975
小工商业贷款	864347	972510	1607684	2409250	544100	6397891
贴现放款	257644	1054000	65300	189550	524500	2090994
购入票据	390210	307450	772763	3090300	1158800	5719523
农民储粮贷款			520301	3773		524074
畜牧贷款			184795	225090	178399	588284
合作贷款			1201650	1199559	117909	2519118
押汇		56670	9800	41600	5350	113420
贫民小本贷款			23150	19400	7445	49995
小工商业抵押透支				311184	317424	628608
小工商业信用透支				496809	291715	788525
水利贷款				2000		2000
各种事业投资				2050000	2050000	4100000

---

① 寿进文：《战时中国的银行业》，1944，第 43 ~ 48 页。
② 甘肃省政府编印《甘肃省银行概况》，1942，第 12 ~ 15 页。

续表

类别	1939 年下期	1940 年上期	1940 年下期	1941 年上期	1941 年下期	合计
小商业定期放款					1561100	1561100
小工业定期放款					254500	254500
小商业定期抵押放款					119700	119700
小工业定期抵押放款					36800	36800
小商业活期贷款					71400	71400
小工业活期贷款					17842	17842
小工业活期抵押贷款					39603	39603
小商业活期抵押贷款					66134	66134
存放同业					14405008	14405008
同业透支					273000	273000
有价证券					646700	646700
总计	17229946	17622060	16100078	25007877	48375422	124335384
农贷占当期放款总额比例			11.99%	5.80%	0.63%	

从表 2－3 可以看出，1941 年下期放款总额中，小工商业各类贷款总计达 3320318 元，占当期放款总额的 6.9%，贫民小本贷款占 0.01%。而同期存放同业的款项为 14405008 元，占放款总额的 29.8%；定期抵押放款 14839091 元，占总额的 30.7%；购入票据 1158800 元，有价证券 646700 元，二者合计占当期放款总额的 3.7%。这说明省银行把相当一部分资金存入同业收取高额利息，而对惠及平民的小工商业放款并不十分热心。

当时的学界一般认为，变质的中国银行业资本，深刻地含有买办性与高利贷性的二重特征，因为中国社会的经济发展停留在半封建与半殖民地的阶段下，作为经济一部分的金融，也必然带有半封建的高利贷性和半殖民地的买办性。[1] 从甘肃省银行在抗战前期的经营情况也可以看出，由于省银行资力薄弱，银行对小工业的贷款数额不多，且以抵押贷款为主。抵押贷款必然让一部分工业产品滞留于银行仓库而不能参与商品流通，银行放出的贷款却参与了商品流通。这样一来，社会总商品必

---

[1] 寿进文：《战时中国的银行业》，1944，第 59 页。

然会低于社会总资金流量，有引发通货膨胀的可能。

第三节　甘肃地方银行的设立及其在战时的扩张

　　近代甘肃由于军阀割据，币制非常紊乱。1925 年时的甘肃省银圆行市，"民三袁头七钱四，北洋次之七钱三，站人及十年袁头又次之七钱二，大清银币只七钱一"。甘肃银行一元纸币之票面明定为七钱一分，因此，使用时较民三者少三分。财政厅付给陈万里的划款，"尽系纸币，而纸币一出省城，即不能行使，势非折换现洋不可，但一经折换，钱铺须有手数料（即手续费），是以每元纸币折换现洋，约须贴四分余"①。以民三袁头兑换铜圆，各处行市亦颇不同，省城满钱 1670 文，凉州九四钱 1600 文，甘州八八钱 1700 文，肃州九折 1600 文，敦煌九折 1300 文，满钱仅 1170 文，银洋价格实以敦煌为最低。省城有铜圆钱票无折扣，凉州以西则通用制钱。省城新旧铜圆并用，凉州往西则沙版及新制铜圆完全不能行使。省城以东自响水子起，银洋价虽与省城相同，但系九九钱，新旧铜圆并用。秤钩驿（属安定县）以东为九八钱，会宁铜圆满钱 1700 文，制钱 1900 文，高家堡（属静宁县）铜圆 1800 文，制钱 2000 文。至静宁即见平凉陇东银行铜圆钱票，自此银洋价格行市又添一种。在静宁钱票每元可兑 3800 文，"唯用者甚少"；隆德则几乎全用钱票，制钱次之，铜圆极少见，钱票每元可兑 3400 文，制钱可兑 2100 文，铜圆可兑 1600 文。蒿店（属固原县）则兑铜圆竟不能得，制钱亦少，所流通者唯钱票耳。1924 年底一元可兑 7000～8000 文，今年（1925）二三月尚兑5000 余文，此后逐渐低落，1925 年陈万里路过蒿店时仅能兑 1400 文。②1934 年时，兰州"虽通用中央银行的钞票，但是沿路不行，要用现洋，而且辅币是每段用法不同"③。1936 年，夏河县拉卜楞"无银行，亦无钱庄典当各业，金融活动，全赖硬质周转"。一般小商人，视市面活动时，每以重利向寺中喇嘛借贷，月利往往五分至十分。马鹤天等"至拉市后，

①　陈万里著，杨晓斌点校《西行日记》，甘肃人民出版社，2002，第 99 页。
②　陈万里著，杨晓斌点校《西行日记》，甘肃人民出版社，2002，第 99～100 页。
③　张恨水、李孤帆著，邓明点校《西游小记·西行杂记》，甘肃人民出版社，2003，第95 页。

法币始渐通行，但暗中与现洋价值，相差约十分之一。又因无银行钱庄，余等所携之十五元、十元票，无法兑换，行使亦感困难"①。

从以上三则材料可以了解到，在省城可以用纸币，但是出了省城就得用铜圆和现洋，而且各县银圆与铜圆的兑换比率各不相同，还有使用劣质铜圆的。混乱的币制给百姓日常生活带来了很多不便，却给不法商人带来了投机牟利的机会。钱庄、兑换铺乘机抬高银币的价格，从中取利。随着地方银行的设立及分支机构的增多，这种状况有了很大改观。

一　省银行

1. 省银行的建立及主要业务活动

早在晚清，省银行就十分兴盛。但是无论清末还是北洋政府时期，省银行都未能发挥应有的作用，其主要功能就是为地方政府发行钞票，是地方财政的附庸机关。特别是在北洋政府时期，省地方银行更成为地方军阀筹措军费的工具。② 国民政府成立后，于 1928 年 7 月召开第一次全国财政会议，其中《地方银行条例案》力陈当时省银行之弊：为地方政府之财政外库，扰害财政；滥发钞票，殃及民生；经营普通银行业务与普通银行竞争，扰乱金融秩序。③《地方银行条例案》还对省银行的名称、经营区域、营业范围等进行一定的限制。各省地方银行虽然以"调剂本省金融，补助经济建设"为宗旨，实际上能完成此项任务的为数甚少。其原因或是穷于应付省政府军政贷款，或是投资农工矿各业，回本期过长，占用资金数额太大，或是银行本身资力薄弱。全国省银行虽然多有创设，但是其主要精力在于从事商业银行之存放汇兑业务与商业票据的贴现和地方政府的军政贷款。④ 因此，省银行业务基本为中央政府所限制。

1935 年 3 月，由国民政府公布实行《设立省银行或地方银行及领用或发行兑换券暂行办法》，对省银行发行货币的权利进行限制。⑤ 规定省

---

① 马鹤天：《甘青藏边区考察记》，甘肃人民出版社，2003，第 59 页。
② 胡铁：《省地方银行回顾与前瞻》，《金融知识》1942 年第 6 期。
③ 郭荣生：《中国省银行史略》，《近代中国史料丛刊续辑》（第 190 辑），台北文海出版社影印，1975，第 225～226 页。
④ 郭荣生：《银行专业化与省地方银行机构》，《财政评论》1942 年第 4 期。
⑤ 《设立省银行或地方银行及领用或发行兑换券暂行办法》，《山东财政公报》1935 年第 1 期。

地方银行不得发行一元或一元以上兑换券，但为充裕省地方银行筹码，以便调剂农村金融，呈请财政部核准后可发行一元以下各种辅币券。[①] 抗战爆发后，政府为控制一般银行，加强战时金融管理，于1941年8月颁布《非常时期管理银行暂行办法》[②]，第二条规定"银行经收存款，除储蓄存款应照储蓄银行法办理外，其普通存款1942年7月1日以后，应以所收存款总额20%为准备金，转存当地中、中、交、农四行任何一行，并由收存银行给以适当存息"[③]。1942年7月14日，财政部又制定了《中央银行接收省钞办法》，规定所有各省地方银行的存券和准备金，均归中央银行保管。[④] 至此省银行不仅失去了货币发行权，准备金也要比照普通商业银行缴纳。

关于甘肃省银行的来源，可以上溯到兰州官银钱局的设立。1906年兰州官银钱局成立，1912年改组为甘肃官银号。1922年甘肃官银号停办，成立甘肃银行。实有资本为财政厅拨付银14.2万两，共发行7钱2分的银圆票70余万两。1924年国民军入甘，西北银行在甘肃设立甘肃分行和兰州分行，其总行先后设在张家口和郑州，并在秦州、平凉、肃州、甘州、凉州等地设立办事处。西北银行兰州分行在永登、靖远、狄道（临洮）、红水（景泰）、山丹、河州等地设立分支机构。1928年，冯玉祥命令甘肃银行接受西北银行监督。1929年，甘肃银行奉命停办，改名为甘肃农工银行，并与甘肃平市官钱局合并，发行铜圆票，以收回甘肃银行发行的银圆票。西北银行、甘肃农工银行都因为冯玉祥军事上的失败而迅速停办。1931年，西北银行和甘肃农工银行改组为富陇银行，资本150万元，未发行新钞，仅将原西北银行钞票加盖富陇银行章发行，发行总额360余万元，不兑现。甘肃农工银行停办后，甘肃省财政厅为整理旧铜圆票以维持市面，又重设甘肃平市官钱局，并以二五折价将农工银行铜圆券收回销毁。甘肃平市官钱局于1932年设立，实收资本2.7万元，由省政府出资。从1932年到1935年，甘肃平市官

---

① 郭荣生：《中国省银行史略》，《近代中国史料丛刊续辑》（第190辑），台北文海出版社影印，1975，第226页。

② 《非常时期管理银行暂行办法》，《金融周报》1940年第8期。

③ 《非常时期管理银行暂行办法》，《中央银行月报》1940年第7、8号合刊。

④ 《中央银行接收省钞办法（三十一年七月十四日财政部规定令行）》，《金融》1942年第2期。

钱局发行 10 枚、20 枚、50 枚、100 枚铜圆券四种，票面均无年份。
1938～1939 年，甘肃平市官钱局呈请财政部，印制红色五角辅币券，
同时还发行了一种咖啡色五角券。1932 年陕军孙蔚如部入甘，强令富
陇银行停办，陕西省银行在兰州设立分行，在天水、平凉等地设办事
处，发行银圆票计 38.5 万元。9 月，陕军兵变，陕西省银行发生挤兑，
导致停办。

在全国范围内，全面抗战前共有省银行 23 家，江苏、广西、江
西三省每省两家，其他各省每省一家。就各行实收资本言，以山西
省银行之实收 2000 万元为第一，广东省银行次之，实收毫银 1500
万元，折合国币 1040 万元，富滇新银行以 1600 万滇币，折合国币
800 万元居第三，江苏省农民银行以 400 万元居第四。最少的两家为
绥远平市官钱局，实收 20 万元；甘肃平市官钱局，实收 2.7 万元。
就一般情形言，以实收 150 万元至 300 万元者最多，计共 11 家。战
前 22 家（新疆省银行未计入）省地方银行之资本总额为 7415.7 万
元，平均每家资本约为 350.2 万元。① 从以上数字可以看出甘肃平市官
钱局资本的弱小。

1936 年，甘肃平市官钱局再次设立，实拨资本 2.7 万元。"以资本
微薄，业务无法开展"，甘肃省政府遂于 1938 年 3 月及 5 月拨足资本 100
万元，"俾便充实内部"②，并增设分支机构，代理省库、县库。1939 年
6 月 1 日，甘肃平市官钱局改组为甘肃省银行，原官钱局之分局与办事
处一律改为甘肃省银行之分行或办事处，接收官钱局对外一切债权债务，
平市官钱局发行的辅币铜圆券也由甘肃省银行承兑，照常行使。省银行
业务范围为扶植地方生产事业、调剂地方金融、办理信托业务，并代理
国库。额定资本 500 万元，其中旧有资本 100 万元。1940 年 10 月在财政
部注册，注册证号银字 325 号，董事长由甘肃省民政厅长王澂芳兼任，
总经理郑大勇。1940 年 7 月，省政府增拨资本金 150 万元，获财政部批
准。③ 1941 年 6 月，省政府续拨资本共 100 万元，使省银行实有资本增

---

① 中央银行经济研究处编印《卅一年上半期国内经济概况》，中央银行，1942，第 167 页。
② 中央银行经济研究处编印《卅一年上半期国内经济概况》，中央银行，1942，第 168 页。
③ 《民国二十九年七月一日兰州电，甘肃省银行增加资本，财政部已核准》，《中央银行月报》1940 年第 8 号。

长为 350 万元。同时，经国民政府财政部批准，从银行公积金内提拨 150 万元为银行资本。这样，甘肃省银行的资本达到 500 万元。另外，财政部又由国库投资 300 万元，使甘肃省银行实收资本合计为 800 万元，比 1939 年增加 7 倍。[①] 随着省银行资本的增加和经济实力的增强，它在各地的分支机构也不断增多。

1938 年 10 月以后，随着抗战相持阶段的来临，后方经济与战场局势都发生了很大的变化，为进一步强化地方金融机构，改善地方金融状况，使各省银行贯彻中央金融政策，适应抗战的需要，1939 年 3 月 6 日，财政部召集各省地方银行与中、中、交、农四行代表，在重庆召开第二次全国地方金融会议。会议讨论了各省地方银行增强机构、改善业务、增进生产、促进输出、平抑物价、接济民食、开发富源等议案，强调了省地方银行的重要性，认为地方银行是推动金融的枢纽。会议决定：①在发展经济方面，各省银行或地方银行应力谋本身组织健全，增设分支行处，充实资本，与各地方主管机关及实业界合作，组织调整物资机构，办理物资收购、储藏、运销等事务，对本省重要农工矿企业及生产者，应以融通资金方式，促其平均发展，以谋本省区之自给自足。②在增进银行业务方面，各省银行与地方银行应力谋本省区内汇兑通畅，并与他省银行联络，以便彼此通汇；同时兼办储蓄，防止伪钞蔓延，协助四行推行小钞，便利民间交易。③在收购物资与粮食接济方面，各省银行要协助政府机关做好外销农工商品的代购业务，对内销物资与各省所产粮食，应代为收购与调查接济。对战区及邻近战区各地的物资，应尽量抢购，运售后方。④在银行设立方面……后方各省银行应在每一县设立分支行处一所，以谋战时金融脉络之贯通。这些决议通过后，各省银行与地方银行即遵照该决议与财政部指示，开始进行各省金融网的建设。

遵循会议精神，甘肃省银行也不断在全省增设分支机构。到 1945 年，甘肃省银行共有 8 个分行，2 个外省办事处，63 个省内办事处和 3 个分理处，基本上做到了省内每县都有分支机构。总行直接管辖 8 个分

---

① 甘肃省银行：《甘肃省银行简史》，《甘肃省银行三十六年度业务报告书（附录）》，甘肃省银行印刷厂，1948。

行和 2 个外省办事处，委托这 8 个分行代为监督管理省内办事处和分理处，具体情况见表 2 - 4。

表 2 - 4 甘肃省银行分支机构一览①

行庄所在地	总行	分行	办事处	分理处	附注
总计	1	8	65	3	
甘肃省小计：总行1，分行8，办事处63，分理处3	兰州市	天水、平凉、武威、岷县、酒泉、临洮、临夏、张掖	榆中、靖远、景泰、永登、夏河、定西、秦安、甘谷、礼县、张家川、成县、徽县、陇西、固原、海原、泾川、静宁、西峰镇、碧口、武都、临潭旧城、永昌、大靖、民勤、敦煌、渭源、安口镇、镇原、会宁、武山、清水、西和、通渭、安西、高台、文县、西固、会川、灵台、庄浪、康县、临泽、洮沙、民乐、康乐、两当、隆德、漳县、山丹、古浪、和政、化平、崇信、宁县、临潭新城、永靖、宁定、西吉、卓尼、鼎新、金塔、正宁、玉门	拓石镇、握桥镇、华亭	大靖、临潭新城二处均已撤退
四川省小计1			重庆		
陕西省小计1			西安		

截至 1946 年，该行共有分支机构 74 处，其中省内 70 处，省外 4 处，并先后与上海商业储蓄银行、贵州省银行、陕西省银行、河南省银行、重庆建国银行、青海省银行、宁夏银行等订立了通汇合约。② 并且甘肃省银行还代理保险业务，与法院协作推行贷款公证制度，以节约成本③。

甘肃省银行从成立之初，就十分重视公私存款，存款额逐年上升。其历年吸收存款情况见表 2 - 5。

---

① 《甘肃省银行总行致兰州市银行业同业公会的公函》，甘肃省档案馆藏甘肃省银行档案，档案号：53 - 1 - 391，第 86 ~ 87 页。

② 甘肃省银行：《甘肃省银行简史》，《甘肃省银行三十六年度业务报告书》，甘肃省银行印刷厂，1948。

③ 《伪甘肃省银行关于实施公证制度和收费办法的函件》，甘肃省档案馆藏甘肃省银行档案（未整理），1941，档案号：60.1 - 172。

表 2-5　甘肃省银行历年存款统计

单位：法币元

年期	总计	定期存款	活期存款	公库存款	同业存款	行员储蓄存款	本票	其他
1939 年下期	13018479.0	19112.3	9051633.4	2026214.0	1556207.1	9553.8	139760	354360.9
1940 年上期	13946895.9	44663.5	8471528.0	—	2252756.8	15405.7	1004692.6	2157849.3
1940 年下期	13509354.0	35921.3	9381168.9	1145904.3	1854759.9	26688.5	10752.8	1054158.4
1941 年上期	22646698.7	3044281.8	1698808.0	14248452.3	2776723.4	41899.6	10805.1	1004158.4
1941 年下期	49067090.0	3021329.6	3620839.0	33108171.8	5589872.4	57321.9	6159.7	3363395.7
1942 年上期	69923744.2	25200.50	3506392.0	40376416.0	2259710.9	79949.1	52945	3623130.6
1942 年下期	95203796.5	29128.2	41592216.8	4609259.5	12708954.3	102105.2	16563.2	36144569.4
1943 年上期	168343506.2	5247172.1	96702532.7	1369999.7	26444067.7	129869.2	213243.60	38236621.2
1943 年下期	212973594.0	2206158.5	77450543.1	9772944.0	46399275.1	164178.9	574365.60	76406128.6
1944 年上期	464008839.6	4.005902.0	137932952.5	41540103.1	118171109.0	196056.0	1142274.60	161020382
1944 年下期	633876239.8	8071090.8	206007331.8	52249234.7	1010211531.5	181179.6	37081986.4	228963876
1945 年上期	1477274110.1	20344035.1	277716122.1	134084859.9	90103708.4	146195.6	30684547.9	924194641
1945 年下期	2595788963.7	83267167.7	1266835680.8	329718434.1	305248033.9	—	43704174.6	567015473

注：活期存款包括甲种活期存款和乙种活期存款，其他包括暂收款和代收期付款项。

表 2 - 5 根据甘肃省银行历年业务报告及《一年来之甘肃省银行》、《甘肃省银行简史》、甘肃省档案馆藏档案 4 - 2 - 235、4 - 2 - 236、4 - 2 - 237、4 - 2 - 238、4 - 2 - 239、4 - 2 - 244 相关资料整理而成。

从表 2 - 5 可以看出，甘肃省银行历年来吸纳存款逐年增多，这对于银行开展贷款业务自然是有利的。但是，仔细分析以上数据可以发现，从甘肃省银行成立至 1941 年，存款中定期存款数量大于活期存款，这有利于银行开展贷放业务；从 1942 年起，活期存款数额超过定期存款，尤其是 1944 年之后，越往后活期存款的比重就越大，这就使得银行无法充分利用存款放贷。出现这一现象的原因是抗战后期法币贬值，物价狂涨，而银行的存款利率低，存入银行时间越长，则贬值的可能性就越大，所以越到后期定期存款就越少（参看表 3 - 8）。

甘肃省银行大力支持地方经济建设。在 1939 年增粮贷款 2000 万元中，甘肃省银行承担 300 万元。1941 年秋粮食收获后，又筹集购粮款 2500 万元（其中 700 万元为自筹，余款向四联总处兰州分处转抵押借款）。甘肃省银行对地方经济的支持不单纯是放款，还有投资。投资的主要形式是承购企业股票。甘肃省银行曾向甘肃省水利林牧公司投资 195 万元，向溥济渠水利工程贷款 24000 元，向煤矿机器厂投资 480000 元，向甘肃造纸公司投资 500000 元，向甘肃印刷公司投资 50000 元，向华亭瓷业公司投资 40000 元，向华西实业公司投资 50000 元[①]。

2. 省银行的组织结构

甘肃省银行的体制数经更改。1939 年成立时采用董事长制，由董事长对各分行、办事处进行集中管理。1940 年又改为总经理负责制。1942 年再改为分区管理制，加大了分行的权限，也就是由省银行总行直接管辖 8 个分行和两个外省办事处，委托这 8 个分行代为监督管理其省内办事处和分理处。在这种体制下，省银行以董事会为最高机构，与之平行的是监察人会。董事会由 11 个人组成，财政厅厅长为当然董事，另由省政府指定 5 人为常务董事，并从常务董事中指定一人为董事长，任期均为二年。董事会下设总经理一人，协理（后改为副总经理）若干人。总经理以下设若干办事机构。省银行的下属机构为分行，设在专署所在地（见表 2 - 6）。

---

① 甘肃省政府编印《甘肃省银行概况》，1942，第 18 ~ 19 页。

表 2 - 6　甘肃省银行组织结构① （1946 年 5 月填报）

本机关内部组织		直辖机关		
室/课以上各级单位名称	主管人职称及姓名	直辖机关名称	所在地址	主管人职称及姓名
业务处	经理张令琦	天水分行	天水西关街	代经理马国昌
会计处	处长王锡庚	平凉分行	平凉东大街	代经理伏震
事务处	处长柴鉴虎	武威分行	武威东大街	经理王焱
库务处	处长田新民	岷县分行	岷县崇后街	经理李慎修
人事处	主任王树基	临洮分行	临洮关岳庙街	经理张紫云
稽核室	主任张子上	酒泉分行	酒泉东大街	经理姚锡三
经济研究室	主任马霄石	临夏分行	临夏南正街	代经理白鉴洁
信托部	经理秦有如	张掖分行	张掖大西街	代经理吴松涛

总行直接管辖 8 个分行，再委托这 8 个分行代为监督管理省内办事处和分理处。监察人会为最高监察机构，由省政府聘任 5 人组成，任期一年。

由于受资金限制，甘肃省银行的分支机构敷设比较缓慢，"卅年度（1941）仅设有分支行处卅余处"，经省政府督饬，"至卅一年增设至四十八处"，但是"在业务上仍未能达到普遍活泼地方金融之使命，故应积极设法扩充"。在省政府的积极督导下，到 1943 年底，省银行分支行处增设至 69 处，比上年增加 21 处。②

关于省政府出资设立省银行一事，时人有如下评价："省地方银行由省政府出资经营，其营业政策受省政府指挥，可与省政府密切合作扶助地方经济建设，此固其优点之所在"，但是，"弊亦伏此"。"省地方行政长官，视省行工作人员为其部属，遇有命令，礼（理）应服从；省行工作人员亦作如此思想，尽量阿谀，以博长官欢心。省府拮据之时，向省银行挪用资金，乃成必然结果，虽法令禁止投放无抵押之借款，亦阳奉阴违，效果不彰"。③

甘肃省银行自认为其任务"在于调剂金融，发展地方经济，一方面

---

① 《机关组织年报表》，甘肃省档案馆藏甘肃省银行档案，档案号：53 - 1 - 391，第 11 页。

② 《甘肃省政府三十二年度政绩比较表》，甘肃省档案馆藏甘肃省政府档案，档案号：4 - 1 - 399，第 17 页。

③ 中央银行经济研究处编印《卅一年上半期国内经济概况》，1942，第 173 页。

须较国家银行更普遍深入乡镇，一方面又须祛除一般商业银行纯以本身利害为前提之观念，而应事事以政府政策民生福利为依归"[①]。从1939年6月1日成立至1942年底，甘肃省银行存款数为成立时的8.35倍，放款指数分别为：1940年上期102.3、下期93.4；1941年上期145.1、下期186.2；1942年上期368.4、下期218.6（以上数据均以1939年下期数为100）[②]。省银行执行政府经济政策之事项：①遵令调剂内地资金，呈准领券，并增加辅币发行。计发行官钱局印存五角券500万元，领券1000万元。②代理公库。计代理国库22处，市库1处，省库总分支库34处，县库42处。③代购物资，辅助平价政策之推行。计由信托部为财政部贸易委员会代购皮毛达545498元，从省外购进日用必需品达1908677元，全部平价销售。④协助粮食增产，办理增粮贷款。1939年为省政府垫付购粮款300万元，1941年负担增粮贷款700万元。⑤辅助经济建设事业。省行先后承办水利林牧公司、溥济渠水利工程费、煤矿机器厂等贷款，并投资于华亭瓷业公司、华西建设公司、兴陇工业公司等事业。[③]

另外，甘肃省银行为了辅助农村金融，"不惮手续之繁琐，不嫌数目之零星"，发放水利贷款、畜牧贷款、生产及消费合作社贷款、交通工具贷款、贫民小本贷款等，从1939年6月1日成立至1941年底，共发放上述贷款303308元。[④]

银行业务范围的扩大和内部组织机构的健全化，反映了银行自身的进步，反映了银行在社会经济活动中发挥着越来越重要的作用。

二　甘肃省合作金库

合作金库属于合作事业性质的金融组织。甘肃省合作金库成立于1943年11月。成立之初，甘肃省政府投资80万元，甘肃省银行投资30万元（后增至200万元）作为提倡股。实收合作社股金3669900元，之

---

①　甘肃省银行经济研究室编《甘肃省银行小史》，甘肃省银行印刷厂，1944，第14页。
②　甘肃省银行经济研究室编《甘肃省银行小史》，甘肃省银行印刷厂，1944，第8～11页。
③　甘肃省银行经济研究室编《甘肃省银行小史》，甘肃省银行印刷厂，1944，第13～14页。
④　甘肃省政府编印《甘肃省银行概况》，1942，第19页。

后省政府陆续加入提倡股本 800 万元，省银行陆续注入资金 200 万元，经营合作及存放、汇兑业务。[①] 后随着业务的发展，资本额增至 2000 万元。到 1946 年 1 月，甘肃合作金库可运用的资金已达 1800 万元。[②] 该库的放款业务有抵押贷款、信用贷款等，后来又开展了实物贷款业务。合作金库的放款方式以信用贷款为主，放款对象以合作社为主。合作社与金库的关系，在库务上属于股东关系，业务上处于顾客地位。[③] 合作金库的放款，按其性质可分为抵押贷款、信用贷款、信用供给贷款、农业生产贷款、工业生产贷款、运销贷款等，其"贷放业务完全针对调剂合作资金，扶植农村经济之宗旨，配合合作行政之措施"[④]。1944 年合作金库开始开展实物贷放业务时，仅有籽种 9405 石，最初在皋兰、武威、永登、张掖等 14 县试办，继而又增加贷放酒泉、山丹、玉门、安西、敦煌、民乐、高台、古浪、临泽等 9 县，共计 15646.738 石，到 1945 年底已转贷两期，利息粮已增至 3400 余石，约增加 1/3 强；资金起初为 1000 万元，到 1945 年底增至 7000 万元；[⑤] 存款 133992821.72 元，放款 83397548.60 元，其中信用放款 38149000 元，占总数的 45.74%；农业生产放款 26861734.64 元，占总数的 32.21%；工业生产放款 4230000 元，占 5.07%；消费放款 400000 元，占 0.48%；其他放款 13756813.96 元，占 16.5%。[⑥] 1946 年底，甘肃省合作贷款结欠数额为 251.5 亿元，其中农民银行占 80% 弱，甘肃省银行占 13%，省合作金库占 4%，其中农业生产贷款 11321829630 元，占贷款总额的 45%；运销贷款 4930888083 元，占 20%；信用贷款 3655371813 元，占 15%；工业生产贷款 237000000 元，占 1%。[⑦]

根据国民政府对各行局经营业务的分工，从 1942 年开始，中国农民银行专门办理各地农业贷款业务，成为垄断农村金融业的专业银行。于

---

① 甘肃省合作金库：《二年来之甘肃省合作金库》，甘肃省图书馆藏，1946，第 4～5 页。

② 王慕：《解放前的甘肃金融》，《甘肃金融》1989 年第 4 期。

③ 顾尧章：《中国之合作金库》，《金融知识》1942 年第 3 期。

④ 甘肃省合作金库：《二年来之甘肃省合作金库》，甘肃省图书馆藏，1946，第 8～9 页。

⑤ 甘肃省合作金库：《二年来之甘肃省合作金库》，甘肃省图书馆藏，1946，第 10 页。

⑥ 《甘肃省合作金库业务报告表》，甘肃省档案馆藏甘肃省政府档案，《甘肃省民国三十四年度统计总报告原始资料》（三），档案号：4－2－239，第 98～99 页。

⑦ 《合作金融》，甘肃省政府统计处《甘肃省统计年鉴》（1948），第十二章。

是，以中国农民银行和中央合作金库为总枢纽，各省分行、库为主干，各县区分支行、库为执行支干，以农村信用合作社为农村基层金融组织的全国农业金融网便在大后方建设起来。在这个金融网中，国家行局（后来只是中国农民银行）是农贷的主要提供者，合作金库是联结国家行局与合作社的中间环节，国家行局将款贷给合作金库，合作金库再将款贷给农村信用合作社，合作社再将款贷给农民。1944 年，中国农民银行兰州分行会同甘肃省银行、甘肃省合作金库在甘肃 14 个县向农民贷放籽种，共计 1200 万元；另由中国农民银行拨出 500 万元，进行肥料、牲畜、农具等实物贷放。① 从 1944 年到 1945 年，共贷出 70190042 元，月息一分七厘，另加仓租一分，两年间连同本息共收回粮食约 34000 石。至 1947 年，办理实物贷放的县份达到 34 个，共贷出小麦种子贷款折合粮食 40286756 石。至 1947 年，上述各行办理的各种农业贷款即超过 251 亿元，其中以中国农民银行比例最大，省合作金库次之，省银行则较小。②

三　县银行

1940 年 1 月 20 日，国民政府颁布《县银行法》，共 26 条。③ 规定县银行"以各该县乡镇为营业区"，"县银行资本总额至少须达 5 万元，商股不得少于二分之一"，"县银行不得买卖不动产"，不得"买卖有价证券"，"融通资金以农为主，工商次之"④。这部法律的颁布，推动了地方县银行的发展。县银行的建立，是为了调剂地方金融、扶助经济建设、发展合作事业。按照《县银行法》的规定，县银行的营业范围主要有：①收受存款；②有确实担保品为抵押之放款；③保证信用放款；④汇兑及押汇；⑤票据承兑及贴现；⑥代理收解各种款项；⑦仓库业；⑧保管贵重物品或有价证券。⑤ 上述各项业务，均为一般银行的正规业务及附属业务，可见县银行实与一般银行并无差别，是以发展地方经济为主要

---

① 毛北屏：《甘肃省合作事业新趋势——三十三年五月在省府纪念周报告词》，《甘肃合作通讯》1944 年第 12 期。

② 王恭：《建国前夕的兰州金融》，中国人民政治协商会议兰州市委员会文史资料委员会编《兰州文史资料选辑》（第 10 辑），甘肃人民出版社，1989。

③ 《县银行法》，《中央银行月报》1940 年第 3、4 号合刊。

④ 中央银行经济研究处编《金融法规大全》，商务印书馆，1947，第 103～104 页。

⑤ 中央银行经济研究处编《金融法规大全》，商务印书馆，1947，第 104 页。

任务，而不是以营利为目的。但由于各县银行资力薄弱，业务活动局限于存、放、汇和金库，资金的来源主要靠存款和发行本票。各县银行的存款来源以县、区、乡机关团体为主，私人存款寥寥无几。放款方式以商业放款和活存透支为主。

1942 年 5 月，酒泉县筹设县银行，并向财政部申请注册。① 1943 年，兰州市银行成立，额定资本 400 万元，由市政府和市商会各投资 150 万元，即开始营业，其营业范围除一般银行业务外，特别以市商会为放款对象，是一个商业性质的银行。法币贬值后，中央银行加入股金 1500 万元，后又借给提倡股 100 万元，共有资本 2000 万元。1943 年，"礼县县银行亦经筹集资本，拟具章程，经部核饬该县更正间"，且"华亭县银行正在筹集资本中"。②

1943 年 8 月，甘肃省政府在致财政部兰州区银行监理官的公函中说："查各县筹设县银行一案，本府前曾依据奉颁《县银行法》并斟酌本省地方经济情形及环境需要，拟具各县县银行设立大纲，令饬县遵照筹设在案。嗣据各县迭报资本筹措困难以及当地缺乏银行人才等情，是以多未着手筹设。唯近据礼县、华亭等县呈请设立，现正在筹设中"③。可惜因为种种原因，到抗战胜利前，县银行仅有兰州市银行 1 家，其他县银行并未成立。

随着国家银行的入驻、商业银行的内迁、地方银行的设立和扩张，甘肃省金融网逐步建立，银行业完全控制了地方金融业务。到 1946 年，据中央银行兰州分行对 18 家行庄的调查结果，这些行庄的存款总额达 29.3 亿元，其中以甘肃省银行吸收的存款最多，计达 14.96 亿元。不仅存款业务规模可观，放贷业务也大规模增长。仍据 1946 年的调查结果，在兰州的各商业银行及甘肃省银行放款总额达 13.45 亿元，其中甘肃省银行放款 5.67 亿元。汇兑业务在兰州一直处于入超地位。据 1946 年统计，各行庄共计汇出法币 17.29 亿元，其中经由甘肃省银行汇出的就有 14.27 亿元。④

---

① 中央银行经济研究处编印《卅一年上半期国内经济概况》，中央银行，1942，第 218 页。

② 《甘肃省政府三十二年度政绩比较表》，甘肃省档案馆藏甘肃省政府档案，档案号：4 - 1 - 399，第 17 页。

③ 《甘肃省政府公函（财一金未 9047 号）》，1943 年 8 月，甘肃省档案馆藏甘肃省银行档案，档案号：53 - 1 - 23。

④ 杨重琦、魏明孔主编《兰州经济史》，兰州大学出版社，1991，第 156 页。

　　抗战时期，以兰州为中心的现代金融体系初步形成。在这个体系中，居于核心地位的是国民政府的四行二局。国家银行虽然在甘肃设立分支机构，开展活动，但在甘肃金融业中并没有取得统治地位。到1945年，甘肃省银行的分支机构在全省有78个。在边远地区，根本没有国家银行设立的分支机构，金融主要靠地方金融机构调节。加之国家银行设立的分支机构在业务上只经营存款、放款、汇兑等一般性的银行业务，并没有发挥专业银行的职能，这就决定了省地方金融机构在省金融业中拥有很大的独立性和灵活性，居于主体地位。这一阶段甘肃银行业的发展，还突出体现在以下两个方面。

　　1. 金融机构业务的扩大

　　原来兰州的汇兑行市，完全为钱商所操纵。1933年中央银行进驻兰州后，银行由于分支机构多、汇费低而逐渐掌握了汇市。甘肃省银行除经营一般银行的存放、汇兑业务以外，还代理国库、省库、县库三级业务，并且发行货币、承办公债等。总行下设八个分行，每个分行管辖若干个办事处、汇兑所。由于机构遍布全省，省、区、县三级金库均由该行代理，对银行的资金周转和运用起到了很大的作用。中、中、交、农四个国家银行逐步推行法币，"去夏（1933年）兰州尚沿用银两制度，汇款仍以银两为单位，至付款时双方再以兰平折合现洋"①。随着银行分支机构的逐步设立，法币逐步由城市向乡村渗透。1936年7月，中央银行兰州分行"由沪运到一元券五十万元，不兼旬业已发行净尽"②。

　　2. 银行业同业公会的成立

　　1941年7月1日兰州市政府正式成立后，即由市政府社会局对工商业团体及从业人员进行调查登记。随着政府的强力干预，兰州市各行业同业公会纷纷设立。兰州市银行业同业公会成立于1943年1月，理事长为杨霁青，会员有中央银行兰州分行、中国银行兰州分行、交通银行兰州分行、中国农民银行兰州分行、邮政储金汇业局兰州分局、中央信托局兰州分局、甘肃省银行、兰州市银行、中国通商银行兰州分行、四明银行兰州支行、亚西实业银行兰州分行、大同银行兰州分行、山西

---

① 《各地金融市况》，《中央银行月报》1934年第7号，第1568页。
② 《各地金融市况》，《中央银行月报》1936年第8号，第2251页。

裕华银行兰州分行、华侨兴业银行兰州分行、兰州商业银行、永利银行兰州支行、绥远省银行兰州分行、兰州信托公司等。1941 年成立了兰州市钱业公会，理事长为郑立斋，会员有天福公钱庄、宝庆祥钱号、宏泰兴钱庄、义兴隆钱庄等。[①] 1942 年，又改主席制为理事长制。从 1944 年《兰州市社会局指导人民团体整理报告》中可以看出一些端倪（见表 2 - 7）。

表 2 - 7　兰州市社会局指导人民团体整理报告

团体名称	兰州市银行商业同业公会						
团体所在地	民国路甘肃省银行大楼						
整理时期	自 1944 年 7 月 20 日到 1944 年 8 月 17 日，这期间经过 27 日						
过去会务概况	原有团体名称：兰州市银行商业同业公会						
	沿革	自民国卅二年元月三日成立，因人事异动，理事丧失会员资格计共七名，不合法定组织会务停顿，特约整理	活动情形	一，提倡捐献至为热烈 二，协助政府推行国民副食补给政令 三，参加各种纪念集会			
	过去负责人姓名及职别						
	职别	姓名	职别	姓名	职别	姓名	职别	姓名
	理事长	崔叔仙	理事	常文熙	理事	潘蔚如	常务监事	洪德官
	常务理事	丁葆瑞	理事	郑大勇	理事	祝寿民	监事	王发峻
	常务理事	朱迈沧	理事	左治生	理事	马逸民	监事	郭善长
整理经过	奉市政府训令召集会员大会，在市商会举行，邀请社会部陆次长、杨处长均到场指导，并饬由该会先行造呈会员代表名册，准时集会						
	出席会员人数	75 人	出席权数	75 权	监选人姓名	林荣葵	
整理概况	改选日期及地点	1944 年 8 月 27 日，市商会礼堂					
	职员姓名及其资历						
	职务	姓名	资格或略历				
	理事长	戴翘霖	农民银行兰州银行经理				
	常务理事	丁葆瑞	中国通商银行兰州银行经理				
	常务理事	朱迈沧	甘肃省银行总经理				
	理事	郑大勇	交通银行兰州银行经理				

---

① 孙汝楠：《兰州设市后的施政概况》，中国人民政治协商会议甘肃省兰州市委员会文史资料研究委员会编《兰州文史资料选辑》（第 2 辑），1984，第 55 页。

续表

整理概况	理事	常文熙	中国银行兰州银行经理
	理事	扈天魁	大同银行兰州银行经理
	理事	陈昌明	兰州市银行经理
	理事	李康甫	上海信托公司经理
	理事	金鸿湘	四明银行兰州银行经理
	常务监事	陶稚农	永利银行兰州银行经理
	监事	李纯华	华侨银行兰州银行经理
	监事	郭善长	裕华银行兰州银行经理
	会员数	个人	男＿＿人　女＿＿人　共计＿＿人
		团体	公司行号数　16家　会员代表数　80人
	团体章程（除呈送当地政府外不必附呈传递）		
	经济状况		一，经常来源由各会员按单位均摊　二，补助费无
	重要工作计划		一，举办行员福利事业　二，依法加入市商会为会员 三，厉行职会员集会管制　四，努力各种抗建捐献
备注	候补理事：李慎修，亚西银行经理；冯稚衡，长江银行经理；崔叔仙，农民银行专员；张令琦，甘肃省银行处长；孙汝楠，甘肃省银行协理		
	候补监事：魏朝澂，商业银行经理		

资料来源：《兰州市1944年各人民团体总报告表》，甘肃省档案馆藏兰州市社团档案，档案号：61-1-193，第18页。

从表2-7可以看出，银行业同业公会的改选受政府影响很大，改选时"奉市政府训令召集会员大会"，并"邀请社会部陆次长、杨处长均到场指导"。在同业公会的组织管理下，银行、钱庄发展迅速，到1943年8月为止，兰州市银行、钱庄情况如表2-8所示。

表2-8　兰州市银行钱庄调查表（1943年8月12日）

行庄名称	经理	已否加入同业公会	备注
中央银行兰州分行	贾继英	已加入银行同业公会	
中国银行兰州支行	常文熙	已加入银行同业公会	握桥有一简易储蓄处
交通银行兰州支行	郑大勇	已加入银行同业公会	
中国农民银行兰州支行	崔叔仙	已加入银行同业公会	中正路有一分理处，主任胥传禹任银行同业公会理事长
中央信托局	贾继英	已加入银行同业公会	中央银行兼办

续表

行庄名称	经理	已否加入同业公会	备注
邮政储金汇业局兰州分局	王觉	已加入银行同业公会	
甘肃省银行总行	朱迈沧	已加入银行同业公会	本年起与兰州分行合并
宁夏银行兰州办事处	李质存	已加入银行同业公会	本办事处尚未办理银行业务，仅代宁夏省政府办理售购物资事宜
绥远省银行兰州办事处	王发峻	已加入银行同业公会	
兰州商业银行总行	魏朝澂	已加入银行同业公会	
中国通商银行兰州分行	丁葆瑞	已加入银行同业公会	
山西裕华银行兰州办事处	郭善长	已加入银行同业公会	
长江实业银行兰州分行	左治生	已加入银行同业公会	
上海信托公司兰州分公司	潘蔚如	已加入银行同业公会	
亚西实业银行兰州分行	张雪宝	已加入银行同业公会	
天福公钱庄	郑立斋	已加入钱业同业公会	钱业同业公会理事长
宏泰兴钱庄	韩允臣	已加入钱业同业公会	
德义兴钱庄	吴荫亭	已加入钱业同业公会	
魁泰兴钱庄	张郁三	已加入钱业同业公会	
义兴隆钱庄	刘洁如	已加入钱业同业公会	
德盛恒钱庄	王福堂	已加入钱业同业公会	

资料来源：《财政部兰州区银行监理官办公处给财政部的呈（兰审字第五三六号）》（1943年8月13日），甘肃省档案馆藏甘肃省银行档案，档案号：53-1-23。

　　由于各银行竞相在交通便利、相对富裕的地区添设分支机构，而边远地区则无人问津，少数大城市银行扎堆，竞争激烈，而边远贫困地区则没有一家金融机构。在兰州银行监理官的训令中有："查河西各县日形增加，各种建设事宜现正积极办理。安西县地居关外要冲，金融机关实有设置之必要，拟请贵处注意筹组以济金融之盈虚。再玉门、金塔、鼎新各县亦应筹设省银行汇兑所各一所，不但省与县之付给、呈缴可以节省手续，即地方经济偏枯现象亦赖以疏通。"[①] 甘肃省银行则答曰："边区人才困难，本年（1943）上期已筹设各县处所二十处，人员已无法再

---

① 《财政部兰州区银行监理官办公处给甘肃省银行的训令（秘字第五三二号）》（1943年8月11日），甘肃省档案馆藏甘肃省银行档案，档案号：53-1-23。

调，……一俟本行第三期行员训练班毕业后，即行派员筹组。"[1]

第四节　甘肃旧式金融组织的转型

在银行业兴起后，钱庄等并没有马上衰落下去，而是与国营、地方银行业形成三足鼎立之势，共同影响着兰州地区的金融市场。1935年，兰州有大小钱庄53家，其中资本最多者只有5万元，最少者只有200元。[2] 1936年以后，银钱业组建同业公会，将会首改为主席，将轮流制改为选举制。1942年，又取消了主席制，改为理事长制，并对各商号经理进行了培训。兰州市银钱业组织形式的这种变化，一方面反映了旧式银钱业的发展，另一方面也反映了在新的形势下，钱庄业正逐步摆脱封建体制的束缚而走向近代化。钱庄业的重新崛起，对于在战时环境下振兴地方经济、活跃商品流通、促进商贸事业的繁荣起到了积极的作用。在组织形式发生变化的同时，其业务性质也发生了重大变化，突出表现在钱庄、银号逐渐与商业和官僚资本结合了起来。[3]

抗战时期的钱庄，客观上发挥了资助商人、促进物资交流和扩大国内市场的历史作用。20世纪30~40年代以来，在社会条件发生剧烈变化的过程中，这些银钱组织时刻面临关门歇业的危机。为生存计，它们利用其资金运用灵活、与商业资本存在固有联系这一有利条件，迅速向官僚资本转化。不仅如此，它们还直接与商业资本结合起来，采用各种手段牟取暴利：经营鸦片、囤积居奇、进行投机买卖。[4] 正是这种钱业、商业与官僚资本三位一体的有机结合，才使天福公钱庄在抗战后期银根紧张、钱业窘迫的情况下，意外地得到了发展。也正是这些发展变化，使传统金融业在银行业出现以后，成为构筑近代兰州金融网的重要组成部分。抗战前兰州有钱庄50多家，1943年后只剩下六家：天福公、宏泰兴、德义兴、魁泰兴、义兴隆、德盛恒

---

① 《甘肃省银行总行给兰州区银行监理官办公处的呈（总业管未字第四零三九号）》（1943年8月16日），甘肃省档案馆藏甘肃省银行档案，档案号：53-1-23。

② 潘益民：《兰州金融情形之今昔》，《建国月刊》1936年第2期。

③ 杨重琦、魏明孔主编《兰州经济史》，兰州大学出版社，1991，第157页。

④ 郑立斋：《我在天福公钱庄的经历》，中国人民政治协商会议甘肃省委员会文史资料研究委员会编《甘肃文史资料选辑》（第14辑），甘肃人民出版社，1983，第89~93页。

（见表 2 - 9）。

表 2 - 9　兰州市钱庄资本及业务概况

名称	设立日期	出资人	资本总额（万元）	营业所在地	主要业务
义兴隆	1916 年	刘洁如	30	中华路 4 号	经营商业银行一切业务
天福公	1920 年 8 月	郑立斋	1000	中山路 567 号	经营商业银行一切业务
德义兴	1935 年	吴荫亭	30	益民路 529 号	经营商业银行一切业务
魁泰兴	1937 年 8 月	张郁三	40	中山路 572 号	经营商业银行一切业务
德盛恒	1937 年	王福堂	1000	张善路 531 号	经营商业银行一切业务
宏泰兴	1937 年	韩允臣	3000	中山路 569 号	经营商业银行一切业务

资料来源：《兰州市钱商业同业工会呈（钱字第四六号）》（1943 年 8 月 24 日），甘肃省档案馆藏甘肃省银行档案，档案号：53 - 1 - 27，第 68 页。

其中宏泰兴钱庄 1945 年改组为银号。钱庄的资本一般比较小，如义兴隆刚成立时资本仅有 3000 元，天福公刚成立时资本仅有 5000 元。

钱庄业的主要业务对象是私人商业贸易。钱庄的经营范围也由最初的银钱兑换，进而发展到存放款、汇兑等与商业银行相同的业务。1943 年 11 月，兰州市六家钱庄呈请增资改组。"连日磋商，一致采用无限公司组织法，各钱庄增资额数如左：（1）天福公原有资本肆万元，生产器材折合壹拾万元，新增资本贰拾陆万元，合计资本肆拾万元；（2）魁泰兴原有资本伍万元，生产器材折合伍万元，新增资本叁拾万元，合计资本肆拾万元；（3）宏泰兴原有资本叁万元，生产器材折合伍万元，新增资本贰拾贰万元，合计资本叁拾万元；（4）德义兴原有资本肆万元，生产器材壹拾万元，新增资本壹拾陆万元，合计资本叁拾万元；（5）义兴隆原有资本贰万伍千元，生产器材折合伍万元，新增资本贰拾贰万伍千元，合计资本叁拾万元；（6）德盛恒原有资本叁万元，生产器材折合陆万元，新增资本贰拾壹万元，合计资本叁拾万元。至生产器材即依九月十三日会议记录之记载，概以时值价十分之三折合之"[1]。这六家钱庄共新增资本 1375000 元。

除了钱庄外，典当业也在甘肃现代金融体系中占有一席之地。根据

---

[1] 《兰州市钱商业同业公会给兰州区银监官的呈（钱字第四一号）》（1943 年 11 月 13 日），甘肃省档案馆藏甘肃省银行档案，档案号：53 - 1 - 24。

档案资料，1941 年 8 月兰州市典当商业同业公会会员情况如表 2 – 10 所示。

表 2 – 10 兰州市典当商业同业公会会员情况

名称	出资人	资本数	经理人	营业所在地	备注
蔚丰当	赵蔚庭	1 万元	赵蔚庭	炭市街 5 号	停业
裕亨当	杨广卿	1 万元	杨广卿	炭市街 240 号	停业（卅二年七月一四日）
××当	—	—	—	神川街 7 号	停业（已于卅年七月五日退会）
复兴当	李泰和	5000 元	李泰和（仲平）	县六街 39 号	停业
锦绣当	王西亭	1 万元	王西亭	道六街 9 号	停业（卅二年七月一四日）
树顺当	杨文炳	1 万元	杨文炳（霓臣）	部六街 40 号	
公庆当	惠吉清	6000 元	阎兆春（束生）	部六街 3 号	
裕昌当	张道生	1 万元	张道生	西大街 42 号	

　　附注：该公会实有开业会员五家，函报歇业有案可考者两，未经函报确实歇业者有三，合当一家。查锦绣、裕亨、裕昌等三典当业于民国卅二年七月九日呈奉社会局社一午字 5937 号指令照准撤销。

　　资料来源：《兰州市典当商业同业公会会员名册》（1941 年），甘肃省档案馆藏兰州市总工会、商会档案，档案号：60 – 2 – 157。

　　从表 2 – 10 可以看出，1941 年时，兰州市典当业已经是奄奄一息，难以为继了。但是在银行势力尚不强大的乡村，典当业还占有一席之地。据统计，1943 年 10 月平凉市银钱业商号有 22 家，资本金共 8550000 元，平均每家资本额 388636 元；[①] 1943 年 8 月武山县有典当 6 家，资本总额 20560 元，平均每家资本额 3427 元；[②] 礼县原有典当 1 家，资本 4000 元，1942 年即停业；[③] 古浪县瑞泉镇、振育镇各有典当 1 家，资本总额 65000 元；[④] 酒泉县有典当 8 家，资本总额 800000 元，店员 33 人；[⑤] 1940 年天

[①] 《平凉县拟成立银钱庄号调查表》（1943 年 10 月），甘肃省档案馆藏甘肃省银行档案，档案号：53 – 1 – 27。

[②] 《甘肃省政府各县赍编制统计年鉴资料的呈文及统计报表（一）》，甘肃省档案馆藏甘肃省政府档案，档案号：4 – 2 – 235，第 19 页。

[③] 《甘肃省各县赍编制统计年鉴资料的呈文及统计报表（二）》，甘肃省档案馆藏甘肃省政府档案，档案号：4 – 2 – 236，第 53 页。

[④] 《甘肃省各县赍编制统计年鉴资料的呈文及统计报表（二）》，甘肃省档案馆藏甘肃省政府档案，档案号：4 – 2 – 236，第 113 页。

[⑤] 《甘肃省各县赍编制统计年鉴资料的呈文及统计报表（二）》，甘肃省档案馆藏甘肃省政府档案，档案号：4 – 2 – 236，第 118 页。

水县有当铺 4 家，资本总额 3100 元；[①] 1943 年张掖县城区有德厚当等大当、小当 19 家，资本大者 20 万元，小者 5000 元；与山丹、民乐、高台、临泽 4 县典当合在一起共有 40 多家。[②]

虽然财政部在兰州设立银行监理官，专门负责监察金融业，力求使其按照政府法令守法经营，但是有法不依的现象还很多，如普通商号违规兼营钱庄业务者，在省政府转财政部代电中有这样的叙述：查民国三十二年（1943）8 月 26 日奉钧府财物三未字第 103 号训令内开，"案查前奉财政部渝钱稽字第 1772 号及 618 号代电以未经依法呈准经营银钱业务之行号绝对禁止兼营存款放款及其他属于银钱业范围之业务，其经呈准经营银钱业之行号应一律加入银钱业同业公会。凡未加入该公会者，绝对禁止经营银钱业。倘敢故违，一律依法严惩不贷。业经明令饬遵在案。近据报告，兰州市经营银钱业者，多违反上项规定，殊属不法已极。兹特重申前令，合行令仰该公会遵照，迅予转饬各行号，凡经营银钱业者，均应依法履行呈准登记手续，并应一律加入公会。否则一律查封，依法处罚，决不宽贷。并仰将办理入会情形连同会员名册报府查核为要。此令"；奇怪的是，兰州市钱业公会"派员四出秘密调查，迄未查获非钱业而兼营存款放款者"[③]。这种情况耐人寻味。

当时兰州市已经有六家经财政部核准的钱庄，"至兰市现有钱业天福公、魁泰兴、宏泰兴、德义兴、义兴隆、德盛恒等六钱庄均已加入公会，并领有会员证、登记证，并迭奉部令，造具法定文件，增资改组，已于本年（1942 年）十一月五日、十一日，先后以钱字第 37 号及 40 号呈文将现有六钱庄造具表册二百份，并中央银行壹佰叁拾柒萬伍千元验资证明书转呈兰州市政府分别核转在案"，但在资本逐利的本性驱使下，还是有很多人纷纷申请开设钱庄。受当事人委托，钱业同业公会以兰州市"游资充斥，黑市操纵，为害市面，诚非浅鲜。兰市商业日趋繁荣，外行私相兼营存款放款者，其侦查殊非易事"为理由，呈请"就从前辞行之各钱庄中选具资本可达部定标准者，联络数家准其复业，藉图吸收游

---

① 天水市地方志编纂委员会编《天水市志》（中），方志出版社，2004，第 1430 页。

② 方步和主编《张掖史略》，甘肃文化出版社，2002，第 610 页。

③ 《兰州市钱商业同业公会呈》（1943 年 8 月 4 日），甘肃省档案馆藏甘肃省银行档案，档案号：53 - 1 - 27。

资"，"本会曾于本年（1942年）九月九日以钱字第25号公函通知永和泰、中和德、泰生源、天顺诚、广川隆、义盛魁、福长协等各家，如愿恢复钱业，希开单送会，以凭转呈；旋据永和泰、天丰隆（原名福长协）、复兴泰（原名泰生源）、中和德、公兴银号（原名义盛魁）五家先后呈报，请求复业。谦和银号、励志钱庄二家，呈报请求重新设立，并开具商号名称、出资人经理人姓名、资本数额、营业所在地暨（及）组织到会"①。但是根据《非常时期管理银行暂行办法》和《商业银行设立分支机构办法》，财政部限制新开设银行，所以兰州区银行监理官否决了钱业公会的申请。

近代兰州地区的金融业有自己的特点。一般说来，金融业的发生和发展是伴随着资本主义经济的发展而兴起的。近代兰州地区的新旧金融机构始终保持着一种殊途同归的发展势头。新式银行业并不是在原来旧式金融组织的基础上直接发展起来的，而是在近代资本主义商品经济的刺激下兴起的。而新式金融机构的发展，又促使旧式金融机构发生分化。票号迅速消失，而钱庄、银号则得到继续发展。它们并没有转向资本主义性质的信用机构，而是转向经营各种投机生意，形成与新式银行业互相争利的局面。钱庄操纵汇市以从中取利："去年本月（1933年6月）汇款总额在二百万圆以上，汇率时起波澜，升降之差额甚大，一般钱商恣意操纵，大作空盘。其间获益者固属不少，而赔累者亦大有其人。""去岁曾有聚成泰、德盛裕两钱庄，因鉴于废历二三月汇水最高三百余两，做空汇款太多，至四月底汇水猛跌至一百余两，亏赔甚巨，竟至倒闭。"②

新式银行兴起以来，传统银钱业组织面临前所未有的市场压力。加之政府的政策倾向于支持银行，多数传统银钱组织被淘汰出局，如上文所述兰州的典当业。为了应对危机，传统金融组织纷纷扩大经营规模，增加资本。扩大经营规模是传统银钱组织增强自身竞争能力的途径，增资反映了钱庄业要求扩张的内在冲动，也是企业改制的内在动力。

在信用放款制度下，钱庄贷款给商家时，虽然会先派"跑街"调查贷款商家的信用，但实际上多以商号股东的私产为准，故私产较多者常

---

① 《兰州市钱商业同业公会呈》（1943年8月4日），甘肃省档案馆藏甘肃省银行档案，档案号：53 - 1 - 27。
② 《各地金融市况》，《中央银行月报》1934年第7号，第1568页。

能向数家钱庄借到巨款以扩充营业。当市面稳定、工商繁荣、资金流通活跃时，钱庄随之扩大放款数量，但一旦遭逢非常时期，如经济恐慌、天灾人祸时，因资金流通梗塞，工商凋敝，钱庄既无法收回放款，又无抵押品可资变卖，还得支付存款利息，其损失必然惨重。[①] 曾有不少钱庄因信用放款招致倒闭，但基于商业利益与保守性，钱庄始终不愿更改这种放款制度。

随着抗战的全面展开，工业品价格不断上涨，促使商业的投机性日趋猖獗，出现了商业的畸形繁荣，这就为钱庄业的发展提供了有利的社会环境。同时，与新式银行比较，钱庄的业务往来手续要简单得多。如商人向钱庄借款无须抵押品及保证人，甚至无须签订契约，一切全凭钱庄与商人之间的个人信用，而且贷款期限及利率也都有很大的灵活性，这些特点很受商人的青睐。再加上此时钱庄在经营内容及方式上也有所改进，其存放款、汇兑等业务出现了与银行相融合的趋势。这些因素促使钱庄业（含银号）又在衰微中有所复苏，甚至出现了国家银行、地方银行与私营钱庄三足鼎立的局面。小资本经营者没有适当的抵押品，无法向银行贷款，而钱庄则有手续简便、以信用放款为主的特点，所以钱庄还是它们往来的主要金融机构。林地焕对天津和上海钱庄的研究证明，20世纪30年代初的金融风潮和法币改革以后，中国的钱庄虽然蒙受打击，但并不曾日趋衰落，而是走上了从传统金融业向现代金融业转变的新的发展方向。甘肃的钱庄业在抗战期间也逐步从传统金融业向现代金融业转变。

不仅如此，它们还直接与商业资本结合起来牟取暴利，"钱庄可说是一种纯粹投机行业"[②]。正是这种钱业、商业与官僚资本三位一体的有机结合，才使天福公钱庄在抗战以来银根紧张、钱业窘迫的情况下，意外地得到了发展。也正是由于旧金融业的这些发展变化，使其在银行业出现以后，成为构筑近代兰州金融网的重要组成部分。

七七事变后，全民族抗战阶段开始，国民政府把西北作为全国抗战的大后方进行建设。随着工、农业的开发与发展，抗战时甘肃近代金融

---

① 孙怀仁：《中国金融业之危机及其前途》，《申报月刊》1935年第3期。

② 郑立斋：《我在天福公钱庄的经历》，中国人民政治协商会议甘肃省委员会文史资料研究委员会编《甘肃文史资料选辑》（第14辑），甘肃人民出版社，1983，第91页。

业也取得了突飞猛进的发展，并最终形成了以国家银行为核心，以地方银行为主体，以商业银行和钱庄为两翼的遍布甘肃省的金融网络体系。从 1938 年起，国民政府开始在西北地区大力建设金融网，先后公布了《筹设西南西北及邻近战区金融网二年计划》《巩固金融办法纲要》以及《增订第二第三两期西南西北金融网计划》，要求各行局在西北增设分支机构 40 处，并严令于 1941 年底前完成。1942 年 9 月，四联总处理事会通过了《扩展西北金融网筹设原则》，决定加快西北地区的金融网建设。截至 1942 年 8 月，仅中国银行、中央银行、交通银行、中国农民银行在西北新设的分支行处就达 56 个，西北地区的金融网随之得到可观的发展。据统计，到 1943 年 6 月，中国银行、中央银行、交通银行、中国农民银行四行在甘肃的分支机构达 34 个，多分布在兰州、天水、平凉、武威、酒泉、张掖等比较富庶的城市。同一时期，甘肃省银行在全省的分支机构达 53 个，且基本遍布全省各市县（详见表 2 - 11 ~ 表 2 - 15）。

表 2 - 11　兰州区交通银行分布一览（1943 年 5 月 20 日）

分支行处	经理	所在地	成立日期	注册号	已否加入同业公会
交通银行兰州支行	郑大勇	兰州	1940 年		加入
交通银行平凉办事处	张炎卿	平凉	1941 年		加入
交通银行武威办事处	潘玉书	武威	1940 年		未
交通银行天水办事处	吴清勋	天水	1941 年		未
交通银行岷县办事处	于宝华	岷县	1941 年		未
交通银行酒泉办事处	张宝瑞	酒泉	1943 年		未
交通银行宁夏支行	宋显任	宁夏	筹备中		未

资料来源：《中央、中国、交通、农民四银行联合办事处兰州分处代电（总字第 1460 号）》，甘肃省档案馆藏甘肃省银行档案，档案号：53 - 1 - 22。

表 2 - 12　兰州区中国农民银行分布一览（1943 年 6 月 4 日）

分支行处	经理	所在地	成立日期	注册号数	已否加入同业公会
中国农民银行兰州分行	崔叔仙	兰州	1935 年 5 月 5 日		
中国农民银行天水办事处	主任屠焕生	天水	1935 年 5 月 5 日		
中国农民银行平凉办事处	主任颜其坤	平凉	1935 年 12 月 16 日		

分支行处	经理	所在地	成立日期	注册号数	已否加入同业公会
中国农民银行武威办事处	主任顾仙培	武威	1942 年 12 月 21 日		
中国农民银行城内分理处	主任胥传禹	兰州城内	1943 年 5 月 17 日		
中国农民银行酒泉分理处	主任席子昌	酒泉	1943 年 4 月 9 日		
中国农民银行敦煌分理处	主任厉庆安	敦煌	1942 年 12 月 21 日		
中国农民银行张掖分理处	主任杨以培	张掖	1943 年 3 月 1 日		
中国农民银行临夏分理处	主任侯立山	临夏	1943 年 1 月 4 日		
中国农民银行临洮分理处	主任马如凤	临洮	1943 年 12 月 1 日		
中国农民银行岷县分理处	主任赵达	岷县	1943 年 4 月 10 日		
中国农民银行靖远分理处	主任牟芳溪	靖远	1942 年 12 月 21 日		
中国农民银行秦安分理处	主任张端	秦安	1943 年 1 月 4 日		
中国农民银行宁夏支行	经理南秉方	宁夏	1938 年 1 月 16 日		
中国农民银行青海支行	经理熊琦	西宁	1938 年 1 月 1 日		

资料来源：《中国农民银行兰州分行给财政部兰州区银行监理官办公处的函（兰字第 978 号）》（1943 年 6 月 4 日），甘肃省档案馆藏甘肃省银行档案，档案号：53 - 1 - 22。

表 2 - 13　兰州区中国银行分布一览（1943 年 8 月 20 日）

分支行处	经理	所在地	备考
中国银行兰州支行	常文熙	兰州	握桥设有简易储蓄处一
中国银行天水办事处	苏麟美	天水	
中国银行平凉办事处	张孝谦	平凉	
中国银行武威办事处	王经春	武威	
中国银行酒泉办事处	沈时强	酒泉	老君庙设有简易储蓄处一
中国银行岷县办事处	王桐	岷县	
中国银行张掖办事处	李缙	张掖	
中国银行秦安办事处	陈世杰	秦安	
中国银行徽县办事处	张桂泉	徽县	
中国银行宁夏办事处	洪家寅	宁夏	
中国银行西宁办事处	翁文津	西宁	

资料来源：《财政部兰州区银行监理官办公处给财政部的呈（兰审字第五三六号）》（1943 年 8 月 13 日），甘肃省档案馆藏甘肃省银行档案，档案号：53 - 1 - 23。

表 2 – 14　兰州区中央银行分布一览（1943 年 8 月 12 日）

分支行处	经理	成立日期	所在地	备考
中央银行兰州分行	贾继英	1932 年 12 月	兰州	
中央银行天水分行	吴毓藻	1938 年 7 月	天水	
中央银行平凉分行	赵克祖	1941 年 3 月	平凉	1943 年 6 月底奉令停业
中央银行武威分行	孟昭天	1940 年 1 月	武威	
中央银行酒泉分行	陈守仁	1940 年 1 月	酒泉	
中央银行岷县分行	张国祥	1941 年 3 月	岷县	1943 年 7 月 20 日奉令停业
中央银行宁夏分行	田乔龄		宁夏	
中央银行西宁分行	张永敬		西宁	

资料来源：《财政部兰州区银行监理官办公处给财政部的呈（兰审字第五三六号）》（1943
年 8 月 13 日），甘肃省档案馆藏甘肃省银行档案，档案号：53 – 1 – 23。

表 2 – 15　兰州区甘肃省银行分布一览（1943 年 8 月 12 日）

分支行处	经理/主任	所在地	分支行处	经理/主任	所在地
甘肃省银行总行	朱迈沧	兰州	敦煌办事处	禄兆熙	敦煌
省行信托部	陈信生	兰州	碧口办事处	傅友德	碧口镇
定西办事处	史国辅	定西	武都办事处	张宗藩	武都
榆中办事处	姚锡三	榆中	临潭办事处	马振东	临潭
靖远办事处	牛承森	靖远	渭源办事处	赵作武	渭源
景泰办事处	张以和	景泰	窑街办事处	郑廉	窑街
永登办事处	张克明	永登	拓石镇办事处	黄映南	天水拓石镇
临夏办事处	张孝友	临夏	临潭分处	骆骅	临潭新城
夏河办事处	何全宪	夏河	会宁汇兑所	董溥	会宁
秦安办事处	平定铭	秦安	武山汇兑所	王世昌	武山
甘谷办事处	周世祥	甘谷	西和汇兑所	陈菊黄	西和
礼县办事处	刘子仁	礼县	通渭汇兑所	刘应弼	通渭
清水张川镇办事处	白鉴洁	清水张川镇	灵台汇兑所	冯渭翰	灵台
成县办事处	黄东谔	成县	安西汇兑所	王树声	安西
徽县办事处	李受磐	徽县	高台汇兑所	陈子嘉	高台
陇西办事处	张法奎	陇西	文县汇兑所	化克恭	文县
固原办事处	韩志一	固原	西固汇兑所	薛思聪	西固
海原办事处	瞿朝邑	海原	官堡汇兑所	高永年	官堡镇
泾川办事处	邱廷杰	泾川	安口收解处	徐杨峰	华亭安口镇

分支行处	经理/主任	所在地	分支行处	经理/主任	所在地
静宁办事处	倪大经	静宁	清水汇兑所	朱致祥	清水
西峰镇办事处	伏震	西峰镇	天水分行	陈昌明	天水
华亭办事处	杨效先	华亭	平凉分行	郑学林	平凉
镇原办事处	张瑞麟	镇原	凉州分行	苏学材	武威
张掖办事处	田新民	张掖	肃州分行	刘仲曾	酒泉
永昌办事处	马维新	永昌	岷县分行	张钰	岷县
大靖办事处	段焕章	大靖	临洮分行	马维骐	临洮
民勤办事处	冯德焱	民勤			

注：自 1943 年起甘肃省银行兰州分行与总行合并。

资料来源：《财政部兰州区银行监理官办公处给财政部的呈（兰审字第五三六号）》（1943 年 8 月 13 日），甘肃省档案馆藏甘肃省银行档案，档案号：53-1-23。

从上述表格可以看出，到 1943 年 8 月为止，甘肃省银行在全省有分支机构 50 处，中央银行及特许银行在甘肃的分支机构共有 34 处。另据统计，到 1944 年 5 月，在甘肃全省 68 县中，有银行分支机构者达 50 余县，其中国家四行二局的分支机构共有 43 处，省银行的分支机构有 80 余处。[①] 甘肃省银行对平抑物价起到了一定的作用。如 1940 年春在天水市的行动，"三月份以来因陕洛来货困难，各货渐缺，物价渐涨。四月份月初各种物价奇昂，与上月同。迨初旬后，甘省行天水分行停止贷款，市面流资日少，银根渐紧，商人均出货以资周转，故物价亦因之稍跌。五月份天水市面状况，仍见沉寂。自甘肃省银行奉令停止放款后，市面游资渐少，一般乘机取利囤积居奇之商人，已无从施其惯技，故布匹等货物亦较前低落，粮食柴炭及日用品价格，尚见稳定"[②]。在兰州市，银行则直接投放物资，以平抑物价。"甘肃省银行信托部，为平价起见，特由四川运到兰州大批白布，平价出售，每尺仅售国币八角，市民争先购买。"[③]

如前所述，抗战期间，国民政府通过颁行一系列法令，推进了近代

---

① 中中交农四行联合办事总处秘书处统计科：《各地每周金融动态》，《金融周刊》1944 年第 24 期。

② 《各地金融市况》，《中央银行月报》1940 年第 7、8 号合刊。

③ 《各地金融市况》，《中央银行月报》1940 年第 7、8 号合刊。

金融业的变迁。1937年8月15日，国民政府财政部颁布《非常时期安全金融办法》7条，标志着其政策由平时金融向战时金融转变。1938年4月，国民政府颁发《改善地方金融机构办法纲要》。1938年8月，财政部为了推进国家银行在西北地区的设点工作，制定了《完成西南西北及邻近战区金融网之二年计划》。1941年3月，国民党五届八中全会在重庆召开，会议通过的《积极动员物力财力确立战争经济体系案》决议提出："国家在战时，其经济能力之能否持久，为最后胜利之关键，而经济能力之能否配合军事之发展，又有赖于其机关之健全独立以及灵活运用。"这实际上是强调当时的经济政策要以战争为中心。1942年9月5日，为开发西北资源，适应战时需要，使金融力量与政府各项政策相配合，辅助国防生产，四联总处提出了《筹设西北金融网原则》，决定从速增设西北地区四行网点。

全面抗战爆发后，政府为控制一般银行，加强战时金融管理，于1940年8月颁布《非常时期管理银行暂行办法》。该文件共10条，明确规定"银行不得直接经营商业或囤积货物"，"官办或官商合办之银行，其服务人员，一律视同公务人员，不得直接经营商业"[①]。为了加强中央银行的地位，1942年7月14日，财政部又制定了《中央银行接收省钞办法》，规定所有各省地方银行的存券和准备金，均归中央银行保管。

1941年12月，经行政院经济会议通过，复经财政部、经济部及四联总处代表补充，又公布实施《修正非常时期管理银行暂行办法》。此次修正要点有六：①限制新银行的设立，除县银行和华侨资金内移请设立银行者外，一概不得设立。②对于以货物押款的商人，明定以加入各该同业公会者为限，并规定押款期限最长不得超过三个月，且每户押款数目不得超过该行放款总额的5%。"银行承做以货物为抵押之放款，应以经营本业之商人并加入各该同业公会者为限，放款期限最长不得超过三个月，每户放款不得超过该行放款总额百分之五"。其请求展期者，如为非日用必需品，则以一次为限。"各行对于前项抵押放款，已届期满，请求展期者，应考查其货物性质，如系日用重要物品，应即限令押款人赎取出售，不得展期。其非日用重要物品，押款之展

---

① 《各地金融市况》，《中央银行月报》1940年第7、8号合刊。

期以一次为限。"① ③明白取缔银行附设商号，经营商业。"银行不得经营商业或囤积居奇，并不得设置代理部等机构，或以信托部名义，或另设其他商号自行经营，或代客买卖货物。"② ④具体规定银行承做口岸汇款的性质，并不得买卖外汇。⑤补充规定一般银行服务人员利用行款经营商业，以侵占论罪。⑥加重银行违反规定时的处罚，除罚金外，情节较重者并可勒令停业，又补充罪犯一项，以期周至。③ 如此严厉的规定，"其目的在禁止银行直接或间接囤积货品，操纵居奇，有此规定，直接囤积居奇固属违法，将受制裁。即在商业上间接助长囤积居奇者，亦在所不许"。④ 但事实证明其效果并不乐观。

财政部在公布《修正非常时期管理银行暂行办法》后，随即会同有关部门，派员于12月间检查重庆及后方其他14都市的银行业。在重庆被检查的行庄有85家，与行庄有巨额往来的171家公司行号也在被检查之列。检查中发现的问题如下。

（1）关于业务方面：①省地方银行办事处兼营存款；②商业银行滥做信用放款；③比期存放业务盛行；④行庄变相经营商业；⑤放款对象集中于少数商家；⑥押款多逾期未赎；⑦堆存仓库货物经久未提。

（2）关于人事方面：①行庄负责人挪用行款；②行庄负责人兼任其他商业职务。

（3）关于技术方面：①会计科目不一致；②存放款多用堂记户名，钱庄均沿用旧式簿记。

除上列各项外，还有商家同时分别向数家行庄借款，也有工厂利用四行低利资金，拿来转放比期，借以套取利息。这次的大检查距《非常时期管理银行暂行办法》之公布实施已一年有余，业内仍然有这么多的缺点，反映了法令规定欠周和执行不彻底。⑤

从1942年起，财政部又陆续颁布不少单行法令，以补《非常时期管理银行暂行办法》及《修正非常时期管理银行暂行办法》之不足。举其

---

① 中央银行经济研究处编印《卅一年上半期国内经济概况》，中央银行，1942，第177页。
② 中央银行经济研究处编印《卅一年上半期国内经济概况》，中央银行，1942，第177页。
③ 寿进文：《战时中国的银行业》，1944，第88~89页。
④ 中央银行经济研究处编印《卅一年上半期国内经济概况》，中央银行，1942，第177页。
⑤ 寿进文：《战时中国的银行业》，1944，第89~90页。

要者约述如下。

（1）限制行庄的分设。银钱业设立愈多，如超过了社会的需要，则反足以助长商业资本的活动，转而刺激物价。《修正非常时期管理银行暂行办法》原已限制银行之新设，复经财政部于 1942 年 1 月通令各银行、钱庄，于 1940 年底以后设立者，一律不准立案。这使银行业纷纷增设之风大杀，例如重庆市在筹设中的市民、海丰等十余家行庄，因不准立案，不得不纷纷退股解散。[①] 1943 年 12 月，武威商人呈请设立西北农工银行，就没有得到银行监理官的批准。[②]

新行庄虽然不准再设，但可以变相地广设分支机构，其作用与新设行庄无异。于是，财政部于 1942 年 5 月 8 日又公布了《商业银行设立分支机构办法》，规定"凡向财政部请求设立分支行处之商业银行，其总行资本必须在五十万元以上，此后总行资本每增加二十五万元，始准设立分支行一处"，计划以资本数额来间接限制行庄增设分支。

（2）限制银行的放款和投资。关于放款的限制，财政部于 1942 年 5 月间续有两种法令公布，即《管理银行抵押放款办法》和《管理银行信用放款办法》。管理抵押放款的要点有四：①抵押品以有价证券、银行定期存单及栈单、提单商品等为限；②押户申请贷款，应填具借款用途申明书及营业概况表；③放款期限及每户限额，均照《修正办法》的规定；④放款得以票据承兑及贴现方式办理。管理信用放款的要点也有四：①个人放款以 2000 元为限；②工商业放款在 5000 元以上者，应以经营本业并已加入同业公会之厂商为限，放款期最长不得超过 3 个月，展期亦以 3 个月为限，每户放款不得超过该行放款总额的 5%，各户总计不得超过总额的 50%；③放款得以票据承兑及贴现方式办理，不受各户总计 50% 的限制；但每户不得超过总额的 10%；④借款人应填具借款用途申请书及营业概况表，以便抽查。[③] 凡承销国家专卖物品的商号，以及受国防经济主管机关委办之事业，或增加日用必需品生产的厂商，虽然可以不受以上办法的限制，也应遵守财政部于 1941 年 6 月订定的《限制特

---

① 寿进文：《战时中国的银行业》，1944，第 90 页。

② 《武威县商会给财政部兰州区银行监理官的公函》，甘肃省档案馆藏甘肃省银行档案，档案号：53 - 1 - 27。

③ 寿进文：《战时中国的银行业》，1944，第 91 页。

种厂商借款办法》，以便于管理。

为管理银行的投资，1942 年 3 月 23 日公布的《银行投资生产事业公司入股办法》规定，凡银行投资各种生产建设事业，加入该事业的公司或厂号为股东时，应依照《公司法》第十一条，不得为无限责任股东。如果是有限责任股东，其所有股份总额，不得超过银行实收股本总额的四分之一，并须先行呈请财政部核准后，方得入股。

（3）限制银行盈余分配。为引导银行盈余分配，1942 年 3 月公布了《银行盈余分配及提存特别公积金办法》，规定各银行每年支付股东官息红利合计，应以各股东实缴股款年息二分为度；董监事酬劳金，以各该董监事在银行全年所得报酬的二分之一为度；各职工奖励金则应以各职工四个月薪给总和为度；照以上三项分配尚有盈余时，一律提作特别公积金，由董事会保管，不能自由动用。

（4）银行业务的检查和监督。财政部为经常检查银行业务起见，特于 1942 年 2 月 26 日成立稽核室，依据《修正非常时期管理银行暂行办法》赋予的权限，对全国各商业银行和庄号业务，从事积极的督导和消极的纠正。重庆以外各地，则仍委托四联分支处办理。稽核室成立以后，继续抽查银行庄的仓库账目。1942 年 3 月间，重庆续有安钰钱庄、继天祥等庄受停业处分。

为了加强对银行业务的检查和监督，1942 年 4 月 22 日，财政部公布《检查银行规则》，以便检查人员职权分明，有所遵守。但财政部稽核室的检查工作偏重于事后稽核，且局限于重庆一隅。中国幅员广阔，各地经济状况非常复杂，除非实行分区监督管理，不足以收事前审核和事后稽考的效果。有鉴于此，财政部于 1942 年 7 月间订定《设置银行监理官办公处办法纲要》，在重庆以外 16 个重要都市设置银行监理官办公处，以审核区内各行庄的放款业务和用途，以及日计表与存放汇款表，并检查行庄账目，督促行庄缴存存款准备金，报告行庄业务状况及区内金融情形等。[1]

（5）统一银行会计科目。各行庄的会计科目久未统一，给稽查其业务账册时增加了不少困难，且给了各行庄巧立名目、蒙混取巧的机会。

---

① 寿进文：《战时中国的银行业》，1944，第 93～94 页。

财政部与有关各方决定统一银行会计科目，饬令全国行庄在 1942 年 1 月起遵行。[①]

通过上述法令的颁布和实施，甘肃传统的金融组织逐步向近代金融组织过渡，逐步建立起以国家银行为核心的近代金融体系。

进入民国后，传统金融组织钱庄、当铺仍然继续存在，并逐渐向现代金融组织过渡。兰州 1933 年 6 月汇款总额在 200 万元以上，汇率时有波动，升降之差额甚大。一般钱商恣意操纵，大做空盘，获益者固属不少，而赔累者亦大有其人。1933 年聚成泰、德盛裕两钱庄，因做空汇款太多，至四月底汇水猛跌，亏赔甚巨，竟至倒闭。经商会及公安局强迫调解，赔赚双方均按三成过付，以期安定市面金融，并规定自 1933 年阴历五月起，无论任何交易，每月过标，均以现洋为单位，不准再用银两讲价。嗣后遂为定例。[②]

钱业组织原来比较松散。"兰州钱业公会并未按照《公会法》组织，每年由各散商公推会董两家，会首四家，代表全行对外一切事务。凡商会开会，钱业有出席必要之时，即由该会代表列席"[③]。在全国范围内来说，1927 年 11 月 27 日，南京国民政府农工部"为保护工业团体，及促进技艺发达起见"，颁布了《工艺同业公会规则》。南京国民政府于 1929 年颁布了《工商同业公会法》，1930 年 1 月又公布了《工商同业公会法施行细则》，进一步规范了工商同业组织的建设。随后，南京政府在各大商埠设立了商人团体整理委员会，对当时的同业组织进行登记，并依据《工商同业公会法》暨《工商同业公会法施行细则》加以整理，这一工作在 1931 年大体完成，标志着同业公会制度的正式确立。[④] 甘肃的情况，如前所述，1936 年以后，银钱业组织改会首为主席，改轮流制为选举制。1941 年成立了兰州市钱业公会。1942 年又改主席制为理事长制。

抗战时期，钱庄的最大转变是增加其资本力。资本雄厚不仅能提高其信用，且能增进钱庄的业务运作能力。金融风潮时，资本雄厚的钱庄

---

① 寿进文：《战时中国的银行业》，1944，第 94 页。

② 《各地金融市况》，《中央银行月报》1934 年第 7 号。

③ 林天吉：《甘肃经济状况》，《中央银行月报》1934 年第 6 号。

④ 彭南生：《近代中国行会到同业公会的制度变迁历程及其方式》，《华中师范大学学报》（人文社会科学版）2004 年第 3 期。

比较容易克服危机局面。1927 年以后，国民政府实行扶持银行的政策，钱庄的营业环境日趋不利。20 世纪 30 年代初的经济萧条，导致工商凋敝，有不少钱庄倒闭，故各钱庄多谋求增资，以加强抵御危机局面的能力。1927 年到 1937 年，甘肃钱庄的平均资本额均年有所增。1927 年为 11708 元，1933 年为 13400 元，1943 年为 850 万元，比 1927 年增加 725 倍。以 1937 年 6 月法币发行指数为 1 的话，则 1943 年 12 月法币发行指数为 53.46。考虑到通货膨胀幅度，则钱庄资本增长了十多倍。资本额在 30 万元以上的钱庄日益增多，且有资本额超过 3000 万元的钱庄出现。集资的方式也渐由独资向合资转变，个人独资运营者日渐减少，合伙出资者日渐增多。在改进钱庄业务方面，中国钱庄经过 20 世纪 30 年代初金融环境的转变后，积极改革业务，以应对外在环境的变化。有些钱庄仿效银行，添设储蓄存款、抵押放款、工厂放款、信托、汇兑等业务。废两改元以后，随着银钱兑换业务的废止，存、放款业务成为钱庄的主要业务，资本薄弱的钱庄被淘汰，只有资本金较为雄厚的钱庄仍然维持营业。

1943 年 11 月，兰州市天福公等六家钱庄呈请增资改组。改组后，这六家钱庄都采用公司制，在经营内容及方式上也有所改进，存放款、汇兑等业务出现了与银行相融合的趋势。从兰州德盛恒钱庄组织章程第五条可以看出，钱庄的营业范围包括"一，存款及放款；二，票据贴现；三，国内汇兑或押汇；四，买卖有价证券但不得有投机性质；五，代理收解款项"[①]。这与普通商业银行的营业范围基本吻合，说明钱庄已经逐步进化为现代的金融机构。

由于国家资本在社会经济生活中居于垄断地位，民族资本主义经济十分弱小，加上其他条件的制约，西北虽初步形成了近代金融市场并有所发展，但总体仍很落后。西北近代金融市场是一个发育尚不完全、还处于低级阶段的金融市场。

在资本趋利本性的支配下，金融业将资金主要投向工商业，造成兰州地区社会经济发展的不平衡。抗战时期各银行虽然"存款激增，对工农业放款微弱，但购买政府公债则一律提高"[②]。投机资本多集中于外

---

① 《兰州德胜恒钱庄组织章程》，甘肃省档案馆藏甘肃省银行档案，档案号：53 - 1 - 24。
② 时事问题研究会编《抗战中的中国经济》，抗战书店，1940，中国现代史资料编辑委员会翻印，1957，第 297 页。

汇、黄金和外国证券，并在涨价风潮中囤积居奇，还有就是花费于生活奢侈品，只有很小一部分投资于生产事业。在大都市存款利息下降的同时，农村高利贷却没有受到任何冲击。"金融业……对于农村高利贷不仅未能肃清，且有与之同流合污的倾向"[1]。"合作社已失掉本来的意义，却变成一个高利贷剥削的新形态"[2]。到 1945 年，50% 以上的贷款投向工商业，尤其是商业和投机性商业部门；交通公用事业仅占 6.72%，文教及公益事业占 3.32%。[3] 同时，贷款的高额利息对人民群众的生产生活造成了严重影响。各行庄发放贷款的主要目的就是获得高额利润，所以贷款一般利率都很高，而且层层加码，1937 年月利率为 12.7%，到1944 年竟高达 100%。[4]

　　这在一定程度上反映了甘肃省乃至国民政府战时财政金融政策的共同趋向。在全面抗战初期，国民政府的决策者们还力图在增加财政收入的同时发展现代工业和农业，以增强抗战实力，因而在投资上做出了相应的努力。但在 1943 年后，则急功近利，只着眼于增加财政收入，除少数项目外，不再努力增加投资以维持或增加生产，而是在征收苛税的同时，着眼于垄断流通领域，以攫取高额利润。这一政策再加上通货膨胀因素，最终导致大后方工业生产衰落，经济秩序混乱。

　　抗战时期兰州金融组织的嬗变，外来因素的作用大于内在因素的作用。但是，无论是现代银行业还是传统的钱庄业，都是在国民政府金融法令的指导和政府的引导下，逐渐向现代金融组织迈进。尽管由于抗战胜利后国民政府政治经济中心东移，大批资金和人才纷纷流回东部沿海地区，西部地区金融业的现代化步伐明显缓慢下来，但是在抗战时期这一特殊阶段，国家尽力支持、诱导金融业向现代金融组织转化，功不可没。

---

① 时事问题研究会编《抗战中的中国经济》，抗战书店，1940，中国现代史资料编辑委员会翻印，1957，第 307 页。

② 李化方：《甘肃农村调查》，西北新华书店，1950，第 57 页。

③ 王恭：《建国前夕的兰州金融》，中国人民政治协商会议兰州市委员会文史资料委员会编《兰州文史资料选辑》（第 10 辑），甘肃人民出版社，1989，第 248 页。

④ 王慕：《解放前的甘肃金融》，《甘肃金融》1989 年第 4 期。

第三章 银行业与战时甘肃农业开发

20世纪30年代，随着日本侵华的深入，东北沦陷，华北、华东、华中、华南的大部分处于战火中，西南、西北成为国民政府相对稳定的大后方根据地。由于抗日战争是一场持久战，国民政府一面抗战，一面加强建设以支援抗战，实行了"抗战建国同时并进"的战时政策。基于多方面考虑，国民政府对其西部大后方进行了总的定位，提出"西南是抗战根据地，西北是建国根据地"①。并加大了对西南、西北的开发与建设，出现了近代西南、西北开发的"黄金时代"。发展农业、确保战争物资的供应成为国民政府后方建设的重中之重。在政府的引导和银行业的支持下，通过改良旧有品种，推广新品种、新技术，在全省尤其是河西地区利用农业贷款，大力兴修农田水利工程，改善了农牧业生产的条件，促进了战时农业生产的发展，使甘肃粮食总产量连年稳步增长，为抗战提供了更多的军粮和马匹，支持了长期抗战的进行。

战时甘肃农牧业的发展主要得益于农业贷款的发放。农业贷款给农民提供了种子、农具、牲畜，帮助农民兴修了水利，改善了农业生产的条件，提高了抗灾能力，使甘肃省粮食总产量连年提高，即使在遭受比较严重自然灾害的情况下也没有减产。但是面向农民的贷款主要是通过各种合作社发放的，合作社的种类有信用合作社、运销合作社、畜牧合作社和消费合作社。在全面抗战前期，合作社发放的农业贷款促进了甘肃农业的发展。但是，由于农民文化水平低下，土豪劣绅把持了部分合作社，把合作社的低息农业贷款以高息转贷给农民，使农业贷款没有发挥应有的作用。

---

① 蒋介石：《开发西北的方针》，《中央周刊》1943年第27期。

第一节　银行业与甘肃农贷

一　抗战前甘肃农村概况

近代以来，在半殖民地半封建的生产关系下，地租、高利贷、商业资本三位一体的剥削，苛捐杂税和兵差摊派的压榨，城乡贸易中工农业剪刀差的盘剥，帝国主义凭借不平等条约对半殖民地半封建的中国进行不等价的商品交换，农产品运销过程中中间商人的侵蚀，币制紊乱……共同交织成中国农村一张密密的剥削网。在这种情况下，中国农村一直积贫积弱，农民生活极其艰难，而这种状况在甘肃尤甚。再加上甘肃"土质硗薄，气候高寒，每年夏秋只收一次，且多一易再易之田（耕一年歇一年或两年也）。又无经常不息之河流可以充分灌溉，故土地虽广，而农产物不能有余"①，所以一逢灾年就会出现大量的灾民。

1. 鸦片种植及其对人民的毒害

甘肃鸦片种植相当普遍。据 20 世纪 30 年代初的调查结果，甘肃省"除一二县不种植外，其余各县多种植罂粟。每年全省产量约两千万两左右，约计值银一千三百万元左右"②。根据《甘肃省禁烟总报告》提供的数字，1935 年以前，甘肃鸦片的种植面积在 50 万亩左右，每亩平均产烟 30 两，全年产烟约 1500 万两。③ 1934 年，在甘肃省 64 个县中，除宁定、和政、合水、临潭、环县、西固和鼎新 7 县为禁绝区域，无鸦片种植外，其余 57 县均有鸦片种植，种植总面积为 493315 亩，总产量为 1480 万两。④ 而 1937 年甘肃全省耕地面积为 1761 万亩⑤，种植鸦片的田地占全省耕地总面积的 2.8%。虽然比例不高，但是甘肃田地地力薄弱，需要

① 高良佐著，雷恩海、姜朝晖点校《西北随轺记》，甘肃人民出版社，2003，第 101 页。
② 林天吉：《甘肃经济状况》，《中央银行月报》1934 年第 6 号。
③ 《禁种之经过及处理情形》，甘肃省民政厅编《甘肃省禁烟总报告》，甘肃省图书馆藏，1940，第 3 页。
④ 《甘肃省种烟亩数及产烟额统计表》，甘肃省档案馆藏甘肃省民政厅档案，档案号：15 - 15 - 11。
⑤ 袁第锐：《郭寄峤统治甘肃片断》，中国人民政治协商会议甘肃省委员会文史资料研究委员会编《甘肃文史资料选辑》（第 2 辑），甘肃人民出版社，1987，第 172 页。

休耕种植，而鸦片需要在水肥条件好的田地种植，如 1931 年前后天水县有 70% 的耕地种鸦片，所以对粮食生产影响很大。① 由于肥沃良田大都种了罂粟，造成粮食产量减少，使得灾荒问题更为严重。

宣侠父曾谈到鸦片对甘肃人民的毒害：

> 这种杀人的毒物，在政府冠冕堂皇"寓禁于征"的口号之下，公开地贩卖着，于是在农村经济中，留下了一种极大的危险性。譬如在甘肃，有许多农民，因土地太少的原因，全赖种烟为生，如果官厅无计划的绝对厉行禁止鸦片，这些农民，就一时不容易生活；同时，官厅方面，因为全省每年全收入四百万元中，鸦片捐税却占了一百五十万元，所以不敢再谈禁种鸦片的问题，于是官民互相回护着，做着鸦片的买卖。②

在河西地区，"农民生计以鸦片售价为唯一财源"，"鸦片价格低落"会导致农民"生计日窘"，加上频年兵匪骚扰及亢旱影响，鬻女卖儿之事层见迭出。"又以拨款紧迫，农民恒以高利贷应付，为害尤甚。居民大抵以野菜及树皮充饥，亦云惨矣！"在金塔则"种植鸦片，殆为该地人民唯一财源也"③。敦煌鸦片亦为种植产品之大宗，几为当地经济之主要来源。当地历年粮食价格持续增长，而地价则日趋低落。"敦煌农村凋敝，既迹象日著，而好惰嗜烟之习，复积重难返，昔时繁荣之景，未可立待恢复，苟不力事振作，前途至可虑也"④。

其实，征收鸦片税主要还是为了弥补军费之不足。"甘省客军林立，供给维艰。迫不得已，始任民种烟，征收罚款，以充军费"。"此项烟款，向由禁烟会及财政厅，分摊各县，将数目送往绥靖公署，分配各军队，直接派员，分赴各县提取。军需万急，刻不容缓，县长向各区摊派交提，中上之家，尚可缴纳，穷寒之户，无法应付，只得转向富户商人哀求借贷"。鸦片产量，平均每亩不足 50 两，每两售价 30 元，而农民每

---

① 窦建孝：《解放前天水地区鸦片流毒见闻》，中国人民政治协商会议甘肃省委员会文史资料委员会编《甘肃文史资料选辑》（第 44 辑），甘肃人民出版社，1996，第 344 页。

② 宣侠父著，达浚、宗华点校《西北远征记》，甘肃人民出版社，2002，第 59 页。

③ 高良佐著，雷恩海、姜朝晖点校《西北随轺记》，甘肃人民出版社，2003，第 125、129 页。

④ 高良佐著，雷恩海、姜朝晖点校《西北随轺记》，甘肃人民出版社，2003，第 152～153 页。

户"摊派在十元以上，外加工资四五元，共计十七八元"。这样下来，"最幸运之烟户，如收成独丰，售价较高者，亦近可敷本，若借钱还烟，每亩且只获七八元，约能够所纳烟款及所耗工本之半数，从此愈拖愈累，愈负愈重"①。甘肃省有七八万军队完全靠鸦片税维持。鸦片税额为每亩8元至15元不等。据当时的农民叙述，兵士向他们勒索加倍的、有时甚至是3倍的赋税，而农民被迫完纳超过他们出售鸦片所得的赋税。政府表面上明令禁烟，而暗中命令向军阀缴送军费，取消了一切禁烟的努力。②假如农民不种鸦片，还要收取"懒捐"。经过多年的天灾、匪祸、兵燹，甘肃地方早已经残破不堪，因为军队过多，"所有全省的收入，单是供给军费，还苦不足"③。鸦片的广泛种植，还造成大量的人吸食鸦片，使劳动者的身心遭到极大摧残，难以从事农业生产，大大降低了人民预防、抵御灾荒的能力。所以，西北一旦有大的水旱灾害发生，立刻会出现"饿殍遍野，死亡枕藉"的惨象。

2. 土地抛荒的严重性

20世纪20～40年代的灾荒，造成西北地区大量可耕地的荒废。甘肃省1927年的耕地面积是2601万亩，到1937年减为1761万亩，十年减少1/3以上。④据汪公亮的调查，1930年甘肃各县荒地数量为：皋兰88380亩，静宁144644亩，隆德120000亩，庄浪1104亩，甘谷80000亩，古浪87941亩，渭源5000亩，永昌53457亩，岷县2460亩，漳县6400亩，共计632586亩。⑤

西北灾荒比较严重的1928～1930年和1941～1943年，军费开支占财政总支出的40%甚至60%以上。如甘肃1925年财政支出334万余元，其中军费支出为177万元，占53%；1926年财政支出498万元，其中军费支出347万元，占70%；1927年财政支出755万元，其中军费支出

① 陈赓雅著，甄暾点校《西北视察记》，甘肃人民出版社，2002，第287～288页。
② 章有义编《中国近代农业史资料》（第2辑），生活·读书·新知三联书店，1957，第629页。
③ 邵力子：《开发西北与甘肃》，《开发西北》1934年第1期。
④ 袁第锐：《郭寄峤统治甘肃片断》，中国人民政治协商会议甘肃省委员会文史资料研究委员会编《甘肃文史资料选辑》（第2辑），甘肃人民出版社，1987。
⑤ 汪公亮编著《西北地理》，正中书局，1936，第332～334页。

521 万元，占 69%。① 大量的社会财富被用于扩充军队和军阀混战，而不是用于救灾和恢复生产，这更加重了灾荒的程度。作为抗战的大后方，甘肃在抗战期间竟要从外省输入粮食。② 为此，国民政府多次号召农民节约粮食，并于 1942 年 5 月颁布《禁止酿酒暂行办法》，提出：节约消费，又以取缔不必要之消耗为着手点，禁止酿酒为其中最为重要一点。③ 但是官员们照样歌舞升平，大小宴饮不误。在兰州时，林竞蒙"实业厅司徒君招饮，筵为西式，材料多自京、津用邮政寄来，闻兰州近来此风颇盛。应张勋伯督军之招，席设督署节园，亦西餐。闻兰州一隅，香槟酒一项，岁入四十余万元，奢哉！"④ 一边是辛劳一年尚不能果腹，另一边是宴饮不断，多么鲜明的对比！

在苛捐杂税繁重的情况下，农村中的居民，除了少数有特权者之外，从自耕农以下，都得负担极重的公款，其每年总额相当于农业收入的 70% 以上（尚不包括对县府委员和差役的供给）。加之驻军缺额，总得按户抽丁，无丁则输财。"这么一来，农民一般的心理，就是不被公款逼死，便要被人拉去做炮灰"，于是农民纷纷弃地逃亡。以 1933 年的高台县威狄堡为例，"与河西旁处许多地方一样，因十数年来水利工程的失修，旱灾频仍，和公款不断地加重，遂致逃跑了许多老百姓，荒芜了多量的耕地，而农村乃日益衰败"⑤。向达之也认为，田赋及各种摊派、附加，是 20 世纪三四十年代后期西北农村经济崩溃的深刻根源。⑥

明驼呼吁当权者及早改革，如果"现状不能改革，那么现在的居民，终有一天逼得离开他们的祖宗坟墓向旁处跑！而已经垦成的熟地，亦会仍变荒原"⑦。

---

① 黄正林：《近代甘宁青农村市场研究》，《近代史研究》2004 年第 4 期。
② 凤玄：《卓尼归来》，《中国西北文献丛书》（第 139 册），兰州古籍书店影印，1990，第 181 页。
③ 宁夏省政府秘书处：《十年来之宁夏省政述要·粮政篇》，宁夏省印刷局，1942，第 27 页。
④ 林竞著，刘满点校《蒙新甘宁考察记》，甘肃人民出版社，2003，第 84 页。
⑤ 明驼：《河西见闻录》，载顾颉刚著，达浚、张科点校《西北考察日记》，甘肃人民出版社，2002，第 131~132 页。
⑥ 向达之：《论近代西北地区的田赋与积弊陋规》，《兰州学刊》1991 年第 3 期。
⑦ 明驼：《河西见闻录》，载顾颉刚著，达浚、张科点校《西北考察日记》，甘肃人民出版社，2002，第 113~114 页。

3. 苛捐杂税

在甘肃农村，各种苛捐杂税多如牛毛。土关①的老百姓要缴纳的有"折色、本色、地丁、草折、烟亩罚款、金库券、飞机捐、印花税派款、党费派款、团费、赴省学员旅费、修路费、地方费、杂费、军用烟土、兵站费、军用驼价、军费、麦价款、军车价、区费、本村踏杂费、区丁陈某过年费……"名目繁多。尤其奇怪的是荒粮亩款。在没有到土关以前，明驼以为"不论种烟不种烟，所有耕地都要出烟亩罚款"已是不合理的事了，但是到了土关"更知业经报过荒粮的荒芜地亩，还须缴纳烟亩罚款"。这却怎样解释呢？明驼简直不能找出自己欺骗自己的话，可是甘肃烟亩罚款处却命令当时的山丹县县长执行这次荒粮亩款的摊派。②

1933 年夏，明驼因事由兰州到敦煌，秋间又原路返回，对河西地区的税赋有切身体会。拿敦煌的一个村子南湖村为例，全村共有居民 60 余家，人口 500 余，有耕地户共计 31 户强——每户计地 80 亩——能力田的壮丁，新近被三十六师抓去了 31 名补额，所以 31 户内，实际上仅有24 户是力能支应的（见表 3 - 1）。

表 3 - 1　1932 年敦煌县南湖村支出项目

单位：元

项目	价值	项目	价值	项目	价值
三十六师军马 9 匹	360.00	军粮、棉花、洋铁	280.00	本色粮 64 石	1560.00
差车死过牛只 16 只	500.00	征兵价补官价	1040.00	折色草价	358.00
来往军队用羊 235 只	400.00	烟土（军用）1800 两	1260.00	指粮借价	120.00
粮秣供应 56 石	1500.00	军用牛羊皮	153.00	金库券	320.00
军装费	717.00	军用品、人情杂项	820.00	种烟罚金	2300.00
共计			11688.00		

负担以按粮摊派的方法分摊到各户的土地上去，每户全年便是约528.52 元；但是每户土地的收获量不过谷物 64 担左右，其总价值以最高价格计算，亦不过 256 元左右，结果绝对是入不敷出。所以，老百姓在

---

① 土关原属山丹县，1933 年 5 月划归民乐县，一名永寿村。
② 明驼：《河西见闻录》，载顾颉刚著，达浚、张科点校《西北考察日记》，甘肃人民出版社，2002，第 149 ~ 150 页。

"饭可以不吃，款不可不缴"的情况下，只能种几亩鸦片来应付款项。而没有种植鸦片的人家，那就自认倒霉，只能借债或卖身、卖物以相偿。总之，没有特殊势力可以不缴款的，便只好由中人之产，慢慢地变为贫家。等而下之，贫家的结果，便是家破人亡！难怪明驼慨叹"在这一世外桃源，更发现了一个人间地狱"①。

1935年金塔县的摊征情况，也表明苛捐杂税之重。

　　县府全年收入正附粮赋税捐，约有八万元，又烟亩罚金定额四万元，驻军支应一万元，其他各款七千元，故按粮亩摊收，平均每斗粮应纳正杂与摊收约计七元，每亩应摊一元五角左右。唯烟亩罚金超出额定，如1933年额定三万九千元，拨付至五万元。1934年额定四万元，上半年筹解至三万元以上。总计农民负担以烟亩罚金与正杂各款论，各摊至六七万元，超过正粮增加六倍半强。据1934年度调查，各村负担，除正附粮草及地方应摊零星款项，就亩款及驻军支应，每斗粮平均摊收十三元六角、或十六元、或二十三元、或三十二元不等，实属骇人听闻。人民处于重敛之下，苟残过活，其生活之悲惨，可想象而知矣。农民负担之重既如此，而农产物之收入，变卖现洋不及四五万元，入不敷出，金融为之枯竭，以故举高利债，预支烟土及荞麦，卖男鬻女，以纳公款者时有所闻。为区乡闾长，终日忙于催款收粮，无暇顾及政令。人民迫于生活困难，更无力计及其他，西北各地民穷财尽之境，往往类此。②

安西县军队摊款情况更是如此。布隆吉尔乡1935年时有419户，共2211人③，应摊各款16571.49元。计平均每户负担39.55元，平均每人负担7.49元。按照1937年上半年的物价水平，每户摊款可以买到中等

---

①　明驼：《河西见闻录》，载顾颉刚著，达浚、张科点校《西北考察日记》，甘肃人民出版社，2002，第101页。

②　高良佐著，雷恩海、姜朝晖点校《西北随轺记》，甘肃人民出版社，2003，第129～130页。

③　甘肃省档案馆编《甘肃历史人口资料汇编》（第2辑）（上），甘肃人民出版社，1998，第463页。

小麦约 38.8 斗或是黄牛一头。① 邵元冲感叹：

> 河西人民负担之严重，徭赋之频繁，于此可见。按此种摊款制
> 度，陇东经已取销，河西各县，尚在进行，人民负担每超过应纳正
> 赋数倍以上。当青黄不接之际，以催款所迫，无力应付，四出借贷，
> 而利率之高，每达月息十分以上，甚至有二十分者，即借一元者，
> 秋收还麦五斗，或鸦片十余两。故农民秋收后以所有粮食，偿还借
> 债，尚有不敷，殆至冬季或春间，已告匮乏，遂又举债。故每以数
> 元或数十元之债，数月之内，小康之家，即至破产，卖子鬻女，拆
> 屋卖田者，时有所闻，极人间之惨况也。②

> 收支不能相抵之原因，最重要者为每年额征正杂各款，不能按
> 数征收，年有不同。盖地荒民逃，无法征收者，约占三分之一，故
> 财政永不能纳入轨道。其不敷之数，由县府向地方农商两界派借，
> 如教育经费，年亏六百余元，亦由地方派借。重以拨款供奉军饷之
> 制，民众之负担日重，而县府之收支每不相抵，前途至堪虞也。③

沉重的赋税，使农民备受摧残，农村经济凋敝。为了维持生计，农
民不得不仰鼻息于高利贷，而高利贷的盘剥更使农民雪上加霜，痛不欲
生。永登县一老农在青黄不接之时借洋八元，至秋收后归还，不知利息
如何计算，共给麦子 5 石，鸦片 50 两，现洋 30 元，并给牛 2 头，结果
仍倒欠 80 元。④ 20 世纪 20 年代末 30 年代初，甘肃农民"多以借债度
日"，放债"约六分利，如借洋八元，四个月归还，即需十元；又多借
豆子，五月时，每斗值银九两，至七月半时，即须付银十五两，如至年
终，更须二十两。此种高利贷，真罕闻也"⑤。农民借高利贷也是出于无

---

① 相关资料见甘肃省政府统计室编《甘肃省兰州市七年来物价指数》，1944，第 57 页；
《甘肃省历年牲畜及价值》，甘肃省档案馆藏甘肃省政府档案，档案号：4-2-348，第
17 页。
② 高良佐著，雷恩海、姜朝晖点校《西北随轺记》，甘肃人民出版社，2003，第 140~141 页。
③ 高良佐著，雷恩海、姜朝晖点校《西北随轺记》，甘肃人民出版社，2003，第 128 页。
④ 安汉、李自发：《西北农业考察》，西北农林专科学校，1936，第 54 页。
⑤ 侯鸿鉴、马鹤天著，陶雪玲点校《西北漫游记·青海考察记》，甘肃人民出版社，
2003，第 148 页。

奈，"农人当生活至山穷水尽时，饮鸩止渴，亦所不计"。造成这种状况的原因却是"苛税繁征，名目不能悉举，农人负担特重，政府曾不加恤，催迫且至严，每届五六月青黄不接时，尤感困难，不得已遂举高利贷以应之"。利率之高达到了惊人的地步，"利率闻有至二十分者，或以五六元烟土抵借洋一元。高利之风，凌青海而上，诚骇人听闻！闻政府体恤民艰，亦曾施以禁令，无如环境如斯，毫无效果"。因为只要"官家之索税如故"，农民便"不得不接受高利贷，以资听付"。这"非农人悉愚，喜受此剥削，实无可如何也。故苛敛一日不除，高利贷一日不能尽免"①。

农民之苦，难以言状。"西北人民，向赖农业为生，其间虽有其他营生者，究不能全离畎亩之中，虽贫寒之家，亦有薄田数亩，借以维生。唯苛捐杂费，历来繁重，昔为西北农村破产之原因"②。在烟毒、兵燹、灾荒的夹攻和军阀政客的统治下，甘肃农村经济凋敝，根本谈不上什么发展，即便是号称"陇上粮仓"的河西地区③，情况也非常差。

二　抗战时期甘肃农牧业的发展

长期抗战要求后方的农业区必须提供更多的粮食。国民政府非常重视农业问题。1938 年，国民党提出：

> 我国以农立国，农业人口占人口之百分之八十，农业产品在出口货中，数逾百分之八十。抗战军兴，举凡粮食衣被之供给，耕牛役马之配备，工业原料与建筑交通材料之供应，胥有赖于农业，参加作战之士兵，亦大部分来自广大农村，且国家建设固有赖于工业进步，但欲图工业发达，必须先谋农业现代化，使工业原料能由农业供给，如克有济，又况农产外销，可以交换工业所需之设备器械与资本，且农民富裕，购买力增强，可使工业产品销路增广，故农业与工业，实须兼筹并头，始能完成经济建设。战时农林建设方针，

---

① 林鹏侠著，王福成点校《西北行》，甘肃人民出版社，2002，第 180～181 页。
② 安汉、李自发：《西北农业考察》，西北农林专科学校，1936，第 46 页。
③ 民国时的河西包括永登、古浪、武威、民勤、永昌、山丹、民乐、张掖、临泽、高台、酒泉、鼎新（今金塔县东部鼎新镇）、玉门、安西、敦煌、金塔等 16 县，北接宁夏，南界青海，西连新疆，为汉唐时代沟通汉民族与西域诸民族的走廊地带。

以增产粮棉及繁殖役畜、防治兽疫等项为中心工作。[①]

　　国民政府的《抗战建国纲领宣传指导大纲》提出，要"以全力发展农村经济，奖励合作，调节粮食，并开垦荒地，疏通水利"[②]。《非常时期经济方案》认为，"吾国以农立国，农业生产实为一切生产之基础。在此非常时期，前方抗战所需，后方生活所资，均将取给于此；是以农业农事，在经济上之地位，较平时尤为重要"，并称："中国为农业国家，大多数人民皆为农民，故中国之经济基础在于农村"，"抗战期间，首宜谋农村经济之维持，更进而加以突进，以谋其生产力之发展"。所以，国民政府提出，战时经济建设首先要"全力以赴发展农村经济"，而在发展农村经济方面，提出了"奖励合作，调节粮食，并开垦荒地，疏通水利"这样的途径。[③]

　　国民政府看到了当时农业对国家经济建设和抗战的重要性，也看到了发展农村经济对增加农民收入、带动工业发展的积极作用。他们意识到必须农工并重，共同发展，不可偏废，才能使国家经济步入良性循环。于是，在农林部的主持下，开始对西北农牧事业进行大力开发，以解决军队所需之战马、衣被、肉食、役畜和耕牛严重不足的现状，增产畜产品，以加强对外贸易、换取外汇和生产军民所需的用品，实施在建设中进行抗战的战时基本国策，继续国民经济建设运动，以增强中华民族抗战的经济实力。

　　为了规范西北地区的开发活动，国民政府颁布了一些法律法规。如，1930 年制定并宣布了《土地法》，以鼓励垦荒，该法于 1936 年正式施行；1932 年 9 月又颁布了修正的《森林法》。此后，国民政府又于 1942 年 7 月公布了《水利法》、1943 年 3 月公布了《强制造林办法》、1945 年 5 月通过了《水利建设纲领》等。这些法律法规的颁布和实施，对于保护当时西北地区的水资源和森林资源、规范具体的开发活动，起到了

---

① 秦孝仪主编《革命文献》（第 102 辑），《抗战建设史料——农林建设》（1），中国国民党中央委员会党史委员会，1978，第 11 页。

② 中国国民党中央执行委员会宣传部编印《抗战建国纲领宣传指导大纲》，1938，甘肃省档案馆藏建国前资料，1－军 2－48。

③ 中国国民党中央执行委员会宣传部编印《抗战建国纲领宣传指导大纲》，1938，甘肃省档案馆藏建国前资料，1－军 2－48。

积极作用。

抗战时期，西北各项事业开发达到高潮，作为西北传统产业的畜牧业也备受关注。由于国民政府的高度重视，对西北的畜牧业进行了大量的人才、技术和资金投入，使其得到了较大发展。甘肃省是全国四大牧区之一，畜牧业在全省占有重要的地位。在当时的国民经济中，耕作业占75%，畜牧业占20%。"畜牧业是西北最有希望的经营事业"，所以应大力发展畜牧，以富裕民生。但随着畜牧业所赖以生存的环境的恶化，乱砍滥伐、草原沙化、草场面积萎缩，影响了畜牧业的发展。因此，周立三强调，发展畜牧业经营首先要改善环境，注意森林培植，保育土壤，合理利用和分配土地，恢复一部分牧场；另外还要提高牧草质量，饲养方法"须由原始粗放的方法逐渐改进到现代集约的饲养"①。在实地考察后，李烛尘认为，欲图增产，第一需要培植草地，第二需要扩大兽医。兽医积极进行，尚易为力。唯草地培植，亟待专家研究。因西北雨水少，草木难生。②

近代以来，西北各地畜牧业仍循着原始的生产方式进行，畜种退化很严重。关注西北建设事业的国府要员很早就意识到问题的严重性了。马鹤天到西北考察后说："蒙藏人民，对于畜牧皆守旧法，不知改良。选种只注意毛色及身躯大小，而不知其祖系渊源，只知在本地本群内选择，而不知向他处采购优种，以新其血液"③。面临畜种退化严重致使畜牧生产效率低下的状况，倘若"畜种不加改良，逐渐劣变，以致畜牧事业日益衰退，苟不力图挽救，前途何堪设想"④。于是，国民政府实业部先在张家口设立种畜场，作为改良西北牧业的"实验机关"。抗战开始后，国民政府在西北各地设立畜牧场，进行了大规模的畜种改良运动。

抗战时期，为了恢复和发展畜牧业生产，全国经委会拨款40万元，设立西北改良畜牧总场，作为改良西北畜牧业的指导中心。1938年秋，甘肃省政府成立甘肃农业改进所。1940年，农林部设立西北羊毛改进

---

① 周立三：《西北的地理环境与经济建设之途径》，《边政公论》1942年第7、8合期。

② 李烛尘著，杨晓斌点校《西北历程》，甘肃人民出版社，2003，第18～19页。

③ 马鹤天著，胡大浚点校《甘青藏边考察记》，甘肃人民出版社，2003，第216页。

④ 秦孝仪主编《革命文献》（第75辑），《抗战前国家建设史料：实业方面》，中国国民党中央委员会党史委员会，1978，第150页。

处。1941 年 4 月，又成立甘肃水利林牧公司。这些机构的设立，对加强政策引导、提供畜牧贷款、改善饲养管理等起了指导性作用。抗战期间，畜牧兽医科学力量云集西北，使西北畜牧兽医业有了迅速发展。在此期间，甘肃成立畜牧兽医研究所。1946 年，西北兽医学院在兰州成立。这是我国第一所高等兽医专业院校。其后，又成立了中央西北兽医防治处。

早在 1934 年 6 月，国民党全国经济委员会就在甘肃夏河县城北 60 里之藏区甘坪寺成立了西北种畜场，规模甚大。该场的设立，旨在利用国营畜牧场的优势，从国内外引进优良种畜，来改良西北之畜种，推广良种。1938 年西北种畜场改属甘肃农业改进所后，"经费缩减，未能尽力发展，今后应增加经费充实，添育当地优良种牝 800 匹连同现有种畜共 1000 匹，牝马 20 匹，Quarter 马或 Morgan 牝马 10 匹"[①]。西北种畜场成立之后，还把引进的种畜分配到西北各地牧场，用来推广良种。"至 1940 年有大小马匹 55 匹，牛 21 头。从 1941 年到 1946 年间，牧民借用种畜交配母马 323 匹，很受藏民欢迎"[②]。这些措施对甘南地区的畜种交流、改良有重要的推动作用。此外，甘肃农业改进所还筹设了四处畜牧场，用以改进畜种：洮岷畜牧场以饲养改良牛、马品种为中心工作，陇南畜牧场以饲养改良猪、羊、牛品种为中心工作，陇东畜牧场以饲养改良牛及家禽品种为中心工作，河西畜牧场以饲养改良羊及其他种畜为中心工作。

1939 年，国民党军政部在西北地区建立了山丹、永登、洮岷和贵德 4 个军牧场，从国内外引进种畜，选育军马，并为民马配种。1940 年，军政部在兰州设立了马政局，管理西北种马和军马，以解决部队骑兵对马匹的需求，并增加力役之畜。1945 年甘肃各地种马数与民马配种数如表 3 - 2。

表 3 - 2　1945 年甘肃各地种马数与民马配种数[③]

军牧场名	基本马	总马数	与民马配种数	军牧场名	基本马	总马数
岷县种马场	270 匹	504 匹	2967 匹	马衔山分场	343 匹	952 匹

---

① 《西北羊毛改进处充实拉卜楞西北种畜场》，甘肃省档案馆藏西北兽疫防治处档案，档案号：30 - 2 - 449，第 31 页。

② 罗舒群：《民国时期甘肃农林水牧事业开发状况研究》，《甘肃社会科学》1986 年第 3 期。

③ 谢成侠：《中国养马史》（修订版），农业出版社，1991，第 181 页。

军牧场名	基本马	总马数	与民马配种数	军牧场名	基本马	总马数
山丹军牧场	3201 匹	8085 匹		洮岷军牧场	533 匹	891 匹
永登军牧场	922 匹	1870 匹				

　　通过统计数字观察，甘肃的山丹军牧场养马最多（达 3201 匹）。国民政府军政部把饲养军马的地点选在水草丰美的祁连山脚下和黄河上游的甘青藏区的天然牧场上，着力进行马匹改良和培育，用来解决军用马匹紧缺的问题。岷县种马场在 1945 年利用当时已有的优良马匹给当地民马配种达 2967 匹，其他牧场也给民马进行了配种（只是没有具体统计数字），向民间推广优良马匹，用以改进马匹。抗战时期西北各地所办的畜牧场，目的主要是利用现代兽医科学进行畜种的改良和繁殖试验，以在民间推广良种，形成了一场声势浩大的农牧改良运动，并且达到了增产增效、充实抗战后方经济实力的作用（当然也有培育军马的目的）。

　　进入近代以来，畜牧业生产更加紧密地与世界市场联系了起来。世界资本主义市场对畜产品有更高的要求，而羊毛在中国对外贸易中扮演着重要的角色，改良羊种、提高羊毛质量、增产羊毛数量便成了改良畜牧的主要任务。

　　西北羊毛的产量在我国占有相当大的比重。当时西北羊毛改进处技正林祖得对西北各省的羊毛产量进行调查后得出结论："西北陕、甘、宁、青、新五省饲养绵羊 2300 万头，年产原毛 5300 磅，占全国羊毛总产量的三分之二强，向为我国主要出口物资之一。故其生产与贸易之荣衰实影响西北五省二千万人民生计极巨，唯所饲养之绵羊品质必难因地而异，然均不适用纺线毛料，仅可供造地毯之用。"[①] 因为西北羊毛产量在全国占有很大比重，所以改良西北的羊种、增产并改进西北羊毛就成了国民政府在西北畜牧业开发中的中心工作。甘肃的羊种改良活动早在 1934 年西北种畜场成立之初就首先开始了。1937 年，南京汤山中央种畜场就把从美国引进的美利奴羊迁来甘肃，由西北种畜场饲养、繁殖，用

---

① 农林部西北羊毛改进处技正林祖得：《绵羊改良》，甘肃省档案馆藏西北兽疫防治处档案，档案号：30 - 2 - 449，第 64 页。

以改良当地的藏羊，后因畜疫流行，再加上管理不善，损失殆尽，成效不大。

1940 年 8 月 15 日，国民党农林部在甘肃岷县设立了西北羊毛改进处，下设总务、推广、畜牧、兽医 4 部，试图通过改良实现以下产品的增产：①地毯粗毛，以促进外销，换取外汇；②衣着用细毛，以充实军民衣料，减少外汇支出，发展毛纺工业；③羊裘，以应军民御寒需要。①随着业务的拓展，羊毛改进处相继在甘肃设立了河西（永昌）、陇东（海原）、陇南（岷县）以及宁夏中宁推广站，从事羊只改良、繁殖良种，进行草地调查、疫病防治和牧民教育等诸多工作。羊毛改进处还在岷县野人沟设立绵羊总场，在永昌河沟寺、靖远甘盐池设有分场。总场设立之初，就"鉴定土种优良羊 5.2 万头，购进新西兰纯种毛用羊 150 头，推广美利奴羊及达字羊 480 头，开展蒙羊、藏羊、岷羊等优良土种之纯系育种、杂交育种及繁殖"②，并于海原、夏河、卓尼等处设立推广站 4 处，巡回工作队 5 队，从事防治羊病、改良羊群品质、办理养羊贷款、改善饲养管理及羊毛处理方法等工作③。这些工作取得了良好的效果，"到 1942 年底，共指导牧户 11187 户，改良羊毛处理 698140 斤，受益羊只 432031 头，设置用以示范推广的特约羊群 931 户"④。1943 年以来，该处主要从新疆引进种羊用于改良和人工授精繁殖试验。1 月，新疆省政府赠送之兰布尔纯种羊及五代改良种羊 110 头，在永昌岷县分别利用人工授精术，为民间母羊配种 1748 例 。⑤ 1944 年 9 月，为了开展业务方便起见，羊改处迁到兰州，主要用人工授精技术来推广良种。1947 年 7 月，以人工授精技术推广良种 221 只，指导牧民保留种羔 48 只，推广药浴计受益羊 3514 只，指导牧民改善羊群卫生计受

①　农林部西北羊毛改进处技正林祖得：《绵羊改良》，甘肃省档案馆藏西北兽疫防治处档案，档案号：30 - 2 - 449，第 66 页。
②　谷苞主编《西北通史》（第 5 卷），兰州大学出版社，2005，第 561～562 页。
③　丁焕章主编《甘肃近现代史》，兰州大学出版社，1989，第 451 页。
④　张心一：《1941 年至 1946 年的甘肃生产建设》，中国人民政治协商会议甘肃省委员会文史资料研究委员会编《甘肃文史资料选辑》（第 26 辑），甘肃人民出版社，1987，第 7 页。
⑤　秦孝仪主编《革命文献》（第 102 辑），《抗战建设史料：农林建设》（1），中国国民党中央委员会党史委员会，1978，第 192 页。

益羊 5300 只。① 改良羊只的繁殖和饲养数量也大为增加，到 1947 年 11 月，孳生可利得尔种羊 16 只，连同其他种羊共孳生 30 只。当时饲养土种羊 1096 只、杂交种羊 435 只、蓝布里耶改良羊 164 只、可利得尔羊 529 只、山羊 93 只。②

农林部西北羊毛改进处为了提高羊毛质量、改进畜牧事业，在甘、宁、青各地设立推广站，组织工作队，到各地巡回指导，帮助牧民保育繁殖种畜，办理养羊贷款，改善饲养管理，推广羊毛处理方法，这给处于原始状态的西北畜牧业带来了新的气象和新的发展契机，在很大程度上促进了畜牧业的开发进程。

甘肃省的羊种有绵羊、山羊之分，羊毛又分为绵羊毛、山羊毛和山羊绒。据《甘肃的毛类加工业》一文记述，甘肃省是我国主要的牧羊区。所畜的羊，以棉（绵）羊居多，山羊较少。就全省情形而论，绵羊与山羊的比例数是八与一之比，绵羊毛与山羊毛的比例数成九比一之比。普通剪毛分春秋两季，春毛品质较高，秋毛较次。年产羊毛均在一千万斤以上。产区可分四区：①陇东区；②河西区；③夏河区；④陇南区。按产量多少论，河西为一，夏河为二，陇东为三，陇南为四。按羊毛品质论（纤维细度），首屈陇东，河西次之，陇南略次，夏河毛稍差。③ 从 1942 年甘肃省统计数字看，全省山羊毛产量仅为 94 万多斤，如表 3 - 3 所示。

表 3 - 3　1942 年甘肃省山羊毛产量分布统计

单位：市斤

产地	产量	产地	产量	产地	产量	产地	产量
靖远	20000	康县	1243	平凉	210000	临泽	30000
定西	1000	宁定	2000	镇原	8000	酒泉	4000
洮沙	2270	张掖	100000	秦安	28440	金塔	4000
武都	19000	永昌	3000	武山	1000	榆中	30000

---

① 《农林部西北羊毛改进处三十六年七月份工作简报》，甘肃省档案馆藏西北兽疫防治处档案，档案号：30 - 2 - 56，第 28 页。

② 《农林部西北羊毛改进处三十六年十一月份工作简报》，甘肃省档案馆藏西北兽疫防治处档案，档案号：30 - 2 - 56，第 57 页。

③ 陈鸿胪：《甘肃的毛类加工业》，《现代西北》1943 年第 4、5 期合刊。

产地	产量	产地	产量	产地	产量	产地	产量
西固	5000	永登	11000	临夏	20000	古浪	450
海原	100000	临洮	70000	武威	30000	高台	50000
天水	4000	岷县	60000	民勤	38000	鼎新	900
清水	30000	夏河	56000	山丹	800	总计	940103

资料来源：甘肃省轻纺工业厅纺织志编纂办公室《甘肃省纺织工业志》，甘肃省图书馆藏油印本，1989，第17页。

据《甘肃之特产》一书记载，1942年甘肃省绵羊毛总产量约为990万市斤，各县产量如表3-4所示。

表3-4　1942年甘肃省各县绵羊毛产量

单位：市斤

产地	产量	产地	产量	产地	产量	产地	产量
靖远	250000	武威	2000000	临潭	15000	酒泉	300000
定西	10000	张掖	300000	夏河	500	山丹	50000
洮沙	500000	民勤	8000	西固	5200000	海原	150000
永登	64000	永昌	75000	平凉	5000	高台	100000
临洮	180000	临泽	55000	康县	2218	金塔	68000
景泰	3743	镇原	7000	临夏	50000	鼎新	2899
岷县	130000	天水	14000	宁定	5000	榆中	60000
武都	100000	秦安	37064	永靖	30000	武山	1200
和政	4000	清水	90000	古浪	33000	总计	9900624

资料来源：甘肃省银行经济研究室编《甘肃之特产》，甘肃省银行总行，1944，第五章第二节"羊毛之收剪及其产量"。

为了解决耕牛、役畜的不足，发展农业经济和驿运事业，增产乳品，改善人民体质，增强国人的体魄，国民政府提倡并协助后方各地进行牛种改良。抗战期间，作为后方中心的甘肃，人口剧增，人们对牛奶的需求随之增加。1940年，甘肃水利林牧公司成立，其所属的兰州牧场以引进和改良奶牛为主，在成立之初就引进荷兰黑白奶牛、娟姗奶牛和更赛奶牛若干头。后来西北种畜场归甘肃省农业改进所（1938年秋成立）经营后，曾拨给兰州牧场荷兰娟姗、更赛奶牛若干头，其中公奶牛各两头，用以改良奶牛，提高牛奶的产量，以满足当时后方人口激增对牛奶的需求。① 同时，西北其他各地也相继建立奶牛场，从事奶牛改良工作。

国民政府有关部委和西北地方政府成立畜牧场，从国内外引进优良种畜，逐渐采用人工授精技术，进行畜种改良和繁殖（特别是羊种的改良），这不但为当地培育出了优良畜种，也提高了畜产品（特别是羊毛）的质量，增强了西北畜产品在国际市场上的竞争力。这无疑进一步刺激了西北地区畜牧业经济的发展。

饲养方面的改良措施主要是西北羊毛改进处在甘肃和宁夏推行的牲畜圈舍改良、羊毛处理改良和牧草改良等。羊毛改进处主张在西北各小学开设有关课程，设立教育机构，并且搜集有关影片利用庙会展放，向牧民普及推广畜牧知识。② 在宁夏等地举办牲畜展览大会和优良畜种竞赛，对优胜者进行奖励。"倡导羊毛标准化使分款分级有一定的标准，指导牧民剪毛方法，去除混杂掺夹的弊病，以对交易推销，同时减少储藏损失及运费加增的负担，建立仓库，附设包装检验室、洗毛设备"③，并且引进优良牧草，禁止烽山烧草，进行牧草的改良和牧草生长土壤的改良，增加牧草产量，形成规模养殖。羊毛改进处还指导牧户进行圈舍的改造，主要是鼓励牧民要时常清洁家畜圈舍，圈舍要选择面阳的位置，以防冻和防止因圈舍卫生差而引起的各种传染性畜疫。

各种流行疫病是畜牧业经济的大敌，能否成功地预防和对付这些疫病，关系到畜牧业经济的兴衰成败。西北各牧区畜疫尤其猖獗，不断发生，给畜牧业造成了巨大的破坏。抗战以来，国民政府为了促进后方生产事业的发展，特别关注畜疫的防治。时在西北考察的罗家伦在谈及畜牧经济时说："西北畜牧事业，首在防疫，而改良畜种次之，故须相当注意防疫人才及防疫机构之加强。"④

---

① 《西北羊毛改进处牛种改良》，甘肃省档案馆藏西北兽疫防治处档案，档案号：30 - 2 - 449，第40页。

② 《西北羊毛改进处牲畜调查工作、牧民组织与教育，品种之改良及毛织业现在与将来》，甘肃省档案馆藏西北兽疫防治处档案，档案号：30 - 2 - 449，第27页。

③ 《西北羊毛改进处牲畜调查工作、牧民组织与教育，品种之改良及毛织业现在与将来》，甘肃省档案馆藏西北兽疫防治处档案，档案号：30 - 2 - 449，第104页。

④ 罗家伦：《西北建设考察报告》，中国国民党中央委员会党史委员会，1976，第228页。

国民党南京政府卫生部（署）早在 1934 年就在兰州成立了西北防疫处，下设疫苗、血清制造和兽医门诊等部，协助甘宁青三省进行畜疫防治工作。为了加强畜疫防治，1941 年 2 月，国民党农林部在兰州成立了西北兽疫防治处，专门从事牛、羊等家畜及役畜疫病的防治和防疫药品之制造。该处成立后，下设有甘肃兰州、平凉、永登，青海西宁、湟源和宁夏工作站，并设立 4 个巡回防治大队，分别负责陇东、河西、陇南和宁青家畜及役畜的畜疫防治工作。"三十二年度（1943），西北兽疫防治处制造菌苗二九○，九九五西西，血清一六三，四一六西西，直接防治牲畜病疫二一，八○三头；青海兽疫防治处生产病菌疫苗一六，○八二西西，血清二二七，五七○西西，直接防治牲畜病畜一二，八○三头"[①]。

面对西北牧区广大、畜疫流行和畜牧生产落后的局面，为把防疫工作深入下去，必须加强对地方畜牧兽医人才的培养，保护畜牧业的发展。1943 年，国民党教育部延请美国畜牧专家蒋森（Johnson）教授等来西北考察畜牧事业，并讲解畜牧技术，组织西北兽疫防治处、西北羊毛改进处等甘肃农牧单位相关人员 250 名参加听讲，并安排蒋森等在甘肃山丹、松山，青海三角城、贵德、湟源，宁夏定远营、贺兰山、农林局考察讲学 49 天。[②] 1944 年，教育部与西北羊毛改进处合作举办了 4 期畜牧兽医人员培训班，培养 100 余人。此外，在甘肃地方也举办畜牧兽医培训班，开展职业教育，加强畜牧兽医人才的培养。1937 年，国民党中央组织部在甘南夏河拉卜楞创办了一所边区初级职业学校，培养畜牧、医疗、制革等技术人员。同时，学校专业教育也应运而生。1939 年，在兰州成立了西北技艺专科学校（后改名为西北农业专科学校），内设畜牧、兽医两科。抗战时期，兰州是畜牧兽医科技力量的集聚地。1944 年元月，成立了畜牧兽医研究所，该所研究员邝荣禄博士应用山羊血清素防治牛瘟，取得了良好的效果，"其免疫力强、免疫期长、成本低廉、应用方便，实

---

① 秦孝仪主编《革命文献》（第 105 辑），中国国民党中央委员会党史委员会，1978，第 123 页。

② 《为蒋森菲利浦两位教授来西北讲学座谈记录》（1942 年 5 月 22 日），甘肃省档案馆藏西北兽疫防治处档案，档案号：30 - 1 - 509，第 18～28 页。

为我国预防牛瘟辟一新纪元"①。1946 年，西北兽医学院在兰州成立，主要培养畜牧兽医专门人才。

1943 年甘肃省畜产品之产额，计有牛 49 万头，马 88000 匹，羊 990 万只，驴 34 万匹，骡 10 万匹。皮张出产甚丰，计牛皮每年出产 139711 张，马皮 8854 张，羊皮合山羊皮、老羊皮、山羊猾毛、胎羔皮、白小毛、黑紫二毛羔皮、黑紫羔皮、黑白山羊沙皮、白二毛羔皮等，共 1653485 张，驴皮 2583 张，其中黑紫二毛羔皮、黑紫羔皮、白二毛羔皮三种计有 694882 张。②

近代西北地区以汽车为主体的交通运输事业不甚发达，再加上抗战期间日军的封锁导致油料短缺，以机动车辆为主的交通运输困难重重，难以展开。因此，以畜力为主的胶轮大车和驮运就承担着接送抗日物资的主要任务。1940 年 2 月，国民政府交通部在全国设立 8 所车驮运输所，其中兰星段运输所在抗战时期运送了大量的抗日物资。甘肃广大老百姓，自备粮草，赶着役畜在河西走廊接送苏联援华物资。其中在"1940 年，曾有批军火需 5 个月抢运完成，当时汽车承运了 3040 吨，驿运完成 4300 吨"，由哈密转运至兰州，再进一步转运至内地各处。③ 据甘肃省财政厅 1939 年调查统计，全省仅民间运输工具就有马 17.6 万匹，骡 14.6 万匹，驴 72 万头，骆驼 3.7 万峰。另外，中央、省各单位所属的运输机构，如贸易委员会西北运输处、财政部西北盐务管理局、西北公路运输管理局、甘肃省贸易公司等，均有驿运设备，并在全省各地交通要道设立驿站，供人畜休息，接送物资。据甘肃省驿运管理机关统计，1940 年共征雇骆驼 18919 峰，驮骡马驴 13373 匹；1941 年共征雇骆驼 3842 峰，驮骡马驴 11076 匹；1942 年共征雇骆驼 11076 峰，驮骡马驴 13813 匹；1943 年共征雇骆驼 6914 峰，驮骡马驴 15730 匹。④ 为了确保驿运工作顺利进行，西北兽疫防治处成立役畜防治大队，前往甘肃酒泉、玉门一带和青海协助驿运站工作，防治驿畜疾病，以保证运输任务顺利进行。在这种情况

① 罗舒群：《民国时期甘肃农林水牧事业开发状况研究》，《甘肃社会科学》1986 年第 3 期。

② 李烛尘著，杨晓斌点校《西北历程》，甘肃人民出版社，2003，第 27 页。

③ 龚学遂：《中国战时交通史》，商务印书馆，1947，第 107 页。

④ 甘肃省公路交通史编写委员会编《甘肃公路交通史》（第 1 册），人民交通出版社，1987，第 391 页。

下，以畜力为主的驿运就承担着当时西北交通运输和接送前后方抗日军民所需物资的主要任务。

对畜牧业的开发，增强了抗战后方的经济实力，改善了人民的生活。同时，畜产品在中苏偿债性贸易中换回了许多当时国内紧缺的战略物资。特别是毛纺织企业的兴起，缓解了当时军毯、军衣和民用物品奇缺的状况。国民政府财政部贸易委员会下属的复兴商业公司西北分公司在对苏的偿债性贸易中，用西北的羊毛等畜副产品从苏联换回了汽油、润滑油等大量国内奇缺的战略物资。1941 年，交通部西北公路局向苏联购买汽油 2500 吨、机油 150 吨，就以当时西北的驼毛 2000 担、猪鬃约 700 担抵偿。①

甘肃畜牧业在抗战中逐渐步入了近代化历程。首先，在畜种改良方面，从国内外引进优良种畜，使用人工授精技术进行畜种改良、繁殖。西北羊毛改进处在 1944 年 9 月迁到兰州后，专门推广人工授精技术。其次，在畜疫防治上，利用疫苗、血清进行畜疫防治。以前，在青海牧区，当地牧民在牲畜发生疫病时，就到寺院求佛祷告，甚至给寺院捐献牛、羊，以祈求护佑自己的牲畜安全。西北兽疫防治处成立之后，在甘肃兰州、平凉和青海的西宁、湟源等地设有血清厂数处，大量制造用于防疫的血清、疫苗。再次，出现了大批的畜产品机械加工企业，提高了生产效率。在以前主要是依靠农村的手工操作来加工畜产品，质量虽较高，但生产效率极其低下。最后，在饲养方式上，逐渐改变传统的经营方式，由原来的游牧向圈养过渡，鼓励牧民修建圈舍，清洗加工羊毛，保持卫生，储草御灾等。所有这些都表明，进入近代以来，西北各地的畜牧业逐渐改变了以前原始、粗放的生产方式，畜牧业经济逐渐步入了近代化历程。

三　抗战时期甘肃小额农业贷款及其对农业发展的影响

国民政府在经济建设上坚持"以农立国，以工建国"的方针，确立了"农工矿互济"的原则。戴季陶认为，开发西北必须把农业放在首位。"我们必须认定农业是工业的原动力，农业是一切交通、航空、运输

---

① 《行政院对外贸易委员会致财政部贸易委员会代电》（1941 年 6 月 24 日），中国第二历史档案馆藏民国财政部档案，档案号：309 - 2 - 264。

的原动力，农业是一切建设的基本原动力。"[①] 抗战爆发后，大西南、大西北成了抗战的后方。这里农业生产落后，有些地区甚至是不毛之地。后方人口骤增，由原来的 1 亿增至 1945 年的 2 亿，不加紧资助农业开发和生产，不仅会导致前线军粮供应困难，后方人民的粮食供应也会成问题。因此，国民政府实业部和军事委员会在 1937 年 9 月和 10 月，先后颁布《各省市合作贷款要点》和《战时合作农贷调整办法》。1938 年，经济部组织"农村金融救济处"，行政院还组织了"农村复兴委员会"，加紧发放农贷，促进农村经济的开发和发展。抗战进入相持阶段后，国民政府将西北作为抗战的基地。1938 年 3 月，国民党在武汉召开了临时全国代表大会。会议对农业予以高度重视，称："中国为农业国家，大多数人民皆为农民，故中国之经济基础在于农村。抗战期间，首宜谋农村经济之维持，更进而加以奖进，以谋生产力的发展"[②]。会议还把加强与活跃农村金融、扩大农贷作为发展农业生产的主要措施。

1. 改良农作物、推广新品种

"增加粮食生产"和"增进棉花生产"是国民政府在开发西北农业过程中最基本的目的。为此，国民政府把发展西北农业科研、推广农业技术、奖励人民种植作为发展农业生产的主要途径。

1938 年秋，甘肃成立了农业改进所，专门负责改进农村畜牧生产技术的工作。这个农业改进机构内设农政、农艺、植物病虫害、森林、畜牧、兽医等部门。各行政督察专区亦设农业改进所，进行技术推广。为了普及农业科技成果，甘肃省政府按行政院农业促进委员会关于建立全国农业推广机构的计划和办法，于 1940 年 11 月 1 日在兰州设立了农业推广处，还配备了农业技术人员，推广农业科技成果。[③] 为防治当时流行的麦类黑穗病，各级农推机构派出大量的技术人员下乡。当时有一首歌谣："麦病先生到咱家，不吸烟来不喝茶。下田寻看麦灰穗，口口声声喊着拔。"[④] 由于普遍推行了温汤浸种及碳酸铜拌种这两种方法[⑤]，黑穗

---

① 秦孝仪主编《革命文献》（第 88 辑），中国国民党中央委员会党史委员会，1981，第 10 页。

② 国民政府军事委员会：《中国国民党临时全国代表大会宣言及抗战建国纲领》，1938。

③ 李云峰、曹敏：《抗日时期的国民政府与西北开发》，《抗日战争研究》2003 年第 3 期。

④ 刘犁青：《半年来甘肃农推工作掠影》，《甘肃农推通讯》1942 年第 1 期。

⑤ 《植物病虫害问答：答甘肃临潭农情报告员王英武君》，《农报》1944 年第 13～18 期。

病防治工作取得了比较理想的效果。仅此一项，甘肃省每年可增产粮食约 50 万石。到 1945 年，共计 307908 市亩作物采取防治措施，"预计每亩减少损失 10%，可增产数量 30793 市石"①。

1935 年，陇东泾川县庄县长在谈该县近况时表示，"关于农事改良，则已秉承省命，从事改良棉种，盖全省各地烟苗，即将禁绝，苟无适当之替代品，人民生计，势必恐慌，而棉为生活必需品，一经提倡，不特毒害既绝，且裕民生"②。当时甘肃的农业改良工作主要由雁滩农业改进所承担，时人对其有如下描写："满园尽植苗木。内以中国槐、榆树、白杨、洋槐、椿树等为多。其他如枸杞及牛王刺亦培植之"。"对农作物方面，则以引入新种，增加生产为主。如花生米之栽种"。以前甘肃省不产花生，价格异常昂贵，1942 年"略示栽种，成绩非常良好"。另外则为红薯之移入。此前甘肃"仅产洋山芋，而无红薯"。因为红薯难以储藏，坏一个很快就全数腐烂。兰州黄河沿岸"适于栽种，可以增加农人之食粮，只要为之改良贮藏，必能成功"。兰州盛产果木，其缺点亦在储藏不得法。其他农作物之病害，则另有其他机关负责。其他工作，在于植林。据当时经验，在沿黄河两岸植林，绝对不成问题。只要政府下决心，以植林为县政府成绩考核条件之一，必能办到。农业改进所很注意荒山植林，1941 年在北山之某山共植 4000 株，结果活者不过 250 株。在南山之龙尾山植林 3000 株，结果活者 125 株。而且在植树之前，"相度山之地势，随处堵沟掘坑，使雨水可以蓄积，且使土略平成梯田形势，使雨水不至急流直下"，结果尚如此。成活率如此者，因"雨水缺少，荒山上不能凿井，担水润泽，则太费工，势不可能，水土保持，在西北实亟待研究"。以后植树"拟再作精密之计算，多深的沟，需要多深之坑，其他平地，需要多厚之土堤，始不为雨水冲去，如此或较有办法"。苜蓿也在当地栽种。这种草的根入土较深，天旱时亦枯萎，其后稍下雨，即变青色。又有野枸杞，亦能生长，但一般田地，仍是肥料太少。发展西北农业，化学肥料仍为必需品。1941 年农业改进所试种甜萝葡（即甜菜），长得不错，含糖率超过 10%，"较一般外国栽种之成绩为高"。1942 年农

---

① 甘肃省政府统计处：《甘肃省统计年鉴（1946）》，甘肃省政府，1946，第 113 页。
② 高良佐著，雷恩海、姜朝晖点校《西北随轺记》，甘肃人民出版社，2003，第 24 页。

业改进所已栽种 4 亩。据估计，4 亩甜萝葡，产糖可达 2000 斤，以每斤 10 元作价（实则糖价较此高），即为 2 万元。此事业（指甜菜制糖）在西北为最有希望。①

从以上材料可以知道，刚成立两年的农业改进所已经着手引进了花生、红薯、甜菜（甜萝葡）等新品种，培育国槐、枸杞等植物苗木，还试验在北山、南山上植树造林，进行水土保持工作。到 1942 年时，甘肃省农业推广组织系统如图 3 - 1 所示。

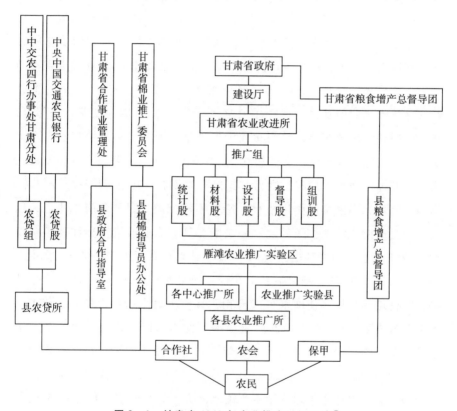

图 3 - 1　甘肃省 1942 年农业推广组织系统②

乡农会作为农业推广的最基层组织，受到国民政府的重视，发展迅速，且效果明显。广西有乡农会 492 个，陕西有 621 个，甘肃有 129 个，贵州有 565 个，四川有 507 个，宁夏有 120 个，西康有 1 个，青海有 148

---

① 李烛尘著，杨晓斌点校《西北历程》，甘肃人民出版社，2003，第 20～21 页。

② 刘犁青：《半年来甘肃农推工作掠影》，《甘肃农推通讯》1942 年第 1 期。

个，云南有 165 个，共有会员 100 多万人。[①] 农会遍布西部广大乡村，在各县农业推广所指导下，进行了较为广泛的农业推广工作。此外，在省与县之间，还设立过农业推广辅导区，一般与行政督察专员公署辖区相同。因限于经费、人员等条件，没有普遍设置，只在四川第一区之华阳、第三区之璧山，陕西第十区之咸阳，甘肃陇南区之天水四个地区设置过。而且设立时间较迟，直至 1944 年才开始设置。这些推广机构的设立，使西部地区初步形成了一套较为系统的省、区、县、乡四级推广体系，有力地推动了西部地区农业科学技术的推广和运用。推广和培育良种、引进新式农具、推广新技术在一定程度上改革了传统农业经营方式，加快了西北由传统农业向近代农业的转化。

以植棉为例，民国时期，黄河上游区域产棉区"大概分陇南区、陇东区、兰山区及河西区四区"[②]。河西依然是黄河上游区域的主要产棉区，各地均有程度不同的分布，临泽"黑河流域之冲积土，极为肥沃，经数年提倡植棉，收获尚佳。今后应督导民众广为种植，按地亩十一之标准，应种棉二万亩，以增棉产之效率"。在高台，"近经劝导，农家皆种之"[③]。陇南区的棉花产地主要分布在天水、成县、康县、文县、武都等地，如成县 1948 年"全县产棉估计五万担，家庭副业以织土布为大宗"[④]。康县的棉花是在清代中叶后从成县引种的。清初，康县本不产棉。清中叶，镡家河以北毗连成县，该地始有试种者。民元以来，县北之西汉水以及修水两流域，种者日渐繁多，棉质颇佳。起初镡家河一带只有轧花机三五架，后增至数十架，可知种棉之户日渐增多。[⑤]陇右地区除了皋兰外，靖远也种植棉花。据地方志记载，靖远种植棉花 16000 亩，产棉 50 万斤。[⑥] 陇东的宁县、泾川等地也有棉花种植，如

---

① 吴华宝、朱甸余：《农业推广机构之回顾与前瞻》，《农业推广通讯》1945 年第 5 期。
② 徐旭：《西北建设论》，中华书局，1944，第 32 页。
③ 徐家瑞：《新纂高台县志·舆地·物产·草类》，高台县署，1925。
④ 甘肃省中心图书馆委员会编《甘肃陇南地区暨天水市物产资源资料汇编》，1987，第 6 页。
⑤ 吕钟祥：《新纂康县县志·物产》，1936，第 179～180 页。
⑥ 甘肃省中心图书馆委员会编《甘肃中部干旱地区物产资源资料汇编》，1986，第 135 页。

宁县"解放前，在政平、新庄、中村等地有小片种植，亩产皮棉20斤左右"[1]。

抗日战争以前，甘肃的原棉供给多依赖陕西、河南两省。刘郁芬督甘时期，曾计划推广美棉：1928年1月，省政府严令各县政府及建设局注意改良农具及交换农作物种子，以增加生产[2]。1929年6月，杨慕时等面见冯玉祥，"发给甘省美棉种子40吨，令广为布种"[3]。惜因政局动荡，并无下文。抗日战争爆发后，陕西、河南两省的原棉输出面扩大，本省原棉供不应求。于是，甘肃省政府决定自1941年起在本省境内陇东、河西等地区推广植棉7000亩，自1942年开始三年内在皋兰等15县推广植棉64万亩。[4] 但因为风土不宜，或者是方法不良，品种混杂，影响品质，致使棉花产量低歉。据1948年出版的《中国棉讯》中《新疆、甘肃的棉产》一文记述，甘肃省1941~1947年棉花种植面积及产量如表3－5所示。

表3－5　甘肃省1941~1947年棉花种植面积及产量一览

年份	面积（亩）	产量（担）
1941	88329	26510
1942	97296	27529
1943	119039	39334
1944	180506	45104
1945	102935	31580
1947	188219	59331

资料来源：甘肃省轻纺工业厅纺织志编纂办公室《甘肃省纺织工业志》，甘肃省图书馆藏油印本，1989，第32页。1945年数字系取自甘肃省政府档案《甘肃省三十三年度及三十四年度棉花生产报告表》，见《甘肃省民国三十四年度统计总报告表原始资料（二）》，档案号：4－2－38。

从表3－5中的数字可以看出，抗战时期甘肃省棉花生产大体上呈上

---

[1]　宁县志编委会编《宁县志》，甘肃人民出版社，1988，第231页。

[2]　刘郁芬：《本省命令：训令：甘肃省政府训令：令建设、教育厅（1928年1月18日）》，《甘肃省政府公报》1928年第26期，第79页。

[3]　《公牍：训令：甘肃省政府民政厅训令：第四五号（十八年六月十四日）》，《甘肃民政月刊》1929年第19期。

[4]　《短讯：甘肃省推广植棉》，《籽声》1941年第2期。

升趋势（1945 年因受灾产量下降）。这自然与新品种、新技术的推广分不开，如农推人员郭海峰就曾撰文指导农民如何防治农作物害虫，特别提到用有益的昆虫来防治红蜘蛛、棉蛛的方法①。1939 年，甘肃省建设厅农业改进所推广良种，由农林部农业推广委员会补助 3500 元，推广改良品种 2000 亩，预计可产皮棉 1500 担，比本地品种可多收 500 担。② 1941 年，甘肃省建设厅与第八战区经济委员会合组甘肃棉业推广委员会，筹款 40 万元，用以发展甘肃棉业。初步计划换种良种，在陇南、陇东地区继续推广斯字棉 5 万斤，德字棉 2 万斤，在河西地区扩大棉田 1 万亩。第二步将提倡纺织，以利于棉产加工。③

抗战时期，甘肃省在陇东、陇南及河西各县推广种植"凸字棉" 15 万亩，"每亩可收 34 斤，本地棉每亩只收 20 斤，而且纤维短"。除此之外，还推广了其他优良作物，如烟草、甘薯等。"美国烟草试种一亩可收 160 斤（大秤，合市斤 2 斤）"。甘薯第一次在甘肃种植，并且"半亩地收了 100 斤"④。1935 年，天水县种植棉花 4200 亩。天水境内原来种中棉，摘收棉花数量不佳。自从改种美棉以来，颇有成效，较前进步，每亩最好者约摘棉花 30 斤，本地棉每亩不过 20 斤。⑤ 据《天水市志》记载，1938 年天水引进美国"特字棉"，在天水县、徽县、成县三县推广种植 1300 亩，平均亩产 27.8 公斤。1943 年棉花种植面积约 7 万亩，平均亩产 14 公斤。⑥ 1945 年，甘肃省在陇南农场培育并推广了 53.84 市石"泾阳 302 号"优良小麦，平均每亩产量为 2.67 市石，较普通品种增加 23%。⑦ 经过 6 年努力，3 个优良的小麦品种："泾阳 302"（冬小麦品种）、

---

① 郭海峰：《作物害虫之普通防治法》，《甘肃农推通讯》1942 年第 2 期。

② 《各省推广概况：甘肃省：建设厅农业改进所推广棉花》，《农业推广通讯》1939 年第 1 期。

③ 《全国农业推广近况：桐油棉花继续增产：甘肃省棉业推广委员会发展棉业》，《农业推广通讯》1941 年第 5 期。

④ 马建昌、张颖：《抗战时期国民政府西北农业科技活动述略》，《甘肃科技》2004 年第 7 期。

⑤ 《调查：甘肃省天水县棉花播种及幼苗发育状况报告表》，《建设》1935 年 1～12 月汇刊，1935。

⑥ 天水市地方志编纂委员会编《天水市志》（中），方志出版社，2004，第 941 页。

⑦ 《甘肃省政府三十四年度统计总报告》，甘肃省档案馆藏甘肃省政府档案，档案号：4 - 2 - 188，第 33 页。

"武功774"和"美国玉皮"（春小麦品种）普遍在甘肃扎根。1945年共推广优良麦种6163.3市石，种植61633市亩，预计每亩增收10%，可增产数量6163市石。[①] 甘肃试种成功并推广美国"蜜露瓜"，使之成为闻名全国的白兰瓜。同时，还在兰州市郊雁滩农场选择优良蔬菜品种粉红番茄、大辣椒、菜豌豆、羽衣甘蓝、紫甘蓝、四季菜花、团生菜等，准备大力推广。[②]

在推广新品种、改良农作物的过程中，甘肃省得到了中国农民银行的大力支持。仅据1945年的数字，中国农民银行兰州支行就贷放农业推广贷款1010620.80元。[③]

2. 推行小额农贷

（1）农贷的缘起

甘肃是一个自然灾害频发的省份。民国时期，水、旱、风、雹等灾害接连出现，呈现出多灾并发、多灾连发、受灾面积广、灾民人数众多等特点。这成为制约国民经济，特别是农业经济发展的最主要因素。除了自然灾害外，苛捐杂税繁重也是农业发展缓慢的重要原因之一。民国时期，甘肃各地税种繁多，农民负担沉重。据国民政府中央委员邵元冲调查，河西人民负担"每超过应纳正赋数倍以上"。而且借贷利率奇高，"月息十分以上，甚至有二十分者"[④]。抗战前，西北军阀割据，战火连绵，农村资金枯竭，土地集中，广大农民在高利贷和各种苛捐杂税压榨下贫苦不堪，再加上自然灾害、洋货侵袭，农业生产接近崩溃的边缘。

除了兵祸、苛捐杂税、自然灾害及技术落后以外，还有一个重要的原因是缺乏资金上的支持。农民的社会购买力在除去基本的生活必需费用之后所剩无几，这使得农业生产无法增加再投入和扩大再生产，不能形成有效资本积累。鉴于西北农村生产资金枯竭、高利贷盛行的状况，也为了支援抗战的需要，国民政府通过发展农村合作社、建立农村金融

① 甘肃省政府统计处：《甘肃省统计年鉴（1946）》，甘肃省政府，第112页。
② 《甘肃省政府三十四年度统计总报告》，甘肃省档案馆藏甘肃省政府档案，档案号：4－2－188，第36页。
③ 甘肃省政府统计处：《甘肃省统计年鉴（1946）》，甘肃省政府，1946，第282页。
④ 高良佐著，雷恩海、姜朝晖点校《西北随轺记》，甘肃人民出版社，2003，第140～141页。

网、扩大农贷来活跃农村金融、刺激农业生产发展，并将其作为开发西北农业的基本政策和重要措施。全国经济委员会于1933年制订西北合作事业计划，提出"救济西北，当以流通农村金融为首务"，于是西北农村合作社很快发展起来。

1935年，中国农民银行即开始在甘肃办理农贷业务。"甘肃省农贷由农行办理已逾五载，今年中、交两行参加，则按分区办法办理。"[①] 甘肃大规模办理农贷始于1937年，是为救济因雹灾和战事而遭受损失的农民，由中国农民银行与合作委员会共同举办的，选择临洮、渭源、陇西、岷县等15县为贷放区。[②] 到1940年10月止，在甘肃办理农贷者有中国农民银行、中国银行与合作委员会等。

（2）农贷的种类

甘肃省农贷的种类大体可分为合作社贷款（主要是信用贷款）、农田水利贷款。前期以信用贷款居多，约占90%；农村副业贷款和农田水利贷款二者相加，约占10%。[③] 1942年以后，由于河西水利专款的贷放，水利贷款在农贷中占据半壁江山。1943年11月甘肃省合作金库成立后，由中国农民银行贷款给合作金库，再由其转贷给各级合作社，合作社再贷给社员。所以，除中国农民银行直接贷放的农田水利贷款外，甘肃省农贷主要是合作贷款。合作贷款又可分为信用贷款、抵押贷款两种，后期还有实物贷放这种新方式。

1935年5月，中国农民银行兰州分行成立，正式拉开了甘肃合作事业的序幕。该行成立后，即提倡农村合作事业，从宣传和指导入手，组织信用合作社。同年，省政府成立了甘肃省农村合作委员会，作为合作社指导监督之总机关，这是甘肃省设立的第一个合作行政机构。甘肃省1937年有合作社327所，到1943年底就有合作社4795所，社员305170人，社股1247370股，股金10554802元。合作社中，信用合作社占绝大多数。[④]

---

① 《交通、中央、中国、农民银行联合办事处兰州分处谨呈四联总处函》（1940年10月16日），甘肃省档案馆藏甘肃省银行档案，档案号：53-1-133。

② 君羊：《抗战时期甘宁青三省之农贷探讨》，《开发研究》1988年第3期。

③ 《交通、中央、中国、农民银行联合办事处兰州分处谨呈四联总处函》（1940年10月16日），甘肃省档案馆藏甘肃省银行档案，档案号：53-1-133。

④ 《甘肃省合作社业务统计表》（1943年12月），《甘肃省统计要览底册及有关文件》（2），甘肃省档案馆藏甘肃省政府档案，档案号：4-3-137，第15页。

从 1937 年起，国民政府公布《四行内地联合贴放办法》《战时合作农贷调整办法》《扩大农村贷款办法》《改进地方金融机构办法纲要》《二十九年度中央信托局、中国、交通、农民三银行及农本局农贷办法纲要》。从 1938 年起，以国家行局、合作金库、合作社为基层组织，国民政府开始广泛建设农业金融网。

顾健生认为"合作社本为中小产业者相互扶助之组织，信用合作社以圆滑事业上、家计上之金融为任务，补救一般银行制度之缺点，解除高利盘剥之痛苦"①。1943 年 11 月 1 日，甘肃省合作金库成立，其放款方式以信用为主，对象以合作社为主。自甘肃省合作金库成立至抗战胜利，各时期放款情形如表 3 - 6 所示。

表 3 - 6　甘肃省合作金库各时期放款情形②

单位：千元

时期 ＼ 放款种类	生产合作社	占比（%）	运销合作社	占比（%）	消费合作社	占比（%）	县各级合作社	占比（%）	合作社活期透支	占比（%）	合计
1943 年 11、12 月					1000	90.9	100	9.1			1100
1944 年上期	5640	62.4	100	1.1	3200	35.4	100	1.1			9040
1944 年下期	6740	39.9			800	4.7	6439.9	38.1	2912	17.3	16891.5
1945 年上期	5070	20.3	7000	28.0	1480	5.9	7479.9	29.9	4004	16.0	25034.0
1945 年下期	90736	83.1			400	0.4	10450	9.6	7557	6.9	109143.0
总计	108186	67.1	7100	4.4	6880	4.3	24569.8	15.2	14473	9.0	161208.5

从表 3 - 6 可以看出，合作金库放出的农贷专款来源以农业生产合作社为主，占总额的 67.1%。到 1940 年 10 月，全省有合作社 5142 所，社员 25.2 万余人。入社社员都以户为单位，故社员 25.2 万余人实即代表 25.2 万余户。合作储蓄多属强制性质，到 1941 年 2 月共计已有储金 27 万余元，储粮 2 万余担。③ 抗战时期河西地区合作社情况如表 3 - 7 所示。

---

① 顾健生：《信用合作社放款之研究》，《中央银行月报》1938 年第 11 期。
② 甘肃省合作金库：《二年来之甘肃省合作金库》，甘肃省图书馆藏，1946，第 8 ~ 9 页。
③ 《交通、中央、中国、农民银行联合办事处兰州分处致中信兰分局、中、交、农各兰行函》（1941 年 2 月 25 日），甘肃省档案馆藏甘肃省银行档案，档案号：53 - 1 - 133。

表 3 - 7 河西地区合作社情况（1943 年 4 月）

项目 县份	保社数	乡社数	联合社	专营合作社数	社员数	股金数（元）	贷款数（元）
武威	75	12		生产社 4、消费社 1、信用社 158	11627	88349	
张掖	2	8	1（社员社 167）	水利社 1、纺织社 2、消费社 1、信用社 115、畜牧社 1	5006	242172	272096.02
民勤				全县合作社共 51	2870		190000
永昌				全县合作社共 67	3171	20788	245499.26
山丹		4		单营合作社共 57、畜牧社 1	5440	289000	224000
民乐				信用社 75			
临泽	7			信用社 59、生产社 3、公用社 1	2891		165658
古浪			1	信用社 35、消费社 1	8117	88616	852869
酒泉				信用社 112、农业生产社 1、消费社 1	5511	44102	292900
高台	15			信用社 63	1992	67000	157000
安西				信用社 32	3270	58514	212829
敦煌				信用社 48、消费社 1、纺织社 2	1568	7570	29000
玉门				信用社 31	2140	35480	252000
金塔	20	2			2007	6170	31567
鼎新				信用社 12			
肃北设治局				1937 年奉令设治，合作事业尚未举办			
合计	119	26	2	936	55610	947761	2925418.28

资料来源：《甘肃省各县概况》（1943），甘肃省档案馆藏甘肃省民政厅档案，档案号：15 - 9 - 191。

　　抗战中后期，由于物价上涨过快，合作金库实行实物贷放。随着抗战的进行，国民政府财政进一步拮据，走上了靠滥发纸币补贴财政的道路。于是，法币的发行如脱缰的野马，似冲出闸门的洪水。滥发货币必然造成通货膨胀，物价飞涨。表3-8反映了抗战时期国民政府的法币发行额与物价指数情况。

表3-8　抗战时期国民政府法币发行额与物价指数情况①

单位：亿元

时间	法币发行额	发行指数 （1937.6＝1）	物价指数（1937.1~6＝1 1937.6~1945.8：重庆趸售物价）
1937年6月	14.1	—	—
1937年12月	16.4	1.16	0.98
1938年12月	23.1	1.64	1.04
1939年12月	42.9	3.04	1.77
1940年12月	78.7	5.58	10.94
1941年12月	151	10.71	28.48
1942年12月	341	24.40	57.41
1943年12月	754	53.46	200.33
1944年12月	1895	134.36	548.60
1945年8月	5569	394.84	1795.00

　　从表3-8可以看出，全面抗战时期法币发行数额猛增390多倍，物价指数猛涨约1800倍。由于通货膨胀，物价飞涨，为了避免损失，中国农民银行在甘肃农村推行"实物贷放"。这种贷款方式好处有二：一是使贷款直接用于生产而不会流向消费，还款时不致发生困难；二是实物价值可随物价波动而变化，农民和贷款银行都可少受货币贬值的影响。其他金融机构纷纷效仿，竞相举办实物贷放。

　　农田水利贷款在战时甘肃农业发展中厥功甚伟，详细情况见本章第二节论述。

　　（3）农贷的用途

　　战前西北军阀割据，战火连绵，农村资金枯竭，土地集中，广大农

---

　　①　萧清编著《中国近代货币金融史简编》，山西人民出版社，1987，第87~88页。

民在高利贷和各种苛捐杂税压榨下贫苦不堪，再加上自然灾害、洋货侵袭，农业生产接近崩溃的边缘。在甘肃，1940年10月办理农贷者有中国农民银行、中国银行与合作委员会等处。交通银行兰州分行当时刚成立，农贷工作正在积极推进中。"甘肃省农贷由农行办理已逾五载，今年中、交两行参加，则按分区办法办理。"①

与其他省份相比，甘肃农民更加贫困，银行害怕收不回贷款，"历年农贷之实施皆以合作社为对象"，"盖农贷实施之目的，在求复兴农村与生产建国，贷款之对象固应以合作社为宜"。因此，甘肃省"历年实施农贷，都是直接贷放办法（即直接贷放给合作社），现在有合作金库之县，始行间接贷放（即由银行贷与合作金库，再由合作金库转贷合作社）。其未设立金库者，仍直接贷放焉"②。中国农民银行办理农业生产贷款，"多以合作组织为主"，其转放机构分为三种：（1）透过合作金库转放于合作社；（2）由农业银行各行处直接贷放于合作社；（3）在战区或边区则由各地组织战边区贷款委员会转放于合作社。③

鉴于西北农村生产资金枯竭、高利贷盛行的状况，全国经济委员会于1933年6月制定了《西北建设实施计划及进行程序》，提出"救济西北，当以流通农村金融为首务"，于是西北农村合作社很快发展起来。如前所述，1940年甘肃省共有合作社5142所，社员有25.2万余人。社员入社都是以户为单位，故"社员二十五万二千余人，实即代表廿五万二千余户。每户如以六口计之，则社员总数将为一百伍拾余万人矣。本省共有人口六百二十万二千余人，则社员之总数实占人口总计百分之二十四左右"④。合作社社员成分，以自耕农占大多数。

根据国民政府对各行局经营业务的分工，从1942年开始，中国农民银行专门办理各地农业贷款业务，成为垄断农村金融业的专业银行。于是，以中国农民银行和中央合作金库为总枢纽，各省分行、库为主干，

①　《交通、中央、中国、农民银行联合办事处兰州分处谨呈四联总处函》（1940年10月16日），甘肃省档案馆藏甘肃省银行档案，档案号：53-1-133。
②　《交通、中央、中国、农民银行联合办事处兰州分处谨呈四联总处函》（1940年10月16日），甘肃省档案馆藏甘肃省银行档案，档案号：53-1-133。
③　中国农民银行总管理处编印《中国农民银行之农贷》，1943，第6页。
④　《交通、中央、中国、农民银行联合办事处兰州分处谨呈四联总处函》（1940年10月16日），甘肃省档案馆藏甘肃省银行档案，档案号：53-1-133。

各县区分支行、库为执行主干，以农村信用合作社为农村基层金融组织的全国农业金融网便在大后方建设起来。在这个金融网中，国家行局（后来只是中国农民银行）是农贷的主要提供者，合作金库是联结国家行局与合作社的中间环节。

国民政府和西北地方当局为支持抗战之需要，试图把发展农村合作社、建立农村金融网作为促进西北农业生产发展的基本政策和措施。1934 年 3 月 1 日，国民政府公布《中华民国合作社法》。1935 年，实业部设立合作司，专门管理各级合作事务。1936 年，甘肃有合作组织 244 个。1937 年 6 月，国民政府拨款 50 万元，作为甘肃农贷专款，省农合会指定陇西等 15 个县为第一期农贷发放区域，共组织互助社 409 个。中国银行兰州分行、交通银行兰州分行、甘肃省银行等曾先后向农村发放过种子贷款、兴修水利设施贷款等，以扶持农业生产的发展。于是，西北农村合作事业有了较快的发展。1937 年 12 月和 1938 年 5 月，国民政府又相继拨款 100 万元和 350 万元，作为甘肃农贷专款。[①] 此后，贷款逐年增加。到 1941 年 10 月，甘肃省农贷发放额超过 3200 万元，全省合作社数量达到 6000 个。由于历年举办农贷，信用社业务简便易行，农民乐于接受；再则农村中资金枯竭，高利贷盛行；组织信用社流通金融，确为当时农村所迫切需要；同时，信用社还办理储蓄，附设农仓储蓄粮食，并兼办一种以上的生产业务。因此，在这些合作社中，绝大部分是信用社。到 1941 年底，中国农民银行已向甘肃农村贷款 1800 万元。1944 年，甘肃农田水利及土地金融贷款已经发放完毕，共计 34000 余万元，其中农田水利贷款 24000 余万元，土地金融贷款 10000 万元。[②]

全面抗战开始后，国民政府加大了对农村信用社投资的力度。1937 年 8 月，国民政府颁布《中、中、交、农内地联合贴放的办法》，规定农民可用各种粮食和经济作物产品向四行请求押放。1938 年颁布了《战时合作农贷调整办法》，严令农贷不得停顿，并不得少于历年放款数额。同年，行政院又通过了《扩大农村贷款办法》，颁行《改进地方金融机构办法纲要》，规定各地方金融机构要通过"农业仓库之经营""农产品之

---

① 罗贡华：《罗民政厅长对第一期农贷人员训词》，《甘肃省政府公报》第 425 期，甘肃省政府秘书处，1937 年 9 月，第 35 页。

② 《经济杂讯：各地经济新闻摘要》，《甘肃贸易》1944 年第 10、11 期合刊。

储押""种子、肥料、耕牛、农具之贷款""农业票据之承受或贴现"等业务，促使资金流向农村，支持农村经济发展。1937 年底，国民政府续拨 100 万元，作为甘肃第二期农贷资金。到 1938 年 5 月，又拨 350 万元作为第三期农业贷款。[①] 农贷的发放区域普及甘肃省 67 个县（局）。四行联合办事处兰州分处在给总处的文件中说"关于甘肃及陇东八县各农贷合约，业于上年（1940 年）12 月 31 日与省政府正式签订各在案"[②]。甘肃省及陇东八县农贷合约的分配情况见表 3 - 9。

表 3 - 9　甘肃省及陇东八县农贷合约分配情况

| | 合作贷款 | | 联合贷款 | | 增粮贷款 | | 合计 |
	应摊比例（%）	金额（万元）	应摊比例（%）	金额（万元）	应摊比例（%）	金额（万元）	金额（万元）
中国银行	33.33	467	25	200	25	287.5	954.5
交通银行	20	280	15	120	15	172.5	572.5
中国农民银行	46.66	653	35	280	35	402.5	1335.5
中信局	—	—	15	120	15	172.5	292.5
农本局[①]	—	—	10	80	—	—	80
甘肃省银行					10	115	115
总计	100	1400	100	800	100	1150	3350

注：增粮贷款中甘肃省银行应摊 10% 份额原由农本局负担，因农本局资金不敷，改由甘肃省银行负担。

①农本局于 1936 年 9 月成立，是一个半官半商的业务机关，由中国银行、中国农民银行、中央银行、交通银行和国内金融市场上重要的商业银行联合组成，固定资金由财政部拨给，联合贷放资金由参加的银行合缴，两项数额相等。1938 年农本局接管全国农产调整委员会，改组为农本局农产调整处，从事农田水利贷款、粮食生产贷款、经济作物生产贷款以及农产运销贷款等。农本局的业务范围绝大多数与中国农民银行重合，因此在创立之初即埋下两个机构之间的矛盾，最终农本局被排挤、吞并。1941 年春，国民政府调整农业金融机构，将农本局的农贷业务移交给中国农民银行统一办理。

此后农贷款逐年增加，到 1941 年 10 月，甘肃省政府与中央银行、

①　罗贡华：《罗民政厅长对第一期农贷人员训词》，《甘肃省政府公报》第 425 期，甘肃省政府秘书处，1937 年 9 月，第 35 页。

②　《交通、中央、中国、农民银行联合办事处兰州分处致中信兰分局、中、交、农各兰行函》（1941 年 2 月 25 日），甘肃省档案馆藏甘肃省银行档案，档案号：53 - 1 - 133。

中国银行、交通银行、中国农民银行签订了 3200 万元的农贷合同，其中农业信用贷款 2400 万元，陇东八县（镇原、海原、固原、庆阳、正宁、宁县、合水、环县）农业生产贷款 200 万元，其他特种贷款（包括运输、消费、公用、农工业生产、农田水利等）600 万元。这些贷款绝大部分贷给了农村信用合作社。

现以定西县第一区和榆中县第三区所组合作社的情况为例来说明小额农贷的使用情况（见表 3-10、表 3-11）。

表 3-10　定西县第一区农贷需要调查表（1938 年 7 月 10 日填报）

过去情况	办理时期	已组社数	社员数	贷款数	有无缺点	
	1936 年秋季	6 社	180 人	11467 元	不普遍	
将来需要	需贷款时期	需组社村数	需贷款人数	需贷款数	需组何种社	贷款用途
	春夏两季	石家坪、景家店	580 人	12000 元	信用社、消费社	购买牲畜、农具、种子

资料来源：《甘肃各县区农村经济及农贷需要调查表》，甘肃省档案馆藏甘肃省政府档案，档案号：4-1-414，第 3~4 页。

表 3-11　榆中县第三区农贷需要调查表（1938 年 6 月 25 日填报）

过去情况	办理时期	已组社数	社员数	贷款数	有无缺点	
	1936 年 3 月	7 处	234 名	9300 元		
将来需要	需贷款时期	需组社村数	需贷款人数	需贷款数	需组何种社	贷款用途
	1939 年	8 村	1500 人	5000 元	无限责任信用社	种子

资料来源：《甘肃各县区农村经济及农贷需要调查表》，甘肃省档案馆藏甘肃省政府档案，档案号：4-1-414，第 7~8 页。

定西县第一区共有 2300 户，人口 12995 人，已经加入合作社的仅有 180 人，占人口总数的 1.39%。报告人认为当地小额农贷的缺点是"不普遍"。已经贷放的贷款，平均每人可得 63.71 元。根据《兰州市七年来物价指数》一书提供的数据，1937 年上半年甘肃省中等小麦的平均价格为 1.02 元/市斗[①]，相当于每人所得贷款可买中等小麦 62.46 市斗；另

[①]　甘肃省政府统计室：《甘肃省兰州市七年来物价指数》，甘肃省政府，1944，第 57 页。

外，根据档案资料，1937 年甘肃省每头黄牛的价格为 39.55 元[1]，即每人所得贷款可买耕牛 1.6 头。

榆中县第三区共有 2792 户，人口 24169 人，已经加入合作社的仅有 234 人，占人口总数的 0.97%。已经贷放的贷款，平均每人可得 39.74 元，可买中等小麦 38.96 市斗或耕牛 1 头。

据 1941 年 9 月统计，当时甘肃全省信用社公积金已达 180502.57 元，现金储蓄为 312105.90 元，粮食储蓄 28808.39 石。[2] 各地信用社附设农业仓库，储存粮食，在向社员贷放种子、平抑市场粮价等方面发挥了一定的作用。[3] 1941 年 2 月，甘肃省政府经中央批准，商得四联总处兰州分处同意，订立增粮贷款合约，由投资各银行及省政府各派代表一人组成增进粮食贷款团董事会，选定皋兰、永登、古浪、武威、永昌、山丹、张掖、西和等 36 县为贷款区，共贷出 2000 万元，月息一分，秋收后按照本息计算，将粮食送到所在地的仓库或合作社所设仓库存储，所储粮食由仓库统筹运销。[4] 1944 年，中国农民银行兰州分行会同甘肃省银行、甘肃省合作金库在甘肃 14 个县向农民贷放种子，共计贷出 1200 万元；另由中国农民银行拨出 500 万元，进行肥料、牲畜、农具等实物贷放。从 1944 年到 1945 年共贷出 70190042 元，月息一分七厘，另加仓租一分，两年间连同本息共收回粮食约 34000 石。至 1947 年，办理实物贷放的县份达到 34 个，共贷出小麦种子贷款折合粮食 40286756 石。[5]

根据国民政府对各行局经营业务的分工，从 1942 年开始，中国农民银行专门办理各地农业贷款业务，成为垄断农村金融业的专业银行。于是，以中国农民银行和中央合作金库为总枢纽，各省分行、库为主干，各县区分支行、库为执行主干，以农村信用合作社为农村基层金融组织的全国农业金融网便在大后方建设起来。在这个金融网中，国家行局（后来只是中国农民银行）是农贷的主要提供者，合作金库是联系国家

① 《甘肃省历年牲畜及价值》，甘肃省政府统计室编制《甘肃统计要览》原始资料（三），甘肃省档案馆藏甘肃省政府档案，档案号：4-2-348，第 17 页。
② 吴文英：《甘肃之合作经营》，《甘肃合作》1938 年第 18~20 期合刊。
③ 甘肃省合作事业管理处编《甘肃合作事业报告》，1942，第 10~12 页。
④ 王慕：《解放前的甘肃金融》，《甘肃金融》1989 年第 4 期。
⑤ 王恭：《建国前夕的兰州金融》，中国人民政治协商会议兰州市委员会文史资料委员会编《兰州文史资料选辑》（第 10 辑），甘肃人民出版社，1989，第 250 页。

行局与合作社的中间环节。1945 年甘肃省合作金库在河西地区举办实物贷放的情况如表 3 - 12 所示。

表 3 - 12　甘肃省合作金库 1945 年度在河西各县实物贷放情况

县名	贷出（市石）	合作社数	社员人数	受益田亩（市亩）	增产数额（市石）
永登	1099717	12	459	36657.23	72214743
永昌	1328689	27	2634	44.289.63	87250571
武威	1638213	20	943	54607.00	107575787
张掖	1071399	16	1793	35713.30	70355201
民乐	1428570	21	827	47619.00	93809430
古浪	2740000	15	1159	91333.33	179926660
高台	1640230	47	956	54674.33	107708430
山丹	1806170	28	1593	60205.67	118605170
酒泉	1047000	41	322	34233.33	67439660
玉门	1699700	32	1893	56656.67	111613640
敦煌	888890	24	3451	29629.67	58370450
临泽	1289420	31	3777	42980.67	48671920
安西	1115850	32	1430	37195.00	73274150
合计	18793848	346	21237	625794.83	1196815812

资料来源：甘肃省合作金库《二年来之甘肃省合作金库》，1946，第 11～12 页。

1945 年甘肃农贷占中国农民银行农贷总额的 15.61%，位居四川（31.80%）和陕西（21.14%）之后；1946 年甘肃占 5.12%，排在江苏（34.40%）、四川（9.74%）、陕西（8.79%）、浙江（6.52）之后。[①] 这是因为抗战胜利后大笔农贷被用于光复区的农业恢复，同时国民政府的工作重心也开始东移了。至 1947 年为止，上述各行办理的各种农业贷款即达 251 亿多元，其中以中国农民银行比例最大，甘肃省合作金库次之，甘肃省银行则较小。[②]

---

① 中国农民银行农贷处编《中国农民银行之农业贷款》，1948，第 5 页。

② 《兰州交通银行卅一年度办理甘肃农贷概况》，《中国农民银行兰州分行办理农贷业务报告书》（手写本），甘肃省图书馆西北文献特藏室藏。

（4）小额农贷的利弊

关于实物贷放，甘肃省合作金库认为"以农村受惠情形论，农民及时贷种，不失农时，秋收还贷，不受价格变动影响，贷款利息仅为周息一分七厘，加仓租一分，两共亦不过二分七厘，而合作金库实际负担之利息则为一年以上，春间付款，购种贷出，秋季收回储存，须延至次年春间方可贷出。在收购及储存时，均由合作金库负空闲之利息约六个月左右。且所谓二分七厘，实际利息收入，不过二分二厘五，其他别无收费，付息仍按实物缴纳，收息之微，在战时莫过于此"。所以"本省各农村合作社，已贷各县，纷请增贷，未办各县，群请普及"[①]。当时其他贷款利息均比较高，尤其是抗战后期通货膨胀，物价飞涨，若以1937年上半年兰州市零售物价指数为100，则1944年指数为9331，上涨了900多倍[②]，农贷收回的本金甚至还不及货币贬值的零头。与高利贷相比，低利息的农贷对农村经济的恢复还是起到了一定的作用。中国农民银行在谈及农贷的效果时认为，"低利之贷款，农民得用于发展生产事业"，"农村经济逐渐苏活，高利贷亦逐渐减少"[③]。在抗战前，甘肃各地农贷利率如表3-13所示。

表3-13　甘肃各县农贷利率调查表

县别	利率（%）			抵押品
	普通	最低	最高	
平凉	50	20	100~200	布匹、纸烟
隆德	50	30	300	田产
徽县	50	30	100	米麦
成县	50	30	100	烟
武威	50	30		田产
景泰	50	30	200	田产
定西	50	30	200	田产

---

① 甘肃省合作金库：《二年来之甘肃省合作金库》，甘肃省图书馆藏，1946，第10页。
② 甘肃省政府统计室：《甘肃省兰州市七年来物价指数》，甘肃省政府，1944，第16页。
③ 中国农民银行总管理处编印《中国农民银行之农贷》，1943，第7页。

县别	利率（%）			抵押品
	普通	最低	最高	
临潭	50	20	200	田产
渭源	30	20		烟土、田产
榆中	30	20	100	烟土、田产
海原	70	30	100	皮毛
静宁	70	20	100	田产
天水	50	20	100	布匹
永登	50	20	100	田产
古浪	30	10	200	田产

资料来源：马至泰《甘肃各县贷款利率调查》，《西北日报》1935 年 11 月 19 日。

张掖县高利贷的利率也十分惊人，"其月利率最低者在五十分以上，且竟有超过二三百分者"[1]。当国家银行强势介入后，在银行低息贷款的打压下，利息逐步降低，直到 1942 年后才因为通货膨胀而重新上涨。可以说，低息的农贷给了农民另一种融通资金的选择。除此之外，即便是银行，放款利率也比较高。抗战时期兰州市利率变动情况如表 3 - 14 所示。

表 3 - 14　抗战时期兰州市历年利率行市

年份	月利率
1937	12.7%
1938	11.3%
1939	14%
1940	26.8%
1941	37.1%
1942	60%
1943	77%
1944	100%

资料来源：王慕《解放前的甘肃金融》，《甘肃金融》1989 年第 4 期。

---

[1]　《甘肃各县调查·张掖》（三），《西北日报》1935 年 11 月 23 日。

合作社在解决农业建设资金、减缓对农民的高利贷剥削、平抑市场物价、促进农业发展方面起了积极作用。抗战时期，"农贷作为国民政府用以'医治'西部地区农业金融枯竭、农村经济残破的一剂主要'药方'，应该说还是发挥过一定'疗效'，对战时国统区农业的发展曾发生过一定的作用"[1]。如20世纪二三十年代，银行对合作社放款的利率一般不超过月利率1分，合作社转贷给农民的利率以1分以下和1～1.2分者最多，而私人、店铺的借贷利率一般在3分左右。[2] 以甘肃省银行为例，1940年、1941年甘肃省银行各种农贷的放款情况如表3-15所示。

表3-15　甘肃省银行1940年、1941年各种农贷放款情况

单位：元

类别	1940年上期	1940年下期	1941年上期	1941年下期	合计
农民储粮贷款		520300.91	3773.24		524074.15
畜牧贷款		184795.00	225090.00	178399.00	588284.00
合作贷款		1201650.00	1199559.00	117909.00	2519118.00
贫民小本贷款	56670.00	9800.00	41600.00	5350.00	113420.00
水利贷款			2000.00		2000.00
总计	56670.00	1916545.91	1472022.24	301658.00	3746896.15
农贷占当期放款总额比例（％）	0.32	11.9	5.89	0.62	

资料来源：甘肃省政府编印《甘肃省银行概况》，1942，第12～15页。

在1941年度下期放款中，畜牧贷款占0.37％，合作贷款占0.24％，贫民小本贷款占0.01％。农贷的利率明显低于传统私人、店铺的高利贷利率，在一定程度上冲击了高利贷剥削。据农林部中央农业实验所调查结果，在甘肃省50个县中，借款农家占总数的67％。在放款机关中，银行放款占22％，钱庄放款占2％，典当放款占8％，商店放款占8％，合作社放款占40％，政府机关放款占3％，私人放款占17％。与农贷进入农村前高利贷一统天下的局面相比，银行和合作社放款加起

---

① 黄立人：《抗战时期大后方经济史研究》，中国档案出版社，1998，第246页。
② 《甘肃各县区农村经济及农贷需要调查表》，甘肃省档案馆藏甘肃省政府档案，档案号：4-1-414。

来占 62%，说明高利贷受到了一定程度的遏制。在私人放款中，地主放款占 16%，商人放款占 36%，富农放款占 48%；在借款种类中，信用放款占 29%，保证放款占 19%，抵押放款占 52%。放款利率为月息 3 分。[1] 抵押放款所占比例说明合作社对农民的放款逐渐从以信用为主向以抵押为主过渡。在农民借款利率方面，信用放款月息为 1.6 分，保证放款月息为 2.2 分，抵押放款月息为 2.4 分，合会放款月息为 2.3 分，合作社放款月息为 1.2 分。合作社放款利息最低。放款期限，1～3 个月的占 13%，4～6 个月的占 20%，7～9 个月的占 3%，10～12 个月的占 59%，13 个月以上的占 6%。10 个月以上的长期放款占 55%，有利于农民在收获后偿还借贷款。

抗战时期，由于国民政府制定了一系列有利于开发农业的政策，西北农业有了相当的进步。西北地区农村合作社的建立以及农贷的发放，对促进农业生产起到了积极的作用。如 1940 年，在甘肃农村合作社社员借款 4687410 元中，用于购买牲畜者占 44%；购买种子者占 14%；购买农具者占 5%，购买、赎回土地者占 8%，购买肥料者占 2%，购买粮食及其他开支占 27%。[2] 可以看出，绝大部分贷款都用于农村的生产事业。同时，由于大兴农田水利事业，开垦荒地，西北地区的耕地面积有所扩大。1934 年甘肃省耕地面积为 21676000 亩，1946 年增加到 26167000 亩。此外，由于农业科技的进步和农业投入的增加，粮食种植面积和产量都有所增加。以甘肃的主要农作物小麦为例，种植面积由 1937 年的 8240000 亩增加到 1944 年的 8652000 亩；产量也由 1937 年的 8328000 市担增加到 1944 年的 10830000 市担，这是 1914 年以来 30 年间的最高产量。[3] 抗战时期，由于甘肃接纳了沦陷区的大量难民，人口增加很快。据统计，1935 年甘肃全省有 1099795 户，6672981 人；1940 年全省人口为 6202504 人；1941 年全省有 1037162 户，6269380 人；1942 年有 1038584 户，6297034 人；1943 年有 1098266 户，6379787 人；1944 年有

---

① 《三十年度全国农贷数额及各省农村金融概况》，中央银行经济研究处编印《三十年下半期国内经济概况》，1942，第 162～164 页。

② 顾祖德：《五年来甘肃合作事业概况》（上），《甘肃民国日报》1940 年 7 月 8 日。

③ 许道夫编《中国近代农业生产及贸易统计资料》，上海人民出版社，1983，第 8～9 页。

1138007，6563612 人；1945 年全省有 1041135 户，6049250 人。① 虽然人口大量增加，但甘肃粮食供应并没有出现危机。相反，甘肃生产的粮食除满足本省正常所需外，还有一定的剩余。甘肃田赋粮食管理处副处长潘锡元提到，谷正伦主甘整理财政，1941 年全省的实际财政收入达 4300 余万元（1940 年包括中央补贴也只有 1700 余万元），除满足当年开支外，结余达 1100 余万元。这里的重要奥秘，就是甘肃有大量存粮。1941年，国民政府宣布将田赋归中央统一管理，甘肃省将原省库存粮食卖出，仅“这笔收入就超出预算很多”②。甘肃生产的粮食，不仅满足了自身需要，而且有力地支援了抗战。

但是小额惠农贷款需要经过层层手续，到农民手中时利息也比较高，且数额偏低，时间太短。“本省农贷，其利率可分为两种：（一）由银行直接贷款与合作社为月息八厘。（二）由银行贷款与合作金库为月息七厘，合作金库贷款与合作社为月息一分。关于合作社贷款与社员，其利率之规定因地而异，约为月息一分二厘至一分六厘之间。”③ 而且贷给农民的款项少，“按诸本省合作委员会之统计，信用合作社之借款，每社最高额为五千元，最低额为每社五百元，平均每社借款额约为一千三百元。社员借款之最高额为一百二十元，最低额为十元，平均社员借款额为四十元左右”。④ 一般借款时间在三个月之内。传统高利贷借贷手续比较简单，有的为口头信用借贷，无须字据契约；有的为契约借贷，由当事人双方和中保人画押即可。与此相比，由于现代农村金融组织比较正规，借贷手续远比民间借贷复杂。此处仅以合作社贷款为例。就银行对合作社的贷款而言，银行对合作社的贷款程序分为三步：第一步，先由借款合作社填具借款申请书、社员职员名单、社务业务进行状况表、借款用

① 甘肃省档案馆编《甘肃历史人口资料汇编》（第 2 辑）（上），甘肃人民出版社，1998，第 117 页；《甘肃历史人口资料汇编》（第 2 辑）（下），甘肃人民出版社，1998，第 316、319、325、342 页。

② 潘锡元：《谷正伦在甘的几项财经措施》，中国人民政治协商会议甘肃省委员会文史资料研究委员会编《甘肃文史资料选辑》（第 4 辑），甘肃人民出版社，1987，第 135～136 页。

③ 《交通、中央、中国、农民银行联合办事处兰州分处谨呈四联总处函》，甘肃省档案馆藏甘肃省银行档案，档案号：53-1-133，第 12 页。

④ 《交通、中央、中国、农民银行联合办事处兰州分处谨呈四联总处函》，甘肃省档案馆藏甘肃省银行档案，档案号：53-1-133，第 14 页。

途表、保证人抵押品调查表，之后连同该社章程及登记证等，送至该行审核。如非初次借款，除社章及登记证不必检送外，其余各种表格仍须照填。第二步，该行接到申请书后，派员调查申请合作社的社员职员情况、社务业务情况以及抵押品、借贷用途等状况。如认为可以放款，就将放款核准书另附借据寄交借款申请合作社。该社将借据等填具后，送交该行审查，如无讹误，即予贷放款项。第三步，合作社将款项转贷给社员后，须在一星期内据实填具借贷用途报告书，以便复核贷款。社员向合作社申请借款的手续如下：先由各社员依照所需要的数目，拟定借额，说明用途，向合作社提出申请。合作社接到社员申请书后，即召开理事会，审查借款用途与数目是否恰当，决定准驳，然后汇合总数，向中国农民银行申借。借入后，由各社员邀同其他二人作为保证人，订立借约，领取款项。如果属于抵押借贷，还需要社员将抵押品一并送交理事会审查。合作社理事会在审核社员借款时，特别注意社员的信用度，有的还专门成立了信用评定委员会，将社员的信用度评出等级，由理事会据此决定社员借款的信用方式，信用度越高，越有可能获得个人信用贷款，反之就需要担保人或抵押品。

　　如前所述，农贷是由银行贷给合作金库，合作金库贷给农业合作社，合作社再转贷给社员，也就是说，农民只有成为社员才有可能享受低利息的农贷。而1945年甘肃省共有合作社社员543783人[1]，占全省农业总人口2924251人[2]的18.6%。那么，其余81.4%的农民就不能享受低利息农业贷款了。况且，即便成为合作社的社员，就一定能获得贷款吗？从信用社的性质和成立的初衷来看，其体现的应该是自愿性、互助性、民主管理和非营利性。但抗战时期的信用社，自产生时就主要依靠行政力量强制撮合，很难体现自愿性的原则。名义上信用社为入股社员所有，但由于入股社员股本非常低，而且高度分散，社员普遍存在一种"搭便车"心理。而且参加合作社的必须是有产的农民，这样才能出得起股金，也才能有偿还能力，所以受惠的多是那些有田地、有势力的乡绅、地主、

---

[1]　《合作社社员数》，《甘省统计总报告》（二），1945年，甘肃省档案馆藏甘肃省政府档案，档案号：4-3-73，第57页。

[2]　甘肃省档案馆编《甘肃历史人口资料汇编》（第2辑）（下），甘肃人民出版社，1998，第385页。

富农，真正最急需农贷的贫苦农民却贷款无门，不得不求助于高利贷。
农贷主要是通过农村信用合作社来实现的，但合作社的负责人基本上是
地主、豪绅、保甲长等。他们利用职权，把农贷先借给那些在乡村中有
地位的人，而真正急需资金的大多数贫苦农民却被排斥在农贷范围之外。
另外，农业贷款在落入他们手中后，又被作为高利贷资本转借给农民，
加深了农民的贫困化。据1941年《甘肃建设年刊》记载，在21919个合
作社社员中，自耕农占82.27%，半自耕农占11.24%，佃农占4.26%，
半地主占1.55%，地主占0.12%。这说明在合作社社员中，自耕农占大
多数，半自耕农次之。[①]"合作虽为辅助农产之良策，然吾国教育尚未普
及，农民知识低下，欲在乡间求一组织健全之合作社殊属不易"[②]。另据
中央农业实验所资料，1938年至1945年，大后方私人放款占全部放款来
源的比例分别为43%、41%、38%、27%、21%、24%、24%、24%[③]，
虽然整体上呈现出下降的趋势，但是仍占有较大的比例。浙江农村豪强
"常假名组织合作社，乃向农民银行借得低利之借款，用之转借于乡民，
取利之高，条件之酷，实罕其匹。此种合作社非特无益于农民，反造成
剥削农民之新式工具"[④]。因此，连四联总处也不得不承认：农贷因各地
合作社"非有名无实，即为地主土劣所把持，合作徒有虚名，社员未能
蒙受实利"[⑤]。在号称合作社设立最为普遍的四川尚且如此，在相对落后
的甘肃地区，其情形可想而知。

第二节　银行业对甘肃农田水利的开发

西北向来缺水，这严重制约着经济的发展和人民生活水平的提高。
由于抗战时国民政府的重视和支持，加上资金投入，西北农田水利建设
一度出现高潮。全面抗战爆发后，国民政府先后颁布了一系列兴办农田

---

① 罗舒群：《抗日战争时期甘宁青三省农村合作社运动述略》，《开发研究》1987年第
3期。
② 《近数年我国金融界对农村之贷款》，《中央银行月报》1936年第6期。
③ 中华年鉴社：《中华年鉴》（下册），1948，第1257页。
④ 邢军主编《申报月刊》第10册（影印本），线装书局，2011，第235页。
⑤ 孔雪雄等：《四联总处四川省农贷视察团报告书》，中中交农四行联合办事总处秘书处，
1942，第4页。

水利的组织办法与奖励条例，如《水利建设纲领》《水利法》《办理各县小型农田水利贷款暂行办法》《兴办水利事业奖励条例》《中国农民银行办理小型农田水利工程贷款办法》《请建设西北灌溉局，普遍开发西北新、青、甘、宁、绥、陕、晋、豫等省农田水利，增加粮食生产，以奠国基案》等，并筹划"十年万井计划"，从而形成了以地方政府主办、四联总处提供贷款资助、水利机关负责测量设计并予以工作指导的运行模式。

　　蒋介石在视察甘肃时提出，"应特别重视甘省河西一带之经济开发，尤应从速开发水利"[①]。1939 年，朱绍良调任第八战区司令长官，兼管甘肃政务。宋子文任中国银行董事长，商洽合作开发甘肃农田水利。1940年 9 月，中国银行副总稽核霍亚民考察西北，与甘肃省政府主席朱绍良商定成立甘肃水利股份有限公司事宜。1941 年 3 月 20 日，相关协议经中国银行董事会议通过。同年 4 月 22 日，甘肃省政府与中国银行总管理处为发展甘肃省农田水利及林牧事业，决定合组甘肃水利林牧公司。1940年 11 月，相关各方达成协定：由甘肃省政府与中国银行按照 3∶7 的比例出资。甘肃水利林牧公司以办理农田水利为主要业务，以森林畜牧为附属事业。宋子文任董事长，常务董事包括张维、张心一等 4 人，总经理为沈怡。公司资本原本为 1000 万元，1942 年 9 月增资 500 万元，同年12 月又增资 1500 万元，1943 年 11 月又增资 3000 万元，共 6000 万元，由甘肃省政府与中国银行总管理处按 3∶7 分担。1945 年 4 月，行政院水利委员会加入新股 4000 万元。甘肃水利林牧公司对甘肃农田水利开发起到了重要的作用。1942 年，甘肃水利林牧公司"以七百万元办理农田水利工程"，5 月完成永登湟惠渠工程，"可灌田三万三千亩"。同月"临洮溥济渠放水，灌田三万五千亩"[②]。中国农民银行兰州分行为开凿永登县湟惠渠，曾承贷工程费 400 万元。该渠修成后，可灌溉农田 25 万亩，使附近农村受益很大。[③]

---

①　重庆市档案馆、重庆市人民银行金融研究所合编《四联总处史料》，档案出版社，1993，第 199～200 页。

②　中央银行经济研究处编印《卅一年上半期国内经济概况》，1942，第 303～304 页。

③　杨重琦、魏明孔主编《兰州经济史》，兰州大学出版社，1991，第 163 页。

一　对河西走廊农田水利工程的贷款

甘肃河西地区位于欧亚大陆腹地,属干旱性气候区。河西走廊主要是"靠河吃饭"。在河西走廊,"河川水量的多寡,可以决定耕地面积的广狭"①。祁连山雪水融化后形成河流,流入河西走廊,形成了绿洲。沿河居民"拦截引渠,灌溉农田,到河水用尽为止"②。"尤以河西走廊,雨量特少,故河西农田水利之发展,至感需要,而开渠灌田,亦远在汉唐(民乐海东坝、海西坝据系汉代建筑,张掖盈科渠据系唐代开凿)"③。说明早在汉唐时代,勤劳智慧的河西人民就开始凿渠引水灌田了。"惜自清季以还,沟渠失修,农事荒废,人民逃亡,户口日减。"④

西北农业落后的主要原因在于西北干旱少雨。"'有水斯有粮,有粮斯有人',此开发西北之基本条件也显而易见,水利建设是开发西北的重要前提。"⑤"多兴水利开沟渠,始能使荒凉之西北变为殷富之区域"⑥。河西走廊的水资源主要来自祁连山脉的冰雪融水。"祁连山有许多峰峦在海拔 4000 米以上,终年积雪,并形成 2859 条大小不等的冰川。冬季时雪线降至海拔 1500 米,冰川面积达 1972.5 平方公里,贮水量为1200 亿立方米。这些冰川与雪峰,每年春夏之际融为大量雪水,形成50 余条河流,每年流向山外平川地区的总水量超过 76 亿立方"⑦。河西地区"正当祁连山脉之北麓,雪山皑皑,沟涧并列而下。夏日雪融,得灌溉之利。故武威、张掖、酒泉诸县,在甘省为最富庶之区也"⑧。修建农田水利工程的效益是明显的。抗日战争爆发后,国人越来越重视开发西北,而开发西北则不能忽视水利建设。时任甘肃省银行总经理

---

① 陈正祥:《西北区域地理》,商务印书馆,1946,第 24 页。
② 王成敬编著《西北的农田水利》,中华书局,1950,第 44 页。
③ 甘肃省政府统计处:《甘肃省统计年鉴·水利》,甘肃省政府,1948。
④ 甘肃省政府统计处:《甘肃省统计年鉴·水利》,甘肃省政府,1948。
⑤ 李烛尘著,杨晓斌点校《西北历程》,甘肃人民出版社,2003,第 38 页。
⑥ 胡松林:《建设西北之我见》,中央训练委员会西北干部训练团西北问题研究室编《西北问题论丛》(第 2、3 辑),甘肃省银行印刷厂,1943。
⑦ 吴廷桢、郭厚安主编《河西开发研究》,甘肃教育出版社,1993,第 188 页。
⑧ 彭济群、徐世大:《甘肃水渠工程视察报告》,《水利》1936 年第 1 期。

的朱迈沧在为《甘肃之水利建设》所作的序中说："今日国人以言开发西北，多注视交通与工业"，但"水利不修，灌溉不兴，农业生产无多，则工业原料之缺自难望其发闳"，所以"吾人欲建设西北，允宜配合工业化之实施，积极推进水利建设"①。这番话正说明时人对西北水利的重视。

1940 年 11 月，甘肃省政府主席谷正伦与中国银行协商，达成了合资开发甘肃水利林牧事业的协定：由甘肃省政府与中国银行联合举办甘肃水利林牧股份有限公司，资本定为法币 1000 万元，由甘肃省政府承担 300 万元，中国银行承担 700 万元，至 1942 年 6 月资本增为 6000 万元。该协定对甘肃农田水利的开发起到了重要作用。该公司的成立，对开发甘肃农田水利起到了重要作用。先后完成了湟惠渠、溥惠渠、永丰渠、永乐渠、靖丰渠、汭丰渠等施工任务，继而又兴办了兰丰、肃丰、登丰三渠，加上其他水利工程，共有 23 处。

1942 年 8 月，蒋介石巡视河西后，决定开发河西水利，总投资 1 亿元法币，以 10 年为期，由国库每年拨款 1000 万元（实际上是国家银行贷款），自 1943 年开始兴办。这是我国近现代史上第一次有计划地开发河西水利。后经甘肃水利林牧公司草拟《河西农田水利开发计划纲要》，开发分两期，第一期四年，以整理旧渠为主；第二期六年，以开新渠为主。1942 年秋，国民党中央设计院考察团到甘肃进行实地考察，建议第一期两年，主要养护旧渠；第二期十年，前五年开新渠，后五年垦新地。1944 年 5 月，国民党五届十二中全会通过开发河西水利的十二年计划，"确认为开发河西水利为国家事业，所需经费岁由国库指拨，尽十二年内加速经营完成"。该计划拟自 1945 年起实行，并设河西工程总队负责实施。②战时二年计划照 1944 年物价估计，需款 560210000 元，受益面积 1186090 市亩。战后十年计划依 1937 年物价估计，前五年需款 21060000 元，受益面积 2464100 市亩；后五年需款 43070000 元，受益面积 3948860 市亩。③

甘肃水利林牧公司也拟定了三年农田水利计划，拟完成水利勘测并

①　甘肃省银行经济研究室编《甘肃之水利建设》，甘肃省银行印刷厂，1945，第 1 页。
②　行政院新闻局编《河西水利》，1947，第 10 页。
③　行政院新闻局编《河西水利》，1947，第 18 ~ 19 页。

进行 12 项工程的施工和整修，如 1941～1942 年利用中央拨款 1000 万元整修了武威至玉门间的水利设施，恢复灌溉面积 100 万亩。[1] 1944 年修成了洮惠、溥济、永乐、汭丰等渠，灌溉面积达 200 多万亩。1943 年，国防最高委员会提出"西北十万井计划"，并在兰州技专举办凿井训练班，培训西北各省凿井专业人员。

（1）农田水利工程建设经费的来源。河西农田水利建设经费的主体是国家银行的贷款，也有一小部分来自甘肃省政府的垫款。农田水利贷款起始于 1938 年春，初由农本局创办。由于农本局资金不敷，1941 年 3 月由农民银行接收后，由中央银行、中国银行、交通银行、中国农民银行四行按照 15%、25%、15%、45% 的比例联合贷放。1942 年 9 月四行局业务专业化后，农田水利贷款由中国农民银行单独承办。[2] 甘肃省历年农田水利贷款概况见表 3－16。

表 3－16　甘肃省历年农田水利贷款概况（年度来源别）

单位：千元

年份	共计	中中交农四行局贷款	中国农民银行贷款	甘肃省政府垫头	附注
1941	5000	4000	—	1000	贷款利率月息八厘，自每项工程完成后之次年起还本息，十年内清偿
1942	25000	20000	—	5000	贷款利率月息八厘，自每项工程完成后之次年起还本息，十年内清偿
1943	74000	—	66600	7400	贷款内 3960 万元为月息一分二厘，2700 万元为月息一分五厘，均按日计息，每年年底结清一次，1945 年底开始归还，1951 年底清偿
1944	83000	—	74700	8300	贷款利率月息二分五厘，内 1080 万元自贷款起支之日起于五年内全部偿清，其余贷款

---

①　陆仰渊、方庆秋主编《民国社会经济史》，中国经济出版社，1991，第 605 页。
②　中国农民银行总管理处编印《中国农民银行之农贷》，1943，第 11～12 页。

续表

年份	共计	中中交农四行局贷款	中国农民银行贷款	甘肃省政府垫头	附注
总计	187000	24000	141300	21700	

资料来源：《甘肃省政府、统计室关于全省民国三十三年度统计资料汇编（农林水利、工矿、商业、合作事业部分）》（四），甘肃省档案馆藏甘肃省政府档案，档案号：4-2-192。

自 1941 年 8 月至 1944 年 12 月，甘肃省农田水利贷款配拨工款总计达 22200 万元，其中四行局贷款 16530 万元，省政府垫款 2170 万元，河西专款抵押借款 3500 万元；实际拨付工款计 201170284.47 元，其中四行局贷款 137994334.58 元，省政府垫款 28612267.97 元，河西专款抵押借款 34563681.92 元。[①]（省政府垫款由甘肃省银行垫借）

在所有农业贷款中，1943 年农田水利贷款占总额的 37.1%，1944 年占 43.1%，1945 年占 53.4%。利用农田水利贷款所建的工程分为大型工程与小型工程两种，大型工程包括开渠筑堰，小型工程则以挖塘掘井为主。[②] 甘肃省各渠站历年农贷款与河西专款的分配情况如表 3-17 所示。

表 3-17 各渠站历年农贷款与河西专款分配情况（水渠别）

单位：元

款别	渠站别	1941 年额定	1942 年额定	1943 年额定	1944 年额定	历年额定合计
农贷款分配额	洮惠渠	—	1100000	6500000	2500000	10100000.00
	湟惠渠	4023423.65	980000	4400000	1000000	10403423.65
	溥济渠	976576.35	420000	4500000	500000	6396576.35
	沕丰渠	—	3800000	4600000	1000000	9400000.00
	永丰渠	—	4000000	9000000	10000000	23000000.00
	永乐渠	—	5000000	500000000	2000000	12000000.00
	靖丰渠	—	5000000	7500000	10000000	22500000.00
	兰丰渠	—	2000000	21500000	—	23500000.00
	平丰渠	—	1000000	1000000	—	2000000.00

① 《甘肃省统计年鉴底册（民国三十年至三十四年）及有关文件》（二），甘肃省档案馆藏甘肃省政府档案，档案号：4-3-4。

② 中国农民银行总管理处：《中国农民银行三十四年度业务报告书》，第 12~13 页。

续表

款别	渠站别	1941 年额定	1942 年额定	1943 年额定	1944 年额定	历年额定合计
农贷款分配额	肃丰渠	—	1000000	10000000	27000000	38000000.00
	登丰渠	—	700000	—		700000.00
	合计	—	—	10500000	50000000	60500000.00
河西专款分配额	河西各工作站及肃丰渠			10000000	10000000	20000000.00
	同上			500000.00	40000000	40500000.00
	合计	5000000.00	25000000	74000000	54000000	158000000.00

说明：河西专款 1943 年分配数内包括农林部拨款 500000 元，1944 年分配数内包括专款抵借 40000000 元。

资料来源：《甘肃省统计总报告（民国三十三年）》（四），甘肃省档案馆藏甘肃省政府档案，档案号：4 - 3 - 77。

除了以上大中型水利工程外，还贷款给有兴修水利条件的各县，支持其修建小型农田水利工程，该项贷款共计 308 万余元，贷款分配情况见表 3 - 18。

表 3 - 18　1942 年甘肃小型农田水利贷款分配情况

单位：万元

县名	皋兰	武威	靖远	临夏	临洮	康乐	洮沙	武都	宁定	永定	漳县	合计
贷款额	160.0	15.0	34.3	4.0	33.3	10.0	5.0	30.0	1.5	5.0	10.0	308.1

资料来源：中国第二历史档案馆编《中华民国史档案资料汇编》第 5 辑第 3 编，财政经济（4），凤凰出版社，2000，第 242～243 页。

到 1945 年底，甘肃贷放的小型农田水利贷款结余 35959018.64 元（参见表 3 - 22）。

（2）农田水利工程的效益。1940 年 11 月，在张心一的积极努力下，由甘肃省政府、中国银行分别出资 300 万元和 700 万元，成立了甘肃水利林牧股份有限公司。该公司在抗战期间兴修水利工程 23 处，灌溉面积达 35 万亩，每年每亩增收粮食 1 石，共增产 35 万石。[①] 从 1942 年至1943 年，共整理旧渠 30 道，计 196.03 公里长，可灌溉土地 271650 市

---

① 张心一：《六年来之甘肃生产建设》，《甘肃民国日报》1946 年 12 月 31 日。

亩，用去工款法币 17161470 元。[①] 根据《甘政两年》记载，这段时间甘肃兴修的水利工程有：整理湟惠、洮惠、溥济、沏丰、登丰、永丰等 7 渠，灌田 142000 市亩，增产 142000 市石。[②] 整理后，1943 年收益比上年增加 462238 市石；[③] 续修新渠有：①完成肃丰渠鸳鸯池水库，灌田 400000 市亩，增粮 100000 市石。②续修永丰、永乐渠，可灌田 47000 市亩，增粮 70500 市石；[④] 兴修新渠有：兴修靖乐渠，灌田 25000 市亩，增粮 25000 市石（已完工）；[⑤] 兴修的小型水利工程有 22 处，可灌田 140000 市亩，增产 140000 市石。[⑥] 抗战期间，河西共整修旧渠 136 道，工程 216 处，受益田地约 196 万亩。[⑦]

（3）农田水利工程的草草结束。河西水利工程十二年规划异常宏大，前景也非常诱人，但由于民国时期物价上涨幅度大，尤其是抗战后期，物价上涨幅度更大，造成工程造价不断上涨，资金缺口增大，许多工程因工款不继而停工。"在甘肃办理灌溉工程，似不能与腹地比，盖其困难问题甚多，尤以建筑材料之缺乏与地形之复杂为最甚。而举事程功，亦多不能如预期"[⑧]。抗战期间，甘肃水利林牧公司先后主持修建水渠 11 道。到 1943 年 1 月，这 11 道水渠中，有 7 道完成全部工程量的 50% ~ 100%。此后，除肃丰渠外，基本上陷于停工状态。造成这种现象的原因，是通货膨胀的急剧加速，后期工款不敷。[⑨] 连行政院也承认："自从实施以来，往往因为国库支绌，预算不敷，再加上物价波动的影响，推

---

① 《甘肃省统计年鉴底册（民国三十年至三十四年）及有关文件》（二），甘肃省档案馆藏甘肃省政府档案，档案号：4-3-4，第六类水利。

② 《甘政两年》（1946 年 11 月至 1948 年 10 月），《甘肃省统计年鉴底册》（一），第一编，甘肃省档案馆藏甘肃省政府档案，档案号：4-3-80。

③ 《甘肃省统计总报告（民国三十三年）》（四），甘肃省档案馆藏甘肃省政府档案，档案号：4-3-77。

④ 《甘政两年》（1946 年 11 月至 1948 年 10 月），《甘肃省统计年鉴底册》（一），第一编，甘肃省档案馆藏甘肃省政府档案，档案号：4-3-80。

⑤ 《甘政两年》（1946 年 11 月至 1948 年 10 月），《甘肃省统计年鉴底册》（一），第一编，甘肃省档案馆藏甘肃省政府档案，档案号：4-3-80。

⑥ 《甘政两年》（1946 年 11 月至 1948 年 10 月），《甘肃省统计年鉴底册》（一），第一编，甘肃省档案馆藏甘肃省政府档案，档案号：4-3-80。

⑦ 沈百先：《考察西北水利报告》，《导淮委员会半年刊》1941 年第 6、7 期合刊。

⑧ 彭济群、徐世大：《甘肃水渠工程视察报告》，《水利》1936 年第 1 期。

⑨ 杨慧声：《抗日战争时期国民政府对陕西、甘肃经济的开发》，硕士学位论文，中国人民大学，1993，第 26 页。

进结果和预定计划不无出入"①，实施过程屡屡受阻，结果不尽如人意，甚至是虎头蛇尾，加上解放战争开始，水利专款迟迟不能下拨，水利建设也随着国民政府的覆灭而结束。

二　对甘肃农业发展的影响

虽然有上述缺点，但是抗战时期的甘肃农贷毕竟给了农民一种借贷的选择。国民政府大笔的农贷专款投入，对于凋敝的农村来说起到了一定的作用，农村经济开始恢复，粮食生产也逐年增加。农业贷款在促进农业生产、恢复农村经济方面起到了一定的作用，如甘肃1944年油菜籽的产量为1069千市石，是1937年的1.62倍。② 抗战后期甘肃省主要粮食产量见表3-19。

表3-19　1940~1946年甘肃省主要粮食作物产量③

单位：市石

类别	1940年	1941年	1942年	1943年	1944年	1945年	1946年
稻谷	107338	317562	379849	968101	125792	153965	189529
小麦	8081131	9830533	10497512	10630132	12495710	5317990	13228634
大麦	891532	970598	900780	1309663	1371497	372720	1044441
高粱	1009778	1409112	1525659	812713	1540069	618923	2072282
小米	1027622	1728605	2092301	2417600	2763747	978104	2323817
糜子	2291265	2372929	2782252	2984322	3129915	1776231	4309326
青稞	—	1185691	1234023	988058	1372133	976201	1884994
燕麦	—	897383	628310	1551763	1092905	435684	1210188
荞麦	2075060	88550	890702	1295015	1437459	673691	1793837
蚕豆	226730	104007	627368	396256	671659	534373	996953
黄豆	200316	274364	392388	396134	399901	101700	155335
豌豆	805522	1316625	1701306	1276622	1492036	600920	1818864
扁豆	—	—	204573	259143	510058	134067	971062

① 行政院新闻局印行《河西水利》，1947，第19页。
② 许道夫编《中国近代农业生产及贸易统计资料》，上海人民出版社，1983，第176页。
③ 甘肃省政府统计处编《甘肃省统计年鉴》（1948），甘肃省政府统计处，1948，表56"甘肃全省历年粮食生产量"。

续表

类别	1940 年	1941 年	1942 年	1943 年	1944 年	1945 年	1946 年
洋芋	2313815	3418850	4647781	4919254	4160437	3121882	5480915
绿豆	—	—	—	12301	273106	8470	90618
玉麦	—	107037	475750	714118	729743	566342	1220656
玉蜀黍	1354214	2011416	1318779	1071177	1094614	849513	1561470
总计	20389323	27766175	30297333	32002372	34660781	17220776	40353121

注：笔者怀疑1941年荞麦和蚕豆的产量数据有误，兹照原表数字录入，以供参考。

从表 3 - 19 可以看出，1940～1946 年甘肃省主要粮食作物产量逐年提高（1945 年除外）。1942 年，甘肃省有 57 个县市遭受冰雹、旱灾、霜灾等自然灾害，甘肃省政府拨款赈济的县份共有 40 县，拨发赈款共409000 元。[①] 1943 年，甘肃全省遭受了更严重的灾害，受灾县份达 57县，受灾田地 3932387 市亩，省政府核拨赈款 1000000 元，赈粮 766790市石。[②] 即便如此，1942 年、1943 年粮食总产量仍比上年有所增加。大量农田水利工程的修建无疑提高了农业的抗灾能力。河西地区作为甘肃省的粮仓，自然对全省粮食总产量的提高贡献颇大。粮食产量的提高，主要是因为推行夏秋两作。在河西地区，抗战以前绝大部分土地是每年一收。但是在抗战这个特殊时期，随着东南富庶地区的沦陷，大后方担负起军粮供应的主要任务，势必要求甘肃生产比以前更多的粮食。除了采取开垦荒地、压缩非粮食作物的种植面积、推广新品种、推行防治作物病虫害技术等措施之外，对粮食增产起最大作用的还是推行夏秋两作。郑起东也认为，"抗战期间，国民政府解决大后方的粮食问题主要依靠的是推广冬作"[③]。1944 年河西地区推广夏秋两作的面积及主要农作物的产量见表 3 - 20。

---

① 《甘肃省民国三十一年度各县市受灾调查统计表》，甘肃省档案馆藏甘肃省政府档案，档案号：4 - 2 - 234，第 19～22 页。

② 甘肃省政府统计室编制《甘肃统计要览》原始资料（三），甘肃省档案馆藏甘肃省政府档案，档案号：4 - 2 - 348，第 28 页。

③ 郑起东：《抗战时期大后方的农业改良》，《古今农业》2006 年第 1 期。

表 3 – 20　1944 年河西地区夏秋收获作物面积比较①

单位：市亩

县别	作物总面积	夏收作物		秋收作物	
		面积	占总面积百分比	面积	占总面积百分比
永登	737232	395275	53.62%	341957	46.38%
武威	866570	464241	53.57%	402329	46.43%
张掖	646647	279404	43.21%	367243	56.79%
民勤	322443	189945	58.91%	132498	41.09%
永昌	482270	273484	56.71%	208786	43.29%
山丹	190067	138704	72.98%	51363	27.02%
民乐	384177	255239	66.44%	128938	33.56%
临泽	220951	92600	41.91%	128351	58.09%
古浪	442783	350815	79.23%	91968	20.77%
酒泉	444772	205873	46.29%	238899	53.71%
高台	250747	118754	47.36%	131993	52.64%
安西	149638	92726	61.97%	56912	38.03%
敦煌	208931	110835	53.04%	98146	46.96%
玉门	107798	80056	74.26%	27742	25.74%
金塔	150263	70255	46.75%	80008	53.25%
鼎新	36859	11414	30.97%	25445	69.03%
合计	5642148	3129620	55.47%	2512528	44.53%
全省总计	39378011	17272529	43.86%	22105482	56.14%
河西占全省比例	14.33%		18.12%		11.37%

从表 3 – 20、表 3 – 21 可以看出，1944 年河西地区作物耕种面积仅占全省耕种总面积的 14.33%，生产的粮食占全省粮食总产量的比例却远高于此数。这也说明了河西地区农业的发展情况。

从 1945 年底甘肃农贷款结余的情况来看，河西地区大型农田水利建设贷款在贷款结余数中占很大的比重（见表 3 – 22）。

---

① 甘肃省政府统计处：《甘肃省统计年鉴》，甘肃省政府统计处，1946，表 64《夏秋收获作物面积比较》。

表 3－21　1944 年河西地区主要农作物产量表①

单位：市石

县别	小麦	大麦	青稞	豆类	谷子	糜子	洋芋	稻子	棉花
永登	275182	36753	116262	64912	65641	142529	176056	—	—
武威	498692	157198	169478	253726	348307	196767	780974	—	—
张掖	277057	25435	91700	35533	213993	163744	181485	42874	1567
民勤	129193	61191	13919	13611	32102	110848	73156	—	559.1
永昌	253074	39563	48025	32024	71138	48545	42370	—	35.0
山丹	65985	30173	69851	18906	18171	39844	6645	—	—
民乐	117750	25885	117643	35362	39865	37599	58214	—	—
临泽	114046	3206	44831	15975	149428	45690	40603	15818	5380
古浪	260615	70275	51403	30753	32327	35959	52432	—	—
酒泉	71616	821	32938	25077	85516	49533	44271	—	—
高台	87971	4146	21500	27160	97783	30942	2296	2805	1161
安西	72063	17577	15793	17428	38426	28872	22307	—	1932
敦煌	94762	14446	10693	9623	54821	9548	6023	—	10973
玉门	75706	5761	17832	16461	15554	17088	13641	—	295
金塔	28583	6537	11468	—	24514	27562	1683	—	2287
鼎新	6494	—	3142	—	12271	5978	—	—	493.9
合计	2428789	498967	836478	596551	1299857	991048	1502156	61497	24683
全省总计	8284625	1169386	1917809	2736079	3627927	3511730	7604069	152263	45149.0
河西占全省比例	29.32%	42.67%	43.62%	21.80%	35.83%	28.22%	19.75%	40.39%	54.67%

① 甘肃省政府统计处：《甘肃省统计年鉴》，1946，表 63《主要农作物面积与产量（估计）》。

表 3 – 22　甘肃农业贷款结余数（1945 年底）①

科目	金额（元）	比重（%）
农业生产	124506514.05	15.58
大型农田水利建设	535307953.99	67.00
小型农田水利建设	35959018.64	4.50
农业推广	1010620.80	0.13
农产运销	29139157.05	3.65
农村副业	56629775.91	7.09
边区贷款	3059050.00	0.38
合作金库提倡股	1307190.00	0.16
农业投资	11436790.00	1.43
总计	798916070.44	—

注：1. 边区贷款系贷予环县、合水、庆阳、灵台等县。

　　2. 合作金库提倡股系由中国农民银行及甘肃省合作金库贷给合作社者。

从甘肃省历年征购、征借、征实情况也可以看出甘肃粮食产量的提高：1941 年 430069 市石，1942 年 1604600 市石，1943 年 1732990 市石，1944 年 1719788 市石，1945 年 76267 市石（均为小麦）②。而同时期甘肃省小麦产量为 1941 年 9830533 市石，1942 年 10497512 市石，1943 年 10630132 市石，1944 年 12495710 市石，1945 年 5317990 市石。③ 两者相比，可见农民负担之重，但也说明甘肃粮食产量确实有了较大提高，有粮可征。另外，抗战期间，甘肃省向军队供应了大量的军粮，如 1941 年供应军粮 1020000 市石，1942 年 1642857 市石，1943 年 1467000 市石。④ 尤其是在 1942 年、1943 年甘肃全省遭受较大自然灾害的情况下，仍然提供了大量的军粮，更说明甘肃粮食总产量稳步提高，政府存粮较多。较为充足的粮食供应，在稳定军心、提高士气、平抑粮价、抑制通货膨胀方面发挥了积极作用，有力地支持了抗战大业。

---

① 甘肃省政府统计处：《甘肃省统计年鉴》，1946，第 282 页。

② 中华年鉴社：《中华年鉴》（下册），1948，第 1340 页。

③ 甘肃省政府统计处：《甘肃省统计年鉴》，1948，表 56 "甘肃全省历年粮食生产量"。

④ 《甘政三年统计提要》（一），甘肃省档案馆藏甘肃省政府档案，档案号：4 – 3 – 68，第 151 页。

　　抗战时期甘肃的农贷政策是为持续抗战而设计的。1944 年中国农民银行"农贷业务实施方针，着重农田水利及增加粮食生产与军民必需之农业特产，以适应战时需要"①。农贷的直接目的是恢复农村经济，发展农业生产，间接遏制农村高利贷，为抗日战争的持续进行提供军糈民食，其根本目的是为长期抗战服务，而不是以农业的长期发展为根本出发点。这也正是抗战胜利后大笔农贷被投放于东部收复区的原因。客观地说，虽然遏制高利贷、恢复农村经济的目的并未达到，但农贷政策的实施，也起到了发展农业生产的作用。

　　事实证明，高利贷剥削在现代农贷的冲击之下有所收敛。传统借贷对借贷用途一般是不过问的，农民借贷主要是用于生活消费。与此相反，现代农贷特别强调借贷必须用于生产经营，事实上大多数贷款也确实用于生产经营了。1946 年孙晓村、张锡昌撰文，对新式农贷持完全否定态度，根据合作社被乡村中的地主豪绅借用，向银行借来低利借款，再以高息转借给农民的现象，认定合作社是"集团高利贷"，是剥削农民的新式工具，对农村经济没起什么积极作用。② 这种观点未免过于偏激。君羊对抗战时期甘宁青三省农贷发放的机构、规模、利率及其效果进行了论述，指出农贷虽具有普遍性，但由于通货膨胀、法币贬值，其经济效益并无具体的生产价值。③

　　但是农贷也有弊端：一是借贷手续太繁，易延误时效；二是贷款平均分散。农贷本来有限，应该集中贷给最需要的地区，但由于各地普遍要求农贷，这使得农贷分散，不能取得应有的效果；三是存在营私舞弊现象。合作社社员借款的额度也能说明农贷的不足。乔启明在 1934 年指出："著者每到乡间有合作社的地方，常对农民发以下的问题：'你觉得合作社有什么不好的地方？'农人即回答说：'什么都好，就是借款数目有点太小。能再大一点就好了。'"④ 地富士绅操纵农贷甚至将其以高利转贷给农民的事例是很多的，这点也最为时人所诟病。经济学家马寅初

　　① 中国农民银行总管理处：《中国农民银行三十四年度业务报告书》，第 12 页。
　　② 孙晓村、张锡昌：《民元来我国之农村经济》，朱斯煌主编《民国经济史》，银行学会编印，1948，第 361 页。
　　③ 君羊：《抗战时期甘宁青三省之农贷探讨》，《开发研究》1988 年第 3 期。
　　④ 乔启明：《农业贷款与农场投资》，《新农村》1934 年第 16 期。

揭露，中国农工银行杭州分行"不肯借钱给无保障或散漫的农民，他们所贷予的只是一些土豪劣绅，这些土豪劣绅用一分或几厘的息，从银行里把钱借出来，然后以二分、三分的息，转借给农民，一转手间，盈利数倍，所以现在银行，只是上流社会银行，而非普通人的银行，银行利益的享受者，只是土豪劣绅，而非穷苦农民"[1]。

由上可见，现代农业金融存在诸多不足，最突出的就是：尚未形成一个有效的借贷系统，远不能满足农民的生产生活需要，未能取代传统借贷尤其是高利贷的优势地位。借贷过程中的种种弊端，也大大影响了农贷的效果。

而且总体来说，国民政府战时对大后方的经济开发是以西南为中心的。国民政府迁都重庆后，四川成为国统区政治、经济、军事、文化的中心，所得到的支持力度也自然最大。而战时对西北地区的开发，在整个大后方的经济建设中处于次要地位。以战时参与农贷发放的国家四银行和中央信托局对各省的农贷额为例，在四川、湖南、广西、云南、陕西、甘肃六省中，甘肃一般处于第三、第四的地位。[2] 在贷放过程中还经常受到政治、军事的干预，军政挪用或军政贷款繁重。在战争年代，政府经常强行挪用农业金融机构的款项和贷款，使其有限的资金更是雪上加霜。1940年，中国农民银行"放款，原以农贷为主要业务，唯军兴以来，应视现实所需，本行追随三行垫借军政各款，截止本年六月底止，计本项放款达57364万余元，占全部放款80%，与上年底4万万2200余万元比较，增加1万万5160余万元"[3]。

农民文化程度太低，现代农贷易为地富土劣所把持。由于贫苦农民多为文盲，对合作社及其贷款程序了解甚少，合作社理事会、监事会成员以及办事员遂多为所谓"有文化""有能力""有财产"者控制。自1939年起就在中国农民银行做基层农贷工作十余年的李秉枢回忆道："一些农村的小地主、富农、保甲长和他们所豢养的亲信们组成了信用社的理监事会，银行农贷就是通过他们发放的，也就是受他们操纵的。银

---

[1] 朱羲农：《十年来的中国农业》，载沈云龙《抗战十年前之中国》（1），人民出版社，1979，第209页。

[2] 中国农民银行经济研究处编印《中农经济统计》1941年第3、4期。

[3] 中国人民银行金融研究所编《中国农民银行》，中国财政经济出版社，1980，第82页。

行也知道，要在农村站住脚，要取得贷款的安全，离开这些地头蛇是玩不起来的。"① 另据统计，1941 年甘肃农村合作贷款在 6 个县实施，抽样调查了 91 个合作社，每个合作社平均借款数为 5564 元，平均有社员 44 人，每个社员平均借款数为 130 元。但是，并不是每个社员都能够获得贷款。在获得贷款的社员中，最高的借款数为 1990 元，最低的仅借到 10 元……这说明合作社所得的农贷资金大部分被少数人瓜分，绝大多数最需要贷款的贫苦农民得不到或者只能得到微乎其微的一点农贷资金。②

　　由于农贷利息层层加码，再加上合作社多为富户、豪绅、高利贷者所把持，转贷利息往往更高，反而加重了农民的负担。③ 一般农业贷款多在春荒时贷出，秋收后收回，借款时间在三个月之内。贷出时正值农产品价格飞涨之时，农民所借得的款项能买到的生产生活资料甚少，而收回时又值农产品价格暴跌，农民不得不加倍卖出农产品才能换回用以偿还贷款的现金。这对于农民来说，不啻是一种变相的高利贷。且农贷还有贷款时间短、条件苛刻、贷款数额小等不利条件，所以还是有相当多的农民选择了手续简便的高利贷。甘肃省政府对农贷的实施极表欢迎，但是希望将利息进一步降低，"要求省区贷款利率减为年息七厘，边区贷款利率减为年息六厘"④。这充分说明金融资本逐利的本性，对额度小、风险大的农业贷款会敬而远之，其盈利更是不会留给平民的。这些金融机关在农村经济中所起的作用，在质的方面，并不能解除高利贷的剥削，反而起着助长农村高利贷和商业投机的作用；在量的方面，更是杯水车薪，远远不能满足广大农村缺乏生产资金的贫苦农民在青黄不接时解决生产和生活费用的迫切需求。企图依靠商业银行来帮助广大农民，这只能是一种美好的愿望。

　　在政策上，1941 年 6 月，国民政府第三次全国财政会议决定将各省田赋收归中央接管，并改征实物。在抗日战争条件下，实行田赋征实在保障军粮民食、增强财力、稳定金融、平抑物价等方面都发挥了实际效

---

① 中国人民银行金融研究所编《中国农民银行》，中国财政经济出版社，1980，第 152 页。
② 中国第二历史档案馆编《四联总处会议录》，广西师范大学出版社，2003，第 14 册，第 273 页。
③ 王慕：《解放前的甘肃金融》，《甘肃金融》1989 年第 4 期。
④ 《交通、中央、中国、农民银行联合办事处兰州分处谨呈四联总处函》，1940 年 10 月 16 日，甘肃省档案馆藏甘肃省银行档案，档案号：53 - 1 - 133。

益。如不这样做，战时经济可能会中途崩溃，抗战将面临极大困难。但"各地经办人员浮收冒斗、勒索等影响普遍，致使人民普遍受害，渐怨及政府征购政策"。加之"三征"政策本身不符合市场经济发展规律，最终导致抗战后期农村经济运行的紊乱，出现伤农、害农行为，挫伤了农民的生产积极性，造成后期农业经济开始下滑。1942 年后，随着国统区内物价飞涨以及国民政府对田赋实行"三征"，国统区内土地兼并和两极分化现象越来越严重，农业生产急剧走向萎缩。[①]

出于巩固大后方的需要，国家对甘肃农业投放了巨额贷款，仅 1944 年甘肃农田水利及土地金融贷款就超过 34000 万元，其中农田水利贷款 24000 万元，土地金融贷款 10000 万元。[②] 但是，国家投入的巨额农业贷款没有产生相应的效果，大量的农贷被土劣获得，而贫苦农民则获得贷款甚少。这样一来，农民对加剧"富者愈富"的农业贷款心生怨恨，进而对政策的制定者——政府产生不信任甚至怀疑的心理，直接造成民心的不稳定。抗战时期甘肃农贷政策的得失，可以概括为"农贷悖论"，即农贷确实促进了甘肃农业生产的发展，但广大农民得利甚微。不可否认，农业生产的发展对于支持抗战的进行作用巨大，但是农民没有得到多少实惠，反而为抗战的胜利贡献良多。这引起了农民对政府农贷政策的不满，并由此上升为对政府的不满。抗战时期的甘南农民大起义和海固回民三次起义就是这种不满的集中反映。

---

① 王广义：《抗战时期国民政府西北经济开发述评》，硕士学位论文，西北师范大学，2004，第 36 页。

② 《经济杂讯：各地经济新闻摘要》，《甘肃贸易》1944 年第 10、11 期合刊。

第四章 银行业与战时甘肃商业的发展

抗日战争时期国民政府对西北的开发，使甘肃省的农牧业、手工业、工矿业得到了发展。抗战时期，甘肃军队云集，流入的难民增多，外来人口的增加使得日用品需求旺盛，而甘肃本身是一个工业落后的地区，战前绝大部分日用品就依赖外省输入，战时工业虽有所发展，仍然不能满足人民需要。人民的生产生活需要使商业经济日益活跃，并一度繁荣起来，商品流通的范围和商品交换的规模逐步扩大，国内外贸易均有长足发展。战时商业发展的特点是西北地区与西南地区间商贸往来日益密切，西北地区各省间贸易力度加大，传统商路发生变迁，对苏易货贸易获得发展，银行业对商业发展产生了示范效应和负面影响。

第一节 甘肃内外贸易的发展

一 国内贸易

甘肃商业向来以兰州为中心市场和商品集散地。兰州商店虽多，但规模均不大，而且经营者多为外省客商。如金融行业多操纵于山西、陕西、天津商人之手；各大行店经营者多为山西商人；钱庄、药号经营者则以陕西商人为主；购办皮货、绸缎、杂货事业的，多是天津、山西商人；从事制造青条黄烟的，陕西商人可与本地商人并驾齐驱。正如萧梅性所言："至于经营各大商业之帮口，大概言之，金融之权，操于山陕津帮之手；各大行店，晋商称胜；钱庄药号，秦人居多；购办皮货绸缎杂货事业，津晋两帮，可称并驾；制造青条黄烟，陕甘两商，亦足齐驱。"① 甘肃传统的思想观念是重德轻利，具有保守的经济价值观念，"百工技艺泥成而不知改良"，"家园株守，百里无负贩之人"。甘肃"地

---

① 萧梅性主编《兰州商业调查》，陇海铁路管理局，1935，第 2 页。

处边徼，农习惰偷，工艺亦安窳陋，商情涣散""商智不开""商业不兴"[1]。由于在甘经商者以外地商人为主，这些活跃于甘肃各地的商帮当然在一定程度上促进了甘肃商业贸易的发展。但是因本地经商者较少，大量外地商帮将其家乡的货物带入甘肃销售，加之甘肃本地制造业落后，缺乏相应商品与之竞争，使得甘肃在贸易中一直处于入超状况。这种不平衡现象客观上也抑制了甘肃商业贸易的深入发展。

在甘肃商品贸易中，不得不提到一种特殊的商品——鸦片。兰州道彭英甲在其《陇右纪实录》中就已提及，在甘肃输出物品中，土药各县均产，以武威、陇西、兰州为最多，由宁夏输出者运销京城，每年输出百余万两；由泾州输出者运销山西、陕西，每年约 200 万两。总计每年输出 500 万~600 万两。[2] 而每年输出货物总价值在 800 万两左右，可见鸦片在输出货物中占有相当大的比重。更甚者，甘肃的贸易还出现了出超现象，每年输入货物 700 余万两，出超约 100 万两。这种出超完全依赖大量的鸦片出口，"查甘肃输出之数所以超过于输入者，全恃土药为大宗"[3]。考察之后，林竞认为，"甘省商务发达与否，须视其唯一商品之鸦片如何"。1916 年以前，内地鸦片价格昂贵，而新疆输入的鸦片，是由俄国运来，价格低廉。"以故甘、凉、肃一带商人之业此者，莫不获利倍蓰"。其贸易方法，向来是运内地的洋货、布匹至新疆以换鸦片，再将鸦片输入内地。1918 年输出新疆的货物太多，价格大跌，资本已亏其大半。鸦片又因陕西道阻，无法输出，导致价格大跌。仅甘州一处商人已损失 400 余万。城内大小商户有 500 余家，1919 年倒闭者超过百余家，而且是素称殷实的商家。因债务而被押的为数甚多，商业根本大伤，十年内恐难以恢复原状。[4]

进入 20 世纪 30 年代以后，西北地区与中、东部地区的商业贸易在

---

① 彭英甲：《陇右纪实录》（第九卷），甘肃官书局石印，甘肃省图书馆藏，1911，第 4 页、第 6 页。

② 彭英甲：《陇右纪实录》（第八卷），甘肃官书局石印，甘肃省图书馆藏，1911，第 316 页；沈云龙主编《近代中国史料丛刊（三编）》（第 40 辑），第 391 册，文海出版社，1987。

③ 彭英甲：《陇右纪实录》（第八卷），甘肃官书局石印，甘肃省图书馆藏，1911，第 326 页。

④ 林竞著，刘满点校《蒙新甘宁考察记》，甘肃人民出版社，2003，第 112~113 页。

种类和数量上都有较大发展。一是除传统的湘茶、陕茶、京货、广货等日杂品经陕西向西北各省输入和收购西北皮毛土产外，日用工业品的输入已占据主导地位，机器设备及生产资料的输入比重则越来越大。甘肃省虽出产颇丰，然而工业落后，输入货物多为工业产品和生活杂用品。其中以茶叶、布匹、绸缎、烟卷、杂货为大宗，纸张、瓷器、海菜、化妆品、西药品次之。进口货大多来自天津、上海、四川、汉口等地，尤以天津为最。自新疆输入者，皆为棉花、葡萄干、杏干等。

甘肃所需棉布，早年多来自湖北。湖北棉布行销甘肃，亦有久远历史。当其畅旺时期，湖北汉水北岸一带，绵延数百里均为棉布生产区域。布行收集之后，由山西、陕西布帮运至陕西三原。甘肃布商即到三原采购，运销平凉、兰州、甘州、张掖、肃州、酒泉等地。自民国成立以后，纺织业逐渐兴起，湖北手工织布深受影响。1925 年，陈万里在甘肃河西"连日途中时遇小贩，往往挑密篓二及随身行件，自东向西去，同伴五六人或八九人，甚至有十余人者"，"询其籍贯，非湖北即四川"。他遇到的一个湖北汉阳人说：每年二月出门，十一月回家。此次因东路不通，改道襄阳，步行入关。销售地点，凉州以西，直至敦煌，货物售尽，购买皮件、鹿角等东还。此与新疆、和阗商人情形相同，运来地毯、布匹在敦煌、安西、肃州一带销售后，复由碧口入川，贩来绸缎回新疆，也是每年来往一次。"唯所异者，缠回资本足，骑牲口，押货用大车，四川、湖北人则小本经营，咸肩挑徒步耳"[①]。

第一次国内革命战争期间，由于交通不便，陕西兴平、乾县、醴泉一带织布及平津所产布乘隙而入，取代湖北棉布，行销甘肃，尤其以洋布的倾销更为突出：苏联布由新疆入口，盛行陇西。日本布自天津运至甘肃，充塞市面，不只鄂布难以立足，即便其他国产布等亦受压迫。湖北棉布销经甘肃，畅旺时年销量达 28 万卷（每卷 23 匹至 100 匹不等），至 1932 年，年销量减至 2.4 万卷。而同年进口布匹中，洋布所占比例竟高达 83.5%，1933 年为 85.1%。[②]

1926 年甘肃省曾在皋兰县城隍庙举办了实业发展展览会，并建立了

① 陈万里著，杨晓斌点校《西行日记》，甘肃人民出版社，2002，第 97 页。
② 萧梅性主编《兰州商业调查》，陇海铁路管理局，1935，第 56～58 页。

实业陈列馆，将制造、皮毛、杂品、农产、矿石、园艺、编织、食品、药材、木材、美术、服饰等 16 大类 800 多件各类土特产品及制造品陈列保存。1928 年又在皋兰县普照寺兴建了甘肃省第一座综合性商场——中山市场，内有大小货摊百十家，大部分卖的是洋货。战时甘肃商业从经济形式上可以分为政府资本商业（如甘肃省贸易公司、复兴公司西北分公司）、合作社商业和私营商业三种。进入 20 世纪 30 年代后，甘肃商业有了较快的发展，表现在以下几个方面。

1. 私营商业的兴旺

1919 年兰州的商业情形为"东通秦、豫，曰东路；南达巴、蜀，曰南路；北通宁夏、归化、包头，曰北路；西通新疆、俄境，曰口外；西南通青海、拉萨，曰西路"。输入商品的种类有由东、北两路而来的洋广杂货；由新疆、苏俄进口的葡萄、棉花、桂子皮、雅尔缎；由四川输入的川绸、川缎、茶叶；由青海、西藏来的红花、藏香、氆氇、皮毛等。还有"湖南之散茶，汉口之砖茶，三原之大布，湖北产之蓝布，以及陕西棉花、纸张"，均由陕西、河南输入，米则来自宁夏。"统计以上各项输入，约 1000 万两左右"。至于输出商品，则以毛为大宗，牛皮次之，杂皮又次之，药品、水烟又次之，毡毯又次之。统计输出各项，"总数 700 万两左右，输出入相抵，不敷 300 万"[①]。1936 年，庄泽宣奉教育部之命到西北视察，见到当时兰州的街市"自署（省府署）南行，为南大街；东行为东大街，西行经鼓楼为西大街；皆市廛密接"。"东大街之南，有中山市场，原为普照寺，摊贩繁盛，有如北平之东安市场"[②]。这说明当时兰州的商业还是比较繁荣的。

虽然兰州工业落后，却是甘肃全省土特产品的集散地。甘肃省土特产又比较丰富，盛产羊毛、驼毛、皮革、肠衣、猪鬃等，药材有当归、大黄、党参、黄芪、鹿茸、麝香等贵重药材，以及发菜、蕨菜、黑瓜子、红枣、百合，还有刻葫芦、洮砚等手工艺品。这些物资不但畅销全国，而且驰名世界，都由兰州加工或外运。这些客观条件，促成了兰州商业的繁荣。南关是兰州商业最繁华、最集中之地方，当地的行栈业就设在

---

① 林竞著，刘满点校《蒙新甘宁考察记》，甘肃人民出版社，2003，第 79 页。

② 庄泽宣著，达浚、宗华点校《西北视察记》，宣侠父《西北远征记》、庄泽宣《西北视察记》合刊本，甘肃人民出版社，2002，第 195 页。

这里。当时的富商大贾及宾客都附寓在各类行栈业后院，名曰"字号房"，它们各有独特经营，例如当时的大商号有瑞凝霞、普晋号、天庆厚、协成裕等，大都是山西榆太帮（即榆次、太谷），主营匹头、西洋板张，运销西北皮毛、贵重药材等。晋南、陕西帮有自立永、自立忠、自立和、颜发明、同心协、敬义太等，以经营土布为主（即湖北孝感地区的产品），相继运销河北土产的铁机布（即永机布、定机布），兼营其他。布与茶是西北农民和少数民族的衣食必需品，但甘肃省不能自给或不出产。官私茶商，有马合盛、天泰运、天太和、魁太和、魁太通、裕兴重等，专营砖茶，由湖南等地采集，途经陕西泾阳加工后，运销西北，以至新疆伊犁等地，供应各民族需要。兰州行栈业，除自营买卖外，兼营各地"字号房"卸货的购销业务。"字号房""行栈业"都属批发业务，除了富商大贾之外，其他各行商业多属合伙，中、小本经营。同时，由于金融稳定，商业行情比较稳固，商户多数采取标期经营的方式，也就是赊销，有三个月至半年的周期。兰州商业的信誉关系，一直传为佳话。当时兰州的商业情况见表 4-1。

表 4-1　20 世纪 30 年代兰州主要商业行业一览[①]

行业名称	家数	备注	行业名称	家数	备注
烟丝行	40 余家	即水烟业	旅馆及骡马车店	50 余家	
砖茶行	30 余家		浴池	3 家	砖茶行
药行	100 余家	主要是中药铺	酒房	20 余家	即大食堂，包办酒席
皮货行	30 余家		山货行	30 余家	即现农副商店
京货行	50 余家	经营绸缎、呢绒、布匹	木厂	8 家	
杂货行	100 余家	以经营土布为主	铜铁行	8 家	
海菜行	40 余家	自造糕点、酱菜等货	粮店	30 余家	海菜行
行栈行	60 余家	代卸客货	油店	20 余家	

---

① 赵景亨、吉茂林：《原兰州私营商业简况》，中国人民政治协商会议甘肃省兰州市委员会文史资料研究委员会编《兰州文史资料选辑》（第 3 辑），1985，第 157～158 页。

续表

行业名称	家数	备注	行业名称	家数	备注
钱行	30 余家	包括金店	当铺	15 余家	其外有估衣铺，由当拆出
盐店	10 余家		各类作坊小手工业	100 余家	鞋铺、打铁、挽具、醋房

上述行业主要分布在兰州南关街、西关街、南大街、西大街、东关街、东街、辕门、桥门、新关等主要街道。当时的零售商业不是很景气，店铺多采用前店后场的经营模式。如海菜行业，经营特点主要是后面生产，前店销售。他们的经营管理策略是长计划、短安排，也就是说，靠自家店生产产品，应用当地主要原材辅料，生产大都有季节性，在各类物资收获季节，价格平稳，质量较好，在可能范围之内，尽量储备糖、油、面、芝麻、瓜子、桂糖、鸡蛋、炭，尽可能储备足够本年需要的原料，就叫长计划。短安排就是以销定产，分节安排。平时业务很为清淡，全靠喜庆婚丧大事和季节经营为主，如端午节、中秋节、农历年节时比较旺盛。

当时的商业风气延续着自然经营的模式，带有比较浓厚的传统方式，以讲究信誉为本，提倡"谦受益，满招损""和为贵，勤俭本""陶朱雅范，管鲍遗风"的优良传统，遵守"业精于勤，薄利多销，童叟无欺，货真价实"的传统作风。

20 世纪 30 年代前期，皋兰全县每年输出货物仅值 900 余万元，输入 1700 余万元，过境货物则值 1300 余万元。而青海羊毛、木料由黄河直运包头，由此经过而不发生商业关系者，为数尚甚多。各类重要商业都由陕西、山西及天津旅居于此的商人所经营。[1]

在兰州经商的多为山陕商人，山西商人可分为上府帮（榆次、太谷、平遥、介休等县人）、南路帮（临津、稷山、猗氏、万泉等县人）和绛太帮（新绛县、襄汾县人），其中以绛太帮人数最多，最高达 1 万余人。兰州的海菜行、酱园、行栈业几乎全数为绛太帮经营。另外，从事绸布、百货、五金、铁器、杂货、行商者数量也不少。绛太帮在兰州工商界有

---

① 铁道部业务司商务科编《陇海铁路甘肃段经济调查报告书》，铁道部业务司商务科，1935，第 64 页。

着举足轻重的地位，在繁荣兰州经济、促进城市发展方面都起过积极的作用。[①]绛太帮在与同行和各行业交往时，都十分讲究信用，互相之间借贷、交易，从不订立合同、契约，只凭信誉办事。他们非常讲究商业道德，在经营上提倡"货真价实，童叟无欺"。他们的营业室里大都挂有"以和为贵""勤俭为本"的横额，掌柜的经常教育店员、学徒要身体力行。在生活上，他们也很简朴，膳食十分简单，衣着朴素。

天水公盛通是一家开业于清光绪年间的老商号，由陕帮人张振材和赵永丰合资经营，由陕西人李振江领本经营。该号主要经营药材、山货、过载，经营的药材有当归、党参、大黄、冬花、甘草、枸杞、天麻、花椒、桃仁及大宗药材等 200 多种。除此之外，还小宗经营多种调味品。另外，还经销多种川广糖食和川汉纸张。该号业务除自有商品经营外，还向客人提供代为买卖服务，按照市场通例，每 1 元收取佣金 3 分。此项业务随着字号的信誉逐渐上升和服务态度而发展，每年收取的佣金逐步占到全部盈利的 1/3。在商品经销方面，对本地的近 20 家药铺供应多种药材，款项采取传统的标期结算法。[②]该号在每期过标时，都是交进多、付出少，偶尔付出多时也是如数结算，很注重信誉。在经营中，价钱公道，绝不以次充好。由于该行店业务广泛，经营品种较多，来往交易四通八达：药材如党参、当归、冬虫夏草销往汉口、广州、上海、天津；花椒、桃仁、松墨成批发往新疆迪化、青海；黄烟发往四川成都。还有各种杂货，如木耳、黄花、丝棉、本贡纸批发销往陇南各县。长期以来，该号在批发的同时兼营零售，销售额逐年递增，成为天水山货行业资本最雄厚的商号。1937 年年终盘货时，库存商品达 5 万余元，无外欠债务，有新老欠款 2000 多元。[③]

民国时期，宁、青二省在政治和经济上与甘肃有着极深的渊源，内外贸易皆以兰州为区域经济中心，使得宁夏城和西宁作为兰州之下的中

---

① 张世钰：《略谈原兰州经商的山西绛太帮》，中国人民政治协商会议甘肃省委员会文史资料委员会编《甘肃文史资料选辑》（第 42 辑），甘肃人民出版社，1996，第 205 页。

② 当时的商业经营，除一般小商零星购货付现银外，一般对大商行、外地交易采取到标期结算过银的办法，每年分为三、六、九、十二月四标，每标最后一月的 23 日为过标日期。

③ 张煜：《秦州商号公盛通》，中国人民政治协商会议甘肃省委员会文史资料委员会编《甘肃文史资料选辑》（第 42 辑），甘肃人民出版社，1996，第 213～215 页。

级市场，在这一涵盖青海高原、宁夏平原、河西与陇东等地的西北地区另一大区域市场网络中，起着至关重要的作用。正如时人所说："甘、青、宁三省地居黄河上流，在商业上俨然自成系统，而以兰州为其最大焦点。附近复有焦点 6 处，为各地方之商业中心，如陇东区之平凉，陇南区之天水（旧秦州），洮西区之临夏（旧河州），湟中区之西宁，河西区之张掖（旧甘州），宁夏区之宁夏，皆以兰州为其枢轴。言水运，上起西宁，下达包头；言陆路，东起潼关，西至迪化，皆为其贸易区域。上述平凉等 6 镇以外，复有若干城镇，以河西区为例，张掖以外，武威（旧凉州）、酒泉（旧肃州）、敦煌三城，商业亦称殷盛。若以兰州比于太阳，甘州之类犹行星，敦煌之类犹卫星，甘、青、宁三省自成一太阳系，构成伟大之商业网。"[1]

2. 输入商品总额的增加

兰州兼为新疆、青海、宁夏、绥远货物集散之枢纽，其贸易范围不以本地为限。城内商业以东大街、西大街、南大街最为盛，输入以洋货、布匹、茶叶、粮食等为大宗。兰州所谓京货行者，都兼售绸缎、布匹及洋货，略具上海百货公司之规模。各商货物大部来自天津，其贵重之绸缎、洋货等多系用邮包寄来，其瓷器、玻璃、钟表等则大都由天津用火车运至包头，再由骆驼运至兰州。茶叶多来自湖南安化等处。

就甘肃全省范围来说，贸易也是输入多而输出少，贸易不能平衡，每年入超在 4000 万元以上。兰州为甘肃金融之总汇，每年入超额约为200 万元。[2]

除兰州外，当时甘肃的商业重镇有武威、张掖、酒泉、天水、碧口、拉卜楞等。接下来具体分析这些地区性商业中心的商业概况和商品输入情况。

凉州（武威）为甘肃西路唯一都会。货品输入，向由东路，后则改由包头、宁夏，经由营盘水而来，民国初年每年输入商品价值约 30 万。[3]1935 年武威商业"以县城为中心，分山西帮、陕西帮、本地帮、冀鲁豫帮等"。山西帮 18 家，本地帮 80 余家，冀鲁豫帮 6 家。商品输入，以布

① 任美锷、张其昀、卢温甫：《西北问题》，科学书店，1943，第 6～7 页。
② 高良佐著，雷恩海、姜朝晖点校《西北随轺记》，甘肃人民出版社，2003，第 53 页。
③ 林竞著，刘满点校《蒙新甘宁考察记》，甘肃人民出版社，2003，第 102～103 页。

匹、纸张为大宗，绸、呢、化妆品等仅占少数，大半自绥远、包头输入。
武威每年商品输入数量如表4-2所示。

表4-2　武威县年商品输入数量表

货别	数量	货别	数量
永机布	96000 匹	毛头纸	130 担
洋布	2000 捆	姜及花椒	120 担
洋包纸	40 令	鞋袜、化妆品	15 担
瓷器	12 担	丝织品	6 担
纸烟	300 担	麻织品	

资料来源：根据高良佐《西北随轺记》第102页内容制表。

张掖为甘肃西路枢纽，人口稠密，地土丰美，商务素称繁盛。民初
皮毛每年由青海运来者，辄百余万斤，专售于各洋行。水烟每年由兰州
运来者有数百担。张掖输入品多为日本货，由天津或包头运来，行蒙古
草地，经北面大山，30余日而至。青海、蒙古诸游牧少数民族，每年携
牛羊皮、毛至此间以易茶、面者，为数亦多。"盖此地不特为西路繁盛商
场，又为汉、回、蒙、番贸易之所焉"[1]。张掖商人分客商、土著二帮，客
商约占40%。客商经济充裕，业务规模较大；土著商人以小本经营者居
多。1933年全年商品输入数量及其价值如表4-3（价值以担为单位）。

表4-3　1933年张掖外货输入数量价值表[2]

货别	数量	价值	货别	数量	价值
永机布	580 担	180 元	颜料	18 担	150 元
棉线货	27 担	200 元	洋烛	30 担	140 元
药材	70 担	30 元	火柴	65 担	50 元
糖类	270 担	60 元	青瓷	20 担	280 元
棉花	60 担	63 元	卷烟	43850 匣	63428 元
纸张	130 担	70 元	杂货	140 担	70 元
生熟铁	300 担	40 元	共计		193580 元

---

[1]　林竞著，刘满点校《蒙新甘宁考察记》，甘肃人民出版社，2003，第112页。

[2]　高良佐著，雷恩海、姜朝晖点校《西北随轺记》，甘肃人民出版社，2003，第115页。

20 世纪 30 年代，张掖为 "甘省西北交通必由之孔道，房屋鳞次栉比，人口逾万，汉人居多。城内商店林立，生意繁盛，不让皋兰"。"甘省夙称四大繁市，即皋兰、秦州、武威、张掖是也"。蒙古、新疆、青海等处蒙、藏、汉、回之牛羊皮、毛、革、药材等，均汇集于此交易，是西北贸易中心之一。① 张掖的主要商道共有 4 条：北出仁宗口，经阿拉善旗地、磴口到包头、绥远，这是骆驼商队的通道，全程约 40 天；南经民乐、扁都口、俄卜至西宁，全程约 10 日，此路经修筑，已可通行汽车；东经凉州到兰州；西经肃州赴安西。后两段合起来，就是横贯河西的干路。这四条交通线，要算是维持张掖繁荣的另一有力原因。②

酒泉 "为甘、新两省之枢纽，甘肃极西之锁钥"，故商贾往来，蔚成大观，"繁盛次于甘州，贸易额岁在百万以上"。与张掖不同的是，"甘州乃原料出产之地，此则转运市场也"。民国初年，酒泉 "输入品由东大道来者，以陕西之大布及纸张为大宗。由包头经蒙古草地来者（四十五日可达宁夏），以洋货（火柴、布匹、手巾、化妆品）、砖茶为大宗。由西路来者，新疆则葡萄干、杏干、杏仁、棉花，而以葡萄为最多，敦煌则以棉花为主。而青海蒙番则以毛皮、牲畜，换米、面、布匹以往，其情形无异于甘州也。"1919 年时，酒泉 "城内外大小商店共三百余家，大商店约百家，专办京、津货物者四家。商人以晋人为多，秦人次之，津人又次之，土著又次之。新疆缠回六十余家，多贩卖葡萄干，并制造蜡烛、肥皂为业。"③ 1935 年时，酒泉全县仅有大商号 3 家，小商号 15 家，其资本最大者不过万元而已。酒泉输入商品以 "来自苏俄、新疆者为多，日本货亦复不少"。除少数之土布、土产及新疆之大布、棉花外，余皆为日、俄两国之货。日货系由绥远运来，俄货则由新疆转运销售，合计每年输入俄货、日货价值 42060 元（详见表 4 - 4、表 4 - 5）④。

---

① 林鹏侠著，王福成点校《西北行》，甘肃人民出版社，2002，第 138 ~ 139 页。
② 明驼：《河西见闻录》，载顾颉刚著，达浚、张科点校《西北考察日记》，甘肃人民出版社，2002，第 144 页。
③ 林竞著，刘满点校《蒙新甘宁考察记》，甘肃人民出版社，2003，第 119 页。
④ 高良佐著，雷恩海、姜朝晖点校《西北随轺记》，甘肃人民出版社，2003，第 125 页。

表 4 – 4　1934 年酒泉县日货输入情况

种类	单位价值	每年输入数量（担）	总合价值
布匹类	每担 210 元	30	6300 元
麻葛类	600 元	3	1800 元
油烛类	140 元	50	7000 元
毛织品类	1500 元	1	1500 元
化妆品类	250 元	10	2500 元
瓷器类	120 元	4	480 元
玩具类	每件平均 30 元	600 件	180 元
食品类	200 元	0.5	100 元
其他	160 元	5	800 元
总计	—	103.5	20660 元

表 4 – 5　1934 年酒泉县俄货输入情况[1]

种类	单位价值	每年输入数量（担）	总合价值
布匹类	25 元	80	20000 元
瓷器类	220 元	3	660 元
油烛类	100 元	2	200 元
食品类	1 元	240	240 元
其他	150 元	2	300 元
总计	—	327	21400 元

高台县城内商店仅有 16 家，计有大商号 7 家，小商号 9 家。货物皆由大商于包头、绥远等处，用驼载运，或由小商自酒泉、张掖购办，以备营业。高台县城市井萧条，情况不佳，全年外货入境，棉花约 20000余斤，价值 6000 元；洋斜市布十余担，价值 4800 余元；鞋约 1000 双，价值 1800 元；袜 1000 双，价值 500 元；各色漂布 5～6 担，价值 1000 余元；化妆品等类价值 100 余元，[2] 总计输入商品价值 14200 元。

安西县城商店仅六七家，均系小本营生。商品输入，以俄货较多，日货次之。俄货自新疆运来，日货自包头转输。1934 年安西县全年外货

①　高良佐著，雷恩海、姜朝晖点校《西北随轺记》，甘肃人民出版社，2003，第 126 页。
②　高良佐著，雷恩海、姜朝晖点校《西北随轺记》，甘肃人民出版社，2003，第 120～121 页。

输入总量及价值见表 4 - 6。

表 4 - 6　1934 年安西县全年商品输入总量及价值①

种类	数量	价值	种类	数量	价值
洋斜布	1000 匹	每匹 6 元	洋糖	300 担	每担 45 元
市布	700 匹	每匹 8 元	绒鞋	11000 双	每双 1.50 元
洋布	900 匹	每匹 6 元	桂子皮	500 匹	每匹 7 元
毛头纸	3000 令	每令 1 元	鸦尔缎	400 匹	每匹 7 元
大米	110 石	每石 30 元	洋瓷盆	800 个	每个 1 元
洋烛	600 箱	每箱 20 元	洋火柴	300 箱	每箱 20 元

安西县每年输入商品总价值为 64100 元。

碧口输入货物，以茶叶、卷烟、纸张为大宗，其余包括布匹、粮食、靛、棉纱、文具、化妆品、硫黄等。每年运进川盐、布匹 700～800 吨。1939 年输出药材类 1558649 市斤，畜产品 55512 市斤；1940 年输出药材类 1075945 市斤，畜产品 1332 市斤。1939 年输入布匹 207676 市斤，糖油类 1336447 市斤，杂药、茶、纸张 969291 市斤，铜铁器 116393 市斤。1940 年输入布匹 164075 市斤，糖油类 1149491 市斤，杂药、茶、纸张 813836 市斤，铜铁器 54184 市斤。② 据 1943 年调查，1942 年碧口输入茶叶、纸张、食糖、调料等共计 3201557 市担，总值 54129000 元。③

1928 年前，临夏全城商号有 2000 余家，经河州之乱后仅存 200 多家，山、陕商号以前有 30 余家，约 600 人，乱后仅剩四五家，约 100 人。山、陕帮商号，在从前家数虽不甚多，而资本甚大，握商界之牛耳。如晋帮自立和，资本 40 多万元；敬信义，资本 50 多万元；陕帮德和生，资本 60 万元以上。但到 1936 年均倒闭，仅有元发明号尚能维持，为当时临夏第一商号，号内皆山西人。

拉卜楞地当甘、青、川、康四省交通之要冲，且有宗教上著名之拉卜楞寺，故久为汉、藏贸易之中心。1927 年设县治后，地方益加繁荣，商业亦较发达。从清代中后期到民国时，拉卜楞实为甘南最负盛名的地

---

① 高良佐著，雷恩海、姜朝晖点校《西北随轺记》，甘肃人民出版社，2003，第 145～146 页。
② 王成敬：《碧口——川甘商业交通之枢纽》，《地理》1942 年第 1、2 期合刊。
③ 洪文瀚：《谈谈甘肃的商港——碧口》，《甘肃贸易》1943 年第 4 期。

方民族贸易市场。由于拉卜楞寺在河曲藏区具有崇高的威望，寺院会期同时也是贸易期。每年的会期多在农历正月、二月、七月、九月、十月，以二月、七月为最大。每逢会期，数百里甚或千里之外的藏胞常移帐而来，聚集贸易。其贸易方式至为粗放，多是以货易货。[①]

拉卜楞虽商号林立，但资本大者甚少。据调查，资本在 10 万元以上者，原仅德商普伦洋行及魁元永皮庄、德合成三家。而当时魁元永又因受经济恐慌影响，业已收庄，德合成亦勉强支持，生意萧条，是 10 万元以上者，仅外商一家耳。资本在 1 万元以上者，亦不过 20 家。此外，毛商多系临夏回民官绅之资本，多财善贾，获利较多。其他津、川杂货商及本地小杂货商，共 200 多家。[②] 商店以肉架为最多。夏河牧民 9 倍于农民，肉类为当地主要食品，故街上肉店林立，屠户占全体商户 13% 强。

拉卜楞输入货物，以茶为大宗。茶之来源有二：一为府茶，即普通之官茶，来自湖南安化。府茶结成长方块，其形似砖，故一名砖茶。另一为松茶，来自四川松潘，产于灌县附近，系大叶散茶，每包 60 斤，在松潘仅售十三四元，至拉卜楞，每包即售四五十元。此外，哈达、糖等，均来自四川。川货自松潘经西仓（在洮河上流）而至拉卜楞，每年商人结队而来。另外为面粉。因拉卜楞牧多农少，所产青稞、豌豆、蚕豆等食粮，仅足半年之食，平均每年输入面粉约 205600 元。另外为青盐。藏民茶中必加盐，但夏河境内不产盐，须仰给于青海池盐。其他输入货物有布匹、烟酒等。拉卜楞每年输入主要货物数量及价格见表 4 - 7。

表 4 - 7　拉卜楞地区年输入主要货物数量及价格

货物名称	单位	数量	平均价（元）	总价（元）
松茶	包	1600	48.00	76800
茧绸	匹	6000	7.00	42000
府茶	块	11500	2.80	32200
黄烟	斤	56000	0.20	11200
纸张	合	24000	0.80	19200
各种彩缎	匹	250	50.00	12500

---

① 魏丽英：《论近代西北市场的地理格局与商路》，《甘肃社会科学》1996 年第 4 期。

② 马鹤天著，胡大浚点校《甘青藏边区考察记》，甘肃人民出版社，2003，第 58～59 页。

续表

货物名称	单位	数量	平均价（元）	总价（元）
瓷器	担	32	320.00	10240
官布	板	120	17.00	2040
棉花	斤	7200	0.65	4680
斜布	板	500	11.00	5500
色粗布	匹	1800	2.10	3780
青盐	斤	135000	0.12	16200
青油	斤	62000	0.20	12400
酒	斤	7650	0.50	3825
糖类	斤	9200	0.55	5060
面粉	斤	200000	0.07	14000
挂面	斤	5600	0.20	1120
纸烟	条	2300	2.80	6440
铜器	担	35	36.00	1260

资料来源：马鹤天著，胡大浚点校《甘青藏边区考察记》，甘肃人民出版社，2003，第58页。

以上所列，加上其他输入之零星杂货、玩具、药品、菜果等项，不下 10 万元。[1]

可以看出，外地输入甘肃地区的商品，主要有棉花、棉纱、布匹、绸缎、装饰品、五金、颜料、瓷器、竹器、茶叶、糖、海菜、香烟、纸张、药材等。布匹是其中的大宗商品，土布包括陕西土布和河南土布，洋布则包括津、沪洋布和外国洋布等。棉花由醴泉、咸阳、泾阳、兴平、渭南等地大量输往甘肃地区；棉纱从西安、宝鸡等地输往甘肃的兰州、天水、秦安、武威、临夏；醴泉布、朝邑布、渭南布、兴平布、店张布等各种土布也大量输往甘肃；各种纸张和茶叶运销甘肃等地的也不少。[2] 湖南安化官茶在陕西泾阳改制为砖茶后，销往西北各地；兰州水烟也在泾阳改装后再东运津、沪等地。[3]

青海高原的商品流通大部分也经过兰州，皮毛、药材和木料等，大

---

[1] 马鹤天著，胡大浚点校《甘青藏边区考察记》，甘肃人民出版社，2003，第57~58页。

[2] 陈鸿胪：《谈甘肃省的内销货物》，《甘肃贸易》1942 年第 1 期。

[3] 铁道部业务司商务科编《陇海铁路甘肃段经济调查报告书》1935，第 107~108 页。

部分要经兰州顺黄河下流至包头再转口出去。据统计，青海高原及甘肃西南部的羊毛，每年经过兰州运出者约 11000 吨，皮货、药材各约 170 吨，木料约 6000 吨。由陕西或包头方面经甘肃过境而运往青海高原的货物，每年大约有布匹 3000 吨，茶叶 1100 余吨，纸张、印刷材料、棉织品、药材、铁器以及其他杂货等共约 5000 吨。① 1935 年前后，每年由长安县转口输入甘肃的商品数量为面粉约 6000 吨，匹头约 5000 吨，杂货约 1680 吨，糖约 500 吨，铁器约 700 吨。②

综上所述，20 世纪 30 年代全面抗战爆发前，上述甘肃商业重镇每年商品输入总额约为 5469223 元。

3. 商品输出情况

（1）水烟输出的增加

甘肃省输出物品，以药材、水烟、皮毛为大宗，历来均运销津沪等地。水烟是甘肃特产之一，名著国内，向为甘肃出口货之大宗。《兰州风土记》中就有关于清中叶甘肃水烟的记载："兰州水烟甲天下，尤以五泉者为胜。""土人无少长皆吃水烟，每逢市集，烟气四布，几不见人。"③ 因其产地多集中在中部兰州附近的黄河两岸，故有兰烟之称。

1923 年前后，兰州水烟业处于极盛时期，开业者竟达 130 余家，远销数量在 400 万担左右。到 1928 年，因全国各地军阀连年发生内战，交通阻塞，税收、差役繁重，水烟业相继倒闭，继续开业者仅有四五十家。许多住天津庄客由于烟价跌落，无法推销，有的积欠旅栈食宿、仓库费用，无法支付，只能弃货逃走。1931 年"九一八"事变后，水烟失掉了在东北的市场。加之 1933 年爆发的二次世界性的资本主义经济危机，波及我国各主要城市，是时银根奇紧，市场凋敝，倒闭者更多。烟价竟由每百斤 60 元跌至 20 余元。到了 1937 年，烟的总产量不足万担。④

甘肃水烟原无固定产量，每以外销之畅滞而影响次年产量之增减。烟价涨，农民获利厚，多种之；反之，则改种其他作物。故年产量增减

① 铁道部业务司商务科编《陇海铁路甘肃段经济调查报告书》，1935，第 87 页。
② 铁道部业务司商务科编《陇海铁路甘肃段经济调查报告书》，1935，第 91～92 页。
③ 佚名：《兰州风土记》，载（清）王锡祺辑《小方壶斋舆地丛钞》第 6 帙第 4 册，杭州古籍书店影印，1985，第 262 页。
④ 赵景亭、吉茂林：《原兰州私营商业简况》，中国人民政治协商会议甘肃省兰州市委员会文史资料研究委员会编《兰州文史资料选辑》（第 3 辑），1985，第 159～160 页。

不定。据中央农业实验所农情报告，1933 年烟草收获量为 400 万斤。据主计处调查，1936 年产量为 354.6 万斤，1937 年为 576 万斤。据 1942 年甘肃省银行对 18 个县的调查，年产为 641 万斤，如加上天水、平凉等县所产，当年产量约有 800 万斤。若制成水烟，可得 1100 万斤左右。1932 年，兰州水烟外销计 442 万斤，每公斤销价 0.492 银圆。[①]

兰州水烟业素负盛名，颇形发达。兰州水烟原料来源，不仅限于本地，附近永登、榆中等县所产烟叶，亦多运集城内，制造水烟。大抵兰烟可分两种，绿烟年产量 600 万斤（单秤），每斤价四角至五角，行销上海、天津及东三省等处；黄烟产量较少，约 80 万斤，每斤价三角左右，运销四川、汉中一带。制造水烟之工厂，称为烟坊，皆用手工。制造方法：先雇女工抽去烟叶上之茎，晒之使干，然后置入土法滑车压榨机中压之，每次可压 600 余斤，待其压成细条，取出切碎，即成水烟。制造水烟之原料，除烟叶外，尚须别加香料、染料，大抵黄烟用胡麻油、姜黄，绿烟用胡麻油、石膏、槐子、紫花等物。总计兰州一地，共有绿烟坊 36 家，黄烟坊 9 家，为兰州最重要的手工业。绿烟坊规模较大，最大一家共用男工 500 余人，女工 200 余人，每年可产绿烟 1000 担（每担单秤 360 斤），并在上海设有坐庄。大抵兰州出口，向以水烟为大宗，唯自"九一八"以后，东三省销路断绝，因此销数骤减，烟价亦跌，烟坊遂多倒闭。以前兰州烟坊共 68 家，到 1934 年仅存 40 余家。但水烟仍为兰州主要出口物。据兰州印花烟酒税局统计，1934 年兰州共出口水烟 18600 余担，约值 228 万元。每担纳税 20 元左右，共收税洋 30 余万元，为兰州税收大宗。1934 年水烟年产量及价值统计情况见表 4-8。

表 4-8　1934 年兰州水烟年产量及价值统计[②]

项别	单位量	数量	税收		估价	
			单位	合计	单位	合计
青烟	360 斤	2148 担	18.62 元	39995 元	144 元	309312 元
黄烟	360 斤	2687 担	18.62 元	50032 元	108 元	390196 元

①　兰州市地方志编纂委员会、兰州市物价志编纂委员会编纂《兰州市志·物价志》，兰州大学出版社，1998，第 42 页。

②　高良佐著，雷恩海、姜朝晖点校《西北随轺记》，甘肃人民出版社，2003，第 51~52 页。

续表

项别	单位量	数量	税收		估价	
			单位	合计	单位	合计
棉烟	384 斤	1017 担	19.31 元	18638 元	153 元	155601 元
条烟	280 斤	12759 担	16.34 元	208483 元	112 元	1429008 元
合计		18611 担		318147 元		2284117 元

　　榆中则以出产绿烟著名，"几与兰州相埒。出产区约为金崖、广积、定远、东滩四乡。全年可产 3000 担，全部运至天津销售"。县内有土法条烟工厂约 20 家（每年 12 月开工，至次年 4 月停止。时有今年开厂明年不开，或停而复开者，故厂数每年不同）。每厂工人多者二十多人，少者十多人，全部共有男女工人约 560 人。每厂资本最多者 30000 多元，最少者 3000 元，全部共有资金 20 多万元。其出品，大厂每年 500 担，小厂每年约 200 担，全部共可产烟约 3000 担，每担重 120 公斤，资本约需 60 元，出售价格不定，最高者可达 80 余元，如遇市场不景气，或至亏本。全年贸易额约有 20 万元。"计全县工厂，夏官巷、过店子、金家崖、东滩街等处为较大，梁家湾、宋家窑、邮家湾、上古城等处次之"①。

　　兰州是水烟外销的主要集散地，水烟的销售路线有东、南、西、北、海 5 条。东线为兰州—平凉—西安—龙驹寨—老河口—汉口—苏州—南通—上海；南线为兰州—天水—宝鸡—汉中—广元—成都、重庆—云南、贵州；西线为兰州—武威—张掖—酒泉—安西—星星峡—哈密—迪化；北线走水路，用皮筏运输，线路为兰州—靖远—宁夏—包头、归绥—大同、张家口—天津、北平；海路由上海—烟台—营口运抵东北。② 甘肃水烟之销路，内销以河西各县为主，陇东、陇南次之。省外销路，全面抗战前遍及全国，如南方之江、浙、闽、赣，北方之青、宁、陕、晋、豫、冀以及东北。陕西是甘肃水烟最大的销售市场，泾阳是兰烟东路转运的枢纽。据陇海铁路管理局调查，甘肃省沿陇海线的皋兰、洮沙、临洮、陇西、武山、甘谷、榆中等 7 县共有从业工人约 16000 人，每年产

①　高良佐著，雷恩海、姜朝晖点校《西北随轺记》，甘肃人民出版社，2003，第 191 页。
②　杜景琦：《兰州之水烟业》，伦华印书馆，1947，第 10 页。

水烟及黄烟 800 余万公斤，价值 200 余万元。其中尤以皋兰为主要，计有从业工人约 13000 人，约占全线烟业工人的 84%；年产水烟 540 余万公斤，约占全线总产量的 67%；价值 120 余万元，约占全线烟产值的 64%。兰州所制大部分为水烟（一名青烟），其他各地所制则大部分为黄烟（亦称绵烟）。[①] 1933 年，兰州 34 家烟商共采购黄绿烟叶 3294.6 吨。[②] 所产烟丝，除销售本省各县外，大部运往外省，以东北、天津、上海等处最多。抗战时期，水烟销售的主要市场相继沦陷，销路仅限于陕、甘、宁、青、川。间或通过四川沿长江运销上海，一部分销往江、浙。

（2）各重要商镇的商品输出

如上所述，兰州输出商品以水烟为大宗，皮货次之。皮货分两类：一为家牲皮，一为野牲皮。前者以羊皮为主，后者则为各种野兽皮。皮货产于青海、洮、岷、宁夏等地。兰州共有大皮货店 12 家，皮货一部分运往津、沪一带销售，每年约值 80 余万元。[③] 武威输出商品以烟土为大宗。19 世纪 20 年代烟价甚昂，故民间经济较富裕，尚有购买力，往来各货，亦能畅销，而街市颇见繁荣。1932～1935 年以来，因受时局影响，烟土滞销，农村破产，商货积滞不行，各商家赔累不堪，因此金融枯竭，衰落之象日著。武威商店资本薄弱，"除山西帮每家资本一二万元不等外，其余仅数千余元之资本而已"[④]。张掖输出商品以米为大宗。酒泉输出商品以粮食、煤炭及南山所产玉石（玉石可制杯、碗、图章、装饰品等）为大宗。正业之外，则输运关外鸦片行销内地，亦为商人之大宗营业。

除兰州外，陇南的天水、碧口都是甘肃重要的商业中心。天水地处甘、陕、川三省交通要道，是陇南重镇、商业中心所在。天水为陇南与陕南、川北物资交流的重要经济中心，每年输入货物 400 余万元，输出 140 余万元，过境 1000 余万元。重要商号约有 350 家，资本总额约 120

---

① 铁道部业务司商务科编《陇海铁路甘肃段经济调查》，1935，第 41 页。
② 萧梅性主编《兰州商业调查》，陇海铁路管理局，1935，第 12～15 页。
③ 高良佐著，雷恩海、姜朝晖点校《西北随轺记》，甘肃人民出版社，2003，第 52 页。
④ 高良佐著，雷恩海、姜朝晖点校《西北随轺记》，甘肃人民出版社，2003，第 102 页。

余万元，全年营业总值 1500 余万元。① 工业以木器、漆货、火柴、土布、制帽为最。年产土布 30000 匹，分销安远、巩昌等地，年产洋布小帽万余顶，主要供本地民用。城乡各处均产高粱烧酒，年产 24 万斤，在本县及通渭、定西各县销路亦佳。除此而外，甘南各县所出之大宗货物，也都运至天水销售，故各地商人都到天水批发陇南各县货物。甘南各地运至天水的货物，两当县及徽县、成县以铁锅、铁铧为大宗，烧酒尤为驰名全省；文县、礼县均产麻布，礼县以水烟、毛毡、毡衣为大宗；文县以粗纸为大宗，大黄亦驰名；甘谷县以毛袜、毛缠、皮货、布、丝为大宗；武山县及属镇洛门以水烟为大宗；秦安县属镇龙山镇及清水县属镇张家川，均以皮货为大宗；秦安的毛褐土布，清水的大小方纸，西和的土布、骡马，年销量都很大。

　　碧口位于甘肃南部与四川省交界处，甘川公路由此入川，白龙江、白水江在碧口附近汇合，南流入嘉陵江，150 吨的商船可由此直达重庆。得此水陆运输之便，碧口遂成为甘南货物流通的枢纽，各地客商云集，其中以川商居多。在这些货物中，以药材种类最繁，数量最多，加之大都在碧口转运转销，所以碧口药材行店特别多。输出的货物则以药材、水烟占多数，其余有蘑菇、土布、牛皮、毛衣等。每年运出的药材、山货约有 1000 吨。岷县、武都的药材，除少量由肩贩陆运至四川中坝销售外，大部在碧口加工改装后通过水运入川。临洮水烟大多以驮骡迁运入川。也有许多川商，由中坝直接肩挑卷烟、糖、纸及花生至武都销售，然后在武都购买药材、棉花、土布至碧口售卖。行驶在白龙江上的木筏主要是货船，由碧口镇沿白龙江到四川。大木船可载重 20～30 吨，在丰水期每天航行 200～300 公里，由碧口至重庆只需要几天时间。木船下行时装运的货物为药材、山货及少量黄烟，上行时装运的货物为川盐、川布、白酒及日用杂物。

　　甘肃出产药材的县份很多，"民勤县所出之甘草、枸杞、锁阳、苁蓉，洮岷、西和一带所出之鹿茸、麝香、党参、远志、大黄，文县之冬虫夏草"都是比较著名的药材。药材的输出情况也较为可观，"陇漳之种（黄）芪、便（断）续、荆芥，闻每年出产价值在一千万元左右，多

---

① 铁道部业务司商务科编《陇海铁路甘肃段经济调查》，1935，第 64 页。

运至四川，转往重庆，由长江运往上海、广东、福建等省销售，以甘南文县之碧口为药材集中之大市场"①。

平凉北濒泾水，南枕陇坂，西倚六盘山，为甘肃省东方之门户，西安、宁夏、皋兰之咽喉。出进货物，咸汇于此。故"商贾云集，街道繁盛，不减西安"②。也有人认为平凉"是西安、兰州、宁夏、天水四城的中心点"③，商业状况堪称"与兰州、天水鼎足而三"④。

拉卜楞输出的货物，以皮毛为大宗，而资本较大者，亦为皮商。此种皮商，多系平、津一带之富商，每年九月携款运货而来，翌年四月运载皮货而返，恰如候鸟，故称候商，也称行商。此外有山西、陕西及本省资本较小之皮商，多收买黑皮、羔皮，运往天水、西安、大同等地。西康一带之猞猁、水獭、狐豹等类兽皮，由拉卜楞出口者亦不少。本地小资本商家，就地加工，制成熟皮短衣，运往上海、汉口者，共30多家。其次为毛商。因夏河境内多畜牧，每年毛产额平均在230万斤以上，故毛商甚多，十之八为临夏回商。毛之交易在每年春秋二期，此期内拉卜楞比较热闹。所产羊毛，纤维较粗，且尘芥多而色黄褐，因之价值稍低，每百斤平均在14元上下。再次为畜产、药材等。畜产不外马牛羊及牛油、羊肠等副产物。药材以鹿茸、麝香为主。据调查，拉卜楞每年输出的主要货物的数量价值平均额都差不多（见表4-9）。

表4-9　拉卜楞地区年输出主要货物价值情况⑤（1935）

货物名称	单位	数量	平均价（元）	总价（元）
羊毛	斤	1200000	0.14	168000
狐皮	张	4000	14.00	28800
白羔皮	张	64500	1.00	64500
羔叉皮	张	12000	1.80	21600
猞猁皮	张	800	18.00	14940

① 林天吉：《甘肃经济状况》，《中央银行月报》1934年第6号。

② 林鹏侠著，王福成点校《西北行》，甘肃人民出版社，2002，第31页。

③ 张恨水、李孤帆著，邓明点校《西游小记·西行杂记》，甘肃人民出版社，2003，第71页。

④ 铁道部业务司商务科编《陇海铁路甘肃段经济调查》，1935，第65页。

⑤ 马鹤天著，胡大浚点校《甘青藏边区考察记》，甘肃人民出版社，2003，第56~57页。

续表

货物名称	单位	数量	平均价（元）	总价（元）
狼皮	张	1200	12.00	14400
羊皮	张	25000	0.60	15000
獭皮	张	2850	0.30	8550
黑羔皮	张	3530	2.15	7598.5
猚皮	张	1300	2.70	3510
狗皮	张	1350	3.00	4050
熟羔皮衣	张	965	11.50	11097.5
马	匹	1500	35.00	52500
牛	头	1300	15.00	19500
羊	头	1500	2.50	3750
羊肠子	根	32000	0.26	8320
麻菇	斤	72000	0.50	3600
酥油	斤	19200	0.25	4800
鹿茸	架	33	60.00	1980
麝香	颗	720	10.00	7200
羊油	斤	21000	0.15	3150
牛油	斤	7500	0.15	1125.00
蓖麻	斤	350	1.80	630

　　除以上所列主要货物外，如畜产品（包括家畜、野牲之皮、骨、毛等）和药材等物，年收入最低在55000余元。[1]

　　1935年前后，甘肃每年由长安县转口输出的商品主要为各类药材，数量约9000吨。[2]

　　除了兰州这个区域性中心市场和上述的区域性中级市场之外，甘肃省还有许多初级市场。甘肃农业区的初级市场，就是定期在县城或乡镇举办的集市。集市的间隔，有两天一集的，有三天一集的，甚至有九天一集的，间隔的长短取决于当地的商业状况和消费量的多少。集市之日，商贩和消费者从四面八方赶到那里进行交易。[3] 除非重大变故，集市的

---

① 马鹤天著，胡大浚点校《甘青藏边区考察记》，甘肃人民出版社，2003，第55页。
② 铁道部业务司商务科编《陇海铁路甘肃段经济调查》，1935，第91~92页。
③ 铁道部业务司商务科编《陇海铁路甘肃段经济调查》，1935，第72页。

日期、地点、交易方式、习惯，甚至市面上货物的种类等，都不会有什么改变。

二　对外贸易

天津出口的羊毛主要来自西北地区。七七事变前，西北地区仅青海、甘肃、宁夏、新疆、绥远（当时的内蒙古仅包括绥远全省及察哈尔的一部分地区）五省的羊毛，就已经占据了天津羊毛出口量的近70%。除羊毛外，以前百无一用的羊肠等也变成了出口品，从而丰富了西北地区与外界经济交流的内容。1924年，天津港羊肠的出口价值为867000关平两，1925年为1314000关平两，1926年为1024000关平两。而其最主要的来源地，就是新疆、甘肃、青海、绥远等广大西北地区。[①]

抗战之前，西北甘宁青各类畜产品均由外国洋行和国内皮毛商把持经营，从兰州沿黄河集中到归绥（今呼和浩特）后，经张家口、通州运到天津，出口欧美。自从帝国主义经济势力侵入我国西北地区之后，西北的土特产皮毛就成了其掠夺的主要对象，洋行布满西北皮毛产地，仅河州（今临夏市）一地就有美国新太行洋行、聚利洋行、仁纪洋行、天长仁洋行、瑞记洋行、普伦洋行、平和洋行及德国吉昌洋行，从事羊毛收购。1923年9月，兰州的洋行有7处，收购羊毛及其他土特产，收购运出羊毛300斤。[②] 羊毛在甘肃省出口贸易中占有相当地位。据统计，1935年，甘肃羊毛年产量为400万~500万斤。1930年，兰州市场每50公斤羊毛收购价为18.232银圆，绵羊皮每张2.433银圆，山羊板皮每张1.520银圆，黄牛皮每50公斤23.800银圆。到了1936年，羊毛每50公斤收购价为24.038银圆，绵羊皮每张2.550银圆，山羊板皮每张1.720银圆，黄牛皮每50公斤25.500银圆。[③] 羊毛出口一项没有系统详细的统计数据。1932年外销羊毛30810担，价值693261元；1933年外销42724担，价值951272元。[④]

①　樊如森：《民国时期西北地区市场体系的构建》，《中国经济史研究》2006年第3期。
②　甘肃省地方史志编纂委员会、甘肃省畜牧志编辑委员会编纂《甘肃省志·畜牧志》，甘肃人民出版社，1991，第20页。
③　兰州市地方志编纂委员会、兰州市物价志编纂委员会编纂《兰州市志·物价志》，兰州大学出版社，1998，第43页。
④　潘益民编《兰州之工商业与金融》，商务印书馆，1936，第140~144页。

　　以水烟、羊毛的水路运销为例，水路运输用的是黄河上的皮筏，分为牛皮筏和羊皮筏两种，以羊皮筏较为常见。大型牛皮筏由 128 个皮囊组成，载重约 20 吨；小型皮筏以 64 个皮囊组成，载重约 10 吨。其余尚有以 32 个皮囊组成者，载重约 5 吨。牛皮筏平时多用于长途运货。牛、羊皮筏运输区域甚广，西起青海之贵德，东达宁夏、绥远。战前西北各省出口之皮毛等大宗货物，均赖以运至绥远、包头，转平绥路出口。由青海下行及长途运输者多用牛皮筏，短途多用羊皮筏。皮筏运输物品，自贵德、兰州起运者多为皮毛、木料、食油、粮食等类。自兰州下行者多为皮毛、药材、水烟、粮食等类，也夹杂运送旅客及猪鬃、肠衣等土特产。运抵包头后，转火车运往天津、上海等地。[①] 因为皮筏运输有成本低廉、周转时间短等特点，遂成为羊毛运输的主要工具。水烟的输出也主要靠皮筏。大量的羊毛外运带动了皮筏运输业的发展。黄河沿岸的临夏、兰州、靖远成为皮筏的集散地。羊皮筏业形势在 1936 年、1937 年最好，该年当地有 400 个皮筏。抗战前甘肃的羊毛集散地有河州（今临夏市）、甘南、拉卜楞、兰州、张家川等地，洋行专门派人在上述地点设庄收购羊毛，之后用皮筏沿黄河运至包头，再通过火车运至天津，出口到英、法、德等国。据 20 世纪 30 年代初的调查，甘肃、青海"每年所产至少值数百万元"。甘肃省羊毛"每年约产四五百万斤，羊皮约七八百万张"[②]。以临夏羊毛的出口为例，1920 年之前有英、德等国在天津开设的洋庄派出的人在临夏设庄，将夏河、循化、保安（今青海同仁县）等地所产羊毛"尽数垄断收购"，其数量每年在 140 万斤左右，每百斤价格为白银 6～8 两。洋行撤庄后，当地商人和陕西客商继续从事羊毛收购。20 世纪 20～30 年代，临夏的羊毛商号有天庆魁、德合生等十多家。这些羊毛商号大都有马家军阀的投资，商号也乐意以此求得保护。羊毛商号除在夏河、循化、保安等地设庄收购外，还派出熟悉藏语的商人赴藏区收购羊毛。羊毛运输仍采用皮筏，也有少量用包裹通过邮局邮寄。羊毛运到天津后，通过行栈介绍售于洋行出口，所得款项一半汇回临夏，另一半直接在天津采购布匹、麻织品、宽面平绒、白洋线等，打成小包

---

①　邓明：《皮筏的源与流》，《档案》2003 年第 6 期。

②　林天吉：《甘肃经济状况》，《中央银行月报》1934 年第 6 号。

由邮局托运回临夏。[①] 1937 年抗战爆发，天津沦陷后，羊毛出口趋于停顿。

另外，还有洋庄在陇东张家川设庄收购皮毛，经兰州顺黄河下行到包头，再转火车运至天津出口。1934 年西兰公路修通，1935 年陇海铁路展至西安。交通条件的改善，使得张家川的皮毛业务更加兴旺，皮毛也改由西兰公路、陇海铁路出口。1937 年后，皮毛改为向西输出到四川。

总之，战前羊毛、皮张的出口多走北路，经由黄河皮筏运至包头，转平绥铁路输出至天津出口，也有少部分通过邮局托运。羊毛的收购被洋行所垄断。洋行撤走后，羊毛由本地商人和陕西客商收购，并运至天津，售于洋行，继而出口。交通的落后限制了出口商品的运输和出口规模的扩大。

第二节　战时商业的进步

抗战时期，虽然甘肃向北的商路由于战争而中断了，向东的商路也受到很大的影响，但是，西北地区与西南地区之间的贸易往来、甘肃与西北地区其他省份之间的贸易往来比战前加强了，新型的商业机构出现了，新的商品种类被开发出来，新的商路也被开辟出来。甘肃战时的商业比起战前还是有进步的。

一　国内贸易

1. 市镇建设和商品种类的增多

全面抗战爆发后，尤其是武汉、广州沦陷后，兰州成为大后方进出口贸易的必经之地和援华军事物资的中转站，人口猛增，机构增多，国际友人往来频繁，加上日机疯狂轰炸，房屋、道路惨遭破坏。为利于抗战和疏散人口，当局拆民房，挖城墙，拓宽道路，修建桥梁，通行汽车，市政建设有了较大的发展。首先，为打通过境公路，保证军事运输，增

---

① 刘圃田、秦宪周：《临夏羊毛商的兴衰》，中国人民政治协商会议甘肃省委员会文史资料委员会编《甘肃文史资料选辑》（第 42 辑），甘肃人民出版社，1996，第 226 ~ 227 页。

辟今旧大路、民主西路、白银路，连通西兰、甘新公路，时称国际运输联络线。其次，除了旧有的城门出口外，又在城墙上挖开八个缺口，以利防空疏散，并在 1938 年炸毁金城关，加宽了城区至沙井驿路段的路面。1940 年对黄河铁桥进行大修，并整修了雷坛河木平桥和黄河铁桥的桥面。组织修筑五泉山道路，整修后五泉道路，上、下西园道路；拓宽桥南线旧路；铺筑了南门至五泉山防空路，何家庄至中正大街道路，颜家沟至中正大街道路，山陕会馆至黄河沿道路，安定门至行宫道路，中正大街至农业学校道路。1941 年 7 月 1 日兰州建市后，有计划地新建、改建和翻修道路、桥梁、排水、路灯等市政设施，提高其设施等级和服务能力。建市之初，市政府就立即开工，修建市区主干道路 10 条，至1942 年陆续完工。经费由中央、中国、交通、农民四国家银行与甘肃省银行合组的贷款委员会洽贷。新路宽 15 ~ 30 米，为碎石路面，路两旁各有 3 米宽的人行道，并栽植树木 2233 株。原来路两边的旧式铺面一律改建为砖木结构的二层楼房。扩建后的街道两侧，所有商店统一改造成西式无檐门面。限于经济实力，许多店铺临街是青砖门面，屋里则是土坯砌墙。① 还拟定了兰州市下水道计划。1942 年 11 月 3 日，第一条试验沥青路面励志路（今通渭路）开工建设，半个月后竣工。1943 ~ 1945 年，先后拓修中华路东段、崇信路、中正路南段、定西路西段、庆安路、民勤路、靖远路等 7 条路，并将旧日的辕门开辟为中央广场，原有的亭桥拆除，新建 4 米高的钟塔一座。还开办了公共交通汽车，由中央广场直达十里店，有旧汽车改造的班车 6 辆。市政建设改善了兰州商业的硬件设施，促进了商业的发展。1941 年 7 月，日机大肆轰炸兰州，炸毁佛寺两座，并伤及市民住房。当时的兰州市长蔡孟坚将破毁的大佛寺（普照寺）改建为有广场（内分网球场、篮球场）、公共浴池、灭虱站、弹子房的娱乐场所，并命名为"兰园"。把广场附近的房屋改建为一所模范小学和一所招待所，并在兰园中央建造一所可容 500 人的大礼堂"抗建堂"，重要集会均在此举办，如 1942 年的全国工程师协会年会。② 另外，兰州市多次在此举行集体婚礼，此后兰园遂成为兰州市的

① 杨重琦主编《百年甘肃》，敦煌文艺出版社，2001，第 91 页。
② 蔡孟坚：《我当首任兰州市长的回忆》，中国人民政治协商会议甘肃省委员会文史资料委员会编《甘肃文史资料选辑》（第 45 辑），甘肃人民出版社，1996，第 196 ~ 197 页。

商业繁华区，还建起了甘肃省第一所综合性百货商场——中山商场和一座国际性的大饭店——西北大厦。

抗战期间，临夏民族商人马辅臣通过经营青海的盐和皮毛成为巨富。1938年，他在兰州开设"河源"盐栈，从青海茶卡盐池和民勤运盐到兰州销售，每年销量达百万斤。他又在西宁设立"德义恒"商号，主要收购羊毛及牛羊皮张，兼营药材。他派专人常驻天津，随时函电来往，互通信息。1937年，马辅臣在临夏设立"和源号"，派经纪人驻青海、天津、包头、兰州、武威、拉卜楞等地，经办各种贸易。同时，他派专人在夏河、循化、临夏等地大量收购羊毛。抗战爆发后，天津被日本人占领，羊毛生意停止。1939年，他投资银洋数万元在共和县、大同县、化隆县开办了多处林场，并在兰州设立"振业公木场"。临夏县城原来仅有南门大街和南关两条街比较繁华，其他街道冷落萧条。马辅臣在临夏城南关上二社和城东南角一带购买地皮，开辟了两条街道，并在街道两旁修建铺面200余间，大店3座，租赁给商人，人称"新街道"，又叫"新市场"。为了沟通两街，他又在两街口之间的南河上建造了飞檐走廊、丹青彩绘的木桥一座，群众称之为"花桥"。

战前，由于甘肃、四川间栈道难行（不通车辆，只能行走驮骡等畜力运输工具），白龙江枯水季节不能行船，上水行船艰难，碧口镇虽然是甘肃、四川间的一个重要商港，但货物吞吐量有限。全面抗战爆发后，国民政府迁都重庆，甘肃、四川间贸易往来愈加频繁。由于甘川公路直到抗战胜利时仍未修通，货物大多由白龙江水路往来，碧口镇遂成为甘肃、四川间必经的一站。白龙江的水运事业促进了西北各省（新疆、青海、甘肃）与四川间的物资交流，供应了人民生产、生活的必需品。随着货物吞吐量的剧增，碧口镇很快成为民国时期甘川间最大的商埠，也是甘肃唯一依靠水运发展起来的商业重镇。甘肃的皮毛、药材源源不断地运往西南，四川的茶、烟、酒、纸张、布匹、丝绸等物资则经由碧口转销西北各省。此外，碧口镇还有一条陆路交通线，即从碧口镇经中坝到达成都。碧口镇的繁荣与这条交通线也是分不开的。据1943年调查，1942年碧口共输出水烟、药材、毛皮等47474市担，约值5888万余元。①

---

① 洪文瀚：《谈谈甘肃的商港——碧口》，《甘肃贸易》1943年第4期。

　　全面抗战时期，平、津、沪、杭等地商业和流亡人口先后迁入兰州者频繁，兰州人口逐年增加，新迁商业逐步增加，如食品业有上海帮天生园、中国酱园、大升酱园、上海酱园、万康酱园，津帮有鲜味斋、稻香村，洋杂货、布匹行业有河北高阳帮，其他各业均有增加。随着比较先进城市商业的到来，增添了新的技术，丰富了人民生活的需求。以食品为例，在1930年以前，兰州原来既无生产，又无运销，而后来增加了南味糕点、西点、面包、水果糖、露酒、白酒、啤酒、汽水等，以及各种洋杂小百货，品种繁多，丰富多彩。兰州"中山商场"的开辟，繁荣了市场，各业竞争加速，一度呈现出繁华的景象。①

　　全面抗战爆发后，兰州变为大后方，人口剧增。山西大部分地区先后沦陷，来兰州的晋商随之增多，许多人将家属子女接来兰州。这样一来，除原有商号扩大、营业人员增加外，经营小商业者也遍布于市。

　　2. 水烟、羊毛输出数量的增加

　　"抗战军兴，津沪路塞，药材、水烟之销路大受影响。故此项之业务经营，亦大感困难"②。全面抗战爆发后，水烟的重要销售市场相继沦陷，再加上香烟畅行，外烟倾销，尤其是重税束缚，烟商咸感困难，甘肃水烟销路顿减，仅限于陕、甘、青、宁、川五省，间道运销上海一部，分销江、浙、闽各地。据甘肃省贸易公司调查结果，1942年报税烟斤总计为1210万斤，除去旱烟不出口外，当年水烟出口至少约800万斤③，合计4000吨。甘肃省贸易公司1943年输出水烟307担，价值682194.19元。④

　　甘肃所产烟丝，除销售本省各县外，大部运往外省，以东北、天津、上海等处最多。水烟外运，价格随供需变化而定。兰州水烟1937~1943年每年的价格的变化见表4-10。

---

①　赵景亨、吉茂林：《原兰州私营商业简况》，中国人民政治协商会议甘肃省兰州市委员会文史资料研究委员会编《兰州文史资料选辑》（第3辑），1985，第157~158页。

②　甘肃省贸易公司：《甘肃省贸易公司三十二年度业务报告》，甘肃省档案馆藏建国前资料，2-经-383，1944。

③　王树基编著《甘肃之工业》，甘肃省银行总行，1944，第150~151页。

④　甘肃省贸易公司：《甘肃省贸易公司三十二年度业务报告》，甘肃省档案馆藏建国前资料，2-经-383，1944。

表 4 - 10 1937 ~ 1943 年兰州烟叶、烟丝每市斤平均价格①

单位: 元

年份		1937	1938	1939	1940	1941	1942	1943
黄烟	烟叶	0.18	0.30	0.68	1.10	2.00	7.80	15.00
	烟丝	0.23	0.42	0.71	1.30	2.30	14.00	20.00
绿烟	烟叶	0.21	0.35	0.67	1.10	2.10	8.00	16.00
	烟丝	0.27	0.46	0.73	1.30	2.40	14.00	21.00

由表 4 - 10 可以看出,1937 ~ 1943 年水烟价格逐年上升。扣除通货膨胀因素,水烟价格还是增加的。另外,水烟的种植面积在逐年减少。据杜景琦统计,皋兰、榆中、靖远、临洮、永靖、武山、陇西、洮沙、平凉、静宁、泾川、徽县、成县、武威、永登、酒泉等县为水烟主产区,1942 年种植面积为 46358 亩,1943 年为 44086 亩,1944 年为 41711 亩,1945 年为 40381 亩,1946 年为 40065 亩。②虽然种植面积缩小了,但是单位面积产量提高了。这从历年水烟的总产量可以看出。1942 ~ 1946 年的水烟产量见表 4 - 11。

表 4 - 11 甘肃省历年水烟产量③

单位: 市斤

年份	青烟丝	棉烟丝	黄烟丝	麻烟丝
1942	4408682	3303170	208737	1939094
1943	2176010	2493056	92459	1104648
1944	2838794	3704843	58017	1080123
1945	1398846	2284905	20875	867194
1946	3601846	2794854	124697	495421

水烟业在兰州占有重要地位,所有与此行业有直接或间接联系、赖此业为生的人,在甘肃省至少有 30 万人,即便在兰州市也有 5 万人以上,占兰州市人口的 1/5。④

---

① 甘肃省银行经济研究室编《甘肃之特产》,甘肃省银行总行,1944,第 48 页。
② 杜景琦:《兰州之水烟业》,伦华印书馆,1947,第 3 页。
③ 杜景琦:《兰州之水烟业》,伦华印书馆,1947,第 13 页。
④ 杜景琦:《兰州之水烟业》,伦华印书馆,1947,第 45 页。

全面抗战爆发后，东面铁路中断，羊毛输出受到很大影响。张家川的皮毛全部销往重庆、成都，洋庄也停业了，外商大部分回国，整个皮毛业的经营由外销转为内销，市场一度呈现出萧条景象。在对苏易货贸易出现以后，情况有所好转。在实行羊皮统购统销以后，私商情况更是每况愈下。

刊登在 1941 年《西北经济通讯》第 1 卷 4～6 期合刊上的《甘肃陇东羊毛皮货初步调查》一文，分别从抗战前后陇东及青海等地羊毛皮货的生产、运销、价格几方面论述了抗战前和抗战后的经营概况，详细介绍了战前羊毛皮货贸易主要由私人和外商经营，羊皮出口贸易完全操纵于外商之手，战时国民政府实行了统购统销政策，改变了战前私商控制出口的局面。①

绵羊皮在甘肃的运销中心，陇南为拉卜楞（今甘肃省夏河县），河西为永登、永昌、张掖、酒泉，陇东为平凉、西峰镇，而兰州则是西路各县皮张的总集中地。山羊皮的运销中心除平凉、西峰镇外，尚有张家川、靖远等地。由水路输出的，多用皮筏沿黄河顺流而下到包头，然后由平绥铁路转北宁铁路至天津出口；走陆路则是由产地先集中到各皮张运销中心，然后再利用牲畜驮运或马、牛车拉运到各中级市场，如兰州、平凉等地，再利用大车、胶轮车、汽车或火车，经陕西、河南转运到汉口、天津、上海口岸。不过，由于当时陇海铁路陕西段一直铺设缓慢，甘肃的货物走陆路东运远不如走水路北运便利和经济，结果甘肃或西北的皮毛，便多取道包头再由火车东输至天津出口。抗战爆发后，甘肃皮张向东的销路不畅，只能向西输往苏联。毛类的输出路线与皮张大体上相同。② 与此同时，兰州还是甘肃和青海地区的皮毛集散中心。据统计，青海及甘肃西南部的羊毛，每年经兰州运出的有 11000 余吨，皮货有 170 余吨。③

据贸易委员会西北办事处和甘肃贸易公司在 20 世纪 40 年代初的调查结果，当时甘肃的羊毛年产量为 1200 万斤，其中以夏河年产量最大，约 200 万斤；民乐、永昌、永登、靖远、固原、海原次之，年产量 60

---

①　顾少白：《甘肃陇东羊毛皮货初步调查》，《西北经济通讯》1941 年第 4～6 期合刊。

②　王世昌：《甘肃的六大特产》，《甘肃贸易》1943 年第 5、6 期合刊。

③　铁道部业务司商务科：《陇海铁路甘肃段经济调查》，1935，第 87 页。

万~70万斤；酒泉、山丹、高台、玉门又次之，年产量30万~40万斤。如前所述，1942年甘肃省产山羊毛约94万斤，绵羊毛约990万斤，两者合计约1084万斤（参见表3-3、表3-4）。

统购统销使公营商业贸易范围扩大，全面抗战前由外商和私商经营的出口商品皮毛几乎完全被复兴公司控制。在甘肃大宗输出的皮毛、水烟、药材等土特产中，复兴公司对其中输出额最大的羊皮、羊毛实行统购统销。复兴公司在皮毛产地集中设立机构，专门从事羊毛的收购，兰州、永登、永昌、张掖、酒泉、安西、平凉、庆阳等地都设有收购羊毛的仓库。据估计，甘肃羊毛产量的40%、羊皮产量的50%都被复兴公司收购，输出到苏联。[①]

全面抗战爆发后，财政部贸易委员会在兰州设立办事处，统销羊毛。后来改由复兴公司代办，私商收购几乎绝迹。天津、武汉、广州相继沦陷后，羊毛出口改走甘新公路输出苏联。内销羊毛则运往四川，或是沿西兰公路运往陕西。1938~1940年，甘肃夏河羊毛输出四川者达100万斤；1939~1940年，陇东羊毛输往西安、宝鸡者达147万斤。[②]

3. 公营商业的垄断经营

全面抗战爆发后，国民政府颁布了《非常时期农矿工商管理条例》，对国民经济各部门，从生产到流通，实行全面统制。由此，公营商业企业在后方商品贸易中逐步占据垄断地位。

1937年9月，国民政府军事委员会下设贸易调整委员会，由财政部一次拨款2000万元，控制全国贸易。1938年2月，贸易调整委员会改组为贸易委员会，隶属财政部，并将国际贸易局并入，总揽一切有关对外贸易的行政管理权，在国内外重要地点设立办事处，并直辖复兴商业公司、富华贸易公司、中国茶叶公司三个出口专业公司，分别由三个公司负责收购桐油、猪鬃、茶叶和其他土产，用于对外贸易。1939年7月，为了适应易货偿债与控制战略物资的需要，国民政府规

---

① 马公瑾：《中国复兴商业公司西北分公司述略》，中国人民政治协商会议甘肃省委员会文史资料研究委员会编《甘肃文史资料选辑》（第14辑），甘肃人民出版社，1983，第48~53页；孟非：《抗战时期的甘肃贸易》，《甘肃社会科学》1987年第6期。

② 甘肃省银行经济研究室：《甘肃之特产》，甘肃省银行总行，1944，第76~78页。

定桐油、猪鬃、茶叶三种特产分别由贸易委员会复兴、富华、中茶三公司统购统销，钨、锑、水银、锡等矿产则由经济部资源委员会统购统运统销。自此中国的出口贸易由过去的放任自流转向国营贸易的道路，这是战时我国进出口贸易的一个重大转变。1942 年 2 月，经济部又设立物资局，接管原平价购销处有关管制纱布的业务，并对棉纱实行统购统销。

1940 年 11 月，富华贸易公司西北分公司在兰州成立，赵才标任经理。富华贸易公司是抗日战争时期国民政府统制猪鬃、生丝、羊毛等的国营商业垄断机构，其西北分公司的主要业务是垄断经营甘肃全省的羊毛、皮货、猪鬃等货物的收购运销和对苏出口贸易。富华公司在甘肃的兰州、安西、海原、永登、永昌、西峰镇、敦煌等处设有仓库。1942 年 2 月 16 日，富华贸易公司西北分公司奉令归并于复兴商业公司西北分公司，所有经办业务概归复兴公司继续办理。1943 年，复兴公司西北分公司在兰州成立，是总公司为统制羊毛、桐油以及进行对苏进出口贸易设立的派出机构。复兴商业公司在抗战期间同苏联进行了大量的进出口贸易，并统制国统区的桐油、羊毛进出口业务。

1941 年 6 月 15 日，甘肃省政府与甘肃省银行合办的甘肃省贸易股份有限公司成立，民政厅长赵文龙为董事长，聘任兰州中国农民银行经理顾祖德兼任总经理。该公司实收股本 603.8 万元，其中商股仅占 203.8 万元，实际上完全是一个官营商业公司。

福生陇庄、福生纪庄、福生雍庄及福生宝庄、福生秦庄、福生双庄是农本局在谷正伦任甘肃省政府主席后在甘肃省设立的统制花、纱、布收购、运输业务的中央官僚资本贸易机构，其宗旨为"借助中央，开发地方富源；培养地方，提供抗战需要"①。1941 年 12 月，为加强物资管制，行政院决定设立经济部物资局筹备处，统辖农本局、平价购销处、燃料管理处。1942 年 2 月，物资局成立。1943 年，农本局改组为财政部花纱布管制局，孔祥熙的亲信尹任先任局长，农本局所有附属机构均改为花纱布管制局某某机构。花纱布管制局同时在兰州、西安、大荔、河

---

① 甘肃省档案馆编《甘肃省档案馆指南》，甘肃人民出版社，1997，第 54 页。

南等地设立办事处，统管福生各庄、仓、厂。福生陇庄设在兰州，主要从事兰州地区的花纱布购销和运输业务，同时管理省内其他各庄，并在秦安设手纺办事处。福生纪庄设在秦安县城，在秦安郭嘉镇设手纺办事处。福生雍庄设在天水，在徽县设有手纺办事处。花纱布管制局以压低的价格收购棉花，以棉花换棉纱，以棉纱换棉布的方法进行统制，所收购的大部分棉布供国民政府军用。

四联总处在《关于各行局加强增设西北机构致六行局函》中明确提出要大力支持官营商业："交通银行对于西北新设行处业务方针，建议西北经济生活，偏于商业行为，与其他各地情形不同。故推进之始，因势利导，当以先从繁荣当地市面，促进贸易入手。属于军民日用必需品之贸易购销事业，并拟酌量贷款协助一节，不无见地。似应予以原则上之指示，以便策划进行。并经本处第二五四次理事会议决议：'原则通过，应即依照策划进行，至东南各省复业计划，亦应由各行局积极筹备。'等语，记录在卷。查交通银行建议西北边区新设行处放款业务应予酌量放宽一节，原则可行。唯事关变通政府既定政策，似仍应予限制，以资兼顾。兹经决定办法如后：一，陕、甘、宁、青、绥、康各地各行局新设机构放款业务，除农工矿贷款依照原有规定办理外，并得视当地需要，陈准四联总处酌做商业贷款。二，上项商业放款之对象，应以国营或省营机构为限。三，商业放款押品种类，应以军民日用必需品及有关原料为限。四，押品折扣照价六折作押。五，期限不得超过三个月，遇有事实困难需转期时，以一次一个月为限。六，利率以低于月息四分为原则。七，每笔商业放款在一百万元以下者，应先报经各总行局核准方得承做，并转报四联总处查核。一百万元以上者，均先报经四联总处核准办理"[1]。这样一来，民营商业的境况更是雪上加霜，商人告贷无门，被迫抛售货物，最终还是钱庄从中获取暴利。[2]

张家川是甘肃东部由于历史原因而形成的皮毛集散市场。在实行统购统销之前的 20 世纪 20 ~ 30 年代，张家川有本地人开设的皮店 18 家，

---

①　四联总处秘书处编《四联总处重要文献汇编》，1947，第 362 ~ 364 页。

②　郑立斋：《我在天福公钱庄的经历》，中国人民政治协商会议甘肃省委员会文史资料研究委员会编《甘肃文史资料选辑》（第 14 辑），甘肃人民出版社，1983，第 91 页。

洋行 3 家，还有河北、天津、山西、东北、内蒙古、山东、河南、陕西、湖北、宁夏、青海以及甘肃本省客商开设的皮店 100 多家。这些客商有的常年扎庄，坐地收购；有的随购随运，来回经营。他们一般通过皮店议价。皮店只收佣金，因此受益的还是广大的贩皮户。客商掌握着市场信息，利重就多收，利微就少收。他们决定着市场的盛衰。皮户大多手头无钱，向皮店拉账，农闲时去平凉、庆阳、西峰等地收购皮张，回来后拿到皮店出售。张家川皮毛集散市场的形成和发展，由小到大，由简到繁，由省内到省外，由国内到国外，由生皮到熟皮，加工技术由粗糙到精致，市场情况由一般到兴盛，或起或落，经历了几个不同的发展时期。在 1932 年西兰公路修成之前，由于交通不便，皮张运输主要靠脚户驮运和人力背挑，少量通过邮局经马路向东南各地寄出。1934 年以后，随着西兰公路的修通，宝天线途经张家川，交通运输便利了，车辆也增多了，皮毛运输转为马车、汽车运输，皮毛业也日渐兴旺。"甘肃各地以及青海等处之皮货，则以此为一中心市场，各地生皮纷集于此"①。张家川经营的各类品种，以牛皮为主，羊皮次之，其他杂皮更次之。生皮一般由外商经营，多系牛羊皮。四川客商善于经营羊皮，他们把羊皮运往重庆加工后再售往外地。杂皮由本地皮匠加工成各种皮革鞋帽，就地销售。随着业务的繁盛，越来越多的人从外省县买上大宗羊皮，运到张家川出售。洋商在天津驻收，通过水陆两运将其销往英、法等国。张家川皮毛贸易全盛时期，每集参与交易的不少于 1000 人，上市的各种皮张可达 2000 多张。②

　　专卖制度更是让私营商业雪上加霜。1941 年 4 月，国民党八中全会通过决议，对盐、糖、烟、酒、火柴、茶叶等生活必需品实行专卖。以茶叶销售为例，全面抗战之前甘肃茶叶向由私商经营。茶之来源有二。一为府茶，即普通之官茶，来自湖南安化。府茶结成长方块，其形似砖，故一名砖茶。另一为松茶，来自四川松潘，产于灌县附近，系大叶散茶，每包 60 斤，在松潘仅售 13、14 元，至拉卜楞，每包即售 40～50 元。川

---

① 铁道部业务司商务科编《陇海铁路甘肃段经济调查》，1935，第 65 页。

② 麻钧、马辅臣：《张家川皮毛业的发展》，中国人民政治协商会议甘肃省委员会文史资料委员会编《甘肃文史资料选辑》（第 42 辑），甘肃人民出版社，1996，第 222～224 页。

货自松潘经西仓（在洮河上流）而至拉卜楞，每年商人结队而来。① 兰州为西入新疆、青海，北入蒙古之孔道，蒙古族、藏族多有嗜茶之癖，故茶商在兰州亦占重要地位。兰州茶行共计32家，从前最盛时曾达40余家。向例全体茶商每3年向甘肃省财政厅领茶票一次，计1130张（每票800封，重4000斤），每张纳税140余元，春季持票赴湖南安化等处采购茶叶，每4000斤为一票，装包运往陕西泾阳，加药料制成茶砖，每封约重5斤。兰州市上所售茶叶即以此种茶砖为主，俗称湖茶。茶砖制成后，发运到兰州，装入财政厅所设之官茶库内，出库时再纳盘茶费每票221.2元，然后陆续运往蒙古、青海、新疆等处销售。20世纪20年代末30年代初，因受新疆乱事之影响，西路销场大减。1934年，兰州茶价每封售洋2.3元，每年额销356票，合计1424万斤。② 自从茶业务归中国茶叶公司统一办理后，私商只有零售权利，大宗贩运再不能参与。

抗战时期，由于外货输入基本断绝，西南地区和西北地区间的贸易迅速升温，西北地区内各省区间的商业往来也异常活跃。1942年6月，甘肃省物产展览委员会成立，筹备在兰州市展览甘肃省各地农业、矿业、工业、林业、畜牧业各方面的产品。委员会借甘肃省三青团地址进行了展览。该物产展览会一直持续到1943年4月才结束。③ 商业的兴盛使甘肃省贸易额上升，商号增多。据1943年统计结果，当时甘肃全省共有商号2.5万家，年营业额达28亿元。④ 1945年，甘肃全省有商业公司17家，支公司29家，资本总额18797.74万元，其中仅兰州市就有商业公司12家，支公司18家，资本总额达136837400元⑤，占全省资本总额的72.8%。其中绝大多数是商业股份公司。

由于当时实行花纱布统制，统制机关在统购时尽量压低收购价格，提高销售价格，打击了农民和民营纺织业，也阻碍了民营商业的健康发展。国民政府的花纱布统购统销政策，宣称要"以花控纱，以纱控布，

① 马鹤天著，胡大浚点校《甘青藏边区考察记》，甘肃人民出版社，2003，第57页。
② 高良佐著，雷恩海、姜朝晖点校《西北随轺记》，甘肃人民出版社，2003，第54~55页。
③ 甘肃省档案馆编《甘肃省档案馆指南》，甘肃人民出版社，1997，第100页。
④ 魏永理主编《中国西北近代开发史》，甘肃人民出版社，1993，第320页。
⑤ 甘肃省政府统计处：《甘肃省统计年鉴》，甘肃省政府，1946，第189~190页。

以布控价"，保证物价平稳。但事实上，他们将棉花收购价格尽量压低，以减少收购成本。1943 年的棉花收购价格只及棉农生产成本的 42%，1944 年只有 40%，1945 年仅及 30%。[①] 这就极大地挫伤了农民的生产积极性，使棉花种植面积和产量逐年降低。

抗战伊始，西北的各类皮毛被纳入国民政府"统制"范围，由财政部贸易委员会集中统一收购。1938 年夏末，日本侵占华中，粤汉铁路中断，西北皮毛出口的传统路线被切断。由于战时物资紧张，国民党财政部贸易委员会将西北各地的畜产品纳入统制范围，一是为了充实国内物资，二是防止资敌。贸委会专门成立西北办事处，开始利用苏联运输援华物资来兰州的汽车把西北的皮毛运往苏联，进行中苏偿债性贸易。当时，这一业务由贸易委员会下属的复兴商业公司承办。1943 年正式成立复兴商业公司西北分公司，专门负责西北各类皮毛的收购、整理、包装、运输和国内外销售工作。为了有效地经营这项业务，公司在甘肃、宁夏、青海各地设有办事处和仓库，其中在甘肃有 7 个办事处和 3 个仓库，青海、宁夏、绥远也均在兰州设有办事处和交货站，兰州一时成为西北的皮毛集散地和商贸中心。甘肃的骆驼毛、皮张由贸易委员会西北办事处在产区集中设点挂牌收购，一般是现款现货；宁夏、青海分别与财政部贸易委员会西北办事处议定合同，据当时负责这一工作的马公瑾先生回忆，在第一批贸易合同中，宁夏提供羊毛 20000 担，驼毛 6000 担，青海提供羊毛 50000 担。[②] 据宁夏银行定远营办事处统计，阿拉善运往兰州的毛类数量为：1939 年，羊毛 241227 斤，驼毛 477270 斤；1940 年，羊毛 643740 斤，驼毛 336440 斤。[③] 在中苏偿债性贸易中，青海提供的羊毛最多，宁夏提供的驼毛在质量和数量上居第一位，羊毛仅次于青海。据估计，在中苏偿债性贸易中，宁夏提供的羊毛在 187 万～200 万斤。贸易委员会西北办事处 1939～1941 年在西北收购皮毛的情况见表 4 - 12。

---

① 中华年鉴社：《中华年鉴》（下册），1948，第 1221 页。
② 马公瑾：《中国复兴商业公司西北分公司述略》，中国人民政治协商会议甘肃省委员会文史资料研究委员会编《甘肃文史资料选辑》（第 14 辑），甘肃人民出版社，1983，第 48 页。
③ 陈国钧：《阿拉善旗经济状况》，《经济汇报》1944 年第 11 期。

表 4 - 12 1939~1941 年贸易委员会西北办事处在西北收购皮毛情况统计

年份	地 区	种类	数量（年约）
1939~1941	甘肃、青海、宁夏、绥远	羊毛	10（万担）
1939~1940	宁夏	驼毛	3000~4000（担）
1939~1940	甘肃、青海、宁夏、绥远	哈儿皮、羔羊皮	50~60（万张）
1940~1941	甘肃、青海、宁夏、绥远	山羊板皮	40~50（万张）

资料来源：马公瑾《中国复兴商业公司西北分公司述略》，中国人民政治协商会议甘肃省委员会文史资料研究委员会编《甘肃文史资料选辑》（第 14 辑），1983。

从收购总值看，按 1938 到 1940 年的法币估计，1939、1940 年每年的收购总值为 700 万~800 万元，以后逐年减少。从 1942 年到 1944 年，每年的收购总值在 500 万元左右。从 1945 年到抗战胜利，每年的收购总值在 200 万~300 万元。[①] 1941 年苏德战争爆发后，中苏未定新约，羊毛转为内销。当时抗战物资紧缺，于是在甘肃、宁夏、青海兴起了以畜产品为原料的加工企业。

抗战期间，国民政府贸易委员会对西北甘肃、宁夏、青海三省的皮毛进行统一收购、清洗、打包、加工后，运往重庆中国毛纺织公司作为纺织原料，部分用来出口，以换取外汇。这宣告外国洋行及买办长期控制和经营西北皮毛的局面彻底结束，国家开始直接参与开发畜牧业的活动。这种以国家"统制"的方式来参与西北畜产品贸易的形式，要比由洋行及买办收购更具有组织性、系统性，对农牧民的中间盘剥也较轻，不至于地利外溢，同时为国内军需和民用企业提供了原料，促进了国内工业生产的恢复和西北地区工业企业的兴起。从此西北的皮毛出口由以前的放任自流走上了国家统制经营的道路。

4. 合作商业的艰难发展

战时甘肃的私营商业也有所发展。当时甘肃的商业主要集中在大中城市，广大农村的商业网点严重不足，农民购销很不方便。在省合作管理处的引导下，农民组织了消费合作社。1935 年皋兰、靖远、陇西三县有消费合作社 8 个。到 1936 年，中国农民银行兰州分行在皋兰、榆中组

---

① 马公瑾：《中国复兴商业公司西北分公司述略》，中国人民政治协商会议甘肃省委员会文史资料研究委员会编《甘肃文史资料选辑》（第 14 辑），甘肃人民出版社，1983，第 53 页。

织信用合作社 67 个，有社员 3836 人。同年，甘肃省政府成立农村合作委员会，训练合作技术员 60 人，分赴各县指导商业合作。全面抗战开始后，由于交通阻隔，商品紧缺，甘肃省政府决定将合作社股金及公积金提出一部分作为商业经营基金，以供应社员急需。到 1940 年，甘肃全省67 个县共有消费、生产、信用合作社 4787 个，社员 242793 人，资金有756813 元，储金 266205 元，储粮 62523 石。① 而同期甘肃省贸易公司自有资金 600 万元，常年银行贷款 1200 万元。合作社与贸易公司相比，资本薄弱，缺乏专业人才，在战时商业竞争中常处于劣势地位。1942 年，甘肃省合作社联合社在兰州成立，甘肃省贸易公司与各县合作社联合社和青年消费合作社订立易货办法，贸易公司向合作社供应日用必需品，同时推销社员生产的产品和各地土特产。到 1943 年底，甘肃全省合作事业贷款结欠总额为 47917712.88 元，其中消费贷款为 39800 元，仅占总数的 0.08％;② 1945 年底贷款结欠数为 83397548.60 元，其中消费贷款为 400000 元，占总额的 0.48％③，数量都非常微小。政府的不重视，合作消费贷款数额的微不足道，决定了甘肃省合作商业只能在公营垄断性商业和私营灵活性商业的夹缝中生存，只能依靠甘肃省贸易公司获得一点必要的生活消费品。

5. 新型商业机构的出现

新型商业贸易组织——股份公司的发展也较为迅速。为适应大规模商业活动的需要，甘肃的商业组织形式也发生了质的飞跃，出现了近代意义上的商业股份有限公司。1945 年，兰州市已有商业股份公司 11 家，支公司 18 家，资本总额达 8685.74 万元；全甘肃省有商业股份公司 17家，支公司 29 家，资本总额 13779.74 万元。④ 甘肃省贸易股份有限公司于 1941 年 6 月 15 日成立，民政厅厅长赵文龙为董事长，聘任中国农民银行兰州分行经理顾祖德兼任总经理，下设管理、棉布、杂货、药材、烟茶、皮毛、运输、仓库 8 部。该公司以"调剂物资供需，发展地方经

① 杨大明主编《甘肃经济概论》，兰州大学出版社，1991，第 179 页。

② 《甘肃省合作事业贷款数额》（1943 年 12 月），《甘肃省统计要览底册及有关文件（二）》，甘肃省档案馆藏甘肃省政府档案，档案号：4—3—137，第 34 页。

③ 《甘肃省合作金库业务（2）放款》（1945 年），《甘肃省统计总报告（民国三十四年）（三）》，甘肃省档案馆藏甘肃省政府档案，档案号：4—3—74，第 70 页。

④ 甘肃省政府统计处：《甘肃省统计年鉴》，甘肃省政府，1946，第 189～190 页。

济，执行政府平价政策"为宗旨，实行股份有限制，实有资金 1049.8 万
元（法币），其中官股 500 万元，商股 549.8 万元。甘肃省贸易公司在兰
州设总公司，分支机构有分公司、办事处和通讯处。公司成立初期，还
曾在甘肃省各县市普遍设置通讯员，定期报告市场情况和其他情况，以
供业务参考之用。

　　1942 年，总公司机构改组为总务、业务、会计三处及秘书、人事、
技术三室，处室下分课分组。公司职工人数在抗战期间经常为 300 人左
右，抗战胜利后在 200 人左右，是甘肃最大的官僚资本主义商业。第一
任董事长赵龙文，从 1941 年开始筹备到 1945 年任董事长五年。他主要
依靠甘肃省政府和胡宗南掌握的军事系统及戴笠掌握的特务系统的力量，
通过官僚资本银行，取得低息贷款进行囤积，并通过掌握物资的官僚资
本企业取得廉价的物资，进行垄断。自 1941 年公司成立到该年底六个月
内，共购入物资总值 1300 万元，约合银币 100 万元，是公司购货最多的
一年。当年该公司销售总值为 600 万余元，尚不及购入总值的一半，
说明贸易公司从一开始就大量进行囤积居奇的勾当。[①] 为了扩大经营，
贸易公司在省内外设有办事处 5 处，通讯处 7 处，派驻通讯员的地点
有 22 处。

　　甘肃省贸易公司是一个省营贸易公司，其贸易总额在甘肃省占据垄断
地位。根据档案资料，1942 年甘肃省贸易公司的进货总额为 37710218.44
元，销货总额为 18524958.37 元，合计当年贸易总额为 56235177 元。[②]
按照 1942 年底的市场价格计算，甘肃贸易总额为 30 亿元，共输入日常
生活用品总价值 25 亿元。其中属于官营的商品有棉花、棉纱 2 亿元，布
匹 14.2 亿元，纸张 5000 万元，糖 2.3 亿元，砖茶估计为 1 亿元。共计
官营商品价值总额为 20 亿元，占甘肃省贸易总额的 2/3。这还没有算上
省贸易公司和一般商人共同输入的价值共 3 亿元的五金、颜料、文具、
瓷器、酒精、西药等商品。在官营商品的输入过程中，因为"主要物资

---

① 李剑夫：《我所知道的国民党甘肃省贸易公司》，中国人民政治协商会议甘肃省委员会
　文史资料研究委员会编《甘肃文史资料选辑》（第 8 辑），甘肃人民出版社，1980，第
　185～186 页。

② 《甘肃省三十三年度统计总报告》（一），甘肃省档案馆藏甘肃省政府档案，档案号：4 -
　2 - 190，第 94 页。

均由政府机关管制，砖茶、食糖由各专业专卖机构经营，而且沿途关卡林立，阻难重重"，这些物资无一不是通过甘肃省政府的协调"由陕西、河南、四川等地运来"①。再以 1943 年为例，甘肃省贸易公司购入商品 33273457.85 元，售出商品 47552855.28 元（详见表 4-13、表 4-14）。

表 4-13　1943 年甘肃省贸易公司进货分配情况

单位：元

物品名称	数量	总值
土布（各色土布）	45060.00 匹	8670959.00
洋布（各种宽面布）	11541.00 匹	10498812.00
棉纱	2640.00 捆	2359000.00
纸张	26405.00 刀	1855050.00
糖类	19976.00 市斤	941309.00
棉花	13000.00 市斤	518750.00
砖茶	40371.00 块	4049323.80
茶叶	38472.00 市斤	
其他		4380254.05
合计		33273457.85

表 4-14　1943 年甘肃省贸易公司售货分配情况

物品名称	数量	总值（元）
棉花	52962.00 市斤	2066946.90
棉纱	127.00 捆	506778.00
土布	14939.00 匹	3167345.44
洋布、宽面布	24418.00 匹	27602539.49
面粉	1987.00 市斤	204940.00
酒类	5497.00 市斤	196927.73
砖茶	14696.00 块	3122718.00
茶叶	12628.00 市斤	615078.00

---

① 李剑夫：《我所知道的国民党甘肃省贸易公司》，中国人民政治协商会议甘肃省委员会文史资料研究委员会编《甘肃文史资料选辑》（第 8 辑），甘肃人民出版社，1980，第 187 页。

续表

物品名称	数量	总值（元）
糖类	71545.50 市斤	2660499.00
纸张	29052.50 刀	3192162.60
洋烛	674.88 包	790847.00
其他		3426073.72
合计		47552855.28

　　附注：所列销货总额47552855.28元中，有销货退回561285.66元未予扣除。有外分处销货数5020544.12元未计算在内。实际销货总额为52012113.74元。

　　资料来源：《甘肃省贸易股份有限公司三二年度业务报告》，甘肃省档案馆藏建国前资料2—383。

　　从表4-13、表4-14可以看出，1943年甘肃省贸易公司实际供销总额约为8400万元。输入的商品中，棉花、棉纱、土布、洋布、纸张、糖类、砖茶均为政府统制或专卖物资，这些商品的价值占当年购入商品总价值的80.7%（其中砖茶按当年购入茶类价值的一半计算）。这些采购活动离不开政府的协助和支持：1941年该公司向湖南砖茶厂订购砖茶，甘肃省政府电请湖南省政府协助办理；1943年向四川采购食糖和在河南抢购土布，甘肃省政府曾电请四川内江食糖专卖局及河南省政府要求给予便利；1944年向花纱布管制局购买棉布时，甘肃省政府曾电请该局西安办事处予以照顾。在省内收购土特产时，更是利用政府权力，予取予求，直接压榨。如1943年4月，夏河藏民因羊毛收购价格太低而不愿交售，该公司通过省政府命令夏河保安司令部将该地所存羊毛全部封存，按牌价悉数购进；同年春，张掖农民因物价上涨，不愿按照原定价格交售大米，该公司通过省政府严令张掖县政府要求农民限期交清。上述事实和数据表明，甘肃省贸易公司是依靠银行的资金和政府的权力支持，在甘肃省进行商业垄断经营的。

　　正因为这种经营方式，甘肃省贸易公司主要是为特权阶层服务的，如1942年甘肃省贸易公司平价销售物资达1109万元，与黑市价格相差1360万元。[1] 1943年甘肃省贸易公司"物品之供销，均系依照限价或议

---

　　[1] 李剑夫：《我所知道的国民党甘肃省贸易公司》，中国人民政治协商会议甘肃省委员会文史资料研究委员会编《甘肃文史资料选辑》（第8辑），甘肃人民出版社，1980，第187页。

价而计值，若干物品且有低于限价议价者。故销货价格与黑市价格相较差额甚大，合计全年差额总值达一亿零六十六万五千六百五十一元七角三分，此项差额，即为本公司对各机关团体民众减轻负担之数"①。但是平价销售的对象是党政机关、军事机关、金融机关、交通机关等机关的公职人员②，那么差价当然也被这些军政机关的特权人物所得，普通老百姓并没有得到实惠。依靠集中垄断经营布匹、食糖、纸张、砖茶四项，贸易公司获得了巨额利润：1943 年获纯益 4683176.82 元，1944 年获纯益 8028169.94 元，1945 年获纯益 9501075.60 元。③

从 1941 年开始，国统区经济出现崩溃的征兆，生产萎缩，物价大幅度上涨，国民政府进一步采取种种措施，加强对工农业产品从生产到销售等一系列环节的控制。1941 年 4 月，国民党决定对盐、糖、烟、酒、火柴、茶叶等生活必需品实行专卖。

二　传统商路的变迁

综上所述，全面抗战前甘肃省乃至黄河中上游地区的商业都是以兰州为中心的。兰州的传统商路有东、南、西、北四个方向。向东走西兰公路，可达西安、泾阳、三原。陕甘间以大车、汽车为运载工具。向南由甘川公路（沿古栈道）到碧口，走水路可达重庆，或是走平凉、宝鸡经汉中到成都。向西则沿甘新公路经武威、张掖、酒泉、安西、星星峡入新疆。向北走陆路由兰宁公路到宁夏、包头，再转火车至天津；走水路则可利用皮筏从兰州直下包头，再转火车运至天津、上海。平津输入甘肃的商品经由绥远、包头、宁夏、凉州等地，由骆驼运到兰州。沪、杭、鄂等地的杂货、纸张则可经由西安，由铁轮马车、驮骡载运到兰州。

---

① 甘肃省贸易公司：《甘肃省贸易公司三十二年度业务报告》，甘肃省档案馆藏建国前资料 2 - 经 - 383。
② 《甘肃省三十三年度统计总报告》（一），甘肃省档案馆藏甘肃省政府档案，档案号：4 - 2 - 190，第 101 页。
③ 甘肃省贸易公司：《甘肃省贸易公司三十二年度业务报告》，甘肃省档案馆藏建国前资料，2 - 经 - 383；甘肃省贸易公司：《省贸易公司业务经营》（民国三十三年度），《甘肃省政府三十三年度统计总报告》（一），甘肃省档案馆藏甘肃省政府档案，档案号：4—2—190，第 92 页；《三四年贸易公司资产损益概况表》，《甘肃省民国三十四年度统计总报告原始资料》（三），甘肃省档案馆藏甘肃省政府档案，档案号：4—2—239，第 26 页。

四川商品可经由广元、汉中，由驮骡、马驮运到兰州。

从以上的叙述可以看出，甘肃输出的重要货物以皮毛、水烟、药材为大宗，栽绒毯、蘑（毛）口袋（毛口袋，甘肃、青海少数民族以牛羊毛粗纺成线编织成的口袋）、褐布、蘑菇等次之；输入的货物以京津沪汉洋布、绸缎、纸张、海菜、纸烟、洋杂货为大宗，中西药品次之。① 水烟的传统商路为两条水路和陆路。若走水路，则用羊皮筏顺黄河"将烟制品运至沿河要埠，如宁夏、包头各地。战前至包头后，再以火车运至大同或平、津，然后转至东北。其在宁夏出售者，则以宁夏为批发中心；山西出售者，则以大同为中心"；陆路由兰州沿"西北公路用胶皮轮骡车（战前多用汽车）运至陕西。在陕西境内销售者，则以西安为批发中心。如继续运至东路，则须运至陕西泾阳县，加以整理改装，然后再经潼关，而运至晋、豫、江、浙各省"；此外还运销青海、新疆、四川等地。甘草、大黄、党参、枸杞、当归为甘肃药材中产量最多的，其输出路线有3条，除了由北路（水路）的包头输入绥远等地区，由东路（陆路）的宝鸡输入陕西等地区，还由南路（栈道）经文县的碧口输入四川等地区。不甚重大之货，如布匹、皮毛用邮包寄递者亦属不少。陇东各县皮毛也有沿西兰公路运至陇海铁路再运往津沪的。河西地区则用骆驼载运至包头转平绥铁路再分运津沪。朱立芸认为，近代甘肃药材的运销有岷县、平凉、武威三个集散中心。陇南以岷县为集散中心，所有附近临潭、武都、卓尼、西固、天水、渭源、陇西等地之药材均集中于此间，而后运往碧口，经由昭化、绵阳、大足、成都、重庆，然后由长江转运至上海、香港或分销长江沿线各埠。抗战时期，长江航运阻塞，甘肃药材的运销，十之有九改走陆路。陇东以平凉为中心，附近各县如武山、隆德、两当等地的药材，均集中于此间，而后由平凉运往陕西之宝鸡、西安，再转运至河南、汉口一带。河西则以凉州为中心，附近临泽、甘州等县的产品均由此间经蒙古草地往包头，转平津一带销售。②

输入甘肃的京津洋布、绸缎、海菜，先是从天津用火车运至包头，在包头用大船装载，上挂篷帆，再用人力上拽，至距兰州二百数十里之

① 中央银行经济研究处：《甘青宁经济纪略》，中央银行，1935，第60~61页。
② 朱立芸：《论近代西北的药材与市场》，《开发研究》1997年第6期。

靖远五佛寺登陆，改用骆驼、大车转运至兰州。或是直接在包头用骆驼运载至兰州，或是向西经磴口、阿拉善旗草地运抵张掖、酒泉。新疆商人将地毯、布匹运至敦煌、安西、肃州一带销售后，由碧口入川，采购绸缎并运回新疆，每年来往一次。大布由陕西三原采购后，用大车沿西兰公路运至兰州。茶叶由湖南安化起运，在汉口沿汉水上溯，转运至陕西三原后，由陆路运至兰州。

据樊如森的研究，兰州作为西北地区四大枢纽市场之一，在抗战前以北面的"草地"驼路和平绥铁路、西面的甘新驿路和东边的陇海铁路、中间的黄河水路等传统的交通线为纽带，以众多的中级市场和初级市场为依托，向东与国内其他市场和津、汉、沪等港口城市及国外市场，向西、北与俄国，向南与印度等国外市场沟通起来，商路可以说是四通八达。①

抗战时期，由于战争的影响，有些传统的商路不通了，另外一些新商路被开辟出来。以布匹的输入为例，战前输入甘肃的商品以布匹为大宗，有土布和洋布两种，土布来源地为陕西、河南和湖北，洋布来源地则为天津、上海等。抗日战争爆发以前，洋布的采购地东路为徐州、郑州、西安，南路为汉口，北路为宁夏、包头，也有直接从津、沪采购的；抗日战争爆发以后，洋布的采购地东路为禹州、洛阳、西安，北路为宁夏吴忠堡，西路为新疆哈密，到1942年则以陕西、宁夏地区为重点，其次为新疆和四川地区。其他如绸缎、呢绒、各种日用装饰品、五金、颜料、香烟、海菜等外地货物的输入路线和输入状况，也与洋布大体上相同。另外，输甘纸张60%来自四川地区，30%来自陕西地区。砖茶则运自湖南安化或陕西泾阳、三原，粗茶运自陕西紫阳，细茶运自四川地区。②

往北的商路断绝了，往东的商路也受到了严重影响，于是向西南少数民族聚居区的商路就被开辟出来了。以往少数民族地区的商业主要是每年一到二次的庙会，战时西南和西北地区间的经济联系逐渐密切，商贸往来也增加了。这些线路以前也有一些，战时又有新线路被开辟出来，

---

① 樊如森：《民国时期西北地区市场体系的建构》，《中国经济史研究》2006年第3期。
② 陈鸿胪：《谈甘肃省的内销货物》，《甘肃贸易》1942年第1期。

主要由马帮经营。马帮、马客或脚户是私商的一种，主要以河州（今临夏）回族为主。据估计，临夏的脚户最盛时，约有上万头牲畜，骡、马和驴都有。"专跑外脚的牲畜约四千头以上，赶脚的约二千人以上（最低数字）。"这些脚户的主要贩运路线有：河州—阿坝—成都线；河州—汉中线；河州—三原线；河州—西宁线；河州—河西线；河州—武都线；河州—夏河线；河州—循化、保安、巴彦戎格线。他们的贩运路线基本上覆盖了甘肃全省，省外抵达四川、陕西、新疆和青海等地。贩运的主要货物，从河州出发时带去本地土产，回来时带回日常用品，如茶叶、铁器、纸张、布匹、棉花和烟糖等物品。[①] 脚户在沟通地方经济方面起着重要作用。就拿河州—阿坝—成都线来说，往来于此线的回商把大量日用品运进阿坝地区的黑水、理县和马尔康等地，影响当地经济至巨。

水烟的销售路线也有变动。"九一八"之后东北沦陷，水烟销售的北线及海线的东北市场就被日本夺去。缅甸、越南成为英法的殖民地后，外国纸烟内侵，云贵首当其冲，南线也受到很大影响。[②] 七七事变后，东路也受到很大影响，销量有所下降。同一时期，对新疆、青海、四川的销量则有所上升。

再以皮张、羊毛的运销为例来说明商路的变迁。抗战以前，绵羊皮的运销据点，陇南为拉卜楞（今甘肃省夏河县），河西为永登、永昌、张掖、酒泉，陇东为平凉、西峰镇，而兰州则是西路各县皮张的总集中地。山羊皮的运销据点除平凉、西峰镇外，尚有张家川、靖远等地。抗战前，羊皮多输往英、美各国。由水路输出的，多用皮筏沿黄河顺流而下到包头，然后由平绥路转北宁路至天津出口；陆路则是由产地先集中到各皮张运销据点，然后再利用牲畜驮运或马车、牛车运到拉卜楞、平凉等中级市场，再用大车、胶轮车、汽车或火车，经陕西、河南转运到汉口、天津、上海。但由于陇海铁路陕西段修筑缓慢，货物走陆路不如走水路便利和经济，抗战前甘肃乃至西北的皮毛大多通过包头输往天津。抗战爆发后，对外销路不畅，皮张只能向西经由甘新公路输往苏联。毛类的输出路线大体与皮张相同。

———————————

① 张思温：《河州经济琐谈》，载石宗源主编《张思温文集》，甘肃民族出版社，1999，第210 - 211页。
② 杜景琦：《兰州之水烟业》，伦华印书馆，1947，第10页。

　　1938 年后，海路中断，土特产出口受阻，水运呈萧条局面。政府组织筏户承担了大量的军需品运输任务。往宁夏、包头方向运送的主要是军用物资，往重庆方向运输的主要是汽油。同时，皮筏还承担了兰州市军民口粮的运输任务，每年要从青海湟中和临洮等地运进粮食 3000 ~ 4000 石。① 1940 年，甘肃省政府成立了驿运管理处，将兰州所有的皮筏编为"水上运输队"，王信臣为业务负责人。抗战时期，国民政府有一批汽油要运往重庆，遂由甘肃玉门油矿局在兰州购置了 2000 多个羊皮胎，聘用 20 多名筏工，组成"皮筏航运队"，赴四川广元执行任务。1942 年夏，航运队组成了载重 60 吨的皮筏 5 个，仅用 15 天时间就把近 300 吨的汽油运至重庆，轰动了山城（木船需 30 多天）。在此之前，玉门油矿局生产的汽油需要用汽车从玉门油田经兰州、广元运至重庆。采用皮筏运油后，不仅节省了时间，降低了成本（从广元运 100 吨汽油到重庆，用羊皮筏比用汽车节省 60 万元），而且羊皮胎可以反复使用，既经济又安全。② 1943 年，皮筏航运队顺利完成石油运输任务，返回兰州。③

　　1937 年全面抗战爆发后，平津沦于敌手，甘肃北向商路中断。随着战区的扩大，东向商路也受到严重影响。只有西向和南向商路不仅没有缩减，而且得到了加强。甘青公路修筑后，青海与甘肃间的贸易往来也日益密切。由于国民政府迁川，甘川间经济联系日益紧密，南向商路的贸易往来大大得到了加强。随着中苏偿债贸易的进行，西向商路货运量大增。

三　对苏贸易

　　全面抗战爆发后，为了给中国政府提供援助，苏联克服了种种困难，开辟了从中亚到新疆、甘肃的运输线，并且在哈密、兰州等地建立了基地，援华物资经由这些地方运到陕西、四川，然后再运往各地。据统计，从 1937 年至 1941 年，苏联政府先后三次提供易货贷款支援中国的抗日

---

① 甘肃省地方史志编纂委员会、甘肃省交通史志年鉴编写委员会编纂《甘肃省志·航运志》，甘肃人民出版社，1992，第 3 页。
② 薛毅：《国民政府资源委员会研究》，社会科学文献出版社，2005，第 263 ~ 264 页。
③ 西迪：《抗战军运中的兰州皮筏》，《档案》2005 年第 2 期。

战争，总金额达 2.5 亿美元，实际使用 1.7 亿美元。据苏联方面统计，从 1937 年 10 月到 1938 年 8 月，中国政府向苏联购买了 9 批军事物资，具体如下：飞机 924 架，坦克 82 辆，大炮 1140 门，牵引车 602 辆，汽车 1516 辆，轻重机关枪 9720 挺，步枪 50000 支，子弹约 18000 万发，炮弹 200 万发，炸弹 31600 颗。[1] 1940 年，苏联政府又向蒋介石提供了 150 架战斗机，100 架快速轰炸机，近 300 门炮，500 辆汽车的援助。从 1938 年 3 月到 1940 年，苏联先后向中国提供贷款 4.5 亿美元，这些贷款不附带任何条件和抵押，并把中国急需的飞机、大炮、坦克及其他武器弹药、运输工具、燃料等，以低价折为贷款运到中国。中国政府以茶、皮革、兽毛、锑、锡、锌、镍、钨、丝绸、棉花、药材等偿还贷款及利息。另外，苏联还派遣军事顾问、教练员、专家等 3000 多人，组建志愿航空队来华参战。苏联对华所提供的贷款年息仅为 3%[2]，远低于美英贷款6.5% 的年息，并且援助的军火物资价格很低，实际价值等于动用苏联对华信用贷款的 2.5 倍。[3] 从 1938 年 6 月到 1940 年 9 月，中国用苏联的贷款向苏联购买了七批"特种财产"，包括飞机 885 架、大炮 940 门、机关枪 8300 挺以及无线电设备、载重和轻便汽车、救护卫生车，总价值1.225 亿美元。[4] 这些军援物资都是经由甘新公路运至兰州，再经西兰公路运至陕西，或是由华双公路经宝鸡、汉中运至四川。回程的汽车则运送锑、锡、锌、镍、钨等特种矿产和羊毛、皮张、茶砖、药材等特产。甘肃地方当局曾获得一批苏制汽车，因为是以羊毛偿债换回来的，所以人称"羊毛车"。

1942 年 2 月，财政部贸易委员会为加强对苏贸易，承运贸易委员会下属各单位的进出口物资，特在兰州设立贸易委员会西北运输处，主任为陈颂言。西北运输处主要经营甘新公路兰星段的进出口物资运输。由于汽车少，汽油缺乏，运输处曾一次性购进胶轮大车 1200 辆，除留下200 辆编为自营车队外，另外 1000 辆全部按照进价贷给私人经营，编为

① 李赟：《苏联军事援助对中国抗战胜利的贡献》，《军事历史》2015 年第 5 期。

② 沈志华主编《中苏关系史纲》，新华出版社，2007，第 60 页。

③ 李馥明：《简析抗战时期苏联对中国的军事援助》，《焦作大学学报》2003 年第 4 期。

④ 中国第二历史档案馆编《中华民国史档案资料汇编》第 5 辑第 2 编，财政经济（2），江苏古籍出版社，1997，第 629～630 页。

50 个车队参加营运。到 1944 年，西北运输处改隶复兴商业公司西北分公司，改称兰州运输总站。抗战时期，甘肃交通运输事业的发展为商业贸易提供了助力。据统计，仅从 1937 年全面抗战爆发到 1938 年夏，约有6000 多吨各种货物通过甘新线运往抗战前方。1938 年，首批苏联援助的1000 辆卡车即由此路运抵兰州。苏联援华的中型、远程和重型轰炸机由空勤组驾驶到中国，歼击机则拆开后运到哈密，再装配起来开往前方基地。从 1937 年 10 月到 1939 年 9 月，苏联援华军火中的 985 架飞机、82辆坦克、1300 多门火炮、14000 多挺机枪以及弹药、设备和装备，都是通过西北国际交通线运到内地抗日前线的。1940 年 12 月中旬，苏联载重汽车 300 辆，装满飞机、大炮、轻重机枪、汽油、配件等开到哈密，回程时运回我国作为抵偿的锡、羊毛、山羊皮、茶叶、棉花等物资。除运输苏联物资外，1942 年，英国援华物资也经过苏联中亚地区运入我国，这批物资经过新疆运往内地。[①] 据统计，1940 年安化砖茶的销量为 57483片，1941 年为 114522 片，1942 年猛增至 322208 片。从 1942 年起，通过兰州的砖茶大部分经由星星峡交付苏联进行偿债贸易。[②]

1939 年 3 月，国民党政府经济部资源委员会与苏联出口贸易协会在重庆商订交货合同两种：甲，1938 年 1 月至 1939 年 10 月，除 1938 年 11月至 1939 年 1 月间中国已供给之矿产品外，中国应于 1939 年 2 月至 10月 2 日之期间内，将下列矿产品运至苏联边境接受：锑 300 吨，锡 2000吨。中国于 1938 年 1 月至 1939 年 10 月 2 日提供苏联的矿产品总值（包括运费）约 6942400 美元；乙，1939 年 10 月 31 日至 1940 年 10 月 30 日一年内，中国向苏联供给矿产品：钨砂 5000 吨，锑 5000 吨，锡 300 吨，水银 50 吨，包括运费总值约 8016666 美元。与此同时，用于偿还贷款的农副产品也陆续运往苏联。[③]

由于抗战时期对苏偿债性易货贸易数量大、时间长，战时运输困难，为了保证易货贸易的进行，国民政府专门成立了对外贸易委员会，负责

①　新疆社会科学院民族研究所编著《新疆简史》（第 3 册），新疆人民出版社，1980，第253 页。

②　王世昌：《甘肃茶销概况》，《甘肃贸易》1944 年第 10、11 期合刊；《缪钟秀偕苏联茶业专员飞兰接洽羊毛砖茶运销事宜》，《甘肃合作》1938 年第 12 期。

③　王荣林：《抗战期间中国偿还苏联援华财物再议》，《山西高等学校社会科学学报》2002 年第 3 期。

全部对苏贸易工作。对苏贸易的矿产品和农产品在战前就是中国对外出口的大宗商品。为了保证易货贸易的顺利进行，国民政府对钨、锑等矿产品和桐油、羊毛、茶叶、蚕丝等农产品实行国家统制经营。矿产品由经济部下设的资源委员会负责，农产品则由财政部贸易委员会管理。

在全面抗战阶段，中国矿产品对苏出口总值占对苏易货商品总额的一半以上。在滇缅公路中断前，矿产品出口大部分经由广州、香港、越南海防海运或是经滇缅公路运出，经仰光再转运至苏联。缅甸沦陷后，对苏贸易的全部货物和对欧亚的部分贸易商品只有走贯穿西北的国际运输线，西北遂成为战时最重要的国际大通道。西北国际交通线的陆上运输分为公路运输和驿运两种，公路交通线是战时开放时间最长、运输量最大的贸易路线。大西南商品经由诸条西南公路运至四川后，再经西兰、华双、汉白等公路转运兰州，经甘新公路运至迪化，在新疆的霍尔果斯口岸与苏联的阿拉木图对接。路途中哈密、兰州、咸阳为重要的转运站。西北公路局最多时有1300多辆汽车奔驰在这条运输线上。据统计，1938～1941年，中国经新疆向苏联运输的战略物资有钨、锡、汞、锑、锌、桐油、羊毛、猪鬃、生羊皮等。这些物资的数量分别是：钨砂14664吨、锡7385吨、汞150吨、锑4075吨、桐油7768吨、羊毛10500吨、猪鬃6340吨、生羊皮1315000张。[①] 为了弥补汽车运力的不足，政府又开辟了多条驿运线路，由车驼运输所负责运输进出口物资。战时的驿运事业也承担了很大一部分贸易运输的任务。驿运干线因局势不稳而时有变化，1942年时经过甘肃的驿运干线有：陕甘线，辖广元至宝鸡（443公里）及天水至双石铺（231公里）两段，并附辖六安至阳平关、阳平关至广元及汉中至襄城这三条辅助线，总长902公里，以运输棉花、水泥、钨砂、军品、茶、糖等物为主；甘新线，自天水经兰州至星星峡，长1548公里，并辖酒泉至石油河、安西至敦煌两条辅助线，总长2225公里。该线入口以接运俄货为主，出口以羊毛、钨砂为主。[②] 1944年，陕甘驿运管理分处与川陕分处合并，称川陕分处，以运输宝鸡的棉花为主，回程则运军粮、军品及空油桶；甘新分处以运输玉门石油为主，其

① 魏永理主编《中国西北近代开发史》，甘肃人民出版社，1993，第309页。
② 龚学遂：《中国战时交通史》，商务印书馆，1947，第247页。

次为运输甘肃的盐以及补给的军粮。1939 年至 1945 年，甘肃每年组织几千辆大车和几万头驮畜参加物资运输。当时，出口物资主要是西北的矿产和皮毛，进口物资主要是苏联援华的枪炮弹药。据统计，1942 年，甘肃驿运管理机关征雇了 1260 辆胶轮大车、2576 辆铁轮大车、1585 辆人力手推木轮车、11070 峰骆驼及 13813 匹驮骡、驮马和驮驴，还有大量挑夫。[①] 这支庞大的驿运队伍在当年的总载重量为 8855 吨，全年实际完成的货运量和货物周转量分别相当于拥有 1300 多辆汽车的西北公路运输管理局的 16 倍和 7 倍。[②] 对苏易货的运输，先是苏方准备利用运输军用品回空的汽车带回羊毛，后因苏联交运国民政府的军用品多为汽油，交货地点改为甘肃、新疆交界的星星峡。战时国民政府汽车很少，汽油也非常缺乏，兰州至星星峡全长 1171 公里，来回油耗很大，因此兰星段的运输任务改由驿运承担。全面抗战期间，甘肃驿运完成的货运重达 36.2 万多吨，货物周转量 14843.6 万吨公里。[③] 通过驿路运输的这些物资，对保证后方供应、促进物资流通、保证前方军需品供给均起了较大的作用，为争取抗日战争的胜利做出了贡献。

随着中苏偿债贸易的进行，西向商路货运量大增，而且甘新公路本身还负担着运送玉门油矿油料至重庆的任务。1939~1945 年，玉门油矿原油产量共约 7866.7 万加仑[④]，天然气 3686 万立方米，提炼煤油 511.6 万加仑，柴油 71.7 万加仑。这些油料即沿玉门—酒泉—张掖—武威—兰州—天水—宝鸡—汉中—广元—重庆一线用汽车运输。苏联援华的抗日军用物资，均由苏联司助人员运输，通过沿线一个个招待所的接力招待，大都运到兰州，再由我国的车队接运，但苏联人驾驶的货车也有运至广元的。

对苏联出口农产品主要集中在 1938~1942 年，1941 年为输出高峰。其输出具体情况见表 4 – 15。

---

① 甘肃省公路交通史编写委员会编《甘肃公路交通史》（第 1 册），人民交通出版社，1989，第 391 页。
② 甘肃省公路交通史编写委员会编《甘肃公路交通史》（第 1 册），人民交通出版社，1989，第 409 页。
③ 甘肃省地方史志编纂委员会、甘肃省交通史志年鉴编写委员会编纂《甘肃省志·公路交通志》，甘肃人民出版社，1993，第 521 页。
④ 孔庆泰：《抗战期间中国石油工业的建立》，《历史档案》1989 年第 4 期。

表 4 – 15　1938～1942 年中国对苏联农产品出口情况

品名	数量	品名	数量
茶叶	591022 市担	羔皮	1459000 张
茯茶砖	331425 块	其他羊皮	3898260 张
桐油	8170 关吨	狐皮	14150 张
羊毛	339600 关担	黄牛皮、水牛皮	36762 张
驼毛	16056 关担	旱獭皮	349755 张
猪鬃	7104 关担	黄鼠狼皮	7000 张
生丝、白厂丝	2822 关担	山羊绒	5156 关担

从 1938 年到 1945 年，经由甘新线输出的毛类共计 23744 吨，皮 5407000 张，茶叶 31486 吨。1940 年滇缅公路被封锁后，西南地区的大批贸易物资也改由西北交通线输出。仅 1941 年经兰州向苏方交付的钨就达 717.3719 吨，钨砂 525.547 吨，锡品 157.8842 吨；1942 年运交给苏方的矿产品总量为 1555.629 吨；1943 年为 2798.2081 吨。[1] 由于西北国际交通线的畅通，政府为换取外汇，大力提倡出口，各地专家纷纷致力于改良羊种，西北羊毛出口总额由 1937 年的 13 万担猛涨到 1939 年的 42 万担，达到"世界经济恐慌前高峰"[2]。

在抗战初期，英、美等西方大国举棋不定，没有向中国施以援手，国内正面战场丧师失地，人民悲观失望，而苏联的军援提高了中国人民抗战的必胜信心，对增强国民政府的军事力量，支持中国的抗战起到了极大的作用。战时的对外贸易由私人自由经营转为国家统制经营，由放任自流转为由国家商业机构垄断经营。

第三节　银行业对战时商业的支持

根据历年甘肃省贸易公司的年度业务报告可知，1943 年甘肃省贸易公司自有现金 28679.47 元，向银行透支 17226008.78 元，在银行存款 5619045.95 元，两者相抵，贸易公司向银行实际透支 11606962.83 元。

---

[1]　李建国：《论抗战时期甘肃的交通运输业》，《西北师范大学学报》1996 年历史学专刊。
[2]　尚际运：《西北羊毛与出口贸易》，《西北资源》1941 年第 5 期。

1944 年甘肃省贸易公司自有现金 286039.68 元，向银行透支 17800351.02 元，在银行存款 7409427.14 元，两者相抵，实际向银行透支 10390923.88 元。1945 年甘肃省贸易公司自有现金 89768.85 元，向银行透支 54971595.10 元，在银行存款 10586820.23 元，两者相抵，实际向银行透支 44384774.87 元。[①] 根据档案材料，贸易公司曾与中国银行、中国农民银行、甘肃省银行、兰州市商业银行、中国通商银行、四明银行、兰州市银行签订抵押透支协议，可以向上述银行大量透支。[②] 如 1941 年贸易公司就与甘肃省银行订立抵押透支协议，最高可以向甘肃省银行透支 300 万元，而且抵押品不像普通抵押按物品价值折半计算，而是按押品实价的八成作抵押。[③] 正是借助甘肃省政府的权力，贸易公司得以在银行大肆透支，以补充其资金，并大量买进管制货物。当时，大后方物资缺乏，运输困难，主要物资均由政府机关管制，砖茶、食糖由各专卖机构经营，除本省的土特产外，都要通过政府协调，由陕西、河南、四川等地运来。物资管制机构的货物，其价格均较黑市价格低，只要弄到手，就保证可以赚钱。因此，形成了贸易公司依靠物资管制机构的局面。在抗日战争时期，贸易公司经营的特点就是依靠垄断、依靠吃银行借款、依靠吃物资管理机构的物资，这当然离不开政府权力的支持。[④] 贸易公司自己也承认，"一年来正在业务经营上最感困难之问题，即为资金之不敷周转。盖本公司股本上年度实仅收七百零四万三千百元，本年六月成立武威分公司，增募商股两百万元，连同职员优先股一万五千六百元，合计只九百零五万九千四百元，尚不足一千万元之数。在物价飞涨之今日，其数甚为微末。幸承各银行予以最大之协助，购销业务得以逐步推行"[⑤]。1941 年，甘肃省贸易

---

① 甘肃省贸易公司：《甘肃省贸易公司三二年度业务报告》《甘肃省贸易公司三三年度业务报告》《甘肃省贸易公司三四年度业务报告》，甘肃省档案馆藏建国前资料，2 - 经 - 383。

② 《甘肃省三十三年度统计总报告》（一），甘肃省档案馆藏甘肃省政府档案，档案号：4 - 2 - 190，第 93 页。

③ 《甘肃省银行董事会第四次常务董事会议记录》，甘肃省档案馆藏甘肃省银行档案（未整理），档案号：60.1 - 174。

④ 李剑夫：《我所知道的国民党甘肃省贸易公司》，中国人民政治协商会议甘肃省委员会文史资料研究委员会编《甘肃文史资料选辑》（第 8 辑），甘肃人民出版社，1980，第 186 页。

⑤ 甘肃省贸易公司：《甘肃省贸易股份有限公司三十二年度业务报告》，甘肃省档案馆藏建国前资料，2 - 经 - 383。

公司通过省政府秘书处向甘肃省银行发去公函，要求以贸易公司存货一次性向甘肃省银行押借 800 万元，而其实收股本仅有 900 万元。甘肃省银行董事会开会决议"所有折扣及利息参照四行规定办理"[①]。1942 年，甘肃省贸易公司仅有自有资金 600 万元，却使用银行贷款高达 1200 万元。

由于商业投机可以获取厚利，银行在资金投放上也就逐渐倾向于商业。以甘肃省银行为例，在其前期的经营中，对于甘肃主要特产如羊毛皮张、药材、水烟等，"为延续土产事业，救济民生起见"，特举办土产押放，而且"在利率方面，极力减低，最高不得超过一分五厘"。对于运销日用必需品之商业，如遇资金困难，甘肃省银行也"极力予以融通"。从 1939 年 6 月至 1941 年底，甘肃省银行共贷出此类辅助小商业贷款 1818334 元[②]，一定程度上起到了促进战时商业发展的作用。但是在 1943 年以后，商业贷款平均占其贷款总额的半数以上，而工矿业贷款的比重却在不断下降。为了谋取高额利润，银行还直接参与商业投机活动，利用其雄厚的资金操纵市场。甘肃省银行信托部不仅代客户收购棉布、煤油等紧缺物资，从中牟利，而且还有自己的运输队伍，拥有汽车、胶轮大车 30 余辆，从兰州运送水烟赴陕西，回程时载运布匹、纸烟等，经常往来于西兰公路上。信托部还在省内借运送现金之名贩运货物，以"押汇"方式办理垫款业务，押汇资金全由信托部承运。甘肃省银行在其业务报告中承认，"这种业务，风险少，时期短，但获利甚巨"。仅在 1946 年就垫款 7.9 亿元，总计收益超过 2000 万元。中国银行也不例外。1938 年 1 月，中国银行兰州支行与商业资本家尹慎之合营西北货栈，经营药材、皮毛，在岷县、夏河、临夏、武威、永登及青海的湟源、贵德等地广设分支机构，由中国银行以月息 8 厘的低利率贷款，大量供应资金，再由西北货栈以月息 1 分 2 厘转贷给商人，用于收购药材、皮毛，从而控制价格，垄断了当地的药材、皮毛市场。从 1938 年至 1941 年 7 月，中国银行兰州支行借此盈利超过 2000 万元。[③] 甘肃省银行与甘肃省

---

① 《甘肃省银行董事会第二次常务董事会议记录》，甘肃省档案馆藏甘肃省银行档案（未整理），档案号 60.1 - 174。

② 甘肃省政府：《甘肃省银行概况》，1942，第 20 页。

③ 王恭：《建国前夕的兰州金融》，中国人民政治协商会议兰州委员会文史资料委员会编《兰州文史资料选辑》（第 10 辑），1989，第 247~248 页。

政府共同出资 1000 万元成立了甘肃省贸易有限公司，经销煤油、糖、羊毛等紧俏物资。仅 1943 年就购进棉、布、纱、纸、糖、茶等价值 33273458.35 元的物资，受复兴公司委托代购羊毛、猞猁皮、猪鬃等外销物品价值 12054183.88 元，为兰州军政机关团体或工厂代购日用品及原料价值 9176948.32 元。①

"奸商垄断居奇，投机操纵"，是战时最容易发生的一种弊病。要去除这种弊病，必须"实施物品平价制度"。这种制度，就是为"严禁奸商垄断居奇投资操纵"设立的一种制度。抗战以后，各地虽设有物品平价委员会，平价制度却"始终没有切实执行"，因此，各地奸商仍得垄断居奇，仍得投机操纵。②

由于通货膨胀，物价高涨，商业银行、钱庄、银号如果只开展正常的业务活动，很难盈利。于是它们以设置暗账、伪造账目等方法，逃避政府的管制。又通过高息吸收存款，以更高的利率放款或投资，往往与官商勾结，囤积居奇，牟取暴利③，从而使大后方出现了"工不如商，商不如囤"的怪现象，同时也助长了游资泛滥、投机钻营盛行、物价猛涨等现象，加深了社会的危机。1937～1945 年兰州市零售国货及外货价格指数如表 4-16 所示。

表 4-16　兰州市零售国货及外货价格指数④

时间	1937 年 1 月~6 月	1938 年 12 月	1939 年 12 月	1940 年 12 月	1941 年 12 月	1942 年 12 月	1943 年 12 月	1944 年 12 月	1945 年 12 月
指数	100	166	284	605	1519	4899	15955	41199	148823

兰州的物价向来较东南各省为高，自抗战以来，复因交通的阻塞、

① 甘肃省贸易公司：《甘肃省贸易公司三十二年度业务报告》，甘肃省档案馆藏建国前资料，2-经-383。

② 中国国民党中央执行委员会宣传部编印《抗战建国纲领宣传指导大纲》，1938，甘肃省档案馆藏建国前资料，1-军 2-48。

③ 郑立斋：《我在天福公钱庄的经历》，中国人民政治协商会议甘肃省委员会文史资料研究委员会编《甘肃文史资料选辑》（第 14 辑），甘肃人民出版社，1983，第 91 页；张令琦：《解放前四十年甘肃金融货币简述》，中国人民政治协商会议甘肃省委员会文史资料研究委员会编《甘肃文史资料选辑》（第 8 辑），甘肃人民出版社，1980，第 152、155 页。

④ 赵长波：《论西北区的物价》，《西北论坛》1948 年第 5 期。

奸商的操纵和捐税的繁重，凡从西南而来的，经过昆明、贵阳、重庆和西安而到兰州，无不叹为已到了物价的顶点了。1942 年 4 月普通蓝布 0.60 元/尺，大米 36 元/担，面粉 16 元/袋，猪肉 0.90 元/斤，牛肉 0.60 元/斤，蔬菜每 10 把一角，做成熟菜仅有半碗，肥皂每 4 小块 1 元，洋蜡 1.40 元/包（6 支），火柴 0.35 元/10 小盒，煤 45 元/吨，煤油 40 元/箱。就是房租一项，方丈的平房即需每月 2 元的租价，人力车一里路即须 2 角，骡车 6 角。衣、食、住、行，各种不可或缺的生活费如此昂贵，一般依薪水生活的人士，皆有"长安居大不易"的感叹了。兰州物价的继涨增高，还有一个特殊的原因，就是公务员兼营商业的人太多了。他们居奇垄断，压迫着农、工和小商人，所以物价尽管向上涨，农、工和小商人仍是无利可图。一般富户多将农产品囤积起来，兰州城内储粮至 30 年以上者，也大不乏人，并有窖藏金银和鸦片的富户。只有家族观念，毫无国家思想，国家可亡而私产不能损失毫厘，真可谓自私自利到万分。[①]

全面抗战爆发后，西北物价如脱缰野马，难以控制。在整个抗日战争期间，甘肃物价上涨幅度最大、影响面最广的是粮食价格。1937 年兰州面粉价格约为 11.10 元/百斤，到 1945 年 7 月面粉价格为 18 万元/百斤。[②] 以小麦为例，1937 年在兰州的价格为 11.5 元/石，1938 年为 14.4 元/石，1939 年为 15.7 元/石，1940 年为 25 元/石。[③] 以 1939 年 12 月与 1935 年全年比较，粮食类价格上涨 115.0%，其他食品类价格上涨 183.6%，衣着类价格上涨 306.8%，燃料类上涨 254.6%，建筑材料上涨 209.0%，金属品及化学品类上涨 477.0%，杂项类上涨 598.0%。按时期来说，1935 年、1936 年两年物价变动甚微，自 1937 年起物价扶摇上涨，1939 年下半年尤为剧烈。[④] 再以 1945 年甘肃渭源粮价为例，每石小麦在 1945 年 4 月价格上涨至 1550 元，5 月中旬上涨至 2500 元，到 6 月 30 日就飞涨至 5500 元每石了。[⑤] 如果以 1937 年 7 月每石小麦 9 元为起点，到 1945

①　张恨水、李孤帆著，邓明点校《西游小记·西行杂记》，甘肃人民出版社，2003，第 112～113 页。

②　西北经济研究所：《四年来兰州市批发物价指数》，《西北经济通讯》1941 年第 1 期。

③　甘肃省政府统计室：《甘肃省兰州市七年来物价指数》，1944，第 57～76 页。

④　熊德元：《甘肃兰州五年来之物价》，《财政评论》1941 年第 2 期。

⑤　《物价行情》，《国民日报》1945 年 6 月 30 日第 3 版。

年 6 月 30 日甘肃小麦涨至每石 5500 元，上涨 600 余倍之多。其时民不聊生之状况，仅于此一事即可想而知！

经济部的档案也透露了物价上涨的情况及原因："对敌抗战以还，各地物价均在步涨，兰州亦然。幸其势初不激烈，市民尚可容忍。自去年（1939 年）九月一日起，始则各项外来货品先行暴涨，有一日之间三易其价者，继则本省出产之食粮、燃料、清油及一般日用品价格，亦步各项物品之后飞涨不已，多数日用必需品价格在二十天内涨百分之五六十，最低亦涨百分之二十，且有一部分货物如砖茶等涨至百分之百以上，殊属骇人听闻。"① 关于此次物价上涨的原因，经济部档案称："细考其缘因，又非供应不能适应，实因本市各商民及非商民屯（囤）积操纵，有以致之。"② 关于原因，官方档案及文章竟一概斥责商民囤积。但实际情况是商民资金有限，囤积亦有限，而真正能对物价起作用的囤积者实在官而不在商，更不在民，而最根本的原因应是政府和官僚的腐败。

为此，国民政府也曾多次发布法令制止囤积，如总动员会为谋紧缩信用以稳定物价，特制定紧缩信用原则四项：四行二局对商业银行及工商团体谋请求贷款贴现，除有正当必要经主管机关核准外一律停做；政府对国防民生所必需之生产事业，将宽□资金助其发展，并力求贷款手续之便捷，以利事功，对假借生产事业借得资金囤积牟利者，将严加防止；严加管理各商业银行及各地方银行，取缔不正当之营业，俾资金投入正当生产事业；对各工矿过去所吸收之高利负债，亦力谋解除，俾增加生产。③ 虽然类似的法令和规定很多，但是有权势的单位还是我行我素。以甘肃为例，其时大量囤积货物以牟取暴利者，首推所谓中央驻甘贸易机构。如复兴公司西北分公司统制皮毛、猪鬃；中茶公司西北办事处统制砖茶运销；花纱布管理局西北办事处统制花、纱、布购销；此外，糖、烟、酒等项也多由中央专卖机构控制。这些机关不仅资金雄厚，而且多有强硬政治背景，公然违法，闻名一时的中国银行兰州分行仓库囤

---

① 《甘肃办理平值情形卷》，中国第二历史档案馆藏经济部档案，全宗号 4，档案号 29346。

② 《甘肃办理平值情形卷》，中国第二历史档案馆藏经济部档案，全宗号 4，档案号 29346。

③ 《经济杂讯：各地经济新闻摘要》，《甘肃贸易》1944 年第 10、11 期合刊。

积案①即为明证。

甘肃地方当局自然也不会落后。签署堂皇限价文告的甘肃省主席谷正伦，一手掌控平价委员会，另一手又控制着甘肃省贸易公司。前者可控制垄断平价货物，后者则可将这些平价货物通过套购转卖，使其流入黑市，以取暴利。就甘肃省贸易公司的进货方面论，外省进货多由甘肃省政府进行官方疏通，如从湖南进茶，四川进糖，河南、陕西进布，省政府都会直接出面联系，当地政府会给予价格、运输等诸多方便；在省内则多借军政势力强行收购。临夏等地则有青海地方军阀马步芳的"德兴海""新兴号"和马步青的"青萍祥"，甘肃地方军阀鲁大昌的"德兴号"等，它们无一不利用权势垄断市场。

战时甘肃商业，从经济形式上可以分为政府资本商业（如甘肃省贸易公司、复兴公司西北分公司）、合作社商业和私营商业三种，其中政府资本商业操纵着甘肃省的商业经济命脉，因为它和国家政权结合在一起，成为国家垄断资本主义的一部分。它能够运用国家的权力来垄断商业经济。如上所述，过分膨胀的权力带来了腐败，国家权力被用来谋私利。比如上文提到的中国银行兰州分行仓库囤积案，其中就有第八战区司令部长官朱少良的夫人华德芬化名存放的一批木材。被查出后，省主席谷正伦命人将木材发还，只将中国银行兰州分行经理郑相臣逮捕拘押了事。

太平洋战争爆发后，中国的对外交通被封锁，虽然无法用外汇和黄金购进外货弥补物资缺项，但还是可以把美元和黄金用来资助后方工业和农业生产，以增加物质财富，提高军公教人员和民众的生活，稳定物价，缓解通货膨胀，而官僚政客却不肯动用美元和黄金。从 1941 年开始，国民政府财政部就决定将田赋收归中央，并改征实物。在物价不断飞涨的情况下，这就增加了农民的负担。1942 年征购政策规定"币券成数，以三成或搭配为原则，搭券部分，以粮食库券、美金储蓄券及法币券任各省自行选择"。西北的甘、陕、绥、青基本上是付现金三成，搭券七成。但后来因政府财政赤字逐年增加和战争因素，粮食券的兑现也化为泡影。这就意味着农民只能获得三成现金。但是仅仅这三成的现金，

---

① 权少文：《谷正伦在甘肃的几件事》，中国人民政治协商会议甘肃省委员会文史资料委员会编《甘肃文史资料选辑》（第 29 辑），甘肃人民出版社，1989，第 57～58 页；王劲：《甘宁青民国人物》，兰州大学出版社，1995，第 142 页。

到 1943 年以后也由于改为征借而不能兑现。农民辛苦劳作，将收获的粮食上缴给政府，得到的却只是不能兑现的"白条"，这是无偿对农民进行搜刮。如果动用部分外援，以较合理的价格向农民买粮，就可以减轻农民的负担，有利于农业生产发展，稳定物价。同时，政府为缓解财政困难，对盐、烟、火柴、糖等人民生活日用品实行专卖制度，以贱价收进，高价卖出，借此搜刮人民，却不肯动用美元和黄金来支持抗战，而把美国援助的美元和黄金，放在中央银行国库里作为发行美金公债和黄金存款的准备金，不仅没花掉，反而赚了钱。1945 年初，孔祥熙辞去财政部长职务，清库交账时，国库里仍有外汇 9 亿余美元，黄金 600 多万两。

抗日战争时期甘肃商业开发的主要影响包括以下三点。①支持了长期抗战的需要。战时的外销物资，基本上属于易货偿债性质。它偿付了大量外债，维持了债信，换回了大量战略物资，有力地支援了抗战。在落后的甘肃，商业开发要远比资本主义工业的发展更见成效，对于快速直接地获取抗战所需的巨量军需物资、增加难民就业以维护社会稳定及发展生产力、增强抗战必胜信心、获得相对稳定的发展环境以争取时局好转等创造了极其重要的条件。但机构和制度的不健全，导致中间商的投机走私，官吏们的贪污受贿，这都产生了负面影响。②使甘肃社会获得了长足的发展。商业开发对甘肃的城市、生产方式、交通运输、工业及特色产业、文化等的发展起了重要作用。③实现了近代中国生产关系及生产力格局的一次大调整。抗日战争时期，西北地区的民族资本主义得到了很大的发展，经济活动趋向于现代化，国内经济发展不平衡的状况有所改变。

甘肃近代金融业的发展也促进了甘肃经济的发展，但是，金融业在抗战后期产生的消极影响也不容忽视。在战时通货膨胀的条件下，支配巨额资金的银行却把大量的资金投向利润高的商业领域（见表 4 - 17），特别是参与囤积居奇、投机活动，加剧了甘肃市场的波动，成为当时的一大公害，例如当时的中国银行兰州分行仓库囤积案、西北运输处囤积案。当时的宣传材料对此也有所表露："抗战迄今到了第八年，强寇在境，失土未复，物价高涨，生活动荡，忠贞爱国出钱出力者不乏其人，而营私舞弊，自私自利者亦有其人。在最后胜利固无可疑，而坚（艰）

苦阶段也在开始，尤其是暴发户豪华的过度享受刺激了物价的波动，影响到人心的不宁，实足以延长抗战的胜利，阻滞建国的工作"[1]。

表 4 - 17　1943~1947 年甘肃省银行各类贷款比重[2]

单位：%

贷款类别	1943 年	1944 年	1945 年	1946 年	1947 年
工矿	42.57	34.35	31.03	21.98	26.65
农林	0.72	9.21	6.14	7.91	11.71
商业	9.09	14.77	55.70	56.69	48.17
交通公用事业	13.87	22.04	3.57	8.84	7.75
教育文化及公益事业	30.19	18.44	3.08	1.61	5.28
个人	0.06	0.02	—	—	0.01
其他	3.50	1.17	0.48	2.97	0.43
合计	100	100	100	100	100

表 4-17 不仅反映了甘肃省银行历年贷款的流向，而且在一定程度上反映了甘肃省乃至国民政府在战时财政金融政策方面的共同特征。在抗战初期，国民政府的决策者们还力图在增加财政收入的同时发展现代工业和农业，以增加抗战实力，因而在投资方面做出了相应的努力。但在 1943 年后，则急功近利，只着眼于增加财政收入，除少数项目外，不再努力增加投资以维持或增加生产，而是在征收苛税的同时，着眼于垄断流通领域，以攫取高额利润。整个金融体系不得不像早期的甘肃省地方银行一样，成为政府的尾闾，扮演起政府账房的角色。这一政策再加上通货膨胀，最终导致大后方工业生产衰落，经济秩序混乱。

甘肃省银行在 1939 年 6 月成立时就宣称，所有原甘肃平市官钱局发行的辅币券（五角券）及铜圆票，仍由省银行承兑，照常流通。当时，平市官钱局发行的这两项货币合计 3825622.50 元；省银行成立后，又发行辅币券 1447920 元。到 1939 年底，发行总数为 5273542.50 元。1940~

---

① 《各级党部厉行储蓄运动竞赛宣传纲要》，甘肃省档案馆藏甘肃省银行档案，档案号：53 - 1 - 130，第 23 页。

② 王恭：《建国前夕的兰州金融》，中国人民政治协商会议兰州市委员会文史资料委员会编《兰州文史资料选辑》（第 10 辑），甘肃人民出版社，1989，第 246 页。

1941 年，省银行又将平市官钱局印存的五角辅币券 500 万元予以发行。这样，甘肃省银行发行的钞票已达 10273542.50 元。[①] 同一时期，省银行又获准向中央银行领券 3000 万元（实领 2000 万元）。如此大规模地发行钞票和向中央银行领用钞票，是甘肃近代历史上从未有过的事情。

　　抗战时期银行业"存款激增，对工农业放款微弱，但购买政府公债则一律提高"[②]。仅 1941 年，甘肃省银行就购买各种有价证券 658949 元。[③] 投机资本多集中于外汇、黄金和外国证券，再有就是在涨价风潮中囤积居奇，另外就是花费于生活奢侈品，只有很小一部分投资于生产事业。在大都市存款利息下降的同时，农村高利贷却没有受到任何冲击。"金融业……对于农村高利贷不仅未能肃清，且有与之同流合污的倾向"[④]。"甘肃省银行在山丹县的实物（小麦）放款，为月息二分七厘，但是经过合作社到农民手中，就变成'加五'或'对斗子'了。""合作社已失掉本来的意义，却变成一个高利贷剥削的新形态"[⑤]。

　　甘肃省银行成立后，面向工矿业发放的贷款呈逐年下降的趋势，对工矿业的贷款比例由 1943 年占放款总额的 42.57% 遽降到 1946 年的 21.98%，而面向商业发放的贷款则由 1943 年的 9.09% 猛增到 1946 年的 56.69%（见表 4 - 19）。银行直接间接地从事商业经营，据所得税报告，其利润之优厚居各业之冠。[⑥] 兰州市 1937 年底仅有 3 家银行，到 1943 年 7 月 29 日为止，共有银行机构 15 家（不含兰州市银行中华路办事处和甘肃省银行卧桥办事处），钱庄 6 家。[⑦] 到 1944 年 3 月华侨兴业银行在兰州设立分行后，兰州市有银行机构 19 家，钱庄 6 家。银行如此注重商业放款，仅仅是为了自身利益，放弃了支持工业发展的政策，已经把自己

①　姜宏业主编《中国地方银行史》，湖南出版社，1991，第 386 页。

②　时事问题研究会编《抗战中的中国经济》，抗战书店，1940，中国现代史资料编辑委员会翻印，1957，第 297 页。

③　《各省地方银行投资有价证券数额表》，中央银行经济研究处编印《卅一年上半期国内经济概况》，1942，表 10。

④　时事问题研究会编《抗战中的中国经济》，抗战书店，1940，中国现代史资料编辑委员会翻印，1957，第 307 页。

⑤　李化方：《甘肃农村调查》，西北新华书店，1950，第 57 页。

⑥　寿进文：《战时中国的银行业》，1944，第 87 页。

⑦　《财政部兰州区银行监理官办公处给财政部钱币司的公函》，甘肃省档案馆藏甘肃省银行档案，档案号：53 - 1 - 22。

等同于旧式的钱庄了。如在本应专营合作事业的甘肃省合作金库的放款中，合作事业放款并不占主要地位。据当事人回忆，省合作金库内有省府主席谷正伦投入之"纪常合作基金"一笔，数字已记不清，指派甘肃省银行副总经理兼业务经理张令琦为该基金代表。[①]

财政部规定，商业银行资金之运用，应以农工矿生产事业及重要日用品之运销为放款对象，并规定对外贸易重要产品之运销放款，不得少于放款总额的50%。但兰州市各行庄放款，仍以商业为唯一对象，约占放款总额的80%，而投放于农工矿生产事业者，为数甚微。政府规定商业银行不得吸收军政机关存款，但兰州市少数行庄仍有军政机关户名。兰州市各行庄对质押放款之质押品，大多由出质人立具保管证代为保管，而依照法令转移占有者甚少，与法令不符。兰州市行庄放款之展期有达三次者，活存透支有超过限额者，定期放款有预扣利息者，均与法令不合。依照法令规定，储蓄存款不得移作他用，而兰州市商业银行储蓄部之存款，有调拨银行部运用者，殊属违法。[②] 各行庄投资于证券者甚少，仅甘肃省银行持有救国公债、英金善后公债、同盟胜利公债、乡镇公益储蓄存款、节约储券、战时公债及卅二年整理省公债七种，计值国币1500余万元。汇兑业务在兰州一直处于入超地位。据1946年统计，当年各行庄汇出共计法币17.29亿元，其中经由甘肃省银行汇出的就有14.27亿元。[③]

与银行在财政部检查过程中所暴露出的问题相比，甘肃金融业也是问题多多。如前所述，1941年国民政府公布实施《修正非常时期管理银行暂行办法》，明确规定禁止银行附设商号，经营商业。但是甘肃省银行、中国银行均有自己的商业附属机构，并以此为依托，把大量资金投入商业市场进行投机牟利，这严重影响了正常的商业秩序。地方分支行处违规展期贷款参与囤积居奇的事例也很多，甘肃省银行曾多次下文纠正。

　　　　查各行处所对于到期放款未能负责收回，迭经本行函示催收有

---

①　张令琦：《解放前四十年甘肃金融货币简述》，中国人民政治协商会议兰州市委员会文史资料委员会编《甘肃文史资料选辑》（第8辑），甘肃人民出版社，1980，第159页。

②　中央银行兰州分行：《兰州市金融业概况》，《中央银行月报》1947年第4期。

③　中央银行兰州分行：《兰州市金融业概况》，《中央银行月报》1947年第4期。

案。兹查尚有少数行处各种放款仍未按期收回，以致逾期过久，实
属不合。兹为加强管理，便于稽核起见，嗣后各种放款不得逾期收
回。如因借款商号于借款到期后碍于周转请求展期者，得由各行处
视其信用及需款情形酌办转期手续。唯所转期限不得超过财部规定，
并应呈报备查。除通函各行处所遵照外，合行函仰该行遵照，嗣后
对于放出款项切应注意规定办理。如再发现逾期不收不转情事，定
予严处不贷，并仰知照为要①。

这充分说明了垄断资本的逐利本性和投机性。

抗日战争爆发后，随着西北战略地位的提高和国民政府开发、建设
西北力度的加大，甘肃商贸活动呈现出日益繁荣之势。其主要表现如下：
第一，商业经营规模的扩大与输出入商品的增加。第二，新型商业贸易
组织——股份公司的发展也较为迅速。为适应大规模商业活动的需要，
西北地区的商业组织形式也发生了质的飞跃，出现了近代意义上的商业
股份有限公司。第三，形成了许多具有重要影响的商业中心。由于商业
的繁荣，兰州的贸易地位不断提高，成为战时后方的货物集散地和商贸
中心。兰州是西北交通枢纽，是联系青海、新疆、宁夏的商贸中心。

抗战前，在西北的羊毛、皮革等土产被大量运出的同时，洋货也被
无限制地运入西北，充塞于市面，使本地区的社会经济受到冲击。一些
工厂主无力将原料加工成成品与外国商品竞争，一些传统的手工业也在
外货的冲击下一蹶不振。正如时人对布匹市场的评论："现在俄国布由新
疆进口，盛行陇西，日本布自天津运来，充塞市面，前门入虎，后门进
狼，不唯奄奄一息之鄂布，愈见退避，即国内他种布匹，亦受压迫。"②
这种冲击，使广大农牧民不得不廉价变卖土特产品以购进生活必需品，
人民生计日益贫困。

外国资本主义的经济掠夺，加剧了西北社会的贫穷落后。近代西北
的商业贸易虽然具有了一些近代化的时代特征，但从总体上讲，规模与
沿海各大城市相比还是比较小的。在甘肃，当时较有名的京货行、杂货

---

① 《甘肃省银行总行通函》，甘肃省档案馆藏甘肃省银行档案，档案号：53－2－152，第
　81页。
② 《陇海铁路派员调查甘肃省工商业》，《统计季报》1935年第3期。

行、茶叶行和水烟行等，资本额大都在几千元到数万元之间，数十万元的大商号数量十分有限。有些小县城的商店，资本大多在几十元至上百元之间。在这些商店中，采用先进经营方式者十分罕见，绝大部分仍循规蹈矩，保守落后。在主要由陕帮经营的兰州水烟业中，内部人员和资东都有非亲即故、千丝万缕的关系，业界有"非同朝（陕西同州、朝邑人）莫用"的说法。其内部人员，从掌柜到学徒，几乎都是来自同一地方或有亲戚关系的人。这种对某一行业的垄断无疑抑制了竞争，影响了社会经济的正常发展。

近代甘肃商业的发展是与农牧业的发展紧密联系在一起的，农牧业的低水平决定了商业的不发展。商业中的封建保守性等因素以及外国资本主义的经济侵略，使它不能形成一定规模的竞争机制，产生不了近代意义上的大商人。一些现代化的国家发展工业化的历史表明，商业的繁荣对工业的支持起着十分重要的作用，一些拥有雄厚资财的大商人投资于新式工业，是工业产生的重要条件。而甘肃的大商人很少，大部分是一些仅能养家糊口的中小商人。即使有之，他们也多将大量钱财用于购田置地、建筑新房、光宗耀祖上，投资于新式工业者寥寥无几。

近代兰州金融业的发展，促进了兰州地区工商业的发展。但是，金融业将主要资金投向商业，造成兰州地区社会经济发展的不平衡。到1945年，50%以上的贷款投向工商业，尤其是商业和投机性商业部门；投向交通和公用事业的仅占 6.72%，文教及公益事业的占 3.32%。[①] 同时，贷款的高额利息对人民群众的生产生活造成了严重影响。各行庄发放贷款的主要目的就是获得高额利润，所以贷款利率一般都很高，而且会层层加码。甘肃的开发建设是为战争服务的，必然要受到战争进程的影响和制约，这就导致西北地区的交通发展缺乏平衡和稳定性，利用率较低，不利于经济的长远发展。如前所述，国民政府开发西北的主旨是直接为战争服务的，这种不按市场需求成长起来的经济格局具有极大的不稳定性和不合理性，因而当政治发生变化时，它亦将随之变化。随着抗战的胜利和政治、经济中心的东移，甘肃省快速发展的近代工矿交通

---

① 王恭：《建国前夕的兰州金融》，中国人民政治协商会议兰州市委员会文史资料委员会编《兰州文史资料选辑》（第 10 辑），甘肃人民出版社，1989，第 246 页。

事业出现了停滞乃至衰落。

国民政府对甘肃的开发，促进了西部地区与东部及海外的经济文化交流。抗战期间，世界反法西斯同盟的建立不仅使中外协同作战，而且通过中国与苏、美、英等国偿债易货贸易的发展，促进了国际合作。同时，东部地区民众到甘肃垦殖或经商，西北的商业也积极向东发展，促进了东西部之间人口的流动，加强了东西部之间经济、文化的交流与合作。边远少数民族与内地民族的交流与交融，使民族矛盾有所缓和，为西北边疆的巩固与开发提供了保证。甘肃的经济开发与发展，改善了生活环境，冲击了当地原有的封闭、保守的风气，推进了甘肃的近代化进程和民主运动的发展。国民政府在进行工、农、林、牧业开发时，也向西北民众传授一些科技方法，弘扬了科学精神；在甘肃开展的禁毒、禁赌、禁缠足等所谓"新生活运动"，客观上冲击了一些地区的传统陋习；随着科学、教育、文化事业的发展，人们开阔了眼界，提高了素质。

甘肃战时经济的繁荣，尤其是商业和金融业的繁荣，是在战时特殊条件下取得的。正如林鹏侠在考察甘肃后所发的感慨："吾人欲救亡图存，不可不先着力于国民教育，安定社会秩序，救济农村经济，发达生产事业。而一般居上位者尤应以身作则，力挽奢侈贪污敷衍之风，毋徒日事粉饰，自欺欺人。否则民不聊生，广大之下层，难免不急而生变。夫多数乡村都趋破产，不谋救济，而仅从少数都市讲求繁荣，是为畸形之发展，不足为慰。"[1] 抗战结束后，资本、人才东移，虚假的泡沫就很快破灭了。

---

① 林鹏侠著，王福成点校《西北行》，甘肃人民出版社，2002，第37页。

第五章　银行业与甘肃工矿业的发展

抗日战争是一场持久战。随着战争的深入，西北的地位日显重要。因此，国民政府加大了西北建设力度。抗战时期，特别是抗战前期，甘肃传统的农业、手工业和商业在稳步发展，国民经济结构发生了明显的变化。工矿、交通、邮电、通信、金融等现代产业虽然在国民经济中的比重很低，但已不再处于零星的萌芽状态，而是在甘肃的社会经济生活中起着越来越重要的作用。这种影响已经超过了近代任何历史时期。比较突出的成就是近代工矿业在一定范围内形成了先进的生产力，尤其是石油工业成为全国领先的行业。兰州已经初步建设成为新兴的西北近代工业基地之一，也是大后方的毛纺织中心之一。抗战时期，甘肃的工矿业、交通运输业得到了长足的发展，形成了现代工业部门与传统农业部门同时并存的二元格局。这种二元格局的形成，是西北地区由传统农业社会向现代工业社会过渡的重要标志。这种变化与政府的引导和银行业的支持分不开。银行业不仅提供了工矿业发展需要的资金，而且直接参与投资办厂，利用银行贷款诱导手工业进行技术改造。虽然在抗战后期银行业资金大部分投向商业领域，助长了投机之风，但是不可否认，银行业对战时甘肃工业的发展曾经起到了积极的作用。

第一节　战前甘肃工矿业概况

甘肃的近代工业企业有甘肃制呢厂、甘肃机器局与甘肃制造局、甘肃造币厂、陇南机器局等十几家。20世纪20年代以后，这些企业日益衰落，先后停办。这些近代工业企业，不仅数量少、规模小，而且存在资金缺乏、设备简陋、技术落后等问题，难以为继。在抗战前，兰州工业不唯进步毫无，实日趋于衰微渐灭。1907年，兰州曾设有劝工厂，内分为织布、裁绒、绸缎、玻璃、卤漆、铁器六科，后改为五厂。1909年裁撤玻璃、铁器两厂，1928年并入第一民生工厂第二分厂……今无存。

1926年成立的甘肃省之第一民生工厂第二分厂，地址在旧举院内，今无存。同年曾成立甘肃省第一民生工厂，由省政府月拨经费500元。1928年，省政府又筹拨经费29066元，设肥皂、洋烛、牙粉等部，今亦无存。1927年时，曾创设济贫工厂，以每年冬季粥场经费移拨开办，共有三处……出品有毛编物、栽绒、褐子、毡毯等，今亦无存。① 在抗战前，兰州所存的小型手工工厂亦仅数处。

兰州织呢局屡次停工，原因有二：总办以工厂为官府，局内滥委不重要的职员，只知支薪而不知办事，尤其是多非专门人才，尸位素餐；因权利意见，党派分歧，视工厂为孤注而不惜牺牲。② 这些评论精确地道出了该厂中存在的旧官场积弊：冗员充塞，非业务性开支庞大，官员以学业务为耻，不肯纡尊降贵从事实际工作，视工厂为私产，任意处置。再加上原料问题、水源问题和市场销售等一系列困难，兰州机器织呢局从一开始就面临着岌岌可危的局面。难怪当时一个外国人就预言："兰州织呢局很可能不久即将成为历史上的陈迹了。"③

1919年牛载坤谈甘肃工业情形时表示：工业之幼稚，当以甘省为最。民间所需，无不仰给于外来。牛载坤与数位热心朋友"已设毛织物手工传习所，学成者已数十人，将来分布各处，次第设立，不待十年，必有可观"。至于毯、毡、鞍、鞯之属，素为甘肃省产物，唯以交通不便，未能推销。清光绪年间甘肃曾创办农工商矿各局，资本数百万两，规模宏大，如玻璃、花缎之类，均能仿造，但因属官办，局员开支太多，所得不足以偿所失，进入民国后，大多已经停闭。1919年缩小规模后，改为劝工厂，分皮革、织布、硝皮三科，所有原料都是原来所遗留的。实业厅每月下拨银260两，除开支外，只剩30余两，指望工厂有所作为，太难了。④ 所织柳条丝布，颇结实华美，足供平民需要。皮革科方面有工人20名，制造洋式之皮箱及皮靴等。硝皮科纯用土法。"统观全部，虽名为劝工厂，实一极简单之商店而已"⑤。当时甘肃工厂设备的落

① 潘益民编《兰州工商业与金融》，商务印书馆，1936，第23～24页。
② 慕寿祺：《甘宁青史略》正编第30卷，兰州俊华印书馆，1936，第37页。
③ 孙毓棠编《中国近代工业史资料》（第1辑），中华书局，1962，第900页。
④ 林竞著，刘满点校《蒙新甘宁考察记》，甘肃人民出版社，2003，第80～81页。
⑤ 林竞著，刘满点校《蒙新甘宁考察记》，甘肃人民出版社，2003，第92页。

后，由此可知。当时的工厂大多数以手摇、脚踏提供动力，还是落后的家庭工业和工场手工业，真正使用机器的可谓凤毛麟角。根据实业部的统计，1937 年前甘肃省仅有近代工业企业 9 家，占全国工厂总数的 0.23%；工人有 4623 人，占全国工人总数的 0.25%；资本额仅 29500 元，占全国资本总额的 0.08%。[①] 综上所述，可见甘肃是一个工业落后的省区。[②]

兰州因为远处西陲，交通不便，文化落后，工业很不发达。工厂大都"规模狭小，设备简陋，旋兴旋仆，鲜克坚持"[③]。甘肃工业"以毛织、毡毯、制革、制烟为著，兰州有肥皂、火柴厂等"[④]。在兰州国货陈列馆陈列的制造品中，比较著名的还是栽绒品。

陈列馆分艺术部、毛织部、农产部、矿产部等处，所陈列者，皆属甘省特产，除艺术部各服饰等物，似较落后外，余皆为陇右名产，颇为丰富，而尤以栽绒品及药材为著。[⑤]

据调查，1935 年时兰州有工厂 8 所（见表 5 - 1）。

第二节　战时甘肃工矿业的快速发展

抗日战争是一场持久战，客观上要求有一个长期稳固的后方基地，通过加强它的建设来支持抗战。而西北恰好适合做抗战的后方基地。从战争态势上看，抗战伊始，国民政府迁都西南，西南变成了指挥抗战的前沿，西北自是稳固的后方。从地理位置而言，西北地接中亚与西伯利亚，位于亚洲中心。西北地区还是中国边境线最长的地区，长达 5000 多公里，与蒙古、苏联等多国接壤，又与历史上形成的"丝绸之路"高度吻合。西北地区成为东与太平洋沿岸国家，西与南亚、中亚和欧洲国家

---

① 《战时工业厂数资本数及工人数统计（廿七—卅三年）》，中国工业经济研究所编《工业统计资料提要》，中国工业经济研究所，1945。

② 王树基编著《甘肃之工业》，甘肃省银行印刷厂，1944，第 8 页。

③ 高良佐著，雷恩海、姜朝晖点校《西北随轺记》，甘肃人民出版社，2003，第 50 页。

④ 侯鸿鉴、马鹤天著，陶雪玲点校《西北漫游记·青海考察记》，甘肃人民出版社，2003，第 134 页。

⑤ 高良佐著，雷恩海、姜朝晖点校《西北随轺记》，甘肃人民出版社，2003，第 45 页。

表5-1　1935年兰州市各工厂情况

厂名	地址	经费	员工	产品	备注
甘肃制造局	西关举院	年经费约6000元	约250人	农工用具、各种实用机器、五金用品，兼修配汽车零件、修理枪械	分木工、打铁、机器、修理、翻砂五部
甘肃造币厂	西关举院		约200人	造币，平均每月可出10000余元	分造市及附设造腰两部
救济院附设工厂两处	新关街孤儿所、西城巷妇女教养所			孤儿所工厂每日可出裁绒100支及毛巾、裹腿，以织布、毛编物为大宗；妇女教养所出品，织布、80支毛巾	
工业学校附设工厂	中山路工业学校后院			每日可出皮箱、皮匣、皮包共200余件，毛巾亦为大宗，裁绒约150万尺	分制革、皮件、纺纱、漂染、机织、裁绒等部
女子职业学校实习工厂	南府街女子职业学校内			每月可出裁绒100万尺及毛衣、卫生衣、毛巾、手套、袜子等	分缝纫、纺毛、机织、机编、绒绒五部
济生工厂	南稍门外	资本5000元	员工120人	出品以毛织物为主，计毛衣裤每年可出2000余套，手套及袜子亦为大宗，裁绒每月可出150万尺	分纺毛、编物、机编、染五部
陇右实业社附设唯教工厂	贡元巷		约30人	出品亦多毛织物，均系手工业，每月出裁绒约120万尺	裁绒一科
同生火柴公司	小西湖	资本6万元	约150人	出品分阴阳两种。阳火，每月各出1500箱，每箱1400匣，价值18元，分销兰州、会宁、静宁、固原、狄道、陇西一带	分内外两厂，外厂专制火柴匣及火柴燃料，内厂专制药料及装匣工作
光明火柴公司	黄河北凤林关	资本35000元		每月出品与同生火柴公司相等，分销水登、临夏一带	该公司在青海设有分厂，总揽青海全省销路

资料来源：高良佐著，雷恩海、姜朝晖点校《西北随轺记》，甘肃人民出版社，2003，第50~51页。

经济贸易往来的主要通道，国际战略位置相当重要。西北地势险要，易守难攻，又位于黄河上游，对华北有高屋建瓴之势，对西南有屏蔽掩护之功，适合做长期抗战的根据地。从资源上讲，西北物产丰富，基本能够提供战时的供应。正因为如此，甘肃战时工业的确获得了较快的发展。

一　抗战时期甘肃工矿业的发展

抗战期间，为开发西北，国民政府加大投资力度，经济、交通、农林、资源四部委，中央银行、中国银行、交通银行、中国农民银行以及地方政府等积极参与投资，加快了甘肃交通、水利、农林、工业等领域的开发与发展。西北地区幅员辽阔，物产丰富，有着工业生产取之不尽的资源，加上这一时期农、林、牧、副业的开发与发展，为工业生产提供了源源不断的原料。由于日寇的经济封锁，西方忙于战争，无暇东顾，使西北市场免于外货的竞争。同时，为躲避战火，大批难民涌入西部，高校西迁，厂矿内迁，都使西北的人口剧增，拉动了消费，为西北工业品提供了相当广阔的销售市场。随着《西南、西北及江南三区轻工业开发计划》和《重工业五年建设计划》的制定，西安、宝鸡、兰州、迪化、西宁等城市的工业有了较大发展，形成了门类比较齐全、技术比较完备的战时工业体系。

1938 年 3 月国民党临时全国代表大会通过的《抗战建国纲领》[①] 特别强调"经济建设，尤以军需为中心"。该文件提出，国家一切建设须以军事为中心，非常时期"经济政策应适应时代之需要，是以在非常时期一切经济设施，应以助长抗战力量，求取最后胜利目标"。会议还发表宣言："举国人民皆当认定，此时所急，唯在抗战，唯在求抗战之胜利，一切产业复兴之计划，皆当集中于此，所以经济建设，应以军事为中心"[②]。这就是说，实行计划经济，以军事为中心，树立经济建设之具体方针，最重要的是先要发展与国防有关的几种最基本的企业（如燃料工业、基本化学工业、金属冶炼工业、机器工业及电力工业），其余则为制

---

① 《抗战建国纲领决议案》，荣孟源主编《中国国民党历次代表大会及中央全会资料》（下），光明日报出版社，1985，第 484～487 页。

② 中国国民党中央执行委员会宣传部编印《抗战建国纲领宣传指导大纲》，1938，甘肃省档案馆藏建国前资料，1–军 2–48。

药企业。在基本企业建设期中，除非有剩余资源，次要企业一律以维持现状为原则。这就是《抗战建国纲领》所要实行的"计划经济"。《非常时期经济方案》规定，"目前之生产事业，应以供给前方作战之物资为其第一任务"[①]。

甘肃的工业非常落后，时任甘肃省政府秘书长的丁宜中在为《甘肃之工业》写的序中有："抗战军兴以来，沿海工业悉被摧毁，后方工业突飞猛晋（进），第其分布，仍以西南多于西北；根据经济部工厂登记，后方民营工厂共约一千三百余单位，其中西北不及百分之十，甘肃则只百分之三耳。"[②] 徐旭认为，民间的特产无法畅销，如甘肃的药材、皋兰的烟草及各地的畜牧产品等，因此应着力发展加工业。[③] 白崇禧认为，清镇、凤县、两当等地的铁，玉门、延长的石油及河湟上游和甘肃西部的金，都应重点开发，以促进国防建设。[④]

1938 年，国民政府开始全面系统地考虑西部大后方的建设规划，拟定了《西南西北工业建设计划草案》，其宗旨是"发展生产充实抗战之资源"，确定了以西南为重点、先西南后西北的发展方针。这是国民政府制定的关于大后方开发和建设的第一个宏观计划。1939 年 4 月，国民政府在重庆召开了第一次全国生产会议，对大后方的经济开发建设进行了全面系统的规划。自从这次会议拟定了战时经济政策的要点之后，大后方的经济开发工作便大规模地展开了。武汉、广州失陷后，国民政府又具体编制了 1939 ~ 1941 年《三年国防建设计划》。1942 年 12 月太平洋战争爆发后，国民政府又编制了 1942 ~ 1944 年《战时三年建设计划大纲》，还通过了《西部各省生产建设与统制案》《请建设西北以巩固国基案》《积极建设西北以增强抗战力量，奠定建国基础条例》《确立边疆建设基础案》《为安置战后编余官兵应设置机关妥筹开发西北案》等。直到 1943 年，国民政府才专门拟定了建设大西北的计划，并打算拨款 4 亿元充作开发经费。[⑤] 支援抗战是这一时期国民政府开发西北最根本的原

①　中国国民党中央执行委员会宣传部编印《抗战建国纲领宣传指导大纲》，1938，甘肃省档案馆藏建国前资料，1 - 军 2 - 48。

②　王树基编著《甘肃之工业》，甘肃省银行印刷厂，1944，丁宜中《序》，第 1 页。

③　徐旭：《西北建设论》，中华书局，1944，第 47 ~ 48 页。

④　白崇禧：《应如何建设西北》，《重庆商务报》1942 年 10 月 12 日。

⑤　时兆月报社：《政府拟定计划建设大西北》，《时兆月报》1943 年第 5 期。

因。"几年来抗战的经验,告诉了我们,敌人侵略我们的主要目的,并不只限于东南的土地,还有西北的资源。同样,我们也早已认清了西北才是我们主要的抗战根据地"①,因为"西北已成抗战基石,复兴民族之根据地"②。正是在这一系列有计划的方案与方针的指导下,在西北人民的共同努力下,西北在抗战时出现了短暂的开发高潮,出现了历史上少有的"黄金时代"。

内迁企业的到来,为战时西北工业的发展注入了活力,成为西北近代工业的重要组成部分。厂矿内迁带动和刺激了西北经济的发展,为西北工业注入了新鲜血液,成为西北开发的生力军。同时,东部厂矿西迁,客观上也要求西北本土交通、畜牧、农林、水利、厂矿及教育等事业的开发与发展,以提供市场、原料和技术后备人才。这一时期国民政府制定的相关政策向西部倾斜,加大了资金投入,以推动西北的开发与发展。国民政府在支持工厂内迁的同时,还对后方的民营工矿企业实行奖励扶持的政策。1938~1939年,国民政府先后颁布了《非常时期矿业奖励暂行条例》《经济部小型工业贷款暂行办法》《战时领办煤矿办法》等,取消了战前颁布的《工业奖励法》对民营厂矿经营门类的某些限制,扩大了奖励范围,降低了呈请奖励资本额,简化了申请、批准办法之程序和手续。这些政策在一定程度上促进了后方工矿业的发展。③

据国民政府经济部统计,1937年全国资本在1万元以上的工厂(不包括东北)已有3935家。其中西部有182家,占总数的4.63%;资本总额1047万,占全国工厂资本总额的2.76%;工人数25562人,占全国工人数的5.69%。其中四川有工厂115家,陕西有10家,云南有42家,甘肃有9家,广西、贵州各有3家,整个西北仅占总数的0.04%。④ 西北面积有200多万平方公里,占国土的1/4强,人口约7000万,约占全国人口的1/5。由此可见,西北的工业在全国是极其微弱的,经济是十分落后的,经济上是难以支撑抗战的。为支援抗战,客观上要求必须发

①　蒋经国:《伟大的西北》,宁夏人民出版社,2001,第6页。

②　张光祖:《开发西北应先建设甘肃》,中央训练委员会西北干部训练团西北问题研究室编《西北问题论丛》(第2、3辑),甘肃省银行印刷厂,1943。

③　李云峰、曹敏:《抗日时期的国民政府与西北开发》,《抗日战争研究》2003年第3期。

④　陈真编《中国近代工业史资料》(第4辑),生活·读书·新知三联书店,1961,第97页。

展西北经济。总之，"西北非工业化，决无办法"①。

《非常时期经济方案》规定了工矿业建设以"开发矿产，树立重工业的基础，鼓励轻工业的经营，发展各地手工业"为基本方针。《抗战建国纲领宣传指导大纲》中关于经济的表述是："近代列强莫不以工业为其经济基础，中国农业自极重要，但不应以此自足，应进而提倡工业，以宏制造之能力，而应抗战之需要。"在这里，该方案指出：一，固有工厂设备，应设法保存，以充实内地；二，国防急需之工厂，应积极筹设；三，燃料及动力，应妥筹供给；四，农村手工业，应提倡促进；五，民营事业，应扶植奖励。各种实行办法，都与本条可资参证。②

一，抗战时期甘肃重工业的发展

近代中国工矿业的发展经历了三个阶段：第一阶段是在政府的直接控制下，走一条从军用工业开始，然后转向民用工业的发展道路；第二阶段是企图走民营工业自由发展的道路；第三阶段是走国家官僚资本垄断工业发展的道路。③

1935 年甘肃省的煤矿情况见表 5 - 2。

表 5 - 2　1935 年甘肃省煤矿情况表

煤矿名	地址	员工	产品	备注
阿干镇煤矿	阿干镇	工人约 1190 人	日产量约 280 吨	共有矿洞 59 处，用手工土法开采
南山板达口、大野口、左洞口	张掖		年产石炭渣子约 10000 石，价值约 10000 元	面积 360 亩，资本 2000 元
西南山马莲沟、大小肋巴、三条	张掖		年产石炭 9000 石，价值约 9000 元	面积 283 亩，资本 1000 元
南山葱蔓口、老关口、斗口子煤矿	高台		年产大煤 152 万余斤，煤渣子 3750 余石	

① 徐旭：《西北建设论》，中华书局，1944，第 21 页。
② 中国国民党中央执行委员会宣传部编印《抗战建国纲领宣传指导大纲》，1938，甘肃省档案馆藏建国前资料，1 - 军 2 - 48。
③ 潘君祥、沈祖炜主编《近代中国国情透视——关于近代中国经济、社会的研究》，上海社会科学院出版社，1992，第 56 ~ 62 页。

续表

煤矿名	地址	员工	产品	备注
南山北麓大红沟、小红沟、东沟梁、冰沟、大黄沟煤矿	酒泉	有煤窑14处，每煤窑雇工四五人	日出煤1000千斤~2000千斤	
昌马煤窑（两处）	玉门		日出煤约2000斤	玉门煤质较酒泉为佳
红沟煤窑（两处）	玉门		日出煤约3000斤	
北窑煤窑（三处）	玉门		日出煤2500斤	

资料来源：高良佐著，雷恩海、姜朝晖点校《西北随轺记》，第49、50、115、120、126、136页。

全面抗战爆发前，甘肃的采矿业几乎都处于手工开采阶段，不仅效率低下，而且易造成安全事故。甘肃各地仅有原始的手工操作的小煤窑，产量极低，开采条件极其简陋，"工人们带油灯进矿背煤，面孔黑得像非洲来的人们一样，而不顾危险地拼命工作，却是为了每天食料和每月大洋一元的工钱而已！"山丹南郊煤矿采矿的技术很低，完全是手工业的模式。矿井的工程很坏，里面常有潜流冲出，从1932年到1933年，已经有21个矿工被活埋在里面了！[①]

抗战时期，甘肃建立了一批近代工矿企业，其中绝大部分是公营企业，资金由中央提供。国营工业的建立，不仅使国有资本在经济结构中起主导作用，而且有利于改善西北轻重工业比例不协调的状况。显然，西北近代工业的全面发展，在一定程度上离不开国民政府的支持与投资。抗战时期甘肃主要工矿企业的情况如表5-3所示。

在抗战期间，为了保证供应军需和民用，国民政府在1938年就拟定了《西南西北工业建设计划》，决定"将沿海或逼近战区之新式设备迅速内移"。同时，制定了战时工业发展方针，即"以军需工业为中心"，分五个方面：①建立重工业，以此为自主发展一切工业的基础；②开发矿产，自给工业原料；③充实电力事业，使各种工业得有优廉之动力供给；④奖励轻工业，力求日用品之自给自足；⑤扶助乡村工业，使国有

---

① 明驼：《河西见闻录》，载顾颉刚著，达浚、张科点校《西北考察日记》，甘肃人民出版社，2002，第146、151页。

表 5 - 3　抗战时期甘肃省主要工矿企业情况一览

企业名称	创设时间	创办者	资本	产品/设备	备注
武威电厂	1937年		650万元	发电机1部、锅炉1座，专供县城内各机关厂商及住户电灯用电	1944年有工作人员28人
兰州电厂	1938年	资源委员会、甘肃省政府	1944年资本为1728.3万元	1937年有发电机3座，共1680千瓦。1939年添装102千瓦发电机1座 1940年又增装132千瓦发电机1座	创始于1914年，1938年由资源委员会与甘肃省政府合办
雍兴实业股份有限公司	1940年	中国银行	2000万元		下辖兰州制药厂（后改为化学厂）、兰州机器厂、兰州毛织厂
甘肃机器厂	1941年	资源委员会、甘肃省政府	资本总额3690万元	车床、刨床、空气压缩机、磅秤、闸门启闭机	职工人数416名
华亭电磁厂	1941年	资源委员会	433.3万元	生产电业用瓷钩瓶	
甘肃酒精厂	1941年	资源委员会、甘肃省政府	130万元	动力用酒精	
甘肃水泥公司	1941年	资源委员会、中国银行、交通部、甘肃省政府	450万元	日产水泥40桶（每桶170公斤）	附带自制耐火材料及部分瓷器
中央电工器材厂第四厂兰州电池支厂	1941年	资源委员会		甲组乙组丙组干电池及单节干电池，供应西北军政通讯之用	出品之销售，大部分供军用。干电池组用于电话及无线电电源、单节干电池用于手电筒电源
甘肃油矿局	1941年	资源委员会	至1945年7月共投人资金4932.6万元	1931～1945年共生产原油约7866多万加仑，天然气3686万立方米，煤油51117万加仑，柴油7117万加仑	

续表

企业名称	创设时间	创办者	资本	产品/设备	备注
甘肃矿业公司	1942年	资源委员会、甘肃省政府、中央银行、中国农民银行、交通银行	800万元		下辖阿干镇煤矿、罐子峡煤矿、徽县共济炼铁厂
天水电厂	1942年	资源委员会、甘肃省政府	613.3万元	煤气发生炉1具，煤气机1部，发电机1部，功率37.5千瓦，1939年全年发电70872度	购买机器设备资金因在陇南机器借款内统支，故资金若干无从查考
天水水力发电工程处	1943年	资源委员会			
甘肃化工材料厂	1943年	资源委员会、甘肃省政府	1640万元	硫酸、盐酸、纯碱、电木、皮胶、骨胶、骨油、砂轮、沥青	由甘肃酒精厂改组后归并兴陇公司化学厂而来
甘肃煤矿局	1943年	资源委员会、甘肃省政府	资源委员会投资1350万元，甘肃省政府以阿干镇煤矿全部资产入股		由永登煤矿局改组，原有资金300万元，资源委员会又增资250万元
兴陇工业股份有限公司	1944年	甘肃省政府、甘肃省银行、交通银行	额定2000万元，实收500万元		该公司投资的工厂有印刷、化学、营造、造纸4厂

手工业渐次改良，而农产品得以加工制造。① 在此方针的指导下，大后方的工矿业迅速发展起来，出现了前所未有的开发规模。

全面抗战爆发后，为解决工业与民用燃料，1939 年 2 月，由甘肃省银行贷款，省建设厅经营的皋兰县阿干镇煤矿兴工开凿。阿干镇、窑街、罐子峡三煤矿是甘肃有史以来首批采用机械生产的煤矿。由于使用机器开凿，日产量由 30 吨上升到 100 吨。全面抗战前夕，阿干镇煤矿又增设洗煤设备，炼焦以供应甘肃机器厂冶炼所需。1940 年 10 月，资源委员会与甘肃省政府合资创办永登窑街煤矿。1941 年 11 月，资源委员会与甘肃省政府合资成立永登煤矿局，旋于 1943 年秋与甘肃省政府谈妥，合并阿干镇及永登两矿，成立甘肃煤矿局②，统筹经营，添置采掘、运输、提升和排水设备，煤产量逐年增加。1942 年烟煤产量为 3249 吨，1943 年为 7864 吨，1944 年为 14326 吨，1945 年为 18959 吨。另据调查，阿干镇煤矿 1944 年产末煤 22.47 吨，生炭 9.57 吨；1945 年产末煤 27.054 吨，生炭 10.986 吨。③ 1942 年 1 月，甘肃省政府、资源委员会与中央银行、中国银行、交通银行、中国农民银行合资经营的甘肃矿业公司成立，除接管了窑街煤矿外，其所属静宁罐子峡煤矿于 1942 年 11 月开工钻探，至 1943 年 4 月已见煤三层。④ 由于出水量大，又订购锅炉、绞车等用于排水生产。因为该公司是甘肃省政府与资源委员会及中央银行、中国银行、交通银行、中国农民银行合股兴办的，各方"立场各异，矛盾百出"，"凡遇困难，彼此观望，皆不积极援助"，互相掣肘，生产时开时停，成效不大，"本公司能不随受降之炮声倒闭，亦云幸矣"⑤。

全面抗战爆发后，沿海口岸陷落，日本侵略者封锁沿海口岸，外油无法输入西北，西南后方运输又大多依赖公路，石油需要日益迫切，甚

---

① 中国第二历史档案馆藏《经济部所属单位档案》，转引自董长芝《论抗战时期后方的国营工矿业》，《辽宁师范大学学报》1997 年第 5 期。

② 《甘肃矿业公司》，《工商调查通讯》第 399 期，1944 年，第 1~2 页。

③ 杨进惠、杜景琦：《解放前兰州阿干镇煤矿业概况》，政协甘肃、陕西、宁夏、青海、新疆五省（区）暨西安市文史资料委员会编《西北近代工业》，甘肃人民出版社，1989，第 195 页。

④ 甘肃省政府编《甘肃省建设事业辑要》，1942，第 16 页。

⑤ 王致中、魏丽英：《中国西北社会经济史研究》（下册），三秦出版社，1992，第 127 页。

至有"一滴石油一滴血"之说。为此，资源委员会决定开发甘肃玉门和新疆独山子油矿。1938年7月，成立了甘肃油矿筹备处，并派地质与采矿专家前往玉门老君庙进行实地勘探。1941年3月，正式成立甘肃油矿局，由孙越崎任总经理。该矿钻井采油均较顺利，成为抗战时期全国石油工业的基地，其能力、技术水平成为当时我国石油工业的标志。1938年玉门油矿成立后，于同年秋先后钻井8口，其中两井深度超过400米，探入大油层，产量十分丰富。1939～1945年，玉门油矿共钻井61口。到抗战结束时，玉门炼油厂已能日炼原油5万加仑。这些石油产品，在"洋油"来源断绝的情况下，直接为抗战服务，不仅保证了军队运输，有力地支援了抗战，还满足了后方部分地区经济发展的需要。在钻采原油的同时，工程技术人员也进行了石油制品的提炼工作，仅1945年就生产汽油10625吨。抗战期间，玉门油田得到全面开发，成为我国当时最重要的能源基地，有力地支援了抗战。玉门油矿1939～1945年历年原油、天然气产量如表5-4所示。更为重要的是，玉门油矿还培养了大批石油工程技术人员。1945年该矿拥有职工6492人。

表5-4 抗日战争期间玉门油矿原油及天然气产量[①]

年份	原油产量（吨）	年增长率（%）	天然气产量（万立方米）
1939	429	—	1
1940	1347	213.99	3
1941	11812	776.91	93
1942	46326	292.19	429
1943	61353	32.44	540
1944	68511	11.67	1264
1945	65768	-4.00	1566

战时由于汽油缺乏，多用酒精替代，因而酒精业发展迅速。太平洋战争爆发后，甘肃先后设立酒精厂9家。由于原料产地原因，这些酒精

---

① 《解放前甘肃石油开采和炼制》，中共甘肃省委工业交通工作部新志办公室编《甘肃省新志·工业志》，1959，甘肃省图书馆藏。

厂多集中于徽县、天水一带。到 1945 年初仅有 3 家开工生产，其中公营 1 家，为甘肃酒精厂，厂址在徽县伏家，1941 年 3 月开工生产，资本额 60 万元，年产酒精 24 万加仑；民营有以下 2 家：济通酒精厂，厂址在武都汲阳，1941 年 7 月开工生产，资本额 10 万元，年产酒精 3.6 万加仑；联兴酒精厂，厂址在天水东关，1942 年 7 月开工生产，资本额 32 万元，年产酒精 3 万加仑。[①] 甘肃酒精厂原准备设在天水，计划设备投资 49040 元，流动资金 25000 元，筹备费 960 元，预计年可产 98% 酒精 18 万加仑。[②] 最后实际在徽县设厂，以干酒为生产原料，日产无水酒精 300 加仑，月产量 9000 加仑。[③] 各厂均利用当地烧酒为原料，将其精制为酒精，以供军需民用。[④] 但是，因为原料不足、资金不敷、设备窳劣，实际上生产能力不能充分发挥，生产数量远不到此数。规模较大的酒精厂生产能力也仅仅发挥了 50% ~60%。[⑤]

1939 年，资源委员会与甘肃省政府合办甘肃化工材料厂，额定资本 2000 万元，开办时实拨资本 1640 万元，厂址在兰州市黄河北草场。1943 年 11 月正式开工，主要设备有焚矿炉、蒸发炉、盐酸炉、蒸酸锅、制碱炉等 60 余种。抗战胜利前，该厂月生产能力为硫酸 2 吨、盐酸 0.1 吨、纯碱 10 吨、皮胶 0.25 吨、各式胶木制品 2000 余件。[⑥]

甘肃省各种类型的化学工厂在短短数年中即发展到 14 家之多，其中规模较大、设备较好的是雍兴公司兰州实用化学厂。该厂成立于 1940 年 7 月，由兰州制药厂改建而来，资本 60 万元，工人 44 人，设有制药、制碱、肥皂、甘油、玻璃和酒精等 6 部，年产肥皂 9000 箱，动力酒精 48 吨，纯碱 100 吨，苛性碱 15 吨，甘油 10000 磅以及甘草粉、当归精、大黄精、麻黄素数万斤。至 1944 年 3 月，资本总额为 225 万元，其中固定资产 165 万元，主要设备有甘油塔、碱塔各 1 座，水泵 2 台，蒸汽煮皂锅 1 具，出皂机 1 套，压机、元车、抽气机各 1 部，35 匹锅炉 1 座，马达 6 部，共有 32 匹马力，10 匹柴油机 1 部。其中，抽气机和 1 台水泵为

① 曹立瀛、赵士奇：《中国战时酒精工业之研究》，《资源委员会季刊》1945 年第 1 期。
② 林兆鹤：《甘肃酒精厂之设计》，《新西北》1939 年第 5、6 期。
③ 陆宝、愈琳：《近十年来之中国酒精工业》，《资源委员会季刊》1945 年第 1 期。
④ 王树基编著《甘肃之工业》，甘肃省银行印刷厂，1944，第 148 ~149 页。
⑤ 曹立瀛、赵士奇：《中国战时酒精工业之研究》，《资源委员会季刊》1945 年第 1 期。
⑥ 王致中：《抗战时期甘肃工业发展述要》，《甘肃社会科学》1984 年第 6 期。

美国进口，7.5 匹马达为美国进口，元车为日本进口，其余为国产。甘油塔、碱塔和锅炉均在兰州建造。①

1941 年，甘肃省政府拟与资源委员会等组建甘肃开发（企业）公司，资本额为 1000 万元。资金募集之方法按下列之比例：甘肃省政府 200 万元，资源委员会 150 万元，贸易委员会 150 万元，中国银行、交通银行、中国农民银行 400 万元，商股 100 万元。甘肃开发（企业）公司设立的宗旨是：根据公司法，在省政府以及商人合作下，尽量动员一切资金参加省内生产建设事业。"依该公司之计划，其所拟定举办之事业，计有下列各项：矿业，开发本省之硝石矿、硫酸盐矿、金矿、铜矿、锑矿、煤矿等；纺织业，设亚麻厂、毛织厂各 1 所；造纸业，设立造纸厂 1 所；化学工业，设立制磷厂、制药厂、酒精厂、洋烛肥皂厂、石碱厂各 1 所；制革工业，设立硝皮厂 1 所；建筑物料业，设立锯木厂、木材公司、水泥厂、砖瓦厂以及建筑公司各 1 所；火柴业，设立火柴厂 1 所；机器业，设立机器厂 1 所；电气业，于省内各处尽量多设电力厂；运输交通业，发展省内交通；水利，发展省内水利事业；农村畜牧业，发展省内之农村畜牧事业；其他事业，设立印刷公司、陶器公司，以及玻璃工厂各 1 所"。为兴办上述事业，甘肃省政府采取了以下两个步骤：一是甘肃开发（企业）公司采用收买股票的方法来接收私人经营的企业；二是甘肃开发（企业）公司自己参加到各种工业部门中去，投资于上述各企业，并派遣专家到各企业指导其经营方法和扩充业务的范围。②

1941 年 3 月，资源委员会、中国银行、交通部与甘肃省政府合资创办甘肃水泥公司，资本 450 万元，分为 4500 股，其中资源委员会占 1800 股，中国银行占 1350 股，交通部占 800 股，甘肃省政府占 450 股。③ 因物价飞涨，交通运输困难重重，开支数额与原来的预算相差太远，1941 年 12 月增拨资本 350 万元，1943 年 8 月又追加资本 400 万元，均按

---

① 王树基编著《甘肃之工业》，甘肃省银行印刷厂，1944，第 77~93、230 页。

② 陈真编《中国近代工业史资料》（第 3 辑），生活·读书·新知三联书店，1961，第 1363~1365 页。

③ 陈真编《中国近代工业史资料》（第 3 辑），生活·读书·新知三联书店，1961，第 1368 页。

4∶3∶2∶1的比例由出资方追加。① 1941 年 6 月，甘肃水泥公司在兰州成立，资源委员会常务委员沈怡任董事长，中国银行兰州分行经理郑相臣任常务董事。公司大量使用原太原西北水泥厂的工作人员，如总工程师王洁泉、化学工程师羡堂锦、机械工程师李华山、驻兰办事处主任郭仲阳等，技工、职员大多也是太原西北水泥厂的老人。1942 年 5 月，该公司开始试制水泥，同年冬季正式生产。水泥公司购置的"新锅炉二百五十匹马力，自昆明用自购大卡车运来，万水千山，已安然达到"②。限于战时设备难以购买，运输困难，其生产采用半机械半手工方式。即便如此，甘肃水泥公司拥有的机械设备在当时的甘肃建材工业中也是首屈一指的。原计划日产水泥 100 桶，年生产能力 1500 公吨③，因销路问题，实际每日产水泥 40 桶（每桶 170 公斤）。水泥公司采用英国卜兰特水泥标准生产，产品可作一般建筑材料之用，附带还自制耐火材料及部分瓷器。到抗战胜利前共生产 22540 桶，销售 20608 桶。④ 虽然该厂生产的水泥数量有限，但在当时水泥急缺、交通困难的情况下，对支援抗战和开发甘肃经济还是起到了一定的作用。

1941 年 8 月，资源委员会投资 433.3 万元在华亭设立华亭电磁厂，有职工 131 人，专门生产电业用瓷瓶。1941 年 9 月，资源委员会出资 1979.3 万元与甘肃省政府在兰州共同经营甘肃机器厂，甘肃省政府以官办机器厂、造币厂设备入股。该厂共有工人 214 人。

1942 年，甘肃省政府、资源委员会及中央银行、中国银行、交通银行、中国农民银行联合投资创办甘肃矿业公司。该公司以开采甘肃省煤铁及其他矿产从事冶炼为主要业务，额定股本 1000 万元，初收足 300 万元，嗣后增至 800 万元，其中中国银行的投资即达 45 万元。"该公司依矿质分类计有煤矿区 13 处，铁矿 7 处，弗石矿区 2 处，锰矿区 2 处，铜矿区 1 处，金矿区 8 处，其已开采者有下列 3 处：阿甘镇煤矿、罐子峡

---

① 最后一次追加投资 400 万元，交通部因为资源委员会不让水泥公司生产其需要的电线瓷钩瓶而不愿再投资，其份额改由资源委员会和中国银行分担。甘肃省政府应负担的资金以兰州电厂的 80 匹马力卧式锅炉和汽机 1 部、水泥公司厂址地基拨抵。
② 李烛尘著，杨晓斌点校《西北历程》，甘肃人民出版社，2003，第 12 页。
③ 王树基编著《甘肃之工业》，甘肃省银行印刷厂，1944，第 96～100 页。
④ 王致中、魏丽英：《中国西北社会经济史研究》（下册），三秦出版社，1992，第 94～95 页。

煤矿、徽县共济炼铁厂。""阿干镇煤矿厂日可产煤 60 吨，最高纪录达 103 吨。徽县铁厂，近只开炉两座，每日出生铁 2 吨，唯因气候及农忙关系，仅能工作 5 个月，约可产生铁 200 余吨"。① 徽县共济炼铁厂于 1942 年 8 月开工，资本 100 万元，性质为公私合营，厂长为温兆书。自此，西北初具重工业基地雏形。

甘肃的机器制造和修配业在当时也有了迅速的发展。据《甘肃之工业》所述，1944 年兰州市共有机器厂 39 家，其中资本在 5 万元以上（包括 5 万元）的共有 11 家。甘肃机器厂规模最大，资本总额 3690 万元，职工人数 416 名，主要生产设备有马达 18 部，共计 135 匹马力，车床 25 部，刨床 9 部，洗（铣）床 5 部，插床 1 部，钻床 5 部，电焊机 1 部。主要生产制品有六英尺元车 10 部，八英尺元车 10 部，牛头床 5 部，抽水机 8 部，空气压缩机 1 部，磅秤 5 台，闸门启闭机 3 套，虎钳 20 把，手摇钻 33 部等。② 最为著名的企业是玉门石油机械厂，它大大促进了玉门石油事业的发展。日渐发展的运输业带动了修配业的勃兴。从 1937 年西北公路局设兰州修车厂开始至 1945 年，甘肃共有汽车修理和修配厂 54 家，兰州地区就有 36 家。③

抗战时期，甘肃省的电力工业也有发展。兰州电厂、天水电厂在原有的基础上大力购置了新设备，装机容量不断扩大，发电量也有所增加。1938 年 8 月，中央委员会参资兰州电厂，使其资本达到 653.3 万元，工人达到 285 人。经过维修和改造，兰州电厂发电能力大大增加，1941 年发电机功率为 40 匹马力，1942 年猛增至 400 匹马力，1943 年为 650 匹马力。④ 发电度数也大有增加，1940 年为 527993 度，1941 年为 765893 度，1942 年为 1241937 度，1943 年为 1862690 度，1944 年为 2885309 度，1945 年为 3502814 度，1940～1945 年累计向兰州市各

① 陈真编《中国近代工业史资料》（第 3 辑），生活·读书·新知三联书店，1961，第 959 页。
② 王树基编著《甘肃之工业》，甘肃省银行印刷厂，1944，第 190～193 页。
③ 陈鸿胪：《甘肃固有手工业及新兴工业》，中央训练委员会西北干部训练团西北问题研究室编《西北问题论丛》（第 2、3 辑），甘肃省银行印刷厂，1943。
④ 甘肃省政府：《甘政三年统计提要》（一），甘肃省档案馆藏甘肃省政府档案，档案号：4-3-68，第 105 页。

工厂输送动力电 1622218 度。① 1942 年 9 月，中央委员会与甘肃省政府合资设立天水电厂，资本 613.3 万元，工人 73 人。水泥工业中，甘肃水泥公司发展最为迅速。1940 年该公司资本总额为 456 万元，后增加资本 1200 万元。从开工起到 1949 年，该厂共生产水泥约 4 万桶，对支援抗战和开发甘肃经济起了一定的作用，反映了甘肃建材业的起步。

抗战以来，后方各省市为增加生产，工厂之设立，如雨后春笋。截至 1941 年底，在全国呈准经济部登记之工厂中，甘肃省相关情况如下。

机器五金工业 37 厂，甘肃省 3 厂；电工器材工厂 44 厂，甘肃省 1 厂；液体燃料 96 厂，甘肃省 1 厂；窑制品 47 厂，甘肃省 1 厂；造纸 35 厂，甘肃省 1 厂；制革 54 厂，甘肃省 7 厂；火柴 29 厂，甘肃省 4 厂；药品 28 厂，甘肃省 1 厂；烛皂 25 厂，甘肃省 1 厂；油醋 15 厂，甘肃省 1 厂；纺织及服装工业 272 厂，甘肃省 24 厂；饮食品工业 81 厂，其中碾米 25 厂，面粉 20 厂，甘肃省 1 厂。② 以上数据表明，战时甘肃的重工业得到了优先发展。

二，抗战时期甘肃轻工业的发展

西北洗毛厂为贸易委员会与刘鸿生合办，资本 300 万元。兰州是羊毛集散地，故将厂址设于兰州市黄河岸边的庙滩子。自 1941 年 2 月开始建设，至 1943 年 8 月已开工，设计生产能力为月洗毛 300 吨。全部设备有 65 吨沉淀池 1 座，慢性沙滤池 2 座，350 吨清水池 1 座，抽水机 2 部，鼓风机 4 部，打土机 2 部，48 英尺卧式锅炉 2 座，四槽式大型洗毛机 2 部，4 英尺口径离心式脱水机 3 部，烘房 4 座，晒毛架 2000 平方米，共用马力 90 匹。③ 洗槽以四木槽组成，内有铁叉拌搅，并叉上木滚，压去水分，再送至第二槽。第一槽内用热水，加肥皂，第二槽以下只用水洗。洗清水后，再用离心机脱水。据厂长江尚青先生云，此机虽系仿制上海旧机，后方能有此成绩，是很大的成功，拟再作数架，从事

---

① 甘肃省政府统计处：《兰州电厂业务经营》，甘肃省政府《甘肃省统计年鉴》，1946，第 172～173 页。

② 《后方各省市工厂统计》，中央银行经济研究处编印《三十年下半期国内经济概况》，第 170～174 页。

③ 王树基编著《甘肃之工业》，甘肃省银行印刷厂，1944，第 181～182 页。

扩充。脱水后再烘干，干燥炉系长方形之密闭室，有用锅炉余热者，有另烧火者，炕板以前用铁板，现已改用坩砖，如久大盐炕房所用。不过其烤房尚不够用，现因西北晴天多，而兰州又少风沙，改在广场中用木架麻绳网晒之，比较经济。厂内满坑满谷，都是羊毛，以前贸易委员会输出者，只在厂内将原毛分散去土，即行打包。去土约减去毛重20%，如再洗涤，再去45%，故洗后纯净羊毛，实为原毛35%。此种沙土，一半是剪毛之前，羊身未经洗涤，一半是商人贪利，故意掺杂。羊毛输出俄国，以往每年可输出10万担，近年提倡内销，只允许输出6万担。①

兰州制革厂规模不大，完全手工，但其投资已达150万元，系1941年所建设，专制羊皮之作短衣用者。牛皮专做底皮，概归军政部收买。毛之生产，在抗战前最盛时代，合绥远全境，及青、甘、宁等省，每年不过35万担，眼前之产量则仅约20万担。以吨计，则仅1万吨。②

抗战开始后，沿海的一大批工厂迁到了西北，一大批科技人才、工程师、技师、熟练工人也来到这里，大大增强了这里的工业实力。一些工业从无到有，一些由小变大，一些工业基础薄弱的省份，甚至无近代工业的省在抗战中也建立起了自己的工业。这一时期是西北工矿业开发的高潮时期。抗战开始后，大量人口流入西部。1937年6月底，兰州人口109577人。③ 到1942年底，兰州人口141496人，增加29.1%；1945年3月为170018人，比1937年6月增加55.2%。④ 大量人口的内迁，必然会对纺织、面粉、火柴等轻工业产品产生大量的需求，甘肃省的轻工业迅速发展起来，出现了产品供不应求的趋势。

在抗战时期，除棉毛纺织、面粉、火柴等轻工业得到了显著发展以外，造纸业、印刷业、制革业、水烟业等得到了不同程度的发展。

①战时畜产品加工企业的设立。抗战期间，东来货物减少，国内军需民用物资紧张，这为甘、宁、青轻工业的发展提供了一个很好的机会。

---

① 李烛尘著，杨晓斌点校《西北历程》，甘肃人民出版社，2003，第15~16页。
② 李烛尘著，杨晓斌点校《西北历程》，甘肃人民出版社，2003，第18~19页。
③ 甘肃省档案馆编《甘肃历史人口资料汇编》（第2辑）（上册），甘肃人民出版社，1998，第504页。
④ 甘肃省档案馆编《甘肃历史人口资料汇编》（第2辑）（下册），甘肃人民出版社，1998，第317、338页。

当时为了躲避战火，寻找原料、市场，中国大批工厂内迁西南、西北。在这种情况下，国民政府有关部、委和甘、宁、青地方政府为了开发利源，就地取材，兴办了一大批畜产品加工企业。当时甘肃兴起的较大畜产品加工企业情况见表5-5。

表5-5　抗战期间甘肃省畜产品加工企业一览①

单位：万元

厂名	创设时间	厂址	创办者（下属于）	资本	产品
兰州制革厂	1941年9月	兰州河北草场街后	甘肃省水利林牧公司	150	各类皮革
建国制革厂	1941年6月	兰州七里河王家堡	私营	52	各类军用皮革
建华制革厂	1940年7月	天水民权路	私营	30	牛皮、羊皮
利华制革厂	1941年2月	天水中城下河里	私营	135	牛皮、羊皮
益民制革纺织工厂	1942年3月	平凉东关水桥沟	私营	50	各种皮张、军用皮包、军用马鞍、皮鞋
甘肃制呢厂	1937年	兰州畅家巷	军政部、甘肃省政府	100	军毯、军呢、毛呢
西北毛纺厂	1943年	兰州河北庙滩子	刘鸿生、贸易委员会复兴商业西北分公司	3000	军毯、呢绒
兰州毛织厂	1939年	兰州七里河	雍兴实业股份有限公司	60	毛毯、毛呢
官泉毛线厂	1942年1月	天水官泉29号	合伙	450.6	毛衣裤、毛背心、毛线
永裕工厂	1943年1月	天水伏羲城15号	合伙	8100	厂呢、条布、白洋布
四维纺织工厂	1943年3月	天水纪常路77号	合伙	50	毛呢、毛毯、厂呢
天成纺织工厂	1943年6月	天水伏羲城荣誉巷	合伙	100	毛呢、厂呢
晋秦织染工厂	1940年	天水县八卦城	合伙	70	毛呢、棉布

---

① 王树基编著《甘肃之工业》，甘肃省银行印刷厂，1944，第61~75、125~127、181~187页。

续表

厂名	创设时间	厂址	创办者（下属于）	资本	产品
泰华纺织工厂	1943 年 10 月	平凉东关水桥沟	合伙	240	毛呢、毛毯、粗呢、细呢、交织呢
厚生纺织工厂	1943 年 7 月	平凉东北寺巷三号	合伙	50	毛线、毛呢、毛毯
平民教养工厂	1940 年 6 月	岷县东门外	合伙	36	毛毯、毛呢、毛巾
保职织染工厂	1942 年 7 月	天水惠民巷	合伙	50	毛呢、布匹
西北洗毛厂	1943 年 8 月	兰州河北庙滩子	复兴商业公司、中国毛纺织厂特种股份公司	500	拣毛、洗毛、打包
猪鬃加工厂	1940 年 8 月	兰州贤后街	复兴商业西北分公司		加工猪鬃
肠衣厂			复兴商业西北分公司		加工肠衣
细皮毛加工厂			复兴商业西北分公司		加工皮毛

到 1943 年 2 月，甘肃有制革厂 26 家，资本 547.8 万元。[①] 其中，兰州制革厂年产牛皮面 63 张，底革 568 张，军用革 746 张，羊皮囊 2925 张，正面羊皮 2740 张，反面羊皮 1699 张以及其他小皮件多种。[②] 据当时调查，1940 年"西北工合"纺织社每月生产毛呢 39630 尺，军毯或毛毡 35700 条，制革社每月可生产底皮 2270 张，面皮 3480 张，绵羊皮 4350 张。[③] 这些畜产品加工企业生产的军用皮革、军毯、军服等为当时抗战前方将士提供了一定的物资保障。

在对外贸易中，西北羊毛因杂质太多，大多含有粪便、沙砾等杂物，对方常提出刁难。为了提高畜产品质量，1942 年，复兴商业西北分公司和上海中国纺织公司总经理刘鸿生合资在兰州建立了西北洗毛厂，对收购的皮毛进行洗涤、打包，然后运往各地，"经挑选、洗净后的羊毛降低了成本，减少了运费，经济效益明显提高，在兰州采购的各地厂家纷纷登门要货，全厂业务相当繁忙，工人有时分昼夜两班，

---

① 王树基编著《甘肃之工业》，甘肃省银行印刷厂，1944，第 125～127 页。
② 杨重琦、魏明孔主编《兰州经济史》，兰州大学出版社，1991，第 131 页。
③ 朱敏彦：《抗战时期的工业合作社运动始末》，《历史教学》1990 年第 6 期。

还不能满足需要"[①]。"以前外商对中国羊毛甚非难，必运至天津整理或洗之，始行输出。后能自行洗毛，故羊毛事业之前途，在西北大有希望"[②]。后来又建立了猪鬃加工厂、肠衣厂和细皮毛加工厂，从此西北的皮毛出口走向了正规化。兰州毛纺厂、兰州制呢厂都是军政部创办经营的。国民政府任用曾留学国外的一批技术人员担任经理，还调配设备运往兰州。这些皮毛加工企业大多是由国民政府利用西迁资本兴办的，规模较大，资本雄厚，机械化程度较高。除上述规模较大的官办企业外，小企业也遍地开花。据当时调查，战前兰州纺织业工厂并不是太多，从1938年开始逐渐增多。到1943年，新设工厂有46家之多。这些合作性质的纺织企业尽管设备落后，规模小，但工人生产积极性都很高。[③] 由于原料供应不上，这些小规模的畜产品加工企业在生产一段时间后被迫停业。

　　从地理上看，甘肃兰州更具有西北交通枢纽和物流集散地的优势，兰州也是西北各牧区的腹部、中心地带，时人也称："皋兰有亚洲羊毛业中心的希望"[④]。从以上这些因素考虑，甘肃当时就成了国民政府对西北畜牧业投资的中心地区，各类畜牧、兽医机构等也均设在兰州。抗战爆发后，畜牧兽医力量云集西北，兰州汇集了当时全国最强大的畜牧兽医专家队伍和最先进的畜牧技术力量，西北羊毛改进处、西北兽疫防治处、甘肃畜牧兽医研究所、西北兽医学院均在兰州成立，专门从事科学研究、技术改良和人才培养等工作。而且在甘肃设立的畜产品加工企业较多，资本也较雄厚，生产成效也最大。制革厂有建国制革厂、兰州制革厂等十多家。毛纺厂有甘肃制呢厂、西北毛纺厂、兰州毛纺厂等，到1943年有46家之多。

① 李锐才、刘子蔚：《对复兴商业西北分公司的回忆》，兰州市政协文史资料委员会、中国民主建国会兰州市委员会、兰州市工商业联合会编《兰州文史资料选辑》（第11辑），甘肃日报社印刷厂，1990，第168页。

② 李烛尘著，杨晓斌点校《西北历程》，甘肃人民出版社，2003，第16页。

③ 外行：《兰州纺织业与机器业》，兰州市政协文史资料委员会、中国民主建国会兰州市委员会、兰州市工商业联合会编《兰州文史资料选辑》（第11辑），甘肃日报社印刷厂，1990，第87页。

④ 邹翰芳：《西北经济地理》，《中国西部开发文献》（第8卷），全国图书馆文献缩微复制中心，2004，第433页。

②纺织业的发展。在 1938 年以前，甘肃仅有 5 家棉毛纺织厂，而 1939 年就设立 29 家，1940 年新设 36 家，1941 年新设 41 家，1942 年至 1944 年 6 月新设 94 家，其中资本总额在 10 万元以上（包括 10 万元）的就有 8 家。① 如军政部与甘肃省政府合办的兰州制呢厂，有资本 100 万元，工人 230 人；花纱布管制局兰州实验工厂，有资本 150 万元，工人 37 人；天水永裕工厂，有资金 8100 万元，工人 30 人；天成纺织工厂，有资金 100 万元，工人 30 人；平凉泰华纺织工厂，有资金 240 万元，工人 50 人；天水官泉毛线厂，有资金 450.6 万元，工人 60 人。武威富华纺织工厂，有资金 150 万元，工人 35 人。这些工厂大部分仍为手工生产（多为农村手工业合作社），所用生产工具，在纺纱时多用手摇机或脚踏机，织布则用木机。这些手工业生产合作社共有 62 个，股金共达 1816930 元，最少者仅有 150 元，最高者达 30 万元，平均规模为 2.9 万余元。不可否认，抗战时期甘肃的纺织业得到了很大的发展，出现了以机器生产为主的一些工厂，其中以雍兴公司投资 60 万元兴办的兰州毛织厂比较著名，有工人 179 人。

③面粉业。抗战前，甘肃的面粉大部分为手工制造，"迨抗战军兴，各地主要机制面粉厂，相继沦陷，战区民众，亦逐渐集中后方。本省为西北重镇，为中外人士所瞻仰，人口亦日益增繁，面粉需要孔殷，若专赖附近民间石磨、水磨、船磨、手工制粉，实不敷市场之供应，是故利用机器设备制粉，于是兴焉"。抗战期间，甘肃的机制面粉厂共有 3 家，分别为西北机器面粉厂、兰州面粉厂、福新第五面粉厂天水分厂。这些面粉厂均使用动力和机械设备，日产面粉共 900 袋。② 与此同时，战前早已存在的土磨面粉业也得到了发展。据调查，1944 年时兰州市有磨户 123 家，资本总额 132100 元，平均仅 1074 元。最低资本为 200 元，多的也不过 4000 元，仍是手工生产。③

④火柴业。甘肃的火柴业由战前的 4 家（兰州光明火柴厂、兰州同生火柴公司、天水炳兴火柴厂和岷县中和火柴厂）发展到 7 家（新增天水光华火柴厂、天水第一火柴社、临洮华兴火柴厂 3 家）。资本总额

---

① 王树基编著《甘肃之工业》，甘肃省银行印刷厂，1944，第 61~75 页。
② 陈真编《中国近代工业史资料》（第 4 辑），生活·读书·新知三联书店，1961，第 220 页。
③ 王树基编著《甘肃之工业》，甘肃省银行印刷厂，1944，第 135~138 页。

1749000 元，工人 422 人，均以手工生产为主，其中规模最大的是同生火柴公司和光明火柴厂。到 1934 年初，甘肃省共有火柴厂 5 家，分别为兰州光明火柴公司，资本额 35000 元，月产火柴 1600 箱；兰州同生火柴公司，资本额 60000 元，月产火柴 1200 箱；平凉富陇火柴公司，资本额 30000 元，月产火柴 1200 箱；天水炳兴火柴公司，资本额 14000 元，月产火柴 2000 箱；岷县中和火柴公司，资本额 15000 元，月产火柴 1200 箱。每箱 1200 匣火柴。[1] 到 1944 年 5 月，上述 7 厂共有工人 422 人，资本总额 1749000 元，年产火柴 3740 箱。[2]

⑤制革业。1942 年，甘肃有制革工厂 15 家，资本总额 756.42 万元。[3] 据 1944 年 2 月调查结果，甘肃省共有制革工厂 26 家，资本总额 5478000 元，工人 337 人。[4]

⑥造纸业和印刷业。在长期抗战中，甘肃的造纸业逐渐兴起。仅兰州就有造纸厂 10 家，总资本 20 万元，工人 164 人。[5] 其中以甘肃兴陇公司造纸厂最为著名，资本达 7 万元。另外，手工造纸业也很兴旺，主要种类有麻纸、烧纸、高黑纸、毛头纸、土报纸。造纸区域有临洮、天水、徽县、康县、成县等，尤其是康县，年产黑白麻纸 350 万刀以上。[6] 每 100 张纸为 1 刀。据 1944 年统计，甘肃省各县每年出产白麻纸 253700 刀、黑麻纸 280350 刀、烧纸 1341150 刀、草纸 51150 刀、毛头纸 24600 刀、改良纸 161400 刀、仿麻纸 1000 刀、土报纸 25280 刀。[7] 造纸业的发展，推动了印刷业的勃兴。另据 1944 年 6 月调查，甘肃省有印刷工厂（部）58 家，资本总额 469 万元，工人 490 人。[8]

⑦制瓷业。抗战前，甘肃的陶瓷业一直处于手工生产阶段，且产品粗陋，质量不高。1936 年，永登窑街有"烧磁（瓷）器之窑厂，故其地名为窑街"。有"大小十余厂，每厂工人二三十人"，但产品"俱系黑色

① 《国内经济：产业：甘肃火柴业调查》，《四川经济月刊》1934 年第 5 期。
② 王树基编著《甘肃之工业》，甘肃省银行印刷厂，1944，第 82～83 页。
③ 魏永理主编《中国西北近代开发史》，甘肃人民出版社，1993，第 223 页。
④ 王树基编著《甘肃之工业》，甘肃省银行印刷厂，1944，第 125～127 页。
⑤ 丁焕章主编《甘肃近现代史》，兰州大学出版社，1989，第 444 页。
⑥ 第八战区政治部编《今日之西北》，1941，第 33 页。
⑦ 王树基编著《甘肃之工业》，甘肃省银行印刷厂，1944，第 165～166 页。
⑧ 王树基编著《甘肃之工业》，甘肃省银行印刷厂，1944，第 175～179 页。

粗磁（瓷）"①。阿干镇煤层有伴生的黏土，制瓷业也比较发达，但产品为日常生活用品，多为粗瓷，且质量比较粗劣。甘肃省陶瓷业"最有希望"的是华亭县安口镇。1942年，资源委员会在安口镇兴建了华亭电瓷厂，有职工约350人。该厂设备有磨粉机两部、炼泥机一部以及一些试验设备。这是甘肃省采用机器生产陶瓷的开端。在1942年大量生产细瓷之前，安口镇也是以生产粗瓷为主，"只有缸窑碗窑之分，缸窑专制黑黄诸色缸盆坛罐粗瓷之属……碗窑则制造普通日用粗瓷"②。据1944年1月调查结果，当时安口镇有窑场77家，资金总额421万元，最高资本30万元（光华厂），最低资本1万元，平均资本额5.4675万元。③

⑧玻璃制造业。1936年时，甘肃省没有一家玻璃厂，兰州"玻璃价钱，更是昂贵，大概一尺见方的，这里就得卖上一块钱了"④。抗战时期，甘肃省建起了3家玻璃厂，分别是1938年12月建立的兰州西郊明华玻璃厂、1942年成立的锦华玻璃厂和卫生署西北防疫处附设玻璃厂。明华、锦华两厂主要生产各色料瓶、茶杯及药瓶，还有煤油灯罩、电灯罩和花瓶。锦华玻璃厂还生产平板玻璃，后因成本太高、销路不畅而停制。西北防疫处附设玻璃厂专制医药行业所用的制药瓶、牛痘苗管、茶杯等，不对外营业，专供自用。

⑨烟草业。水烟业仍是手工生产。据调查，1934年兰州销出水烟18611.00担（每担360斤），价值2184117元。⑤纸烟业仅有兰州华陇烟草工厂1家，成立于1933年，资本起初仅6万元，1939年增资14万元，1941年又增资30万元，总资本达到50万元。刚开始以手工制作纸烟，1935年从上海购买机器，采用机器制作纸烟，为甘肃省机器制烟之滥觞。1944年有工人44人，产品有握桥、西湖、北塔三种牌子，年产量约1000箱，每箱5万支。另外，还有手工纸烟厂17家，资本总额664000元，工人117人。⑥

---

①　马鹤天著，胡大浚点校《甘青藏边区考察记》，甘肃人民出版社，2003，第138页。

②　王树基编著《甘肃之工业》，甘肃省银行印刷厂，1944，第104页。

③　王树基编著《甘肃之工业》，甘肃省银行印刷厂，1944，第107~112页。

④　张恨水、李孤帆著，邓明点校《西游小记·西行杂记》，甘肃人民出版社，2003，第85~86页。

⑤　高良佐著，雷恩海、姜朝晖点校《西北随轺记》，甘肃人民出版社，2003，第54页。

⑥　王树基编著《甘肃之工业》，甘肃省银行印刷厂，1944，第161~164页。

⑩中央卫生署投资 1000 万元兴建西北制药厂，厂址在兰州市小西湖，有工人 22 名，1944 年 4 月正式开工，系将西北防疫处下属化学制药部、药械修理组、玻璃厂 3 个机构合并成立，由西北防疫处处长杨永年兼任厂长。该厂年生产能力达牛痘苗 300 万人份，血清 3000 万~4000 万人份，疫苗 300 万人份，并利用土产药材制成酊膏丸散等 20 多个品种，有氯化钠、硫酸镁、硫酸钠纯盐、过锰酸钾、磷酸钾、碳酸钾、硼酸、纯酒精、苏打片、阿司匹林、当归精、麻黄素、葡萄糖、枸杞膏、甘草流浸膏等，并在西安、重庆设立办事处，做药品的包装、转运、推销工作。① 其资本额占同时期兰州市制药业总资本的 97.7%（当时雍兴公司制药厂已经改组为实用化学工厂）。②

截至 1944 年底，甘肃省各县市已经向经济部登记的工厂有 187 家，其中兰州市有 119 家，占总数的 63.64%。以行业分，棉纺织业有 34 家，占总数的 18.18%；制革业 19 家，占 10.16%；毛纺织业 17 家，占9.09%；机器制造业 11 家，占 5.88%；织染业 9 家，占 4.81%；铁工厂8 家，占 4.28%；化学工业 7 家，占 3.74%；印刷业、造纸业、制药业、冶铁业、火柴业均为 5 家，各占 2.67%；肥皂业、酒精业各 4 家，各占2.14%；羊毛业、面粉业、服装业、玻璃业、翻砂业各 2 家，各占1.07%。其余烟草业、枕木业、电瓷业、电池业、水泥业、洗毛业、麻袋业、烤胶业、碱业各 1 家，另有其他行业共 29 家，"尚有已登记而据报停业者、注销者 33 家未计在内"③。以上工厂均经经济部核准设立。还有许多采用手工生产方式的小作坊未被计入。由此可见甘肃省战时工业的发展趋势。根据《甘肃之工业》提供的数据，1944 年 6 月甘肃全省共有各类棉毛纺织工厂（含生产合作社）206 家，资本总额 28635624元，工人 4167 人。④ 平均每家资本额为 139686 元，有工人 20.3 人。

---

① 齐长庆：《西北防疫处与西北制药厂简记》，政协甘肃、陕西、宁夏、青海、新疆五省（区）暨西安市文史资料委员会编《西北近代工业》，甘肃人民出版社，1989，第487~488 页。

② 《兰州市各工业同业公会工厂调查表·造纸业》，甘肃省档案馆藏甘肃省政府档案，档案号：4-2-196，第 29 页。

③ 《甘肃省三十三年度统计总报告》（四），甘肃省档案馆藏甘肃省政府档案，档案号：4-2-192，第 40~42 页。

④ 王树基编著《甘肃之工业》，甘肃省银行印刷厂，1944，第 61~75 页。

应当看到，国民政府在开发西北的过程中，虽然对该地区的社会经济做过一些考虑，但其开发的主旨则是直接为战争服务的，起决定性作用的是军事上的需要，而不是该地区全面而长远的发展。这就使西北开发势必受到战争进程的制约。因此，随着抗日战争的胜利，国民政府开发西北的热情遽减，各种开发、建设西北的活动也停顿了下来，最终导致西北地区的社会经济再次陷入低谷。[①]

1944 年，王树基这样评价甘肃的工业状况：目前甘肃之一般手工业，仍然处于一种农村家庭手工业的状态；甘肃新式工厂工业，尚在初步发展时期，所有工业生产，大部分尚依赖血汗手工业。但是"手工艺品在制造业中，虽占最重要之地位，但在甘肃整个社会经济中，确为一般农民主要副业，而非主业"[②]。另外，抗战后期货币贬值，物价飞涨，给工厂的生产带来了很大的困难。如军政部第二制呢厂因动力锅炉老化，"拟改用电力，然购买马达，必需经过一定程序，在物价变动不已之情况下，前呈未核下，而市价早变，再呈再核，核后再变"，最终也没有买成马达。[③]

二　抗战时期甘肃交通运输业的发展

西北地区，由于山大沟深，交通梗阻，行动十分不便，这阻碍了近代社会经济的发展。"开发西北，当以交通建设为第一要义"，因为"交通便利，货可畅流，地可尽利，物可尽用，而全国各部门人才，始可咸集于西北，他如矿产开发，工业促进，自亦易举"[④]。尤其是处在抗战这一特殊时期，军需民用、国际援助急需交通运输，而抗战之初，西北公路仅有 18000 多公里，铁路仅通至陕西省，更是凸显了交通建设的急迫性。1938 年 10 月广州失陷，国民政府海上贸易被完全切断；1940 年 6 月，法国应允日本的要求，禁止中国使用滇越铁路；同年 7 月，日本强迫英国关闭滇缅公路。这样"我国西南国际交通路线既断，西南建设成

①　李云峰、曹敏：《抗日时期的国民政府与西北开发》，《抗日战争研究》2003 年第 3 期。

②　王树基编著《甘肃之工业》，甘肃省银行印刷厂，1944，第 1 页。

③　李烛尘著，杨晓斌点校《西北历程》，甘肃人民出版社，2003，第 13 页。

④　胡松林：《建设西北之我见》，中央训练委员会西北干部训练团西北问题研究室编《西北问题论丛》（第 2、3 辑），甘肃省银行印刷厂，1943。

果亦受到严重威胁"①。而当时西北国际交通线却畅通无阻，军需民用物资和国际援助全赖此运输。抗战时期，西北的地位日益凸显。

林鹏侠于 1932 年底自咸阳至平凉，路程仅 680 里，汽车竟然行走 3 天。因为"所谓汽车路者，本就原有之大车道，略加平治，年久失修，多已毁坏。凸凹坑陷，桥梁倾侧，冰雪载途，泥泞水滑，无在不有颠覆之危"②。这不禁使她想到先进国家交通之便利，感慨道："交通关于国家之兴衰，诚甚大也。我国西北，本皆极膏腴之区，倘使国人果于自强，则此等冲要之区，火车、飞艇，宜必往来如织。地方繁荣，人民加以良好之教育，则国家兴盛，当可逆睹。何至荒凉至此哉！"③

1925 年国民军进入甘肃时，整修了兰州到宁夏城的道路。当时宁夏尚未建省，整修后的道路可以勉强通行汽车，这就是早期的兰宁公路。1927 年，甘肃军政当局下令整修兰州经永登、西宁至湟源的"官道"，当时称之为"兰湟路"，后称甘青公路。这条路经过整修，可以行驶汽车，沟通了兰州和西宁两市。1929 年，在陕甘两省政府主持下，开始修筑陕甘公路，后改称西兰公路（西安至兰州）。西兰公路是以工代赈的重要工程，由国民政府财政部和美国的"中国赈灾会"共同出资修建，为联络陕甘两省的干线。由于干线较长，沿途多山，施工难度大，到1935 年 5 月才最后建成通车，共计耗资 93 万余元。西兰公路的初步建成，为中原内地与西北五省的往来与联系提供了方便条件。西兰公路东起西安，经咸阳、醴泉（今礼泉）、乾县、永寿、邠县（今彬县）、长武、泾川、平凉、静宁、定西，终至兰州，全长 753 公里，为陕甘两省干道，同时也是通向西北的国防干线。西兰公路的改建，使经陇海路运输的货物能够通过公路较快地输送到西北诸省，加强了西北各省之间的联系。

全面抗战爆发后，全国经济委员会在兰州设立西北公路运输管理处。1937 年 12 月，西北国营公路管理局与西北公路运输管理处合并，设陕甘运输局，局址在兰州。该局先后改善了西兰公路，修建了甘新公路，使

---

① 张光祖：《开发西北应先建设甘肃》，中央训练委员会西北干部训练团西北问题研究室编《西北问题论丛》（第 2、3 辑），甘肃省银行印刷厂，1943。
② 林鹏侠著，王福成点校《西北行》，甘肃人民出版社，2002，第 34 页。
③ 林鹏侠著，王福成点校《西北行》，甘肃人民出版社，2002，第 36 页。

之成为贯穿西北的国际交通线。此外，还续建、改建了华双、甘青、兰宁、甘川、迪霍、兰宁、宁包、宁张、宁平、青藏公路宁玉段等，新建了南疆、岷夏、宁张、宁夏、省鲁、宁贵、宁互、宝平等公路干线。这样，西北地区的公路，西达中苏边界的霍尔果斯，东到鄂陕边界的白河，北到内蒙古陕坝，南到四川广元，形成了以兰州为中心的西北近代公路网。

1937 年，重修甘新公路，1939 年 11 月全线建成通车，成为开发西北的一条重要公路干线。西兰公路改造工程于 1940 年完成。改造后的西兰公路，阴雨天亦可行车，是当时西北地区路况最好的公路。改建后的西兰、甘新公路，成为经新疆入甘转川、转陕的重要交通干线。西兰、甘新等干线公路的建成通车，沟通了大西北与大西南的交通，带动了两地社会经济的发展。在太平洋战争爆发后，甘新公路成为中国通向国外的唯一通道，苏联援华的大批物资也必经此路运至前方。1938 年底，经此线路接运援华物资 4 批，1939 年又接送了十几批，保证了前线作战的急需物资，对支援全民族抗战起了重要作用。

1938 年 1 月，甘肃省建设厅奉命赶修华双公路（华家岭至双石铺）天双段（天水至双石铺）工程。其中华天段（华家岭至天水）在 1935 年已经修通。1938 年 12 月，华双公路全线建成通车，使甘肃到四川的路程缩短了 400 余公里。甘青公路在 20 世纪 20 年代仅能勉强通车。1938 年 3 月，甘肃省政府整修了此路。1939 年 9 月，全线工程大致竣工。另外，新修的宝平公路（宝鸡至平凉）是陇海铁路和宝汉、西兰、宁平公路的联系枢纽，沟通陕、甘、川的交通要道。

全面抗战阶段国民政府对西北地区公路的建设，除形成了横贯甘新两省、直通苏联的国际公路干线外，还修建了多条省际公路干线，将西北五省紧密连接起来，逐步形成了以兰州为中心的西北近代公路网和西北各省区的公路网，对支援抗战、带动西北经济发展起到了重要作用。

甘肃省政府先后建成的省内公路主要有华双公路华天段（华家岭至天水），全长 180 公里；甘川公路兰会段（兰州至会川），全长 140 公里；天马公路（天水至马鹿镇），全长 114 公里；兰临公路（兰州至临夏），全长 138 公里。到 1936 年 1 月，甘肃省共完成公路建设 1121 公里。全面抗战爆发后，还修筑了岷夏公路（岷县至夏河县），全长 254 公里，方便了甘南民族地区的经济交往。

全面抗战爆发后，国民政府迁都重庆。而西部地区本是铁路修建的薄弱环节，通车里程不长，于是后方一切军公商运大多由公路承担。虽然此时的公路建设及运输都有很大发展，但仍不能满足战时的需要。滇缅公路被封锁之后，汽车配件和燃料难以为继，公路运输愈益艰难。而城乡、民间运输的人力、畜力来源充足，工具制造简单，材料丰富，投资少，收效快。于是，为弥补公路运输的不足、提高运输效率，利用民间运输工具和人力、畜力从事运输的驿运被提上了议事日程。甘肃省于1939 年 7 月成立了省车驼管理局，具体办理驿运业务，逐步形成了以兰州为中心的驿运干支线运输网。1941 年，车驼管理局奉令与陕甘驿运干线合并办公。1942 年 5 月，为统一调整全国驿运机构，加强西北驿运工作，又将甘肃省驿运工作划分为两部分：本处划归甘肃省政府管辖，负责省内及省际运输事宜；原陕甘干线，直属大处管理，更名为甘新线驿运管理分处，负责国际运输事宜。营运线路有兰星干线公路（兰州至星星峡），长 1179 公里；兰星干线大车路（兰州至安西），长 1151 公里；兰天干线公路（兰州至天水），长 369 公里；兰天干线大车路，长 430 公里；兰泾支线大车路（兰州至窑店），长 582 公里；兰泾干线公路（兰州至窑店），长 513 公里；兰中支线大车路（兰州至中卫），长 375 公里；兰中支线水路（兰州至石嘴子），长 1010 公里；兰碧支线大车路（兰州至碧口），长 770 公里；兰碧支线公路（兰州至岷县），长 264 公里；洮马支线（临洮至马鹿镇）大车路，长 440 公里；陇中支线大车路（陇县至中卫），长 580 公里。总计陆路里程 6653 公里，水路里程 1010 公里。[①]由于战时西北物资转运量大，汽车运输、铁路运输均不能满足需要，而传统驿运弥补了这些不足。由于其工具制造简便，对道路条件要求低，加上西北有充足的畜源，驿运得以充分发展。从事驿运的劳动人民，怀着满腔抗日热忱，不畏艰难困苦，完成了驿运任务，有力地支援了抗战。

甘新线驿运管理处自有胶轮大车 400 辆，管制胶轮大车 1000 辆，骆驼 12000 头。铁轮车为临时雇用，不在管制之列。1941 年，曾雇用铁轮大车 10000 余辆，骡、驴 8000 余头，人力车 70 余辆。运输总量达 17000

---

①　张心一：《甘肃省驿运概况》，《交通建设》1943 年第 8 期。

余吨，相当于 8000 辆汽车的运量。① 1942 年，甘肃省驿运管理处在干线使用胶轮大车 13675 辆，载货 7819111120 吨公里；铁轮大车 5727 辆，载货 1046091540 吨公里；人力车 2145 辆，载货 121672910 吨公里；骆驼 33637头，载货 2235539640 吨公里；骡马 31268 匹，载货 756197530 吨公里。合计运载货物 11978606750 吨公里（原文如此，实际应为 11978612740 吨公里）。在支线使用胶轮大车 13549 辆，载货 4284192260 吨公里；铁轮大车 34881 辆，载货 4279231660 吨公里；人力车 6500 辆，载货 305766620吨公里；骡马 162252 匹，载货 4029686320 吨公里；皮筏 1253 只，载货 473474070 吨公里；骆驼 42662 头，载货 1967170840 吨公里；人夫 1842人，载货 28830340 吨公里。合计载货 15368352110 吨公里。总计干支线年运货量 27346958860 吨公里（应为 27346964850 吨公里）。② 其中干线军运货物 2584748720 吨公里，公运货物 6537087680 吨公里，商运货物 2372676900 吨公里，邮运 83202920 吨公里，粮运 291875050 吨公里，其他货物 109015450 吨公里，合计 11978606750 吨公里（原文如此，实际应为 11978606720 吨公里）。支线军运货物 770654090 吨公里，公运货物 6347340840 吨公里，商运货物 7396827930 吨公里，邮运 719092180 吨公里，粮运 134437070 吨公里，合计 15368352110 吨公里。干线和支线总计运输货物 27346958860 吨公里（实际应为 27346958830 吨公里）。③其中军运占年运输总量的 12.3%，粮运占年运输总量的 1.6%。1942 年，甘肃驿运管理处运杂费收入 45960125.03 元，力杂费支出 39627482.46元，盈余 6332642.57 元。④

1938 年，甘肃邮政管理局与西北运输管理局订立合同，由公路局班车承运兰州至西宁及沿途分局、所的轻重邮件，每周 2 班，运量不限，从兰州经河口、永登、高庙子、乐都至西宁，长 321 公里，限行 2 日。1939 年，老鸦峡内公路路况改善，班车不再绕道永登，从 11 月起改行新线，从兰州到河口，过黑嘴子、经享堂、高庙子、乐都至西宁，长 236公里。1941 年 7 月，因油料缺乏，减为周 1 班。次年 3 月，恢复为每周

① 洪文瀚：《甘肃驿运之今昔》，《建设评论》1948 年第 4 期。
② 张心一：《甘肃省驿运概况》，《交通建设》1943 年第 8 期。
③ 张心一：《甘肃省驿运概况》，《交通建设》1943 年第 8 期。
④ 张心一：《甘肃省驿运概况》，《交通建设》1943 年第 8 期。

2 班。1946 年，由第七局公路工程管理局班车代运邮件。至 1949 年，共开辟邮路 14829 公里，主要以兰州为中心，东至定西、天水、平凉，西至武威、张掖、酒泉等地。当时的邮政运输工具也相当落后，主要是大车、驮骡。全面抗战时期，才有部分路段实行汽车运送。

在河西地区，交通更加落后。1933 年，"在敦煌寄一封平信到天津或上海，最快非四十天不行"。邮政固然是敦煌唯一的新式交通机关，但是由敦煌到安西的邮路须走 3 天，是每间隔 3 天才走一班的。安西到肃州（今酒泉）的邮路须走 4 天，而且是 3 天走两班的。直到肃州以下，才是每天昼夜兼程的双班。因此，最快是要班班连接，否则一耽搁便是数日。"至于电报，亦须先由邮政寄到安西的"。所以，天津、上海一带的商业消息，起码要在 10 天以后才能传达到敦煌。至于平时走路的计程，由敦煌到古城子（今新疆奇台县）、西宁，都是 21 天。到兰州、迪化、和阗，都是 30 天。到包头需要 70 天。"其交通工具，不是大车便是牲口"①。

1936 年，夏河县的邮电情况是：邮政为二等局，每日递信一次，因函件甚少，平时每日不过一二十封，故职员除局长外，仅局员一人。但此地产皮毛甚多，商人为免运输困难与税卡麻烦计，货物多改由邮寄，邮包日益增加，亦甚忙碌。信件四五日可抵兰州。至电报，仅军政部第三十八军有军用无线电台一处，有一百瓦特机一具。②

在运输工具上，汽车等新式运输方式的出现，无疑给人挑畜驮的运输方式带来了革命性的变化。但汽车在西北不仅数量少，而且质量低。西兰公路刚修通时，行驶在公路上的客车，在平坦处还能飞驰，待到陡坡，无从上山，则只好临时雇骡马三匹，拉车上山，乘客都下车步行。③1928 年，甘肃榆中"沿路土松，尘厚可没膝，呼吸极感困难。……汽车道上，汽车往来踪迹可辨，唯闻仅限于紧要军用"④。当时的主要运输工具仍是大车（马车）、驮骡、骆驼等。1934 年，著名作家张恨水的西北

①　明驼：《河西见闻录》，载顾颉刚著，达浚、张科点校《西北考察日记》，甘肃人民出版社，2002，第 108 页。
②　马鹤天著，胡大浚点校《甘青藏边区考察记》，甘肃人民出版社，2003，第 28 页。
③　杨思等纂《甘肃通志稿·甘肃交通志》（油印本），甘肃省图书馆藏，1964。
④　刘文海著，李正宇点校《西行见闻记》，甘肃人民出版社，2003，第 7 页。

之旅就是沿西兰公路进行的。当时的公路刚刚开始修筑，"路是稀烂公路，车倒是气车，生气的气"[①]。1935 年 5 月 1 日，西兰公路建成通车，有 30 部柴油轿车往返运客，35 部汽车担任专线货运。在少数民族地区，人民大多依赖骆驼、牦牛等运输工具互通有无。抗战时期，驿运一度兴盛，运送的物资大大超过了当时的汽车运输量。以甘肃省贸易公司 1944 年的运输业务来考察，当年省贸易公司有汽车 8 辆，运输行程 111455 公里，载运货物 444911 公斤；胶轮大车 33 辆，运输行程 139969 公里，载运货物 320029 公斤。[②] 可以看出，胶轮大车的运输里程要高于汽车的运输里程，但是汽车的运载量远高于胶轮大车。可惜由于抗战时期燃料和汽车配件的缺乏，大后方的汽车运输发展受到了极大的限制。这从一个侧面反映出近代西北新式运输工具的落后。总之，传统的运输方式在西北占主导地位，使新式生产工具和生产原料的运输受到了极大的限制。

在抗战时期，西北初步形成了纵横交错的立体交通网，不仅有力地支援了抗战，还加强了西北各地之间的联系和西北与内地的联系，将西北初步纳入全国市场体系，促进了西北经济的发展，推动了西北近代化的历史进程。

1937 年 7 月全面抗战开始后，为了加强对西北国营公路的管理，全国经济委员会遂在兰州设西北公路运输管理处。同年 12 月，西北国营公路管理局与西北公路运输管理处合并，设陕甘运输局于兰州。至此，西北交通中心由西安转移至兰州。1938 年 2 月，陕甘运输局改称交通部西北公路运输管理局，并进行了扩充，营运车辆由 1936 年的 124 辆猛增到 1939 年的 1240 辆[③]，使西北的交通运输业得到了空前加强。

战前甘肃的工业大部分集中在兰州，因交通困难及政局不定，工业种类甚少，且非常简陋。战时沿海工厂内迁，甘肃的机制工业由战前的 27 家增至 236 家。[④] 但是，类似甘肃水泥厂这样的大厂矿，其创办不是

---

① 张恨水、李孤帆著，邓明点校《西游小记·西行杂记》，甘肃人民出版社，2003，第 58 页。

② 《甘肃省三十三年度统计总报告》（一），甘肃省档案馆藏甘肃省政府档案，档案号：4 – 2 – 190，第 91 页。

③ 甘肃省地方史志编纂委员会、甘肃省交通史志年鉴编写委员会编纂《甘肃省志·公路交通志》，甘肃人民出版社，1993，第 627 页。

④ 王树基编著《兰州之工业》，甘肃省银行印刷厂，1944，第 209 ~ 210 页。

依靠"经济之手"，而是依赖"战争之手"，没有内生的需要和力量来拉动和支持。抗战胜利后，由于资金、人才的东移，其关停也是必然的。

甘肃近代工矿业经历了七十多年的艰难开发，取得了一定的成就。甘肃省由工业产值为零发展到 1949 年工业产值占整个工农业总产值的 19.11%，超过了当时的全国平均水平（17%）。这些成就的取得，为中华人民共和国成立后在西北进行大规模的工业建设奠定了一定的基础。但是，近代西北的工矿业开发，总体上来说仍处于较低水平，西北地区以农业经济为主体的经济结构没有多大变化，仍处在以传统的手工劳动为基础的农业社会，小农业与家庭手工业紧密结合的自然经济仍然占据统治地位。据 1938 年统计，甘肃全省约有学龄儿童 70 万人，入学儿童仅有 15 万人，失学儿童约占学龄儿童的 80%。[1] 全省共有省立小学 22 所，148 个班，学生 5891 人；义务小学 664 所，1265 个班，学生 38684 人。[2] 全省仅有省立兰州高级中学与甘肃学院附属高级中学两所高级中学，计有中学 15 所（含高中 2 所），68 个班，师范学校 14 所，66 个班，职业学校 5 所。全省有中学生 3103 人，师范生 2523 人，职业学校学生 706 人。[3] 在兰州市的各工厂中，劳动者文化水平低下，"他们的教育程度大多粗识文字，小学肄业者最为普遍"[4]。文化水平的低下，使他们难以通过掌握新的生产技术来提高劳动技能。有人在调查了兰州市各工厂之后写道："吾国工业本不足道，唯各大商埠之工业，尚知模仿改良，不无进步之可言。而兰州则异是，延一工人至，授以样本，请为仿制，则必谢曰：'不能'，或按照旧式稍加变通，则亦必婉谢曰：'不能，吾师所教者如此，他非所知也。'"[5] 骡车为兰州的重要交通工具，当地车铺虽能制造，但不适用，不得不从西安运来。兰州人力车颇多，但无人力车制造厂，人力车均从开封、郑州、西安等地运来。[6]

自给自足的自然经济形态，严重束缚了以商品经济为基础的近代工矿业的开发和发展。另一方面，在苛重的地租、高利贷盘剥之下，广大

---

① 郑通和：《抗战期间之甘肃教育》，《教育与文化》1946 年第 2 期。
② 龙君东：《抗战以来之甘肃教育》，《西北论衡》1941 年第 10 期。
③ 郑通和：《抗战期间之甘肃教育》，《教育与文化》1946 年第 2 期。
④ 李有禄：《甘肃省人口分析》，《甘肃统计通讯》1948 年第 3、4 期合刊。
⑤ 潘益民编《兰州之工商业与金融》，商务印书馆，1936，第 23 页。
⑥ 潘益民编《兰州之工商业与金融》，商务印书馆，1936，第 23 页。

农民生活极其穷苦，购买力低下。王树基在《甘肃之工业》一书中写道："民勤之手工纺织业，在农村副业中为最发达。据县政府估计，全县共有九千多户，平均每户至少有织布机一架，纺纱机两架。每人每日若以全力从事织布，平均可织 15 平方尺，年产土布约 35000 匹，每匹约 5丈。"但是，这样大规模的产出却主要是为了自用，而不是交换，"内销约占三分之二，外销占三分之一"①。身处绝境的贫苦劳动人民，连自己的温饱问题尚且不能解决，就没有更多的剩余产品去支持工业的发展。说到底，城市工业的增长必须以一定的农业增长为前提，如果没有农业的发展，不能从土地获得更多的剩余产品，工业出现增长是不可能的。

在抗战时期，甘肃的棉纺织业"素为农家副业，迄今仍未脱离手工业阶段……本省各县棉织业，殆仍全属手工，规模较大之木机厂，尚未有创设"②。毛纺织行业大都仍为手工业，能以半手工业生产之工厂亦不过数家而已，如军政部兰州制呢厂、雍兴公司兰州毛织厂、共济毛织厂等，其他完全为手工。所用之工具，在纺纱方面多用手摇机或脚踏机，织机则用木织机或铁轮织机。③ 棉毛纺织业是甘肃较为发达的生产行业，其生产工具尚且如此低下，其他工厂的情况可想而知。

生产技术的落后，使工厂的原料供不应求。甘肃的炼铁厂大多分布在陇南一带，生产技术均为土法，铁的年产量为 560 ~ 690 吨，而甘肃的重要工厂及杂项用铁数量每年需 800 余吨。即使按 690 吨计算，也缺 110余吨。即便这个产量，大部分也用于农具的制造，用于机器制造的数量很少。因而，各机器工业的原料大多是由外省运入的豫晋各铁路及各矿场之碎机件，再重新进行焙炼。即使这样的废铁，也是时断时续，捉襟见肘。④

从近代西北工矿业的发展道路来看，在每一次开发过程中，政府都起着主导作用。一方面，政府的介入为西北地区工矿业的开发提供了一定条件，而且使开发取得了显著成就。但我们并不能忽视"以政代工"和"企业衙门化"等现象。在中央兴办的国有厂矿中，衙门化习气尤为

---

① 王树基编著《甘肃之工业》，甘肃省银行印刷厂，1944，第 14 页。
② 王树基编著《甘肃之工业》，甘肃省银行印刷厂，1944，第 54 页。
③ 王树基编著《甘肃之工业》，甘肃省银行印刷厂，1944，第 189 页。
④ 王树基编著《甘肃之工业》，甘肃省银行印刷厂，1944，第 201 ~ 203 页。

明显，表现在工厂的管理水平极其落后。玉门油矿是近代西北石油工业开发中颇有成效的工业之一，然而它的管理完全没有采用资本主义的企业经营方式，仍然采用一种极其落后的封建把头式的管理方式。当局为了统治油矿、镇压工人，分别在这里设置了中统、军统等特务机关，又组织了近三百人的矿警队武装。油矿还采用封建会道门和反动社团麻痹和离间工人，利用封建把头统治奴役工人。[①] 如此落后的管理水平，根本就无法调动工人的生产积极性，又何谈改进生产技术、提高工作效率、推动工业的发展呢？

抗战开始后，国民政府制定了开发大后方的建设方针。《抗战建国纲领》较全面地体现了必须由国家控制经济和经济建设必须以军事为中心的主导思想，为战时经济建设与发展奠定了基础。不久，国民政府又颁布了《西南西北工业建设计划》《非常时期农矿工商管理条例》《非常时期采金暂时办法》《管理煤炭法大纲》等法规。对于民营工矿业，国民政府采取鼓励海内外投资和奖励帮助等政策。为帮助内迁工厂尽快恢复生产，国民政府陆续颁布了《非常时期工矿业奖励暂行条例》《经济部工矿调整处核定厂矿请求协助借款原则》《奖励工业技术暂行条例》《建设西北重工业基础以利抗战而奠国基案》《经济部小型工业贷款暂行办法》等。为吸引和鼓励华侨向西部投资，又颁布了《非常时期华侨投资国内经济事业奖助办法》《吸收华侨资金开发西南沿边以巩国防案》等。国民政府的战时经济政策，在总体上顺应了全国抗战的潮流。由于战时经济政策的调整，逐渐改变了西北地区的落后面貌。但是，国民政府颁布的这些政策和法令都是以抗战、军事为中心的，发展近代工业也是支持抗战的权宜之计，而不是从长远出发，全盘考虑如何开发西北。

抗战初期，国民政府颁布的这些经济政策实行较好，到了后期，则出现了许多弊端。国民政府往往不顾广大人民的生活，党政、官僚机构贪污腐败现象严重，虽然颁布了很多法令法规，但终难全面落实，以致讲得多，做得少；治标多，治本少，导致战时后方经济开发与建设的目标不能实现。朱绍良主甘时，标榜"在安定中求进步"，在用人方面少有建树。朱绍良自负才高，自以为对政治军事都有一套，认为不易找到

---

① 李宗植：《玉门油矿开发史初探》，《甘肃社会科学》1983 年第 3 期。

比自己更高明的人；同时，还认为部下若有才则难以驾驭。故朱绍良的用人习惯是多用平庸之人，少用人才。他任用干部，但问是否"忠诚老实"，不问才能学问。他经常给部下讲气节，讲自己对蒋介石抱"士为知己者死"的态度，要求部下对他也是如此。所谓"忠诚老实"者，听话而已。有人来求职，总是各方考核，迟迟不予安置。因此，时人送给他一个"朱半年"的绰号。[①] 1935年4月10日，蒋介石派班淦为甘肃禁烟总局监察。此人借助朱绍良夫人华德芬的庇护，大肆贪污国防工程款，倒卖黄金、美钞，连华德芬也参与其事，时人称之为朱绍良的"招财童子"。后因他们分赃不均，引起内讧。事情捅到蒋介石那里，蒋纬国到兰州查明情况，经审讯后，以"克扣粮饷、贻误军需"的罪名将班淦枪决。[②] 这样的人居然在朱绍良的手下一步步升到少将级，总揽第八战区财政、粮秣、被服、装备以及车辆运输等大权。此人贪财如命，让他监察禁烟，又能起到什么样的作用呢？

民族资本家刘鸿生曾表示，他到了重庆以后，就发现了一条规律：所谓大后方的企业，实际上是由官僚资本控制的。他在重庆办的火柴原料厂、中国毛纺织厂及在兰州办的西北毛纺织厂，都有官僚资本投资。他原来是上海的大老板，到了重庆后却变成了大老板的伙计。他并没有得到蒋介石政府的支援，只是为当时的大老板赚了一笔国难财。[③]

第三节　银行业对战时甘肃工矿业发展的影响

全面抗战爆发后，国民政府对西北开发实施政策倾斜，加大政府投资力度，把西北地区作为抗战的大后方，给予了大力支持；沿海工业内迁，提供了先进的机器设备、技术工人和管理经验；抗战初期大量公教人员和难民迁入西部，虽然造成后方的军需民用物资日趋紧张，但也为西北工业的发展提供了广阔的市场。以上这些因素，成为西北近代工业

---

① 王劲：《甘宁青民国人物》，兰州大学出版社，1995，第27页。
② 王新潮：《蒋帮朱绍良、谷正伦主甘时的二三事》，中国人民政治协商会议甘肃省委员会文史资料研究委员会编《甘肃文史资料选辑》（第2辑），甘肃人民出版社，1964，第127~131页。
③ 上海社会科学院经济研究所编《刘鸿生企业史料》（下册），上海人民出版社，1981，第465页。

迅速发展的强大推动力，促使西北近代工业经济一度出现了繁荣发展的局面。抗战前，陕西、甘肃经实业部注册登记的资本在 5 万元以上的企业仅有 11 家。抗战开始后到 1941 年，发展到 117 家。① 到 1942 年，陕西、甘肃、宁夏、青海共有工厂 839 个，工人 32857 人，资本总额为 16917.5 万元，拥有动力设备功率 151718 匹马力。这些指标分别占国民党统治区工厂、工人、资本、设备总数的 13.8%、13.60%、8.68% 和 10.96%。其中，陕西工业发展最为迅速，工厂数提高到 385 家，工业力量位居全国第三，仅次于四川、湖南。兰州工厂数也由抗战前的 25 家提高到战后的 81 家，提高了 3 倍多。② 到 1944 年，陕西、甘肃各类工厂数已提高到 587 家，工人 41605 人，实缴资本总额 48305.6 万元。③ 工业的发展促进了城市化水平的提高。抗日战争时期，西安、宝鸡、兰州、平凉、天水等都发展成为新的工业城市。与此同时，西北近代工业的发展，促使中国的工业分布发生了明显变化，初步调整了西北地区的工业状况，一定程度上扩大了中国近代的工业地域。④

抗战时期的厂矿内迁后，一度顺利发展，又刺激了当地富有且开明者投资建厂的热情，在一定程度上缓解了开发西北所需的资金。更为重要的是，内迁厂矿带来了先进技术、管理人才以及熟练的技工，形成了一支以科技专家、技术工人和企业家为骨干的工业建设队伍，这是抗战时期西北工业快速发展的关键因素。

抗战时期，不仅国营、省营工矿企业纷纷设立，民营工业在工业中也占有很大比重。据统计，在 1944 年底甘肃省 220 家工厂中，有公营 27 家，占 12.27%，民营 193 家，占 87.23%；资本总额 167142000 元，其中公营资本 99940000 元，占 59.79%；民营资本 67702000 元，占 40.51%。⑤ 战时工业的发展与国民政府的政策支持分不开，银行业的大力扶助也不能忽视。从 1938 年到 1939 年，国民政府颁布了《经济部小型工业贷款暂

①　中央银行经济研究处编印《三十年下半期国内经济概况》，第 170 ~ 175 页。

②　陈真编《中国近代工业史资料》（第 4 辑），生活・读书・新知三联书店，1961，第 94 ~ 96 页。

③　国民政府经济部统计处编印《后方工业概况统计》（民国三十一年），1943，第 6 页。

④　李云峰、曹敏：《抗日时期的国民政府与西北开发》，《抗日战争研究》2003 年第 3 期。

⑤　《战时工业厂数资本数及工人数统计（廿七—卅三年）》，载中国工业经济研究所编《工业统计资料提要》，1945。

行办法》、《非常时期工矿业奖助暂行条例》[①] 和 《战时领办煤矿办法》[②]
等法规，扩大了奖励的范围，降低了呈请奖励或贷款的资本额，并且奖
励人民领办矿区，协助民营厂矿解决生产中的困难，对战时民营工矿业
的发展起了很大的促进作用。

　　抗战时期，民族资本家刘鸿生迁至大后方的毛纺织企业，也得到了
国家银行的资金支持。"八一三"后，刘鸿生迅疾转移上海章华毛纺厂
的部分机器设备，在重庆设立了中国毛纺织公司。由于要从西北地区购
买原料，为了节省运费，1941 年，该公司与贸易委员会所属的复兴公司
在兰州投资兴建西北洗毛厂。该厂的全部机器都从重庆购买后运来，
1943 年 8 月正式开工，厂长为浙江工业大学毕业的平伯骙，副厂长为复
兴商业公司西北分公司业务科长李锐才。厂长主持业务，副厂长主持行
政。全厂除职员十多人，正式工人五十多人外，还雇有很多临时工，主
要是做拣毛工作。羊毛经过水洗后，去除了杂质，提高了质量，降低了
成本，减少了运费，使羊毛价格趋于合理，经济效益明显。1943 年春，
刘鸿生向杜月笙提交了在兰州设立毛纺织厂的计划。杜月笙、钱新之、
刘鸿生及行政院院长翁文灏、财政部部长孔祥熙等拉拢胡宗南、谷正伦、
王志萃、马步芳、马鸿逵等军政官员及地方实力派与之合作，1943 年，
在兰州筹办西北毛纺织厂（全称为西北毛纺织厂特种股份有限公司）。
该厂资本总额定为 3100 万元，其中交通银行、中国毛纺织公司、复兴公
司各投资 500 万元，其余股本由刘鸿生、杜月笙、王志萃等承担或负责
筹集。[③] 其中，甘肃省政府和国民政府经济部各筹集 200 万元，青海省政
府筹集 100 万元，杜月笙个人投资 500 万元。另外还有新华银行、山西
裕华银行等金融界的投资。后因物价激涨，器材价格超过预算很多。
1944 年，经筹备会议决议，扩充资本至 1 亿元。

　　西北毛纺织厂的厂址选定在兰州市黄河北岸的庙滩子，共占地 63
亩，其中由甘肃省政府划让庙滩子草场地皮 34.458 亩，作为投资入股的

---

① 《法规汇志：非常时期工矿业奖助暂行条例（民国廿七年十一月廿五日立法院通过）》，
　　《金融导报》1939 年第 1 期。
② 《战时领办煤矿办法（民国廿七年一月一日部令公布）》，《建设周讯》1938 年第 3 期。
③ 上海社会科学院经济研究所编《刘鸿生企业史料》（下册），上海人民出版社，1981，
　　第 201～205 页。

一部分，又购买兴陇公司造纸厂地皮 12.93 亩及附近地皮 15 亩多，建成毛纺、织造、染整等厂房 300 余间。机器设备由中国毛纺织厂股份公司以投资形式廉价转让剪呢机、拉毛机、烫呢机，其余部分均委托中国毛纺织厂股份公司在重庆等地代为选购。1945 年厂内安装的设备有：合毛机一台，梳纺机一台，420 枚走锭纺织机 1 台，筒子机 1 台，铁木式动力织机 12 台，钢丝拉毛机、脱水机、整经机、剪呢机、烫呢机、烘呢机各 1 台，洗呢机 2 台，设计生产规模年产毛呢 10 万米。该厂于 1945 年 10 月 10 日正式开工生产。

从抗日战争开始到 1944 年，在甘肃省银行的贷款总额中，工矿业贷款占比很大。在 1943 年的贷款总额中，工矿业贷款比重为 42.57%；在 1944 年的贷款总额中，这一比重为 34.35%。[①] 由于银行贷款的大力扶持，甘肃省近代工矿业在抗战期间发展较快。在兰州地区的许多工厂中，机器设备取代了手工操作，例如过去完全依靠人力开采的煤炭业，由于抗战时期购置了提升、排水、采掘、运输设备，煤炭产量逐年增加。1941 年，为了在永登窑街凿井采煤，甘肃省政府与资源委员会兴建永登煤矿局，投入资金 400 万元。1943 年，该局与阿干煤矿合并，成立甘肃煤矿局，添置更新了采煤设备，日产量约为 200 吨。1942 年，甘肃煤矿局产铁 30 公吨、煤 8912 公吨；1943 年产铁 170 公吨、煤 6114 公吨。[②] 所产煤炭主要供应甘肃水泥公司、兰州市及黄河、湟水两岸民众。与此同时，甘肃积极开采静宁罐子峡煤矿，煤产量与抗战前相比增长十多倍。从 1942 年到 1945 年，甘肃全省烟煤产量逐年增加，分别为 3249 吨、7864 吨、14326 吨和 18959 吨。1944 年，甘肃省银行、交通银行与甘肃省政府合作兴建兴陇工业股份有限公司，投入资金拟定为 2000 万元，由交通银行兰州分行经理郑大勇担任董事长。该公司投资的行业有营造、造纸、印刷、化学。[③] 同时，甘肃省银行还投资华亭瓷业公司等企业。上述情况表明，抗战期间，甘肃省银行通过贷款方式向工矿业投入了大

---

① 姜宏业主编《中国地方银行史》，湖南出版社，1991，第 387 页。

② 甘肃省政府：《甘政三年统计提要》（一），甘肃省档案馆藏甘肃省政府档案，档案号：4-3-68，第 105 页。

③ 陈真编《中国近代工业史资料》（第 3 辑），生活·读书·新知三联书店，1961，第 959 页。

量资金，确实起到了扶持工农业生产、促进近代工矿业发展的作用。

财政短缺、入不敷出，是历届甘肃地方政府面临的最大问题。自清初以来，甘肃一直靠"协饷"度日。太平天国起义爆发后，协饷逐步减少甚至断绝。甘肃省地方政府为了增加货币，不断铸造铜钱、铁钱，或任意强征苛派，增加各种捐税收入，但经济依然拮据，库空如洗。军阀横征暴敛，通过扩充军队来巩固自己的地盘。此外，地方军阀搜刮来的钱财主要用来买田置地，进行传统的地租剥削，甚至窖藏现银于地下。国民军在甘时期，造币厂的原料就是起获的马廷骧窖藏银两200多万两。即便有一二真心为民、力图通过兴办实业为民谋福利之正直人士，也往往为资金短缺、人才匮乏所困。兰州织呢局屡开屡停，主要原因还是资金、技术问题难以解决。抗战时期，经费问题仍困扰着各工厂企业。当时甘肃各工厂资金的主要来源为政府协款、私人集股、独资经营以及合伙投资四类。在全部工业资本中，受官僚资本控制的公营工厂的资本占比超过80%，而私人独资经营者资本占比仅为1.48%。甘肃建设厅1946年编撰的《甘肃省生产建设纪要》统计了中央和地方对甘肃重要企业的投资数额（见表5-6）。

表5-6　甘肃省重要企业投资构成

单位：千万元

生产机构	资本总额	甘肃（省政府、省银行）		中央	
		出资额	百分比	出资额	百分比
甘肃水利材料公司	10	1.8	18%	8.2	82%
甘肃水泥公司	1.2	0.12	10%	1.08	90%
甘肃矿业公司	1	0.15	15%	0.85	85%
兰州电厂	2	0.4	20%	1.6	80%
天水电厂	5	1	20%	4	80%
甘肃机器厂	3	0.4	13.33%	2.6	86.67%
甘肃煤矿厂	4.5	0.7	15.63%	3.78	84.37%

再以1944年6月兰州市各种机制工业的资金构成为例。在各工厂资金来源中，公营工厂资本总额为80965000元，占全体机制工业资本总额的80.83%，资本总额大约是1942年10月调查时的7790000元的10倍多。

私人集股资本总数 12588768 元，占全体机制工业资本总额的 12.56%，大约是 1942 年 10 月调查时的 1746800 元的 7 倍多。私人投资多用于购买公司即合作社经营之工厂之股份。合伙投资资本总额为 5133000 元，占全体机制工业资本总额的 5.13%，大约是 1942 年 10 月调查时的 824500 元的 6 倍多。独资经营资本总额为 1490500 元，占全体机制工业资本总额的 1.48%，大约是 1942 年 10 月调查时的 402400 元的 3 倍多。①

1945 年甘肃省各业工厂 29 家，实缴资本共 126683500 元，其中兰州市占 19 家，包括国省合营工厂 1 家，实缴 16400000 元，占实缴总额的 12.9%；公私合营 2 家，共实缴 100220000 元，占实缴总额的 79.1%；私营 16 家，共实缴 1853500 元，占实缴总额的 1.16%。② 以上数字仅仅是 1945 年内在甘肃省设立并向经济部登记的工厂。从上述数字可以看出，甘肃省工业集中于兰州市，且在工业实缴资本中，公营和公私合营占 92%，工业发展的资金主要来自政府，中央部门的资金多来自国家银行的贷款和投资，甘肃省政府的投资则来自甘肃省银行的垫款和投资。

从抗战时期大后方工业生产的增长速度来考察，也可以说明这个问题（见表 5 - 7）。

表 5 - 7　抗战时期大后方工业生产平均年增长率③

单位：%

阶段	生产总数	产值合计	公营合计	私营合计
1938 ~ 1942	31.8	20.9	44.3	11.4
1942 ~ 1945	1.6	- 7.9	- 0.2	- 12.8
1938 ~ 1945	17.9	7.6	22.1	0.3

西北地区的近代工矿业开发一直处于低水平状态，即使在抗战时期有所改观，机械化水平仍然较低。兰州作为西北的第二大重镇，除了少许的机制工业外，大部分工业仍处于机制与手工各占一半的水平。国产

---

① 王树基编著《甘肃之工业》，甘肃省银行印刷厂，1944，第 208 ~ 209 页。
② 《甘肃省工厂设立登记报告表》，《甘肃省民国三十四年度统计总报告表原始资料》（二），甘肃省档案馆藏甘肃省政府档案，档案号：4 - 2 - 238，第 48 页。
③ 许涤新、吴承明主编《中国资本主义发展史·第 3 卷·新民主主义革命时期的中国资本主义》，人民出版社，1993，第 547 页。

化率最高的化学工业，主要原料大部分依靠进口，价格昂贵，成本较高，产品供不应求。这充分说明兰州市机制工业仍处于幼稚发展阶段。①

随着中央、中国两大银行以及沿海商业银行在甘肃设立分支机构，开展业务活动，再加上中原大战后甘肃政局相对稳定，经济恢复，省地方银行取得了恢复和发展，金融业获得了初步开发和建设，促进了金融业自身的发展，对推动社会经济发展发挥了积极作用。

根据财政部兰州区银行监理官的报告，截至 1943 年 6 月底，"兰州市有中央、中国、交通、农民等国家银行分支行及中信、邮汇两分局共六个单位，甘肃省银行总行一个单位，宁夏银行及绥远省银行办事处共两个单位，兰州商业银行总行一个单位，中国通商银行兰州分行、长江实业银行兰州分行、上海信托公司兰州分公司、山西裕华银行兰州办事处、亚西实业银行兰州分行等商业银行分支行五个单位，天福公、义兴隆、德胜恒、德义兴、魁泰兴、宏泰兴各银行庄总号六个单位。其他各地方仅有国家银行分支行处、地方银行及地方银行分支行处"，"又宁夏之宁夏银行总行及绥远省银行宁夏办事处业据呈报到处，均予列入合并声明"②。在甘肃省，一张以兰州为中心的近代金融网已经建立起来。

抗战爆发后，国民政府先后颁布了一系列法令、法规，例如《非常时期安定金融办法》③ 和《战时健全中央金融机构办法纲要》④ 等，规定金融权由国家银行统一掌握。通过颁布实施政策、法规，例如《商业银行设立分支行处办法》⑤、《改善地方金融机构办法纲要》⑥、《非常时期管理银行暂行办法》⑦ 等，以便监督检查地方银行和商业银行，将地方

---

① 王致中、魏丽英：《中国西北社会经济史研究》（下册），三秦出版社，1992，第 326 页。
② 《财政部兰州区银行监理官办公处给财政部钱币司的公函》（兰秘文字第四六三号），民国三十二年七月二十九日，甘肃省档案馆藏甘肃省银行档案，档案号：53 - 1 - 23。
③ 《国内金融消息：非常时期安定金融办法：财部通令全国遵行，军事结束时即停止》，《金融周报》1937 年第 7、8 期合刊。
④ 《法规辑要：战时健全中央金融机构办法纲要》（廿八年九月八日公布），《经济汇报》1939 年第 1 卷。
⑤ 《商业银行设立分支行处办法》（财政部三十一年五月公布），《甘肃省政府法令公报》1944 年第 9 期。
⑥ 《经济法令汇辑：改善地方金融机构办法纲要》（廿七年四月二十九日财政部公布），《金融经济月刊》1938 年第 2 期。
⑦ 《国内金融消息：非常时期管理银行暂行办法》（财部于八月七日公布施行），《金融周报》1940 年第 8 期。

银行和商业银行纳入国家金融垄断体系中，从而使国家银行在西北地区的垄断地位得以牢固确立。为了适应战时紧急状态，加强对全国金融货币的调剂和统制，统一全国经济，国民政府实施战时金融垄断体制，培养国家银行控制金融的力量；督促省地方及县乡银行发展地方经济，推进行业金融政策；管制一般银钱业，积极指导资金投放于生产建设事业及协助抢购必需物品①，逐步把地方银行和商业银行全部纳入国家金融体系中。为此，国家银行局纷纷在甘肃设立分支机构，积极开展各项业务活动，从而使甘肃金融业获得了快速发展，呈现出国家银行处于垄断地位、地方银行实力猛增、商业银行和钱庄业繁荣发展的局面。

在国家银行方面，由中央银行代理国库，负责拨付各机关、学校、法院等经费，并发挥了中央银行的职能，委托甘肃省银行代理本地国库支付等，并稽查其他各银行业务账目，拆借寸头，调节市场筹码，在业务上也息息相关。尤其是中国农民银行，在省行、合作金库的农业贷款方面，也多方支持。交通银行、中国银行也时常办理资金的转抵押、重贴现等业务，都有千丝万缕的关系。各商业银行也和地方银行有密切的往来关系，虽然不属于地方金融机构，但间接或直接都会发生联系。各银行间的联系通常会通过银行同业公会进行，例如关于拆息、放款利率、存息、汇率等问题，也常协商挂牌，共同信守。②

四联总处通过各项金融决策活动，对内协调四行之间的关系，对外扶植了一批国家垄断资本主义企业，提高了中央银行的地位。这是因为四联总处一方面是战时金融政策的制定者和推进者，负责决定金融重大事件，采取重要措施，另一方面也左右着经济社会的发展，所有工矿、农林、交通等企业只有在得到它批准的贷款和投资条件下，才能有发展的保障。

各地四行联放处在四联总处改组后也进行了改组，各地四联分处或支处接办原由各地贴放委员会承办的各项贴放事项。西南、西北大后方的各种生产事业，均以成品、机器和原料等为抵押申请贷款，各种官办事业、官营企业以及其他与官方有联系的企业，能优先获得贷款。1939

---

① 戴铭礼：《战时金融管制》，《财政学报》1942 年第 1 期。
② 张令琦：《解放前四十年甘肃金融货币简述》，中国人民政治协商会议甘肃省委员会文史资料研究委员会编《甘肃文史资料选辑》（第 8 辑），甘肃人民出版社，1980，第169 页。

年9月至1941年6月，联合放款总额共14.3亿元，其中，对工矿各业共放款3.6亿元，国营事业贷款占66.7%，为2.4亿元，民营事业贷款仅占33.3%，为1.2亿元。与当时市场平均利率相比，这种贴放款项利率为月息8厘，不及平均市场利率的1/3。这样优惠的利率，有利于企业的生长与盈利，滋养了官营企业。[①]

在对民营企业放款的统计中，有些实际上并不是民营企业。例如，国营花纱布管制局的巨额借款，由于供应用途为各纱厂纺制纱布，就列入民营企业放款；国营液体燃料管理委员会在借款时，将其用途申报为向各酒精厂增产收购，也列入民营企业放款之内。四联总处在一次报告中承认，1939年9月至1941年6月对工矿业放款中，公营事业贷款占66.7%，而民营事业贷款仅占33.3%。[②]

自1937年下半年到1944年9月，经四联总处核定的联合放款总额达450亿元，其中工矿生产事业占54%，盐务放款占28%。由于得到庞大的货款支持，官僚资本企业垄断了经济命脉。这些企业不仅垄断了矿产资源、燃料、交通运输、钢铁工业等重工业资源，也垄断了糖、粮、盐、花、纱、布、纸等主要农产品和轻工业资源，几乎掌握了所有关系国计民生的生产资料和消费资料。在固定资产投资额中，1935年国营工矿企业的比重仅占10%，1943年已提高到69%，到国民党政权覆灭前夕更达到80%。[③] 关于战时发展官僚资本企业的评价，学术界没有达成共识，但普遍认为它们是在战时通货膨胀的条件下，政府依靠金融垄断手段扶植起来的，并带有与国家政权相结合的性质，具有一些不健康的因素。

随着地方经济的发展和国家控制金融政策的实施，各地方银行的业务活动有了显著改变。国民政府以支持经济建设为原则，对甘肃省银行的业务活动提出了五个方面的要求：①代理国库、省库、县库三级库务的收支，便利财政之用，资助国家银行；②配合经济建设政策，辅助工业、农业生产和小商业的经营；③举办信托业务，购办平价物资及代客运输，经营联合产销；④代省库、国库发行并销纳各种公债；⑤扩大汇

① 洪葭管编著《金融话旧》，中国金融出版社，1991，第174～175页。
② 洪葭管：《四联总处》，《中国金融》1989年第4期。
③ 洪葭管：《四联总处》，《中国金融》1989年第4期。

兑、存款、放款，活跃市场。① 与抗战前银行业务的范围相比，显然扩大了许多。随着银行业务的扩大，建立健全银行内部组织机构成为当务之急。为适应此要求，甘肃省银行把内部机构扩大为总务、会计、出纳、营业、金库、农贷、稽核七科和储蓄、信托、发行三部，还特别设立了由南秉方教授担任主任的经济研究室。

放款业务既是扩大银行资本的有利方式，也是金融业服务于经济建设的重要渠道。省银行放款的主要形式有信用放款和抵押放款。放款的类别有小宗放款、农业放款和工商企业放款。其中，小宗放款的对象为小工商业者和有正当职业的城市居民。这种措施扶助了小工商业者，深受群众的欢迎。一般来说，工业和金融的发展水平与发展速度总是相辅相成的。在社会积累水平低下、经济发展落后的西北，兴办近代工业的重要资金来源是银行投资。为了发展工业生产和扶持工业建设，省银行对众多工商企业进行了最大限度的投资。甘肃省银行面向小工业贷款的通函内容如下。

> 查上项通则（指《地方金融机关办理小工业贷款通则》）第六条规定以动产为担保之借款，如以货物为担保品者，其期限应遵照《修正非常时期管理银行暂行办法》之规定，期限不得超过三个月。如系日用重要物品，不得展期。前颁《小商业小工业放款办法》一律废止，小商业放款亦应予停做。如该行前做之抵押放款中，其性质与此项通则相符者，可转入小工业贷款科目办理。②

甘肃省银行办理小工业贷款的宗旨是"辅助小工业之发展、增加日用必需品之供给"。③

随着存款、放款业务的逐年增加，通过银行存款的形式将各种社会闲散资金聚集起来，不仅扩大了省行自营资金的来源，利于灵活使用，同时又通过银行贷款方式服务于社会经济各部门，促使金融和生产共同

---

① 张令琦：《解放前四十年的甘肃金融货币简述》，中国人民政治协商会议甘肃省委员会文史资料研究委员会编《甘肃文史资料选辑》（第 8 辑），甘肃人民出版社，1980，第 146～147 页。
② 《甘肃省银行总行通函》，甘肃省档案馆藏甘肃省银行档案，档案号：53 - 2 - 152，第 61 页。
③ 《甘肃省银行总行通函》，甘肃省档案馆藏甘肃省银行档案，档案号：53 - 2 - 152，第 63 页。

发展。总之，甘肃省银行及其分支机构的建立，推动了当地金融业的发展，为建立地方金融网奠定了一定基础，并在调剂甘肃金融余缺、发展甘肃经济方面发挥了积极作用。甘肃省银行1939～1945年放款数额见表5－8。

甘肃省银行尽力支持地方工矿业发展，如对静宁罐子峡煤矿贷款"截至本年（1947年）五月卅一日止共计结欠本行陆仟壹佰陆拾三万零肆佰贰拾伍元陆角叁分"，且"该款早于上年九月十七日到期"，银行多次催收，经甘肃省政府多次训令后，决定允许对方"延期归还"①。

全面抗战时期，中国银行用大量资金支持工矿企业，成绩突出。雍兴实业股份有限公司的创办就是一个典型例证。全面抗战爆发后，由于西北地区盛产小麦、玉米、羊毛、棉花，中国银行天水分行于1940年组建雍兴实业股份有限公司，投资2000万元，总公司设在天水，并先后在陕西、甘肃、四川等地筹设面粉厂、纺织厂。雍兴实业股份有限公司2000万元的资本全部来自中国银行信托投资，没有私人资本投资，每年的流动资金也由中国银行贷放，是中国银行附属事业。② 1944年5月，中国银行又呈请经济部核准，增加资本2000万元，使其资本总额达到4000万元之多。③ 这说明中国银行试图模仿发达资本主义国家的模式，想走金融资本向工业资本渗透、银行兼营企业的道路。

雍兴公司的最高组织机构是董事会，由中国银行董事长宋子文兼任公司董事长，代表董事会行使职权。束云章为总经理，下设协理2人，分别由中国银行西北区行副经理沈钥和杨毓瑛兼任。总经理、协理之下分设总秘书室、总稽核室、总会计室、总营业室。束云章延聘中国银行总管理处技术专员傅道伸为总工程师兼咸阳纺织厂厂长。由于公司所属厂矿分布于四川、陕西、甘肃，为了便于管理，分别在重庆、兰州设立雍兴公司驻渝和驻陇办事处，代表总公司管理该省所属企业。由于各地

① 《甘肃省银行给甘肃省政府的呈》（总业管巳字第4596号），1947年6月10日；《甘肃省政府训令》（建四（35）亥字第7894号），1946年12月24日。二者均见甘肃省档案馆藏甘肃省银行档案，档案号53－1－30。

② 陈真、姚洛编《中国近代工业史资料》（第1辑），生活·读书·新知三联书店，1957，第1049页。

③ 《甘肃省三十三年度统计总报告》（一），甘肃省档案馆藏甘肃省政府档案，档案号：4－2－190，第86页。

表 5 - 8　甘肃省银行 1939～1945 年历年放款数额统计

单位：千元

年期	总计	定期放款	定期质押放款	活期质押放款	活存透支	活存质押透支	贴现	买入汇款	出口押汇
1939 年下期	17229.8	4873.6	2643.6	—	1547.2	7517.7	257.5	390.2	—
1940 年上期	17622.1	3608.4	2396.9	30.7	1645.1	8522.9	1054	307.5	56.7
1940 年下期	16190.1	4261.9	4063.5	22.4	489.4	6505.1	65.3	772.8	9.8
1941 年上期	22955.9	3045.8	11029.0	41	153.2	5365.4	189.6	3090.8	41.6
1941 年下期	30025.5	657.8	17397.8	31.6	5273.3	5791.2	508.5	365.3	—
1942 年上期	49668.0	710.3	14942.6	28	2970.7	30611.6	119.5	285.2	—
1942 年下期	24743.2	2354.7	5367.3	—	2867.9	8964.3	420	4316	453
1943 年上期	54398.5	2629	15929.4	—	4266.3	13214.7	4035.8	13093.4	1230
1943 年下期	77758.8	689.5	29498.4	—	3506.3	12700.8	5941.5	25292.3	130
1944 年上期	224921.6	4954.0	67991.7	—	31877.1	16232.8	8750	91586	3530
1944 年下期	343101.2	4753.5	82835.2	—	4184.0	125069.1	32500	90044.5	3715
1945 年上期	824848.5	4445	129094.2	—	35631.2	160485.1	389323	105670	200
1945 年下期	390070.4	165360.6	15500	—	2168.8	36637.6	146908.5	23495	—

资料来源：根据甘肃省银行历年业务报告及《一年来之甘肃省银行》《甘肃省银行小史》《甘肃省银行概况》和甘肃省档案馆藏甘肃省银行档案 4 - 2 - 235、4 - 2 - 236、4 - 2 - 237、4 - 2 - 238、4 - 2 - 239、4 - 2 - 244 相关资料整理而成。

均有中国银行的机构，办事处主任由中国银行各省分行经理兼任。雍兴公司在甘肃省创办的工厂有 5 个，情况见表 5-9。

表 5-9　雍兴公司驻甘肃下属厂矿一览

企业名称	创设时间	资本	产品	备注
兰州机器厂	1941 年	50 万元	年产弹花机 16 部，旋床 5 部，面粉机 1 套，缩呢机、洗呢机、离心水泵、手拉水泵等，并负责修理雍兴公司诸厂零件及机具配制	牛头刨 1 架，钻床 3 座，电焊机 1 架，马达四部共计马力 35 匹，机床 8 部，刨床 3 部
兰州毛织厂	1939 年	20 万元	产品有各色宽幅毛呢、毛毯、地毯、各色棉毛呢、各色绒及毛毡	纺用手工，织用木机，所纺毛线不甚均匀，故所织呢子不太精细
兰州面粉厂	1941 年	500 万元	起初磨粉机 1 部，每昼夜最高出粉 500~600 袋，每袋 40 市斤。1942 年陆续添设新机器，对旧机器进行改进和维修，每昼夜可出粉 1500 袋	职员 22 人，技工 3 人，学徒 3 人，工人、厂警 50 人
兰州制药厂	1941 年	200 万元	酒精之原料，系由青稞酿成白酒，再加蒸馏；玻璃制品有瓶子、杯子、着色花瓶、平板玻璃；肥皂均手工制造；还生产硼酸、甘油等医药用品	分为四个部分，分别生产酒精、肥皂、玻璃、露卜郎法制碱。因战时海路中断，美国制药设备无法进口，再加上酒精原料缺乏，玻璃业又有明华、锦生两家，原制药厂改组为兰州实用化学厂
兰州实用化学厂	1943 年		以制纯碱、小苏打、肥皂为主，还有骨粉、油漆、颜料等产品	1943 年 6 月，实用化学厂遭水灾，停办玻璃、酒精二部，仅设油脂及碱两部

　　资料来源：根据王树基《甘肃之工业》附录《兰州市工厂调查一览表》和相关章节内容编制。

　　1940 年，雍兴公司在兰州设立了雍兴公司驻陇办事处。为销售所属工厂的产品，又在兰州设立雍兴公司兰州供销处。四厂一处统归驻陇办事处管理，驻陇办事处直接向雍兴总公司负责。雍兴公司的主要职员来自中国银行，所有单位的会计人员完全由中国银行调派。各厂矿经理多数是聘请的。总经理束云章充分信任聘任的经理。各经理根据公司编制，推荐各级职员，凡是经理推荐的职员都能得到公司的批准。总经理、协理对待所有单位的负责人毫无轩轾，充分尊重他们的意见。凡对各单位的业务、生产、认识有所变动时，均在事前约请有关负责人仔细商量，取得他们的同意，然后尽可能地由各有关单位自行处理。经营方面，各厂经理负责一切社交活动，厂长负责人员管理和生产，并向经理报告工作。各厂直接向驻陇办事处报送盈亏状况，经审核后转报总公司。总公司根据各厂盈亏情况统一划拨资金，对亏损工厂予以弥补。① 在待遇方面，公司高级人员和各厂矿经理的基本待遇是相同的。每到年终，公司会以总经理名义发给每人一笔现金，相当于全年所得的全部或一半。

雍兴公司非常注重对职员的考核，尤其重视对其品德的考核。束云章每次对职员讲话都要强调这一点，要求也非常严。公司严禁职员纳妾、嫖妓，主张一夫一妻制。凡有违反者，不论职位高低，立即开除。赌博、酗酒也在严禁之列。初犯者不予晋级加薪，再犯者降级降薪，第三次违反者开除。工作考核采取评分制。年度考核总分在 90 分以上者晋级、加薪，80 分以上者晋级，70 分以上者加薪。凡有一次在 60 分以下者记过一次，接连二年在 60 分以下者开除。全体职工每年可享受 14 天不扣工薪的假期。

为了就近利用甘、青两省的羊毛，为战后建立现代化的毛纺织工业奠定基础，束云章指定重庆豫丰纺织厂经理潘仰山负责筹备，利用从英国运来的棉花废纺机和织毯机改造成毛织机和毛纺机，解决了战时设备购置困难的问题。毛织厂设在兰州市七里河，与雍兴公司兰州面粉厂相邻。1941 年 6 月筹备工作大致就绪后，毛织厂即开工生产，计有钢制高阳式窄幅织机 32 台，铁制高阳织布机 20 台，手拉织机 20 台，手摇纺纱车 60 架，染锅 3 口。动力有木炭代油炉 1 座，小型马达 9 部，合计马力约 30 匹。由于缺乏疏纺设备，采取自设毛纺所雇工纺纱、发毛外纺、发车外纺和收购毛纱等方式解决。由于手工生产的毛纱质量不一，织制工具又不佳，使得产品质量粗劣，产量也低。1944 年秋，兰州实用化学厂向毛织厂拨让厂房 4 幢，共计 104 间，并添置一批先进机具和纱锭。重新投产后，有纺锭 1529 枚、织呢机 20 台、织毯机 10 台以及简单的整染设备。兰州毛织厂规模不大，全厂有职员 30 余人，工人 179 人。当时，兰州毛织厂的生产设备中，除弹毛机、松毛机、洗呢机、缩呢机是用小

① 甘肃省档案馆编《甘肃省档案馆指南》，甘肃人民出版社，1997，第 46 页。

电机和一座木炭代油炉及汽车发动机作为动力外，其余均为人力手工操作。1944 年，该厂共生产褐子 3038 尺，地毯 4382 条，双幅纯毛呢20333 米。此外，还生产单幅纯毛呢、单双幅棉毛呢、白市布、人字呢、斜纹呢等。① 其主要获利的来源是囤积羊毛，这与雍兴公司其他工厂营利的方法相同，均是利用中国银行的长期贷款作为工厂的流动资金，大肆囤积物资，借助物资价格增长而轻松获利。②

兰州毛织厂按照雍兴公司《职员任用规则》，将该厂职工分为聘任、征用、考选三类。聘任者须大学毕业，有专长，曾任重要职务五年以上者，通过经理考准，不经考试录用为办事员。征用者，须大学或专科学校毕业，曾任相当职务三年以上者，通过经理核准，不经考试录用为办事员。选考者须大学或专科学校及高中毕业，曾任相当职务二年以上者，经考试合格后，视其学历、资历分别录用为办事员或助员。年龄在 18 岁以上，高中毕业者，经考试合格后录用为练习生，练习期为两年，期满成绩优良者，升为初级职员。所有录用的职员须有介绍人和保人担保，填写员生征用选考表，表格上载有本人文化、专长、年龄、婚否及谈话记录等项目。谈话记录分设体格、仪容、言辞、举止、性情、思想、能识几国文字、能操何地方言 8 类，由厂方指派谈话人与其谈话，填写谈话记录。确定录用者由厂方先试用一至三个月，上报雍兴公司批准后方可正式录用。兰州毛织厂的工人均面向社会招收。自 1941 年起，曾多次在《西北日报》和《甘肃民国日报》上刊登招工广告，招收技工和艺徒。到 1942 年共招收徒工 250 人。

新招进兰州毛织厂的工人，要先入教育班学习三个月，由技术员讲课。学习的课程有毛织工艺、设备使用等。学习期满后，进行结业考试，根据考试成绩分为甲、乙、丙三等，下车间按练习生对待。三个等级的练习生分别需要经过半年、一年、一年半的练习期，期满后转为技工。

---

① 柴玉英：《雍兴公司兰州毛纺织厂的创立与发展》，政协甘肃、陕西、宁夏、青海、新疆五省（区）暨西安市文史资料委员会编《西北近代工业》，甘肃人民出版社，1989，第 322～324 页。

② 杨集生：《雍兴公司长安印刷厂始末》，政协甘肃、陕西、宁夏、青海、新疆五省（区）暨西安市文史资料委员会编《西北近代工业》，甘肃人民出版社，1989，第574 页。

从 1941 年起，兰州毛织厂先后制定了 25 项厂内管理制度。① 此外，生产场地也制定了一些规则。

厂里按照各项规则实行奖惩制度。奖励分为嘉奖、记功、奖金、晋级四类。凡嘉奖三次者记小功一次。记三次小功，则记大功一次。记三次大功者，发给奖金或晋级。惩戒分为警告、记过、罚薪、降级、停职、开除六类。凡警告三次则记过一次，记三次小过为大过一次，记三次大过者罚薪或降级，情节严重者停职、开除。③

厂里一切重大问题，须经厂务研究会商议，后由经理决策。1948 年 7 月 23 日，雍兴公司驻陇办事处转来了总公司制定的厂务会简则，规定厂务会"以集思广益谋各厂厂务发展为宗旨，凡人事管理、技术管理、技术改造、生产营业、物资采购等一切事物，均得提出研讨"。兰州毛织厂每周六召开厂务研究会，未间断过，并将每次会议记录整理两份，及时报送总公司备核。会议时间定为一小时，至多不得超过一个半小时。按总公司要求，"求有一事之解决即获得一事之效"。如讨论事项在规定时间内不能结束，则在下次会议上继续研究，"既定的方案务必见诸实施"。厂务会议由经理发布，各部门实施，定期检查，并作为考核奖惩之依据。

1948 年，兰州毛织厂将总经理束云章所书"公诚勤敏"的厂训织成八方挂毯，交送雍兴公司有关厂家悬挂厂内，作为办厂宗旨。

雍兴公司在西北设立、代管的厂矿企业，以棉纺织企业为中心，机器厂则为棉纺织业服务，并逐步向面粉和化学工业发展。各厂经理都具有丰富的实践经验和一定的经营能力，而且表现出了一定的经营能力，

---

① 雍兴公司兰州毛织厂制定的管理制度有《兰州毛织厂办事细则》《厂务研究会细则》《员工加工细则》《员工俱乐部实施规则》《备用金制实施规则》《员工宿舍规则》《出差旅差费报销条例》《职工工作考绩实施办法》《意见箱投递简则》《考工办法》《同人酬酢节约办法》《兰州毛织厂组织规则》《职员奖惩规则》《同仁座谈会简则》《职员薪给规则》《工人津贴及膳食条例》《艺徒奖惩暂行规则》《艺徒奖惩暂行规则补充附则》《员工请假规则》《员工请假暂行规则》《服务人员支领旅差费规则》《兰州毛织厂技术研究会规则》《警卫服务规则》《值日规则》《厂役服务规则》等。

② 甘肃省轻纺工业厅纺织志编纂办公室：《甘肃省纺织工业志》，甘肃省图书馆藏，1989，第 119 页。

③ 甘肃省轻纺工业厅纺织志编纂办公室：《甘肃省纺织工业志》，甘肃省图书馆藏，1989，第 112～117、120～122 页。

一旦被聘用后，公司就放手使用，以期人尽其才。公司高级人员因工作需要而举行私人宴请的费用也可以报销。

雍兴公司成立以后，对西北各地的工矿业情况极为重视，多方设法与之发生密切关系，企图利用、控制并获得技术力量的补充，也很重视可能出现的竞争对手。抗战时期雍兴公司与宝鸡申新四厂的合作就是这种情况。宝鸡申新四厂是号称中国棉纺织业和面粉业大王的荣宗敬、荣德生兄弟的企业，全面抗战爆发后由武汉迁至宝鸡，有纺织、机器、面粉和造纸等工厂。战时机器设备极难购买，为了扩大生产，申新四厂不得不自行制造机器。但是申新系统内的纺织工厂没有新的设备，又不愿仿造旧机器。而雍兴公司则拥有当时全国最新的棉纺织设备，西北机器厂已经进行了成套的生产。在双方互有需求的情况下，雍兴公司和申新集团建立了协作往来。雍兴公司提供了部分制造棉纺织机器的图纸，也为申新加工清棉机和一些前纺机器（指喂棉花机、分条整径机、抓包机、梳棉机等），申新则协助雍兴公司制造纺织机械的专用设备。雍兴公司供应申新四厂需要的纺纱设备，使申新四厂得以专营毛纺织、造纸及面粉等机械，以消除双方之间的竞争矛盾。这样，雍兴公司既消除了与申新四厂的对抗性竞争，又从申新获得了面粉机制造方面的技术和资料。[①]

雍兴公司成立不久，就在甘肃省的兰州、酒泉、平凉、天水等县市购买了数千亩土地，主要用于创办毛纺织厂、制革厂、乳粉厂和油脂厂等，并在陕西省铁路沿线的西安、咸阳、岐山、兴平、宝鸡、泾阳等地购买了大量土地。公司还仿照西方垄断财团的做法，设立化学、机械两个研究室。他们不仅能够解决生产上的问题，而且也是为开办新企业服务的。无论是对已有的棉、毛、面粉和机器业，还是准备中的化工和食品业，雍兴公司无一不是先做研究，再逐步建厂。雍兴公司下属的西北机器厂是旧中国包括上海在内唯一生产过全套纺织机设备的纺织机器制造厂。在束云章的带领下，雍兴公司非常注意职工的学习培养和提高。公司办有两种综合性内部刊物《雍言》《读书杂志》，除刊登业务、科技文章外，还转载当时出版的有关政治、经济、文史、教育、工厂管理、

---

① 尹仁甫：《雍兴公司在西部的工业》，政协甘肃、陕西、宁夏、青海、新疆五省（区）暨西安市文史资料委员会编《西北近代工业》，甘肃人民出版社，1989，第19~20页。

读书修养、做人之道等方面的文章及中国历史上的名著，印刷成册，发给中国银行各行员及各工厂职员阅读。1947 年，公司还创办了《新技术》这一刊物，主要刊登应用科学等领域的论著或译文。这样的经营方式和实力，除了永利工业公司之外，哪一个能和它相比呢？

雍兴公司在蔡家坡设有私立高级工业职业学校，内设纺织、机械两科，先后毕业学生 5 班，共 200 余人，大部分分配到所属工厂服务。雍兴公司还计划从一些担任实际工作的技术和业务高级人员中，选送一部分出国学习，将来担任新事业的骨干。

雍兴公司积极学习西方先进的经营管理方法，以期实现经营管理合理化、生产科学化。对于资金的运用，务求加速周转，以取得超额利润；对于技术人员，尤其是高级技术人员，要求他们多动脑筋，多参考外国的资料，提出改进生产、改善设备、提高工人技术的有效办法。公司下属厂矿采用计件工资制，大大提高了工作效率。按照规定，只要有 2/3 的个人工作效率达到定额，即实行新的较高的定额。而新定额施行时，最初会有 60% 左右的工人完不成定额。这样循环下去，经常有 40% 左右的工人拿不到应得的工资。这种工资制度对厂方很有利，一方面厂方实际付出的工资低于各工种应付的工资总额，另一方面总是有部分工人可以拿到高于本工种的额定工资，这就使得工人总有追求的目标和学习的榜样。虽然雍兴公司以剥削工人的剩余价值为手段，但是其注重经济效益的企业管理方法，仍值得当今的企业参考。

雍兴公司发生过两次重大的行贿事件。一次是西北运输处囤积了很多轮胎、油料和汽车配件，都是经滇缅公路抢运过来的，获利之巨非常惊人。后被军统特务侦悉，宣称要按照违犯管制法令从严处理。在束云章授意下，经过某职员多方奔走联络，通过大量行贿了事。① 另一次就是酒精厂囤积红糖案。1943 年秋季，蔡家坡酒精厂在四川内江等地购买并囤积了大批蔗糖，用于制造酒精，计算下来比用粮食酿酒再提纯获取酒精还便宜。但是这次囤积数量极大，导致市场上糖价波动，被告到国民政府经济部。当时政府为应付舆论，声称要查究。束云章为了平息风

---

① 尹仁甫：《雍兴公司在西北的工业》，政协甘肃、陕西、宁夏、青海、新疆五省（区）暨西安市文史资料委员会编《西北近代工业》，甘肃人民出版社，1989，第 29 页。

波，把长安印刷厂送给经济部秘书处处长端木恺支持的西安《正报》，
这才压下了这次风波。长安印刷厂1941年开工时就支用开办费60万元，
交给《正报》社时，"7大间仓库里满满堆积着纸张、油墨和其他印刷用
品"，足够报社几年的开支。① 这些事件表明，雍兴公司由起初的"实业
救国"，通过介入生产、销售产品以获取利润的经营方式转向了依靠中国
银行贷给的长期贷款囤积生产物资、依靠物价上涨而获利的模式。

雍兴公司起初办工业的目的是实业救国，也是为了通过销售产品获
取比银行贷款更高的利润。但是，抗战后期法币急剧贬值，物价猛涨，
雍兴公司遂利用中国银行这一靠山大量囤积物资，以牟取暴利。对比抗
战时期兰州工合的情况就可以发现，获得贷款对于企业的生存有多么重
要。抗战后期，兰州工合的业务完全靠向国家银行、商业银行或工合金
库贷款维持周转。一般来说，贷款只是权宜之计，因为付出的利息越多，
生产成本就越高，对业务经营越不利。但是，在抗战后期"经济紊乱的
情况下，水涨船高，货币不断贬值，物价不断上涨，往往贷款越多，获
利越厚"②。因为企业在拿到贷款后必然先去购买生产资料，以防止货币
贬值带来的损失，而原料购进后，物价继续上涨，货币继续贬值，等到
产品售出归还贷款时，货币已经比贷出时大幅贬值，则可用较小的代
价归还贷款，所以贷款越多获利就越厚。再如甘肃水泥公司于1948年
7月通过甘肃省建设厅向交通银行贷到300万元，除归还信托公司贷款
60万元外，全部兑换成银圆，以防止贬值带来的损失。当时兑换到银
圆1600多元，三个月后还贷时，仅以银币2元折兑即还清了贷款。③
当时各行业均托关系向银行贷款，能贷到款就可以赚钱。而雍兴公司有
中国银行这个靠山提供流动资金，自然也不会放过这样轻松赚大钱的机
会。所以，雍兴公司就从前期的通过生产产品售出获利转向后期的靠囤

① 杨集生：《雍兴公司长安印刷厂始末》，政协甘肃、陕西、宁夏、青海、新疆五省
（区）暨西安市文史资料委员会编《西北近代工业》，甘肃人民出版社，1989，第574、
576、577页。

② 马寿先、靳东岳：《"中国工合"在兰州兴办的几种工业及对抗战的支援》，中国人民
政治协商会议甘肃省委员会文史资料委员会编《甘肃文史资料选辑》（第45辑），甘肃
人民出版社，1996，第99页。

③ 郭仲阳：《回忆甘肃水泥公司》，政协甘肃、陕西、宁夏、青海、新疆五省（区）暨西
安市文史资料委员会编《西北近代工业》，甘肃人民出版社，1989，第583页。

积生产资料获利。

　　当时银行业投资组建的工厂大都由董事会管理，如中国银行与甘肃省政府合办的甘肃水利林牧有限公司，甘肃省政府与甘肃省银行合办的兴陇工业公司，交通银行、资源委员会、甘肃省政府合办的甘肃水泥公司等，都通过董事会来管理公司日常事务，企业、事业、行政分开。①

　　甘肃省政府、甘肃省银行与交通银行合资创办兴陇工业公司，下属有造纸、化学、印刷、瓷器等工业企业。公司总资本 500 万元，其中甘肃省银行投资 180 万元。② 兴陇公司印刷厂成立于 1942 年 1 月，资本 16.6 万元，生产设备有铅印对开机 3 部，铅印四开机 1 台，大型石印机 1 部，小型石印机 2 部，圆盘机 3 部，铸字机 2 台，浇铅版机 1 台及各号铜模 3 副，各号铅字 3 副，照相制版设备 1 套，烫金机 1 台，刨字机 1 台，切纸机 1 台，有职员、工人共 48 人。厂址在兰州市黄河北岸，后移至萃英门内。该厂承印各种书报表册、教育课本、西北训练团讲义、保甲课本等。

　　甘肃省银行投资的主要形式是承购企业股票。甘肃省银行印刷厂则是银行将债权转化为股份的例子。1941 年，甘肃省政府将省政府印刷局改组为甘肃兴陇工业股份有限公司印刷厂，官商合办，增加资本，扩充营业。除承印各种书报表册外，并承印大宗教育厅课本。1944 年，兴陇工业股份有限公司因业务亏损，将全部资产抵债给甘肃省银行，移至中山林（兰州第一座公园，1926 年开始修建，原名萧家坪，1939 年改称中山林公园），成立甘肃省银行印刷厂，全厂有职工 106 人，主要印刷甘肃省银行内部文件、账簿表册，并印刷了甘肃省银行经济研究室的调查成果《甘肃之工业》《甘肃之水利建设》等书籍。甘肃省银行协理张令琦看到兰州在战时纸张缺乏，印刷困难，油墨也缺，尤其是在日机轰炸后，民房遭到破坏，人民住房紧张，就想筹办造纸、印刷、油墨、营造、毛纺织等小型工业。这类企业需要的资金不多，办起来比较容易。张令琦与总经理朱迈沧商议，得知朱也有此意，遂给银行董事会写了书面建议。

① 张思温：《记农学家张心一》，中国人民政治协商会议甘肃省委员会文史资料和学习委员会编《甘肃文史资料选辑》（第 47 辑），甘肃人民出版社，1997，第 17～18 页。

② 甘肃省政府《甘政三年提要》（一），甘肃省档案馆藏甘肃省政府档案，档案号：4-3-68，第 123 页。

但董事会不重视这些小型企业，认为其资金周转缓慢，利润微薄。到
1942年，甘肃省银行共向该企业投资309.4万元。

　　到1944年止，甘肃省银行投资于华西建设公司5万元，裕陇仓库50
万元，甘肃省合作金库200万元，总共投资255万元。[①] 另外，1944年4
月，甘肃省银行投入巨资对兴陇公司造纸厂加以全面改造，在兰州黄河
北草场创办甘肃省银行造纸厂，资本总额800万元，占同一时期兰州市
造纸行业总资本的92.8%。[②] 甘肃省政府对甘肃水利林牧公司的投资亦
由甘肃省银行垫借，数额高达195万元，也是由水利林牧公司以股票抵
押，最后转化成甘肃省银行的投资。[③]

　　中国银行对雍兴公司的投资在战时获利极高，仅1941年就超过
200%。从1943年到1945年初，中国银行对雍兴公司拨款共计18亿元，
大约相当于掌管后方重工业的资源委员会同期所获国家四行工业贷款90
亿元的五分之一。[④] 雍兴公司获得如此多的国家工业贷款，它又从事着
怎样的活动呢？以雍兴公司1943年、1944年的资金调度情况为例，就可
以看出端倪（见表5-10）。

表5-10　雍兴公司1943年、1944年度资金调度情况一览[⑤]

单位：万元，%

科目 日期	占有资金总额		再投资总额		固定资金总额		当月生产总值	
	金额	比例	金额	比例	金额	比例	金额	比例
1943.7	39500	100	8222	20.6	4681	11.8	3400	8.6
1943.11	39619	100	8222	20.6	4681	11.7	4400	11.1
1944.3	27900	100	8222	21.2	4681	12.3	5400	14.2

---

① 《三十四年度统计总报告原始资料》（二），甘肃省档案馆藏甘肃省政府档案，档案号：
　4-2-238，第74页。
② 《兰州市各工业同业公会工厂调查表·造纸业》，甘肃省档案馆藏甘肃省政府档案，档
　案号：4-2-196，第29~30页。
③ 《甘肃省银行董事会第一次常务董事会议记录》，甘肃省档案馆藏甘肃省银行档案（未
　整理），档案号：60.1，第174页。
④ 陈真编《中国近代工业史资料》（第3辑），生活·读书·新知三联书店，1961，第
　1363~1368页。
⑤ 陈正卿、赵刚：《抗战时期国民党政府西北投资活动述论》，《历史档案》1989年第
　1期。

科目 日期	占有资金总额		再投资总额		固定资金总额		当月生产总值	
	金额	比例	金额	比例	金额	比例	金额	比例
1944.6	44210	100	8222	18.6	4681	10.5	5920	13.3
月平均额	40307	100	8222	20.4	4681	11.6	4780	11.8

从表 5-10 中可以看出，雍兴公司每月的生产总值平均仅占其资金总额的 11.8%，固定资产总值占 11.6%，再投资总额占 20.4%，三项加起来也仅占 43.8%，其余款项均用于囤积原材料和生产出来的成品。据统计，1945 年初雍兴公司占用资金总额为 16.6 亿元，但它储备的黄金、外汇、原材料价值竟高达 36.5 亿元，其中与其生产无关的商品，如黄金、外汇、羊毛等即占 11.1 亿元。① 这也反映出抗战后期国家的投资已经大量流向商业和金融投机领域。

在甘肃近代银行业兴起之前，对工商业的放款主要由钱庄、票号承担，主要放款对象为商户。与近代银行业相比，钱庄、票号的资力相对薄弱，放款利率很高，且采取的是对人信用放款制度，对工业企业的支持非常有限。国民政府对西北进行开发后，加上抗战时期政府的政策性支持，民族工商业发展迅速，工业企业利润稳步增长，保证了贷款的如期归还，使企业和银行都得到了发展。由于工业企业高利润的诱惑，银行业纷纷自行投资设厂，如中国银行投资 2000 万元设立雍兴股份有限公司；或者通过承购股票投资于工业企业，如甘肃省银行投资于华亭瓷业公司、华西建设公司、兴陇工业公司、甘肃省银行造纸厂等；或者通过债权控制工业企业，如甘肃省银行对兴陇工业公司的控制。与单纯的放款相比，银行不仅可以获得股票的股息，而且直接参与了企业的经营，大大降低了信用的风险。这反映了甘肃近代银行业以银行资本渗透入工业并与产业资本相结合的趋势。

利用分支机构遍布各地的优势，甘肃省银行设立了经济研究室，搜集各地经济信息，制作了不同阶段的物价指数表，编写了《甘肃之工业》《甘肃之水利建设》《甘肃各县之土特产》《甘肃之气候》《甘肃省

---

① 祝世康：《关于国民党官僚资本的见闻》，中国人民政治协商会议全国委员会文史资料研究委员会编《文史资料选辑》（第 11 辑），中华书局，1961，第 74~80 页。

经济概况》等专册，经常编印《甘行周讯》《甘行月刊》等刊物，专门刊登总行发给分行处的通函、有关金融的政策法令以及各市场的物价行情、人事动态、业务动态等，为研究当时甘肃以及西北地区的经济情况提供了必要的资料。银行内部组织机构的健全和业务活动范围的扩大，反映了银行自身的进步，揭示了银行在社会经济建设中发挥着越来越重要的作用。

在抗战时期，限于资金、技术等原因，甘肃省的工业总体上比较落后，大部分地区仅有家庭手工业，"若陇南各县之纺织、造纸以及陇东一带之陶瓷器手工业出品，点缀市廛而已"。但是在战时特殊情况下，"该项手工业之提倡，固攸关国计民生也"。1939 年秋，中国工业合作协会西北区天水、兰州两个事务所成立后，在手工业技术改进方面"颇收实效"。甘肃省银行为资助手工业发展起见，以工合介绍贷款的方式向手工业领域发放贷款 50 万元，分配给各个合作社使用，而且还打算"再增加贷款五十万元至一百万元"，以资助甘肃手工业的改良。从 1939 年秋到 1941 年底，共发放此类贷款 348745 元。[①]

在银行业贷款的支持下，甘肃省的手工业技术改良活动迅速开展起来。为了改进纺织设备，提高产量，1941 年甘肃省建设厅成立了纺织技术推广室，与甘肃合作事业管理处共同研究和改进纺织工具，推广新技术。甘肃省建设厅纺织推广室技术主任王振清[②]于 1940 年创制了一种脚踏纺车，可纺毛线和麻线，效率是手摇纺车的三倍。这种纺车在岷县产麻区推广使用后，受到群众好评。又在靖远、临夏、临洮、榆中等 10 县产毛区为每个乡村制送一台标准样车，以便群众仿制并使用。其他县份要求领样车的也很多。

除了推广和改进纺车外，甘肃省各县也不同程度地进行了毛纺织工具的改革。1940 年，在迁徙到当地的河南人的带动下，天水县三阳川地区（今中滩、石佛、渭南三个镇）推广使用了多头脚踏纺车和拉梭织

---

① 甘肃省政府：《甘肃省银行概况》，1942，第 20 页。
② 王振清（1908～1997），甘肃省永靖县人，1930 年入兰州国文专修馆学习，后入金陵大学纺织班学习 1 年，曾任甘肃合作事业管理处技师，1941 年调任甘肃省建设厅纺织推广室技术主任。他研制出的脚踏纺车，经甘肃省合作事业管理处审查鉴定，效果良好，作为样车推广。

机。脚踏纺车有 20～32 个头（锭）不等，木质结构，两脚踏动踏板，促使木轮转动，可带动几十个纺锭同时转动，一次可纺几十根纱。这种纺车一天可纺 2 斤多棉纱，效率大约是手摇纺车的 10 倍。但其缺点是纺织出的线条不均匀，捻度不够，用来织布有困难。拉梭织机是在原平机的基础上改进了投梭装置，将手投梭改置在梭道上，通过拉线撞动往复滑动投梭。改进后的拉梭织机每天可织 8 丈多土布，大约是平机产量的 4 倍。此外，秦安、平凉、庆阳等地也推广使用拉梭织机，从而使全省手工纺织的生产效率有了不同程度的提高。①

虽然甘肃省银行宣称其宗旨为"发展社会经济，调剂全甘金融，扶植特产运销，促进生产建设"，其对工业的贷款也规定"借款利率最高不得超过月息一分二厘"，但是借贷数额偏小，"小工业借款数额最高以五万元为度"②，而且需要担保，担保的方式有以下几种：由经贷款机关认可的一家殷实商号或者工厂负责保证；由经贷款机关认可的社会上有信誉的二人负责连带责任保证；以动产为担保③，其贷款金额不得超过动产价格的 60%；以不动产为担保④，其贷款金额不得超过不动产估定价格的 40%⑤。所以，工厂在急迫时仍选择从钱庄或商业银行高利借贷。银行作为现代金融机构，理应按照公司制运行。然而，在落后的内陆，具有现代性的企业与落后的环境相冲突，最终还是走上了企业衙门化的老路。甘肃省银行自己也承认"本行固为银行业务性质，但究系省府附属机关之一"⑥。

比起以往的银行，甘肃省银行有其相对独立性，这表现在它不仅经营存款、放款、汇兑等一般业务，还代理保险业务，经营信托、贸易业务。按当时国民政府的法令，银行是不能经营商业的。《非常时期管理银行暂行办法》第四条明确规定，银行不能囤积货物或直接经营商业，也

---

① 甘肃合作事业管理处：《王振清君改良脚踏纺车说明书》（1941），甘肃省轻纺工业厅纺织志编纂办公室《甘肃纺织工业志》，甘肃省图书馆藏，1989，第 434 页。

② 《甘肃省银行总行通函》，甘肃省档案馆藏甘肃省银行档案，档案号：53-2-152，第 63 页。

③ 动产以货物或有价证券，能实行移转占有及有事实价格者为限。

④ 不动产以有永续确实受益者为限。

⑤ 《甘肃省银行总行通函》，甘肃省档案馆藏甘肃省银行档案，档案号：53-2-152，第 64 页。

⑥ 《徐元堃奉命赴西安出席豫陕甘金融会议情形致紫垣主任函》，甘肃省档案馆藏甘肃省银行档案，档案号：53-1-35，第 45 页。

不能从事以信托部或代理部、贸易部等名义自行经营，或代客买卖货物的业务。[①] 但是，在省政府的庇护下，甘肃省银行成立了信托部，大肆从事商业活动。从其资金来源上看，其中商股大部分是由指定商会从全省各行业摊派来作为私人股款的。甘肃省银行的董事长、总经理均由省政府指定。省政府视省银行为其下属机关，总行经理经常随着财政部门长官的替易而更换。当时国民党的党、团争权夺利，双方互不相让，不论在政权方面，还是在企业、金融、贸易领域的人事安排方面，都掺杂了党团色彩。在董事会人选上，也因为国民党的党、团争权夺利，金融界专业人士逐渐被排挤出去，任由国民党、三青团派系的人物平分秋色。银行内部业务部门负责人都由同一时期的省主席私人亲信充当，如朱绍良时期的翁奇斌、郭寄峤时期的刘望苏等。历届主持省政者，无不假公济私，利用银行为自己弄权营私，任意借支，罔视制度，胡乱担保，银行成为他们的私有物。银行职员里"不是同乡，便是亲戚，不是某厅长、科长的太太，便是小姨、小姐，'一人成仙，鸡犬登天'，弄得省银行成为他们藏垢纳污的渊薮"[②]。以致在甘肃省临时参议会第一次会议上，有人提出甘肃省银行为全省金融中心，直接关系到地方经济的兴衰，应建立健全机构，使监督与执行分立。经理人员经营银行业务，不应该受财政和财政当局的影响，只有这样，才能够致力于经济建设。[③]

　　由于甘肃省的众多银行都集中在兰州等少数富裕地方，彼此间的竞争也很激烈，互相挖墙脚的事情也有，以致四联总处发文要求四行不得互相聘用职员。如1942年12月9日财政部甘、宁、青、新直接税局就致函甘肃省银行，要求将行员"魏静贞速将原支赴兰旅费一千二百元送转来局，以凭收转"[④]。魏静贞本是直接税局录用的员工，拿了赴兰差旅费后却进了甘肃省银行，当然惹得直接税局不高兴，就发函索取差旅费。再以天水市的银行业务为例。1944年时天水有中央银行天水分行、中国

①　《非常时期管理银行暂行办法》，《中央银行月报》1940年第7、8号合刊。

②　张令琦：《解放前四十年甘肃金融货币简述》，中国人民政治协商会议甘肃省委员会文史资料研究委员会编《甘肃文史资料选辑》（第8辑），甘肃人民出版社，1980，第142～144页。

③　甘肃省临时参议会秘书处编印《甘肃省临时参议会第一次会议汇刊》，1940。

④　《财政部甘、宁、青、新直接税局致甘肃省行总行公函》（陇亨字第1574号），1942年12月9日，甘肃省档案馆藏甘肃省银行档案，档案号：53-1-150。

银行天水分行、交通银行天水办事处、中国农民银行天水办事处、甘肃省银行天水办事处、大同银行天水分行和金城银行天水办事处 7 家金融机构，1945 年又有中国通商银行天水办事处和永利银行天水办事处 2 家开业。大同银行天水分行于 1944 年 7 月开业后，以高利揽存，存款利率为定期年息 40%，活期年息 12% ~ 20%。[1] 同期国家银行活期存款年息为 6% ~ 8%，定期存款年息为 8% ~ 12%。[2] 这样一来，其他银行存款纷纷流失。甘肃省银行天水办事处向总行发函，要求制止大同银行的竞争行为或提高本行存款利率，以免存款大量流失。

抗战时期，甘肃的近代工业开发达到了民国时期的最高峰，获得了前所未有的发展和进步，为支持抗战胜利做出了贡献，并且为改变西北的落后面貌奠定了初步的、必要的基础。为支援抗战，国民政府对西北采取倾斜政策，使大量的设备、人才、资金等内流，推动西北经济建设迅速发展，力图把西北建成稳固的大后方。但是，国民政府在西北开发中存在很多不足、缺陷和问题，特别是其开发西北的目的是为战争服务，是为了军事上的需要，不是为了该地区的长期发展。因此，随着抗战的胜利，国民政府开发西北的热情骤减，各种建设、开发工作也停顿了下来，导致社会经济再次陷入低谷。

从性质上看，国民政府对西北地区的经济开发和建设，走的是国家垄断资本主义经济下多种经济成分并存的道路。抗战前期，国民政府鼓励华侨投资，鼓励民营经济发展，后来在统制经济下抑制民营资本主义发展，而且使国有经济私有化，成为西北地方军阀及四大家族敛财的机器，造成经济迟滞甚至衰退。从经济结构上看，抗战时期，国民政府更强调工业建设，特别是国防工业的建设。在抗战初期，国民政府也鼓励发展私营经济，在原料、税收、销售及贷款等方面实行优惠政策。但在后期，却经常压制和牺牲农业和民族资本主义企业的经济利益，以换取地方军阀和国民党官僚私人资本经济的发展，大发国难财。

总的来说，抗战时期甘肃工业的发展有如下特点。

（1）战时工业经济得到了快速发展，国营工业在甘肃工业经济中初

---

① 天水市地方志编纂委员会编《天水市志》（中），方志出版社，2004，第 1430 ~ 1431 页。

② 《金融经济调查月报》（1944 年 7 月），甘肃省档案馆藏中央银行兰州分行档案，档案号：52 - 2 - 284，第 60 页。

步取得主导地位。到抗战中期,在国民经济中,后方公营工厂已占据非常重要的地位。据统计,在后方工业资本总额中,公营厂家所占的比重超过69%。其中,四川、云南、广西、贵州、湖南、陕西、甘肃分别占36.7%、10.3%、6.4%、2.0%、1.5%、2.3%、2.8%。这些公营企业不仅规模大,而且资金雄厚。据统计,资本超过10万元的公营企业占60%,民营企业仅占30%,公营厂家平均资本为200万元,而民营厂家不足20万元。[①]

(2)国营工业以重工业为中心,像甘肃煤矿局、甘肃油矿局、甘肃水泥公司等均为重工业企业。国营企业并有向综合性企业过渡的趋势,如中央电工器材厂,在重庆、昆明、桂林、贵阳、兰州都设有分厂,生产的产品有铜线、钢线、绝缘电线、电子管、电话机、电动机、变压器、开关设备、电池、发电机、交换机、灯泡等十多个品种,形成了包括电工器材、通信设备、发电机等在内的综合性生产企业。[②]有的国营企业甚至有成为企业托拉斯的可能,如雍兴公司原来以纺织业、面粉业为中心,到抗战后期业务逐步扩展到化学工业、机器工业、采矿业等。雍兴公司甚至有垄断陕甘工业的勃勃野心。

(3)中央与地方合营企业多。如资源委员会与甘肃省政府合资兴办的甘肃水泥公司、兰州电厂、天水电厂、甘肃水利林牧有限公司、甘肃矿业公司等。张心一任建设厅厅长期间(1941~1946年),认为经济建设事业是百年大计,需要耗费巨额的资金。虽然甘肃省财力有限,但是张心一没有因为政治及人事变迁而退缩,极力主张利用外资及金融资本,采取一定的技术措施,合资经营甘肃省的经济开发事业。他认为,利用中央的经费,将省外资本和人才结合起来,就能够办自己想办而办不到的事业。抗战是个特殊的时期,可在此期间借助外力搞经济建设。从1941年到1946年,从生产建设事业、组织机构方面来看,甘肃省与中央或外省合办的单位有11个,如甘肃矿业公司、甘肃水泥公司、甘肃水利林牧公司、甘肃煤矿局、甘肃机器厂、兰州电厂等。其中甘肃水利林牧公司组织机构健全,人才济济,资本雄厚,对甘肃省森林畜牧及农田水

---

① 秦孝仪主编《中华民国重要史料初编——对日抗战时期·第四编·战时建设》(三),中国国民党中央委员会党史委员会,1988,第676~678页。
② 王树基编著《甘肃之工业》,甘肃省银行印刷厂,1944,第245页。

利事业的发展起了积极作用。

（4）工业投资的政府主导性。据张心一记载，1941～1946 年，经甘肃省政府办理的各种建设事业费大约有 21 亿元，其中，中央补助有 16.8 亿元，甘肃省自筹和国际救济机关补助均为 2.1 亿元。同期，大型水利借款共约 9 亿元，其中中国农民银行供给 8.1 亿元，中央垫借 0.9 亿元。各种合办事业投资约 6 亿元，其中甘肃省政府投资仅占 1/10，约 6000 万元。省政府投资的大部分为原有厂矿地皮的折价。上述三种经费共约 38 亿元，而甘肃省自筹经费不超过 3.8 亿元，其余经费均利用外来投资（指来自甘肃省以外的资金）。①

但是，战时甘肃工业发展也存在许多弊端。

（1）不平衡性。抗战时期，西北各个地区的开发，无论从发展阶段来看，还是从地区和行业发展上来看，均呈现出严重的不平衡性。抗战前期和后期，西北地区开发相对缓慢。1939 年到 1941 年发展最为迅速。以兰州为例，1938 年以前，兰州工厂总数不超过 26 家，1941 年已增加到 112 家，1944 年下半年逐渐衰退。② 另外，为军事服务的重工业发展更快。在西北经济建设中，兰州、西安等中心发达区在带动落后的周边区经济发展过程中，虽然形成了扩展效应、回波效应和极化效应，但是，随着经济发展，中心发达区与周边落后区的差距逐渐拉大，使区域经济发展在梯度推移中呈现出曲折发展的特征。抗战时期，西北地区仅有极少数量的中小城市，没有特大城市及大城市，城市分布稀疏，结构不合理，城市化水平较低，城乡分离，具有显著的"二元结构"特征，主要表现为现代工业部门与传统农业部门、近代化大中型厂矿与地方工业以及弱小的乡镇作坊并存的二元格局。③

（2）波动性。抗战时期，随着日军的逐步进逼，为了应对战争，国民党不得不开发西北地区。《西南西北工业建设计划》提出，战时工业发展方针是以军需工业为中心，大力发展重工业、矿业、生活消费轻工业、交通业、航空运输业等。因此，国民政府对西北地区的开发主要是

① 张心一：《六年来之甘肃生产建设》，《甘肃民国日报》1946 年 12 月 31 日。
② 赵长波：《论西北区的物价》，《西北论坛》1948 年第 5 期。
③ 高晖：《抗日时期（1931～1945）国民政府开发西北中的政府行为研究》，硕士学位论文，西北大学，2006，第 66～67 页。

为军事抗战服务，而不是为了整体经济社会发展，更不是为了实现区域经济均衡发展，缩小东西部经济发展的差距。其经济整体布局、合理程度均受到战争进程的影响，开发政策与措施均有明显的短期行为。相应地，经济效益与成绩随着战争进程呈现出显著的大起大落特点。经济建设仓促上马，工业、水利建设等停工或减少投资，有些建设计划如"十年万井计划"干脆没有实施，这些必然会影响西北地区的开发建设。经济建设不是为社会服务，而是以军事为中心。随着抗战的胜利，国民政府立刻把经济工作重心转移到东部的复兴上去了，随之而来的是资金东撤、人才回迁，政府的投资重心也转向东部，西部开发无形中停顿下来。这可以从全面抗战前后兰州各种机制工业设立情况的对比中看出（见表5－11）。

表 5 – 11　兰州市各种机制工业演进趋势概况①

类别	厂数	1937年以前		1937～1944年6月		停歇厂数	改组厂数	备考
		成立数	占总数	成立数	占总数			
制革业	20	1	5%	19	95%	7	1	
纺织业	62	2	3.2%	60	96.8%	12	2	
制药业	4	—	—	4	100%	—		
玻璃业	3	—	—	3	100%			
机器冶炼业	43	12	27.9%	25	58.1%	6	4	此业包括机器及冶炼、翻砂
面粉业	2	—	—	2	100%			专指机制等面粉
造纸业	11	—	—	11	100%	1	2	
化学业	25	—	—	25	100%	3	3	包括皂烛、制碱、制酸等业
印刷业	51	9	17.6%	42	82.4%	1		
火柴业	2	2	100%	—	—			
纸烟业	13	1	7.7%	12	92.3%	5	1	手工纸烟亦列入其中
总计	236	27	11.4%	203	86.0%	36	13	

　　从表5－11可以看出，国民政府对甘肃的开发主要是从全面抗战爆

---

① 王树基编著《兰州之工业》，甘肃省银行印刷厂，1944，第207～208页。

发以后开始的。从 1933 年下半年起，甘肃省每月才有 3 万元的建设经费，但建设厅实际能得到的不到十分之一，自然"甘肃的建设，也无从着手"。这并不是因为甘肃省政府不重视建设，实在是无款可发。经过多年的天灾、匪祸、兵燹，甘肃地方早已经残破不堪，"因军队过多，全省的所有收入，单是供给军费，还苦不足"[①]，哪有余钱来搞建设？只有在国民政府为了抗战的需要而不得不给西北注入建设资金后，甘肃地方建设才有较大起色。

1937 年，国民政府公布《战时农矿工商管理条例》，1938 年 11 月，将其修正为《非常时期农矿工商管理条例》，对国民经济各部门，从生产到流通各个环节实行全面统制。对工矿业实行的管制，特别是限价收购政策，使民族工矿业亏损严重；在原材料方面，由于实行管制，民营企业购买物资困难，特别是紧俏紧急物资的购买，常要求助于黑市，造成生产成本过高，形成"工不如商，商不如囤"的局面。战时，为弥补财政支出，国民政府增加租税，一方面提高租息税率，一方面开征新税新租。后方工业负担的捐税，除营业税、所得税、战时过份利得税、统税等正式捐税外，还有各种公债、储蓄摊派等。当时"西北苛杂名目之多，恐为全国之冠"[②]。苛捐杂税名目繁多，使农民的负担更为沉重，购买力进一步下降。捐税过重，也使工业负担沉重，发展后劲不足。

（3）公营企业经营效率不高。鉴于抗战时期国民政府西北"计划经济"运行的特点，在战争的大环境与西北地方势力割据的小气候并存的条件下，企业和个人的工作效率缺乏市场竞争机制的参照与衡量，因而企业和个人的报酬往往取决于上级的意志。上下级官员为了某种利益关系，存在着行贿受贿、贪污腐败行为。在当时国民党一党专政、政治垄断一切的条件下，必然会导致政治经济一体化。任何人必须通过政治手段才能谋取租金，造成了特别尖锐的官僚利益争夺。所以，西北的很多企业都控制在四大家族和马氏等地方军阀手中，政企不分，官私不分，导致独裁集权、贪污腐败、经济效益和效率低下。以四大家族为核心的国民政府，代表大地主大资产阶级利益，控制着许多企业，成为大发国

[①]　邵力子：《开发西北与甘肃》，《开发西北》1934 年第 1 期。

[②]　时事问题研究会编《抗战中的中国经济》，抗战书店，1940，中国现代史资料编辑委员会翻印，1957，第 71 页。

难财的敛财机器，经营缺乏科学性，管理上营私舞弊，压制民族资本企业发展，打着"统制"的幌子，将国有经济私有化，造成国有资产大量流失。

合营企业中各派势力之间存在互相扯皮，相互争夺现象。抗战胜利后，甘肃矿业公司在对历年经营情况进行总结时提出：自从公司开办以来，经营状况一直欠佳，经常萎靡不振。主要原因，一是资金匮乏；二是物价飞涨；三是持股各方遇事意见不一致。[①]

抗战期间，一切生产建设都要以军事为主。1938年国民政府制定的《西南西北工业计划》明确提出以军需工业为中心的发展方针。为适应军事需要，玉门油矿得以开发建设。国民政府规定，玉门油矿的产品必须以供应战时需要，特别是充裕军用为主。结合战时的特殊条件，西北地区的工矿业开发大多以军事目的为出发点和落脚点。但是，当抗战结束后，这些工矿就会面临倒闭破产的问题。战后组织"复工"的张思温先生指出：1945年战争胜利之后，由于国民政府忙于接收，资源委员会就将原来与甘肃省合作的厂矿全部交给甘肃省政府管理，撤走了原来的重要技术人员和管理人员，经费也不再拨给。这对于贫穷落后的甘肃省来说，无疑会造成财力、技术的极度匮乏。这些合办的工矿业，除兰州电厂（包括天水电厂）继续由资源委员会维持生产之外，其余有的缩减人员，有的停工保管，经营和生产业务处于停顿状态。[②] 在资源委员会撤人、撤资的双重打击下，原甘肃机器厂、甘肃化工材料厂、兰州电池厂、兰州炼铁厂、中央电工器材厂等均先后关闭，卫生用具材料厂、实用化学厂、雍兴实业公司所属玻璃厂等亦关闭东撤。据统计，抗战期间兰州各类工厂共有250多家，到1947年仅剩130多家。

到1943年5月底，在经济部核准设立的工厂中，陕西有217家，甘肃有164家。但这164家工厂"很多徒有虚名，有些工厂时办时停，有些只不过是旧式作坊"。而且甘肃的工厂主要分布在兰州、天水、平凉、秦安、岷县、武威、酒泉等公路沿线城市，分布很不平衡。虽然就工厂

[①] 王致中、魏丽英：《中国西北社会经济史研究》（下册），三秦出版社，1992，第127页。

[②] 张思温：《抗日战争胜利后甘肃工矿事业复工小组简记》，政协甘肃、陕西、宁夏、青海、新疆五省（区）暨西安市文史资料委员会编《西北近代工业》，甘肃人民出版社，1989，第85~86页。

的数量来说，甘肃不如陕西，但"甘肃省的国营工业的规模大大高于陕西"①。国民政府在西北的国营工业的基础都集中在甘肃，这可能是因为陕西已经濒临敌占区，从国防安全和持久抗战的目的出发，资源委员会把所属工厂大部分设在了甘肃省。②

在某种意义上说，抗战时期西北经济的发展是一种"移植经济"，是在东部沿海工厂西移技术、设备、资金的基础上，在军事政治利益的驱动下发展起来的，必然会随着战争形势的变化而变化，这也是战时西北经济迅速发展、战后又迅速衰退的根本原因。虽然甘肃的近代工业与抗战前相比发展很迅速，但是从发展史的角度看，仍处于起步阶段，在全国所占的比重仍然很低，基础十分薄弱。骨干企业的技术、设备参差不齐，大多属于一般水平，而且科技管理人员大都是外省籍人，如甘肃水泥公司的高级职员和技术工人均为太原西北水泥厂撤退到后方的人员。"高中级技术人员，9/10 来自外省，大部技术工人，亦曾借重河南、山西、四川等省的人，只有普通小工是甘肃省籍的"③。一旦时局变化或决策失误，就难免陷于困境。1944 年后，由于政府投资的减少和物价的猛烈上涨，甘肃工业除因对国民经济发展有重大影响而不得不继续开发的石油外，都逐步走向衰落。

---

① 杨慧声：《抗日战争时期国民政府对陕西、甘肃经济的开发》，硕士学位论文，中国人民大学，1993，第 22 页。

② 抗战期间资源委员会在西北地区单独创办或是与地方政府合办了 17 家工厂，其中 10 家设在甘肃，包括甘肃油矿局—玉门油矿、甘肃煤矿局（含永登、阿干两矿）、兰州电厂、天水电厂、天水水力发电工程处、甘肃机器厂、华亭电瓷厂、甘肃水泥公司、甘肃化工材料厂（前身为资源委员会、甘肃省政府合资创办的甘肃酒精厂）、甘肃矿业公司。

③ 张心一：《六年来之甘肃生产建设》，《甘肃民国日报》1946 年 12 月 31 日。

第六章　银行业与战时甘肃畜牧业的发展

1931 年 11 月，国民政府在工作报告中提出："我国幅员广大，气候温和，利用家畜之早，冠于全球。西北边陲，旷原万里，向为宜牧之区，以无识改进，坐遗大利，遂至毛织乳品，每年漏卮计达五六千万之巨。而国内农耕、运输、军用所需役用畜类，无不大感缺乏。畜牧改进，实属刻不容缓之图。年来关于畜牧行政所是注意者，厥为改良畜种，以善质量，奖励蕃殖，以增数额，防止兽疫，以减损失，均经规定办法，督饬各省奖励进行。"① 1934 年，经济委员会派专员牛鼐鄂、粟显倬赴西北各省，调查民间马、牛、羊畜牧情形与现有数量，并拟定了西北畜牧计划，包括育马之改善、牛羊皮之制革、民间牲畜防疫工作的设施及指导等。② 李林海则认为，畜牧在国民经济中占有重要地位，与农业关系也十分密切。畜牧业的发展关系到国民的健康及工作能力，可提供衣服及各种用具的原料，畜产品直接间接关系到国家财政收支、输入漏卮之弥补。③ ①畜牧业为农业提供劳力。农业经营劳力中，畜力占重大之部分。一切耕种工作，非仅以人力所能竟事，必以畜力是赖。又以国民经济之环境，与夫工业发达之程度，而不尽适于利用机器力也。故畜力不仅属重要，而且为适当。况搬运之役，仍以畜力为多也。②畜牧业为农业提供肥料之源。作物之生长，端赖地中养分之供给，所谓地力者是也。……因作物生长所耗去之地力，必赖肥料之补充。化学制造之肥料对于增补地力上之价值，远不如厩肥之适宜。化学肥料，非农家所自有，必须备金购买……何况今日中国无此项肥料工厂，舶来之物，尤属漏卮，又兼农产物之廉，此物之贵，虽欲购之，岂可得也，然则何故舍厩肥而薄畜牧也。③农业副产之利用。农作物之副产，如叶、茎、根等，或者价值甚

---

①　秦孝仪主编《革命文献·第 75 辑·抗战前国家建设史料——实业方面》，中国国民党中央委员会党史委员会，1978，第 114 页。

②　《经会确定西北畜牧计划》，《农业周报》1934 年第 15 期。

③　李林海：《畜牧概言》，《西北农林》1936 年第 1 期。

廉，或者竟成废物，但皆可为家畜之饲料。又油粕、酒糟等制造之残余，亦皆价值低廉，用途缺乏，如用为饲料最为适宜，从此养成有价值之家畜，变成毛、肉、乳等贵重之产品，兼可得良好之厩肥。诚所谓一举几得，何乐而不为。④农时之调剂，歉收之补救。作物须受时间支配，每至冬季，则即无所事事，如能利用此农闲时间，而从事畜牧，在农家则多辟一生利之途，而劳力亦不致有废弃之弊。再者如遇水旱各灾，则作物有歉收或不收之虑。若畜产有所收入，则未始不可为作物之补救，以减轻歉收之灾也。① 据李林海调查，截至 1935 年底，甘肃省有马 76032 匹，牛 255552 头，羊 411584 只，猪 1019968 头②，分别占当时全国家畜总数的 1.2%、1.1%、2.1% 和 1.1%。

毅立在《甘肃合作》上撰文提出：我国畜牧生产普及全国，在东南省为农家主要副业，可以调剂一般农业生产之季节性，补足农家之收入。至西北各省有若干地带，人民完全以畜牧为生，畜产之兴衰，直接影响国民经济甚大。抗战以来，为供应军需计，为增进国际贸易计，畜产之改进实为刻不容缓之图。③

抗战时期国民政府对甘肃畜牧业的开发活动，主要集中在畜种改良、饲养改良、生产工具改良、畜疫防治和畜产品加工等五个方面。

一　畜种改良和饲养改良

近代以来，西北各地畜牧业仍循着原始的生产方式进行，畜种退化很严重。西北边陲诸省，地广人稀，以之从事畜牧事业，最为相宜。若能尽力发展，亦中国之一大富源。当时由西北输出之羊毛皮革制品数额颇有可观，惜国人牧养之法不合科学，牲畜品种不知改良，毛革制造不加研究，且弊端百出，以致价值低落。④ 国民政府实业部在张家口设立种畜场，为改良西北牧业的"实验机关"。1935 年，实业部又在南京汤山小九华山设立中央种畜场，从欧美选购纯血畜种，一方面改良繁殖，一方面向全国各地推广。畜牧业在西北极占重要地位。全国经济委员会

① 李林海：《畜牧概言》，《西北农林》1936 年第 1 期。
② 李林海：《畜牧概言》，《西北农林》1936 年第 1 期。
③ 毅立：《畜牧合作社概述》，《甘肃合作》1939 年第 2、3 期。
④ 《办理西北畜牧事业计划》，《蒙藏月报》1934 年第 1 期。

为早观厥成，乃集中工作，先举办数种重要事业如下。

（1）羊种改良事业。滩羊皮为冬令主要服饰，惜其品质不齐，仅销售于国内。若能从事改良，使其出品纯一，则对外输出，颇有希望。……羊毛为南北出口之大宗，第以品质恶劣，不能与南洋所产者相竞衡，近年本国羊毛纺织业，日见发达，若不谋改良羊种，以供所求，则他日所有之羊毛纺织业，势必如棉纱纺织业，须仰给外洋之原料也。①

（2）牛种改良事业。牛为我国耕地之主要动力，而我国之牛，大都体小力弱，耕地不深，必须以选种及杂交法改良之。至于肉用牛及乳用牛，因品种不强，饲料不良，故产肉产乳，少而不精，亦有改良之必要。牛皮在输出品中，亦占重要之地位。……设输入西洋强种以杂交繁殖之法，改善西北牛种，使所产之皮，适合制造者之需要，则前途未可限量也。②

（3）骡、马、驴改良事业。骡、马、驴为吾国农业耕种及行军发动力之大宗，因品种不良，体质太小，故拖负之力有限，必须从事选种及杂交，以资改良，俾增进其拖负及耐劳之能力。③

（4）设立西北畜牧改良场。发展西北畜牧事业，必须先有相当之实验与研究。本会拟在甘肃或青海适当地点，设立畜牧改良场，其工作可分下列数项：①家畜之繁殖与改良；②强种之饲养与保护；③杂交育种之试验；④种畜比较之试验；⑤各种饲料营养之试验；⑥饲料作物之栽培；⑦种畜之推广与指导；⑧畜产之调查及研究；⑨牲畜产品之运销；⑩其他促进西北畜牧发展事项。④

李林海也认为，畜牧事业改进应取之方针，第一是品种之改良。应该本之科学，副之经验，而亟事育种研究。此种工作必有充足之经费、完备之设备、专门之人才，应以政府之力任之，以所育得之优良品种，推广民间，发展私人经营，以增加畜产数量。⑤

抗战开始后，在国民政府有关部、委支持下，西北各地设立畜牧场，

---

①　《边疆时事纪要：经委会兴办西北畜牧事业》，《康藏前锋》1934 年第 1 期。

②　《边疆时事纪要：经委会兴办西北畜牧事业》，《康藏前锋》1934 年第 1 期。

③　《边疆时事纪要：经委会兴办西北畜牧事业》，《康藏前锋》1934 年第 1 期。

④　《边疆时事纪要：经委会兴办西北畜牧事业》，《康藏前锋》1934 年第 1 期。

⑤　李林海：《畜牧概言》，《西北农林》1936 年第 1 期。

进行了大规模的畜种改良运动。以甘肃省为例，1934 年 6 月，国民党全国经济委员会在甘肃省夏河县城北六十里之藏区甘坪寺成立了西北种畜场，规模甚大。该场之设立，旨在利用国营畜牧场的优势，从国内外引进优良种畜，来改良西北之畜种，推广良种。1935 年，南京汤山中央种畜场从美国引进纯种美利奴羊，迁来甘肃，由西北种畜场饲养，用来改良当地藏羊。1938 年，西北种畜场改属甘肃农业改进所，把引进的种畜分配到西北各地牧场，以资推广良种。"至 1940 年有大小马匹 55 匹，牛 21 头。从 1941 年到 1946 年间，牧民借用种畜交配母马 323 匹，很受藏民欢迎。"①

1939 年，国民党军政部在西北地区建立了山丹、永登、洮岷和贵德 4 个军牧场，从国内外引进种畜，选育军马，并为民马配种。1940 年，军政部在兰州设了马政局，管理西北种马和军马，力求解决部队骑兵对马匹的需求，并增加力役之畜。

1940 年 8 月 15 日，国民党农林部在甘肃岷县设立了西北羊毛改进处。随着业务的拓展，羊毛改进处相继在甘肃河西（永昌）、陇东（海原）、陇南（岷县）以及宁夏中宁设立推广站，从事羊只改良、良种繁殖、草地调查、疫病防治和牧民教育等诸多工作。羊改处在岷县野人沟设立绵羊总场，并在永昌河沟寺、靖远甘盐池设有分场。绵羊总场在设立之初，就鉴定土种优良羊 5.2 万头，购进新西兰纯种毛用羊 150 头，推广美利奴羊及达字羊 480 头，开展蒙古羊、藏羊、岷羊等优良土种之纯系育种、杂交育种及繁殖。②"到 1942 年底，共指导牧户 11187 户，改良羊毛处理 698140 斤，受益羊只 432031 头，设置用以示范推广的特约羊群 931 户。"③

1944 年 9 月，为方便开展业务，羊改处迁到兰州，主要用人工授精技术来推广良种。1947 年 7 月份以人工授精技术推广良种 221 只，指导牧民保留种羔 48 只，并推广药浴，计受益羊 3514 只，指导牧民改善羊

---

① 马鹤天著，胡大浚点校《甘青藏边考察记》，甘肃人民出版社，2003，第 216 页。
② 谷苞主编《西北通史》（第 5 卷），兰州大学出版社，2005，第 561～562 页。
③ 张心一：《六年来甘肃生产建设（1941～1946）》，中国人民政治协商会议甘肃省委员会文史资料研究委员会编《甘肃文史资料选辑》（第 26 辑），甘肃人民出版社，1987，第 7 页。

群卫生，计受益羊 5300 只。①

1940 年，甘肃省政府成立了甘肃水利林牧公司，其所属的兰州牧场以引进和改良奶牛为主。兰州牧场成立之初，就引进荷兰黑白奶牛、娟姗奶牛和更赛奶牛若干头。后来西北种畜场归甘肃农业技术改进所经营后，曾拨给兰州牧场荷兰娟姗、更赛奶牛若干头，其中公奶牛各两头，用以奶牛改良，提高牛奶的产量，以满足当时后方人口激增对牛奶的需求。②

西北羊毛改进处成立后，在甘肃大力推行牲畜圈舍改良、羊毛处理改良和牧草改良等。西北羊毛改进处主张在西北各小学开设有关课程，设立教育机构，并且搜集有关影片利用庙会机会展放，向牧民普及推广畜牧知识。③ 并且引进优良牧草，禁止冬季烧草，进行牧草的改良和牧草生长土壤的改良，增加牧草产量，以形成规模养殖。很多牧民仍采用传统的散养模式，牲畜在严寒、酷暑季节均没有像样的圈棚来御寒和避暑，只有石头和栅栏围起的很简陋的圈舍。西北羊毛改进处指导牧户进行圈舍改造，主要是鼓励牧民时常清洁家畜圈舍，圈舍要面阳，以防冻和防止因圈舍卫生差而引起的各种传染性畜疫。

《农业周报》曾报道西北农学院举行的鸡人工孵化试验，品种为纯种来航鸡和陕西武功土鸡，还有一部分是来航鸡与土鸡的杂交品种。④

国民政府有关部委和西北地方政府成立畜牧场，从国内外引进优良种畜，逐渐采用人工授精技术，进行畜种改良和繁殖（尤其是羊种的改良），不但为当地培育出了优良畜种，也提高了畜产品（特别是羊毛）的质量，增强了西北畜产品在国际市场上的竞争力，进一步刺激了畜牧业经济的发展。

二　畜疫防治

全国经济委员会认为，开发西北，除交通、水利、农业外，畜牧及

---

① 《农林部西北羊毛改进处三十六年七月份工作简报》，甘肃省档案馆藏西北兽疫防治处档案，档案号：30 - 2 - 56。

② 《西北羊毛改进处牛种改良》，甘肃省档案馆藏西北兽疫防治处档案，档案号：30 - 2 - 449，第 40 页。

③ 《西北羊毛改进处牲畜调查工作、牧民组织与教育，品种之改良及毛织业现在与将来》，甘肃省档案馆藏西北兽疫防治处档案，档案号：30 - 2 - 449。

④ 《各系近况：畜牧组》，《国立西北农学院院刊》1946 年第 3 期。

兽医方面亦极其重要。且西北之畜牧，历史上亦有相当位置。唯以历来人民未能注意及此，且不知其生产力之宏大，故今年（1934）以来不特不能逐步改良，甚至日渐颓废，以至生产方面大受影响。① 至于兽医方面，西北亦多墨守成规，以至兽疫发生时束手无策。有鉴于此，全国经济委员会特派牛鼐鄂、粟显绰二位专家到西北调查畜牧实际状况，以谋补救。二位专家在平凉、皋兰、榆中等处调查完毕，准备继续赴青海调查。《四川农业》记者专访牛鼐鄂时，他说，此次到西北调查畜牧，已经将所得之情况呈报经委会。将来该会决定在西北设立畜牧场数处，大概在兰州或榆中设总场一处，西宁、宁夏、包头、平凉、榆林等 5 处各设分场一处。并由经委会拨发经费 40 万元，作为筹办经费……至于兽医院，将来亦在兰州设立一处总医院，西宁或许设立分院一处。② 经委会卫生专家姚寻源等于 5 月 5 日午后抵达西安，并将前往兰州，筹备西北防疫处。③ 1934 年，南京政府卫生部（署）在兰州成立了西北防疫处，下设疫苗、血清制造和兽医门诊等部门，协助甘、宁、青三省进行畜疫防治工作。

欲发展畜牧事业，须有防疫之设施。全国经济委员会拟与卫生实验处合作统筹办理此项工作。故畜牧改良场均拟设于置有牲畜防疫之地点。④ 为了加强畜疫防治，1941 年 2 月，农林部在兰州成立了西北兽疫防治处，专门从事牛、羊等家畜及役畜的疫病防治和防疫药品之制造。该处成立后，下设有甘肃兰州、平凉、永登，青海西宁、湟源和宁夏工作站，并设 4 个巡回防治大队，分别负责陇东、河西、陇南和宁青家畜及役畜的畜疫防治工作。抗战时期，兰州是畜牧兽医科技力量的集聚地。1944 年元月，畜牧兽医研究所成立。该所研究员邝荣禄博士应用山羊血清素防治牛瘟，取得了良好的效果，"其免疫力强、免疫期长、成本低廉、应用方便，实为我国预防牛瘟辟一新纪元"⑤。

---

① 《畜牧：全国经济委员会挽救西北牧畜事业》，《四川农业》1934 年第 6 期。
② 《畜牧：全国经济委员会挽救西北牧畜事业》，《四川农业》1934 年第 6 期。
③ 《畜牧：西北将成立防疫处》，《四川农业》1934 年第 5 期。
④ 《办理西北畜牧事业计划》，《蒙藏月报》1934 年第 1 期。
⑤ 罗舒群：《民国时期甘肃农林水牧事业开发状况研究》，《甘肃社会科学》1986 年第 3 期。

1937 年，国民党中央组织部在甘南夏河拉卜楞创办了一所边区初级职业学校，培养畜牧、医疗、制革等技术人员。同时，学校专业教育也应运而生。1939 年，西北技艺专科学校（后改名为西北农业专科学校）在兰州成立，内设畜牧、兽医两科。1943 年，国民党教育部延请美国畜牧专家蒋森教授等来西北考察畜牧事业并讲解畜牧技术，组织西北兽疫防治处、西北羊毛改进处等甘肃农牧单位相关人员 250 名参加听讲，学习畜牧兽医技术。蒋森还在甘肃山丹、松山，青海三角城、贵德、湟源，宁夏定远营、贺兰山、农林局进行考察讲学 49 天。[①] 1944 年，教育部与西北羊毛改进处合作举办了 4 期畜牧兽医人员培训班，培养 100 余人。此外，在甘肃地方也举行畜牧兽医培训班，开展职业教育，加强畜牧兽医人才的培养。1946 年，经国民政府教育部批准，西北兽医学院在兰州成立。这是我国第一所高等兽医专科院校，主要培养畜牧兽医专门人才。首任院长为盛彤笙。同年，甘肃畜牧兽医研究所并入西北兽医学院。西北兽医学院不仅是国内首所高等兽医学院，也结束了甘肃没有高等农林本科学校的历史。

三　畜产品加工

19 世纪后半期，西北甘、宁、青各类畜产品均由洋行和国内皮毛商把持经营，从兰州沿黄河集中到归绥（今呼和浩特）后，经张家口、通州运到天津，出口欧美。帝国主义经济势力侵入我国西北地区之后，西北的土特产皮毛就成了其掠夺的主要对象。洋行遍布西北皮毛产地，仅河州一地就设有美商新太行洋行、聚利洋行、仁纪洋行、天长仁洋行、瑞记洋行、普伦洋行、平和洋行及德国商吉昌洋行，从事羊毛收购。羊毛向为我国每年出口土货之大宗。

抗战期间，西北的各类皮毛被纳入国民政府"统制"范围，由财政部贸易委员会集中统一收购。1938 年 10 月，日本占领了广州、武汉，粤汉铁路中断，沿海港口尽入敌手，西北皮毛出口的传统路线被切断。由于战时物资紧张，财政部贸易委员会将西北各地畜产品纳入统制范围，

---

① 《为蒋森菲利浦两位教授来西北讲学座谈记录》（民国三十一年五月二十二日），甘肃省档案馆藏西北兽疫防治处档案，档案号：30 - 1 - 509。

一是为了充实国内物资，二是防止资敌。贸易委员会专门成立西北办事处，利用苏联运输援华物资来兰州的汽车把西北的皮毛运往苏联，进行中苏偿债性贸易。当时，这一业务由贸易委员会下属的复兴商业分公司承办。1943年，复兴商业公司西北分公司正式成立，专门负责西北各类皮毛的收购、整理、包装、运输和国内外销售工作。为了有效地经营这项业务，公司在甘、宁、青各地设有办事处和仓库，其中在甘肃有7个办事处和3个仓库，青、宁、绥均在兰州设有办事处和交货站，兰州一时成为西北的皮毛集散地和商贸中心。甘肃的骆驼毛、皮张由贸易委员会西北办事处在产区集中设点挂牌收购，一般是现款现货交易。从收购总值看，按1938～1940年的国民党法币估计，前三年每年收购总值约为700万～800万元，以后逐年减少。从1942年到1944年，每年的收购总值在500万元左右。1945年到抗战胜利，每年收购总值在200万～300万元[①]。

　　1941年苏德战争爆发后，中苏未签新约，羊毛转而内销。当时物资紧缺，于是在甘、宁、青兴起了以畜产品为原料的加工企业。抗战期间，国民政府贸易委员会对西北甘、宁、青三省的皮毛进行统一收购、清洗、打包、加工后，运往刘鸿生创办的重庆中国毛纺织公司作为纺织原料，部分进行出口，以换取外汇。这宣告洋行及买办长期控制和经营西北皮毛的局面彻底结束，国家开始直接参与开发畜牧业的活动。这种以国家"统制"的方式来参与西北畜产品贸易的形式，要比由洋行及买办收购更具有组织性、系统性，对农牧民的中间盘剥也较轻，不会造成地利外溢，同时为国内军需和民用企业提供了原料，促进了国内工业生产的恢复和西北地区工业企业的兴起。至此西北的皮毛出口才走上了正轨。

　　抗战期间，东来货物减少，国内军需民用物资紧张，这为甘、宁、青轻工业的发展提供了一个很好的机会。当时为了躲避战火，寻找原料和市场，中国大批的工厂内迁至西南、西北。在这种情况下，国民政府有关部、委和甘、宁、青地方政府为开发利源，就地取材，兴办了大批

---

① 马公瑾：《中国复兴商业公司西北分公司述略》，中国人民政治协商会议甘肃省委员会文史资料研究委员会编《甘肃文史资料选辑》（第14辑），甘肃人民出版社，1983，第48页。

的畜产品加工企业。①

表 6-1　抗战期间西北畜产品加工企业

厂名	创办者（隶属于）	设立时间	资本（万元）	产品
兰州制革厂	甘肃水利林牧公司	1942 年	150	各类皮革
建国制革厂	私营		52	各类军用皮革
甘肃制呢厂	国民政府军政部	1937 年	100	军毯、各类呢绒
西北毛纺厂	刘鸿生、复兴商业公司西北分公司	1943 年	3000	军毯、呢绒
兰州毛纺厂	雍兴实业股份有限公司	1939 年	20	军毯、毛呢
西北洗毛厂	刘鸿生、富华贸易公司	1942 年	100	拣毛、洗毛、打包
猪鬃加工厂	复兴商业公司西北分公司			加工猪鬃
肠衣厂	复兴商业公司西北分公司			加工肠衣
细皮毛加工厂	复兴商业公司西北分公司			加工皮毛

在对外贸易中，西北羊毛因杂质太多，大多含有粪便、沙砾等杂物，收购方常提出刁难。为了提高畜产品质量，1942 年，复兴商业公司西北分公司和中国纺织公司总经理刘鸿生合资在兰州建立了西北洗毛厂，对收购的皮毛进行洗涤、打包，然后运往各地。"经挑选、洗净后的羊毛，降低了成本，减少了运费，经济效益明显提高，在兰州采购的各地厂家纷纷登门要货，全厂业务相当繁忙，工人有时分昼夜两班，还不能满足需要"②。后来，复兴商业公司西北分公司又建立了猪鬃、肠衣和细皮毛加工厂，从此西北的皮毛出口走向了正规化。兰州毛纺厂、兰州制呢厂都是军政部创办和经营的。国民政府任用一批曾留学国外的技术人员担任经理，还调配设备，运往兰州。除上述规模较大的官办企业外，还有许多小企业遍地开花。据当时调查结果，兰州纺织企业战前亦不是太多，从 1938 年开始逐渐增多，迄 1943 年，新设工厂有 46 家之多。这些合作性质的纺织企业尽管设备落后，规模小，但工人生产积极性都很高。由

---

① 毛光远：《抗战前后西北畜牧业开发研究》，硕士学位论文，西北师范大学，2007，第 26～27 页。

② 李锐才、刘子蔚：《对复兴商业西北分公司的回忆》，兰州市政协文史资料委员会、中国民主建国会兰州市委员会、兰州市工商业联合会合编《兰州文史资料选辑》（第 11 辑），1990，第 168 页。

于原料供应不足，这些小规模的畜产品加工企业在生产一段时间后被迫停业。

西北畜牧业开发能取得如此成就，主要有以下原因：①在当时中国东北、华北、华东等大片领土失陷后，西北被视为"抗战建国"的大后方，国民政府提出"开发西北，建设西北"的设想，开始加大对作为大后方的西北地区在资金、技术和人才等方面的投入，以增强抗战大后方的经济实力和国家持久抗战的能力，击败日本帝国主义对华的侵略；②当时作为大后方的西北，没有受到战争的直接影响，具有相对稳定地从事经济建设的适宜环境。西北地方当局也抓住了历史机遇，积极从事地方经济建设。

结　语

　　本书的研究表明，1933～1945 年，甘肃的经济建设取得了较大成就，这既与战时特殊的环境密不可分，也与金融业的发展息息相关。甘肃银行业对抗日战争时期甘肃的经济发展厥功甚伟。虽然银行业自身存在许多缺点，对经济的发展也造成了一定的负面影响，却为打破日本对华经济封锁、支持长期抗战、争取抗战最后胜利做出了重大贡献，而且为改变西北地区贫穷落后的面貌、促进地区经济结构升级、调整区域经济不合理状态奠定了初步的基础。

　　近代甘肃金融业逐步形成了以国家银行为核心，以地方银行为主体，以商业银行和钱庄、典当为两翼的省、区（金融管理区）、县三级金融网络。在国家银行和商业银行的诱导和刺激下，地方银行的业务逐渐正规化，会计制度逐步健全；钱庄则在激烈的竞争中改组为公司制，逐步向现代银行过渡。在政府的引导下，钱业同业公会和银行业同业公会先后建立起来。各银行通过银行业同业公会建立了比较密切的联系，银行与政府的公函来往是通过同业公会而不是通过商会来转达。虽然如此，抗战时期甘肃各同业公会并不具备健全的职能和有强有力的领导力。

　　抗战时期在甘肃的国家银行、地方银行、商业银行和钱庄、典当共同促进了甘肃近代工业、农业的发展及商业的繁荣，其积极作用值得肯定。国家银行，尤其是中国农民银行对抗战时期甘肃农业的发展做出了巨大的贡献。战时甘肃获得的农业贷款，在国统区农业贷款总额中常排在第三、第四位，小额农贷有助于普通农户获得购买种子、农具、耕畜的资金，农田水利贷款提供了甘肃省农田水利工程的建设经费，新技术、新品种的推广和原有品种的改良，对农牧业的发展产生了很大的促进作用。可以说，战时农业贷款使甘肃农业产生了很大的改观。甘肃生产的粮食，不仅能满足自身需要，还能提供大量的军粮，有力地支援了抗战。相关银行通过组建合作社，辅助合作金库，发放农贷，贷放种子，以及和甘肃省政府合作在河西地区大规模兴建农田水利工程，战时甘肃的粮食产量连创新高，为持久抗战提供了许多军粮。

甘肃战时工业经济的发展，很大程度上得益于银行业的资金支持。根据国民政府的战时工业政策，甘肃银行业对公营企业和关乎国计民生的工矿企业给予资金支持。各行局依照四联总处的法令法规，积极对关系国计民生的工矿企业贷放大笔资金，支持了甘肃工业的发展，初步改变了甘肃工业布局不平衡的局面，促进了甘肃地方经济的发展，为抗战做出了巨大的贡献。银行还通过投资、购买股票、债权转换股权等方式积极介入工业生产，出现了金融资本与产业资本相结合的趋势。在大后方掌控重工业的资源委员会，其投资来自国民政府的拨款，而战时国民政府采用赤字政策，建设拨款是向国家银行透支下拨的。公营企业和关乎国计民生的企业都能得到银行的贷款支持。战时银行业还自办了一批现代企业，为甘肃工业的发展起到了示范作用。银行所办工厂都采用西方现代公司制，通过董事会管理，实行计件工资制，并有详细的管理规章和奖惩制度。但是从本质上来看，官僚资本并不是由生产资本发展起来的，而是从金融业、商业投机起家的。所以，从事商业投机、牟取暴利，是官僚资本的基本特性。到了抗战中后期，国家银行的垄断性日益明显，通货膨胀日益加剧，私人银行、钱庄从事商业投机、牟取暴利的活动日渐猖獗，这些又对西北经济的开发产生了负面影响，在一定程度上阻碍了西北经济的发展。

甘肃银行业对商业的资金支持使得战时甘肃商业发展很快，表现在商业经营规模的扩大与输出和输入商品的增加、对苏贸易额的增加、新型商业贸易组织——股份公司的迅速发展等几方面。由于商业的繁荣，省会兰州的贸易地位不断提高，成为战时后方的货物集散地和商贸中心之一。但是银行资本的垄断性、投机性也给商业发展带来了负面影响。抗战后期，金融资本操纵市场，国民政府的统制政策、限价政策、专卖政策使民营商业受到严重打击。

经济发展不单纯地取决于纯粹的经济行为，而是由区域社会、经济、文化等诸多要素相互组合而成的一种"氛围"所推动的，需要政策的保障、良好的基础设施、高素质的人才、先进的生产技术、完备的生产工具和一定的社会氛围等一系列条件。在落后的甘肃，经济的发展离不开政治环境的支持。虽然甘肃银行业为战时经济的发展提供了上述支持，但是，政府在开发策略上重视工商业胜于农业，重视城市胜于乡村；各级官员尤其是县级以下官员素质低下，惯于强征强派，贪污中饱，致使一些好的政策反而成了坑害百姓的手段。开发西北的主旨则是直接为战争服务，起决定性作用的是军事上的需要而不是该地区全面而长远的发展。这就使西北开发势必受到战争进程的制约。由于吏治腐败，任人唯亲，苛捐杂税，横征暴敛，经济发展的成果只为少数人所享有，多数平民并没有享受到。人民为抗战的持久进行提供了许多支持，付出了巨大的牺牲，但生活并没有多大的改观。过度的榨取导致了甘南农民起义和海固回民起义的爆发，经济发展反而受到了破坏。随着抗战的胜利，资金的东撤，人才的回流，甘肃战时的繁盛如同昙花一现，很快就陷入停滞状态。历史经验证明，只有在和平环境下，在清明廉洁的政治氛围中，银行业才会有快速的发展，经济才能够起飞。

参考文献

一 专著

[1] 郑伯彬：《日本侵占区之经济》，资源委员会经济研究室，1945。

[2] 徐旭：《西北建设论》，中华书局，1944。

[3] 谷苞主编《西北通史》，兰州大学出版社，2005。

[4] 巴图：《国民党接收日伪财产》，群众出版社，2001。

[5] 孔祥毅：《金融票号史论》，中国金融出版社，2003。

[6] 董继斌、景占魁主编《晋商与中国近代金融》，山西经济出版社，
2002。

[7] 陈其田：《山西票庄考略》，商务印书馆，1936。

[8] 石毓符：《中国货币金融史略》，天津人民出版社，1984。

[9] 甘肃省银行经济研究室编《甘肃省银行小史》，甘肃省银行印刷
厂，1944。

[10] 甘肃省银行经济研究室编《甘肃之工业》，甘肃省银行印刷厂，1944。

[11] 丁焕章主编《甘肃近现代史》，兰州大学出版社，1989。

[12] 李扩清：《甘肃河西农村经济之研究》，台湾成文出版有限公司、
美国中文资料中心，1977。

[13] 陆仰渊、方庆秋主编《民国社会经济史》，中国经济出版社，1991。

[14] 中央银行经济研究处编印《十年来中国金融史略》，1943。

[15] 朱斯煌主编《民国经济史》，银行学会编印，1948。

[16] 寿进文：《战时中国的银行业》，1944。

[17] 谭熙鸿主编《十年来之中国经济》（上册），中华书局，1948。

[18] 甘肃省政府编印《甘肃省银行概况》，1942。

[19] 郭荣生主编《中国省银行史略》，载沈云龙主编《近代中国史料丛
刊续编》（第19辑）台湾文海出版社影印，1975。

[20] 中央银行经济研究处编印《卅一年上半期国内经济概况》，1942。

［21］《甘肃省银行三十六年度业务报告书》，甘肃省银行印刷厂，1948。

［22］甘肃省合作金库：《二年来之甘肃省合作金库》，甘肃省图书馆藏，1946。

［23］甘肃省政府统计处：《甘肃省统计年鉴》，1948。

［24］中央银行经济研究处编《金融法规大全》，商务印书馆，1947。

［25］杨重琦、魏明孔主编《兰州经济史》，兰州大学出版社，1991。

［26］时事问题研究会编《抗战中的中国经济》，抗战书店，1940，中国现代史资料编辑委员会翻印，1957。

［27］李化方：《甘肃农村调查》，西北新华书店，1950。

［28］章有义编《中国近代农业史资料》（第 2 辑），生活·读书·新知三联书店，1957。

［29］王劲：《甘宁青民国人物》，兰州大学出版社，1995。

［30］汪公亮编著《西北地理》，正中书局，1936。

［31］安汉、李自发：《西北农业考察》，西北农林专科学校，1936。

［32］甘肃省档案馆编《甘肃历史人口资料汇编》（第 2 辑），甘肃人民出版社，1998。

［33］秦孝仪主编《革命文献》（第 75 辑），中国国民党中央委员会党史委员会，1978。

［34］秦孝仪主编《革命文献》（第 88 辑），中国国民党中央委员会党史委员会，1981。

［35］秦孝仪主编《革命文献》（第 90 辑），中国国民党中央委员会党史委员会，1982。

［36］秦孝仪主编《革命文献》（第 102 辑），中国国民党中央委员会党史委员会，1985。

［37］秦孝仪主编《革命文献》（第 105 辑），中国国民党中央委员会党史委员会，1986。

［38］〔新西兰〕艾黎：《艾黎自传》，路易·艾黎研究室编译，甘肃人民出版社，1987。

［39］徐家瑞：《新纂高台县志》第 2 卷，1925。

［40］吕钟祥：《新纂康县县志》第 14 卷，1936。

［41］《宁县志》编委会编《宁县志》，甘肃人民出版社，1988。

［42］谢成侠：《中国养马史》（修订版），农业出版社，1991。

［43］甘肃省轻纺工业厅纺织志编纂办公室：《甘肃省纺织工业志》，甘肃省图书馆藏，1989。

［44］甘肃省银行经济研究室编《甘肃之特产》，甘肃省银行总行，1944。

［45］罗家伦：《西北建设考察团报告》，"国史馆"编印，1968。

［46］孟宪章主编《中苏贸易史资料》，中国对外经济贸易出版社，1991。

［47］龚学遂：《中国战时交通史》，商务印书馆，1947。

［48］甘肃省公路交通史编写委员会编《甘肃公路交通史》（第1册），人民交通出版社，1987。

［49］甘肃省政府统计处：《甘肃省统计年鉴》，1946。

［50］国民政府军事委员会：《中国国民党临时全国代表大会宣言及抗战建国纲领》，1938。

［51］中国农民银行总管理处编印《中国农民银行之农贷》，1943。

［52］中国农民银行农贷处编《中国农民银行之农业贷款》，1948。

［53］《兰州交通银行卅一年度办理甘肃农贷概况》，《中国农民银行兰州分行办理农贷业务报告书》（手写本），甘肃省图书馆西北文献特藏室藏。

［54］甘肃省政府统计室编《甘肃省兰州市七年来物价指数》，1944。

［55］黄立人：《抗战时期大后方经济史研究》，中国档案出版社，1998。

［56］中央银行经济研究处编印《三十年下半期国内经济概况》。

［57］中国第二历史档案馆编《中华民国史档案资料汇编》（第五辑第二编·财政经济），凤凰出版社，1997。

［58］许道夫编《中国近代农业生产及贸易统计资料》，上海人民出版社，1983。

［59］中华年鉴社：《中华年鉴》（下册），1948。

［60］陈正祥：《西北区域地理》，商务印书馆，1947。

［61］王成敬编著《西北的农田水利》，中华书局，1950。

［62］中央训练委员会西北干部训练团西北问题研究室编《西北问题论丛》（第2、3辑），甘肃省银行印刷厂，1943。

［63］吴廷桢、郭厚安主编《河西开发研究》，甘肃教育出版社，1993。

［64］甘肃省银行经济研究室编《甘肃之水利建设》，甘肃省银行印刷

厂，1945。

[65] 行政院新闻局印行《河西水利》，1947。

[66] 慕寿祺：《甘宁青史略》，兰州俊华印书馆，1936。

[67] 孙毓棠编《中国近代工业史资料》（第1辑），中华书局，1962。

[68] 蒋经国：《伟大的西北》，宁夏人民出版社，2001。

[69] 陈真编《中国近代工业史资料》，生活·读书·新知三联书店，1961。

[70] 政协甘肃、陕西、宁夏、青海、新疆五省（区）暨西安市文史资料委员会编《西北近代工业》，甘肃人民出版社，1989。

[71] 王致中、魏丽英：《中国西北社会经济史研究》（下册），三秦出版社，1992。

[72] 张之毅等：《西北羊毛与畜牧事业》，中国国货实业服务社，1941。

[73] 中共甘肃省委工业交通工作部新志办公室编《甘肃省新志·工业志》，1959，甘肃省图书馆藏。

[74] 潘君祥、沈祖炜主编《近代中国国情透视——关于近代中国经济、社会的研究》，上海社会科学院出版社，1992。

[75] 邬翰芳：《西北经济地理》，《中国西部开发文献》（第8卷），全国图书馆文献缩微复制中心，2004。

[76] 魏永理主编《中国西北近代开发史》，甘肃人民出版社，1993。

[77] 姜宏业主编《中国地方银行史》，湖南出版社，1991。

[78] 上海社会科学院经济研究所编《刘鸿生企业史料》（下册），上海人民出版社，1981。

[79] 国民政府经济部统计处编印《后方工业概况统计》（民国三十一年），1943。

[80] 张嘉璈：《中国铁道建设》，杨湘年译，商务印书馆，1945。

[81] 邵元冲：《西北建设之前提》，西安市档案馆编《民国开发西北》，陕西人民出版社，2003。

[82] 薛毅：《国民政府资源委员会研究》，社会科学文献出版社，2005。

[83] 甘肃省地方史志编纂委员会、甘肃省交通史志年鉴编写委员会编纂《甘肃省志·航运志》，甘肃人民出版社，1992。

[84] 甘肃省地方史志编纂委员会、甘肃省交通史志年鉴编写委员会编

纂《甘肃省志·公路交通志》，甘肃人民出版社，1993。

[85] 甘肃省地方史志编纂委员会、甘肃省畜牧志编辑委员会编纂《甘肃省志·畜牧志》，甘肃人民出版社，1991。

[86] 周述实主编《中国西部概览·甘肃》，民族出版社，2000。

[87] 杨思等纂《甘肃通志稿·甘肃交通志》，甘肃省图书馆，1964。

[88] 姚崧龄编著《张公权先生年谱初稿》，社会科学文献出版社，2014。

[89] 秦孝仪：《中华民国重要史料初编——对日抗战时期·第4编·战时建设》（3），中国国民党中央委员会党史委员会，1988。

[90] 新疆社会科学院民族研究所编著《新疆简史》（第3册），新疆人民出版社，1980。

[91] 中国人民政治协商会议全国委员会文史资料研究委员会编《工商经济史料丛刊》（第2辑），文史资料出版社，1983。

[92] 许涤新、吴承明主编《中国资本主义发展史·第3卷·新民主主义革命时期的中国资本主义》，人民出版社，1993。

[93] 洪葭管编著《金融话旧》，中国金融出版社，1991。

[94] 萧梅性主编《兰州商业调查》，陇海铁路管理局，1935。

[95] 彭英甲：《陇右纪实录》，甘肃官书局石印，文海出版社影印，1988。

[96] 兰州市地方志编纂委员会、兰州市物价志编纂委员会编纂《兰州市志·物价志》，兰州大学出版社，1998。

[97] 铁道部业务司商务科编《陇海铁路甘肃段经济调查报告书》，1935。

[98] 杜景琦：《兰州之水烟业》，伦华印书馆，1947。

[99] 沙千里主编《战时重要法令汇编》，双江书屋，1944。

[100] 〔美〕埃德加·斯诺：《西行漫记》，董乐山译，生活·读书·新知三联书店，1979。

[101] 〔美〕斯坦因：《红色中国的挑战》，李凤鸣译，新华出版社，1987。

[102] 李烛尘著，杨晓斌点校《西北历程》，甘肃人民出版社，2003。

[103] 张恨水、李孤帆著，邓明点校《西游小记·西行杂记》，甘肃人民出版社，2003。

[104] 林竞著，刘满点校《蒙新甘宁考察记》，甘肃人民出版社，2003。

[105] 高良佐著，雷恩海、姜朝晖点校《西北随轺记》，甘肃人民出版社，2003。

［106］林鹏侠著，王福成点校《西北行》，甘肃人民出版社，2002。

［107］宣侠父著，达浚、宗华点校《西北远征记》，甘肃人民出版社，2002。

［108］陈万里著，杨晓斌点校《西行日记》，甘肃人民出版社，2002。

［109］刘文海著，李正宇点校《西行见闻记》，甘肃人民出版社，2003。

［110］明驼：《河西见闻录》，载顾颉刚著，达浚、张科点校《西北考察日记》，甘肃人民出版社，2002。

［111］马鹤天著，胡大浚点校《甘青藏边区考察记》，甘肃人民出版社，2003。

［112］陈赓雅著，甄曖点校《西北视察记》，甘肃人民出版社，2002。

［113］杨钟健著，朱秀珍、甄曖点校《西北的剖面》，甘肃人民出版社，2003。

［114］侯鸿鉴、马鹤天著，陶雪玲点校《西北漫游记·青海考察记》，甘肃人民出版社，2003。

［115］佚名：《兰州风土记》，王锡祺辑《小方壶斋舆地丛钞》第六帙第四册，杭州古籍书店 1985 年影印。

［116］甘肃省合作事业管理处编《甘肃合作事业报告》，1942。

［117］四联总处秘书处编《四联总处重要文献汇编》，新大陆印刷厂，1947。

［118］重庆市档案馆、重庆市人民银行金融研究所合编《四联总处史料》，档案出版社，1993。

二　论文

［1］范椿年：《山西票号之组织及沿革》，《中央银行月报》1935 年第 1 期。

［2］卫聚贤：《山西票号之起源》，《中央银行月报》1935 年第 1 期。

［3］林天吉：《甘肃经济状况》，《中央银行月报》1934 年第 6 期。

［4］张桂萍：《试论山西票号的经营模式》，《晋阳学刊》2005 年第 4 期。

［5］柳琴：《1935 年金融恐慌与中国新式银行业的不平衡发展》，硕士学位论文，华中师范大学，2003。

［6］张奇、杨红伟：《论抗日战争时期中国西北地区的农业开发》，《甘肃社会科学》2002 年第 4 期。

［7］ 胡铁：《省地方银行之回顾与前瞻》，《金融知识》1942 年第 6 期。

［8］ 郭荣生：《银行专业化与省地方银行机构之改进》，《财政评论》
1942 年第 4 期。

［9］ 王慕：《解放前的甘肃金融》，《甘肃金融》1989 年第 4 期。

［10］ 顾尧章：《中国之合作金库》，《金融知识》1942 年第 3 期。

［11］ 毛北屏：《甘肃省合作事业新趋势——三十三年五月在省府纪念周
报告词》，《甘肃合作通讯》1944 年第 12 期。

［12］ 李育安：《国民党政府时期的币制改革与恶性通货膨胀》，《郑州大
学学报》（哲学社会科学版）1996 年第 2 期。

［13］ 潘益民：《兰州金融情形之今昔》，《建国月刊》1936 年第 2 期。

［14］ 孙怀仁：《中国金融业之危机及其前途》，《申报月刊》1935 年第
3 期。

［15］ 谷昆山、陈岱宗：《法币改革及其在抗日战争中的作用》，《四川金
融》1995 年第 5 期。

［16］ 蒋介石：《开发西北的方针》，《中央周刊》1943 年第 27 期。

［17］ 邵力子：《开发西北与甘肃》，《开发西北》1934 年第 1 期。

［18］ 黄正林：《近代甘宁青农村市场研究》，《近代史研究》2004 年第
4 期。

［19］ 尚季芳：《国民政府时期的西北考察家及其著作述评》，《中国边疆
史地研究》2003 年第 3 期。

［20］ 向达之：《论近代西北地区的田赋与积弊陋规》，《兰州学刊》1991
年第 3 期。

［21］ 周立三：《西北的地理环境与经济建设之途径》，《边政公论》1942
年第 7、8 合期。

［22］ 罗舒群：《民国时期甘肃农林水牧事业开发状况研究》，《甘肃社会
科学》1986 年第 3 期。

［23］ 顾祖德：《五年来甘肃合作事业之回顾与今后之展望》，《甘肃合
作》1940 年第 4～6 期合刊本。

［24］ 朱敏彦：《抗战时期的工业合作社运动始末》，《历史教学》1990
年第 6 期。

［25］ 李云峰、曹敏：《抗日时期的国民政府与西北开发》，《抗日战争研

究》2003 年第 3 期。

[26] 刘犁青：《半年来甘肃农推工作掠影》，《甘肃农推通讯》1942 年第 1 期。

[27] 吴华宝、朱甸余：《农业推广机构之回顾与前瞻》，《农业推广通讯》1945 年第 5 期。

[28] 马建昌、张颖：《抗战时期国民政府西北农业科技活动述略》，《甘肃科技》2004 年第 7 期。

[29] 君羊：《抗战时期甘宁青三省之农贷探讨》，《开发研究》1988 年第 3 期。

[30] 罗贡华：《罗民政厅长对第一期农贷人员训词》，《甘肃省政府公报》第 425 期，1937 年 9 月。

[31] 吴文英：《甘肃之合作经营》，《甘肃合作》1938 年第 18～20 期合刊。

[32] 顾健生：《信用合作社放款之研究》，《中央银行月报》1938 年第 11 期。

[33] 李金铮：《民国时期现代农村金融的运作方式——兼与传统高利贷比较》，《江海学刊》2002 年第 3 期。

[34] 《经济杂讯》，《甘肃贸易》1944 年第 10、11 期合刊。

[35] 《近数年我国金融界对农村之贷款》，《中央银行月报》1936 年第 6 期。

[36] 彭济群、徐世大：《甘肃水渠工程视察报告》，《水利》1936 年第 1 期。

[37] 沈百先：《考察西北水利报告》，《水利特刊》1942 年第 2 期。

[38] 郑起东：《抗战时期大后方的农业改良》，《古今农业》2006 年第 1 期。

[39] 时兆月报社：《政府拟定计划建设大西北》，《时兆月报》（复刊）1943 年第 5 期。

[40] 王致中：《抗战时期甘肃工业发展述要》，《甘肃社会科学》1984 年第 6 期。

[41] 董长芝：《论抗战时期后方的国营工矿业》，《辽宁师范大学学报》1997 年第 5 期。

[42] 邓明：《皮筏的源与流》，《档案》2003 年第 6 期。

[43] 西迪：《抗战军运中的兰州皮筏》，《档案》2005 年第 2 期。

[44] 李建国：《论抗战时期甘肃的交通运输业》，《西北师范大学学报》1996 年历史学专刊。

[45] 贾国雄：《论国民政府抗战时期的交通运输管理体制》，《西南师范大学学报》（人文社会科学版）2005 年第 4 期。

[46] 李有禄：《甘肃省人口分析》，《甘肃统计通讯》1948 年第 3、4 期合刊。

[47] 李宗植：《玉门油矿开发史初探》，《甘肃社会科学》1983 年第 3 期。

[48] 王广义：《抗战时期国民政府西北经济开发述评》，硕士学位论文，西北师范大学，2004。

[49] 邵力子：《开发西北与甘肃》，《开发西北》1934 年第 1 期。

[50] 赵长波：《论西北区的物价》，《西北论坛》1948 年第 5 期。

[51] 洪文瀚：《谈谈甘肃的商港——碧口》，《甘肃贸易》1943 年第 4 期。

[52] 陈国钧：《阿拉善旗经济状况》，《经济汇报》1944 年第 11 期。

[53] 西北经济研究所：《四年来兰州市批发物价指数》，《西北经济通讯》1941 年第 1 期。

[54] 魏丽英：《抗战时期甘肃物价档案史料试析》，《档案》1991 年第 6 期。

[55] 中央银行兰州分行：《兰州市金融业概况》，《中央银行月报》1947 年第 4 期。

[56] 沈岚：《有关蒋介石注意西北开发及改进党政等事项的公函》，《民国档案》2002 年第 3 期。

三　档案文献

[1]《甘肃省银行档案》，甘肃省档案馆藏，档案号：53 - 1 - 22 、53 - 1 - 23、53 - 1 - 24、53 - 1 - 27、53 - 1 - 28、53 - 1 - 36、53 - 1 - 44、53 - 1 - 51、53 - 1 - 56、53 - 1 - 87、53 - 1 - 94、53 - 1 - 111、53 - 1 - 120、53 - 1 - 125、53 - 1 - 126、53 - 1 - 129、53 - 1 - 130、53 - 1 - 131、53 - 1 - 133、53 - 1 - 140、53 - 1 - 142、53 - 1 - 157、

53 - 1 - 167、53 - 1 - 173、53 - 1 - 174、53 - 1 - 186、53 - 1 - 219、
53 - 1 - 245、53 - 1 - 272、53 - 1 - 391、53 - 1 - 452、53 - 1 - 453、
53 - 1 - 467、53 - 2 - 43、53 - 2 - 62、53 - 2 - 77、53 - 2 - 189、
53 - 2 - 190

[2] 中国国民党中央执行委员会宣传部编印《抗战建国纲领宣传指导大纲》,1938,甘肃省档案馆藏建国前资料,1军2 - 48。

[3] 《兰州市总工会、商会档案》,甘肃省档案馆藏,档案号:60 - 2 - 157。

[4] 《兰州市社团档案》,甘肃省档案馆藏,档案号:61 - 1 - 193。

[5] 《西北兽疫防治处档案》,甘肃省档案馆藏,档案号:30 - 1 - 509、30 - 2 - 56、30 - 2 - 449。

[6] 《甘肃省民政厅档案》,甘肃省档案馆藏,档案号:15 - 9 - 191。

[7] 《甘肃省政府档案》,甘肃省档案馆藏,档案号:4 - 2 - 192、4 - 3 - 4、4 - 3 - 77、4 - 3 - 80。

[8] 《甘肃省贸易股份有限公司档案》,甘肃省档案馆藏,档案号:47 - 1 - 162。

[9] 《甘肃省贸易公司三十二年度业务报告》,甘肃省档案馆藏。

[10] 《中国农民银行三十四年度业务报告书》,甘肃省档案馆藏。

四 文史资料

[1] 王克江:《抗日战争时期的甘肃兵役》,中国人民政治协商会议甘肃省委员会文史资料研究委员会编《甘肃文史资料选辑》(第25辑),甘肃人民出版社,1987。

[2] 马钟秀:《清末民初的兰州银钱业》,中国人民政治协商会议甘肃省委员会文史资料研究委员会编《甘肃文史资料选辑》(第13辑),甘肃人民出版社,1982。

[3] 张令琦:《解放前四十年甘肃金融货币简述》,中国人民政治协商会议甘肃省委员会文史资料研究委员会编《甘肃文史资料选辑》(第8辑),甘肃人民出版社,1980。

[4] 赵景亨、吉茂林:《原兰州私营商业简况》,中国人民政治协商会议甘肃省兰州市委员会文史资料研究委员会编《兰州文史资料选辑》

（第 3 辑），1985。

[5] 王恭：《建国前夕的兰州金融》，中国人民政治协商会议兰州市委员会文史资料委员会编《兰州文史资料选辑》（第 10 辑），1989。

[6] 孙汝楠：《兰州设市后的施政概况》，中国人民政治协商会议甘肃省兰州市委员会文史资料研究委员会编《兰州文史资料选辑》（第 2 辑），1984。

[7] 王新潮：《蒋帮朱绍良、谷正伦主甘时的二三事》，中国人民政治协商会议甘肃省委员会文史资料研究委员会编《甘肃文史资料选辑》（第 2 辑），甘肃人民出版社，1963。

[8] 张心一：《六年来甘肃生产建设（1941 年至 1946 年）》，中国人民政治协商会议甘肃省委员会文史资料研究委员会编《甘肃文史资料选辑》（第 26 辑），甘肃人民出版社，1987。

[9] 李锐才、刘子蔚：《对复兴商业西北分公司的回忆》，兰州市政协文史资料委员会、中国民主建国会兰州市委员会、兰州市工商业联合会合编《兰州文史资料选辑》（第 11 辑），1990。

[10] 外行：《兰州的纺织业与机器业》，兰州市政协文史资料委员会、中国民主建国会兰州市委员会、兰州市工商业联合会合编《兰州文史资料选辑》（第 11 辑），1990。

[11] 马公瑾：《中国复兴商业公司西北分公司述略》，中国人民政治协商会议甘肃省委员会文史资料研究委员会编《甘肃文史资料选辑》（第 14 辑），甘肃人民出版社，1983。

[12] 郑立斋：《我在天福公钱庄的经历》，中国人民政治协商会议甘肃省委员会文史资料研究委员会编《甘肃文史资料选辑》（第 14 辑），甘肃人民出版社，1983。

[13] 李剑夫：《我所知道的国民党甘肃省贸易公司》，中国人民政治协商会议甘肃省委员会文史资料研究委员会编《甘肃文史资料选辑》（第 8 辑），甘肃人民出版社，1980。

[14] 甘肃省临时参议会秘书处编印《甘肃省临时参议会第一次会议汇刊》，1940。

五　报刊资料

[1]《中国近代经济史研究集刊》

［2］《银行周报》

［3］《中行月刊》

［4］《交行通讯》

［5］《中央银行月报》

［6］《中国经济》

［7］《经济学季刊》

［8］《经济评论》

［9］《经济统计月志》

［10］《财政公报》

［11］《东方杂志》

［12］《申报月刊》

［13］《申报》

［14］《大公报》

［15］《中央日报》

［16］《甘肃民国日报》

［17］《西北日报》

［18］《申报年鉴》（1933 年、1934 年、1935 年）

图书在版编目（CIP）数据

银行业与甘肃经济发展：1933－1945／裴庚辛著
. －－ 北京：社会科学文献出版社，2022.1
国家社科基金后期资助项目
ISBN 978－7－5201－9581－2

Ⅰ.①银… Ⅱ.①裴… Ⅲ.①银行业－影响－区域经
济发展－经济史－研究－甘肃－1933－1945 Ⅳ.
①F129.6

中国版本图书馆 CIP 数据核字（2021）第 276396 号

国家社科基金后期资助项目

银行业与甘肃经济发展（1933—1945）

著　　者／裴庚辛

出 版 人／王利民
组稿编辑／陈凤玲
责任编辑／宋淑洁
责任印制／王京美

出　　版／社会科学文献出版社·经济与管理分社（010）59367226
　　　　　地址：北京市北三环中路甲 29 号院华龙大厦　邮编：100029
　　　　　网址：www.ssap.com.cn
发　　行／社会科学文献出版社（010）59367028
印　　装／三河市龙林印务有限公司

规　　格／开本：787mm×1092mm　1/16
　　　　　印张：19.5　字数：307 千字
版　　次／2022 年 1 月第 1 版　2022 年 1 月第 1 次印刷
书　　号／ISBN 978－7－5201－9581－2
定　　价／128.00 元

读者服务电话：4008918866